칼빈의 십계명 강해

존 칼빈 지음 | 김광남 옮김

Vision BOOK

John Calvin's Sermons on the Ten Commandments

Copyright ⓒ 1980 by Baker Book House
P.O.Box 6287, Grand Rapids, MI 49516-6287
All right reserved.
Translated and used by the permission of Baker Book House
through the arrangement of rMaeng2, Seoul, Korea.
Korean Copyright ⓒ 2011 by Vision Book, Kyonggido, Korea

이 책의 한국어 저작권은 알맹2를 통해 베이커 출판사와 독점 계약한 비전북에 있습니다.
저작권법에 의해 한국 내에서 보호를 받는 저작물이므로 무단 전재와 복제를 금합니다.

Sermons on the Ten Commandments

by John Calvin

칼빈의 십계명 강해 목차

서론 · 7

제1강 오늘 우리와 세우신 언약 … 31

제2강 다른 신들을 네게 두지 말라 … 55

제3강 우상을 만들지 말라 … 79

제4강 여호와의 이름을 망령되이 일컫지 말라 … 107

제5강 안식일을 지켜 거룩하게 하라 … 133

제6강 아무도 일하게 하지 말라 … 157

제7강 네 부모를 공경하라 … 183

제8강 살인하지 말라 … 209

제9강 간음하지 말라 … 235

제10강 도둑질하지 말라 … 259

제11강 거짓 증거하지 말라 … 285

제12강 이웃의 것을 탐내지 말라 … 311

제13강 계명을 돌판에 기록하시다 … 337

제14강 당신이 우리에게 전하소서 … 363

제15강 계명을 지키는 자들에게 약속된 축복 … 387

제16강 여호와는 우리의 하나님이시다 … 415

서론

칼빈이 십계명 강해를 시작한 날은 1555년 6월 7일이다. 이 강해는 그가 같은 해 5월 20일에 시작해 이듬해 6월까지 계속했던 신명기 강해라는 보다 큰 연속 설교 안에 들어 있다. 십계명 강해는 1555년 6월 7일에 시작해 7월 19일에 끝났다.

역사적으로 1555년은 칼빈과 제네바 공화국 모두에게 기념할 만한 해였다. 그 해에 들어서면서 칼빈의 적대자들이 몰락하고, 교회 회의the Consistory(칼빈의 신정정치의 기반이 되었던 조직이다 – 역자 주)가 태만한 교인들에게 성찬 참석을 금하는 권한을 갖는 것에 대한 비준이 이루어지고, 베른 공화국과 제네바 간의 정치적·신학적 논쟁이 재점화되었다. 이 사건들은 모두 칼빈이 십계명 강해를 시작하기 몇 달 전이나 직전에 일어났다. 칼빈의 서신들은 이 기간에 그가 이런 문제들에 얼마나 골몰했는지를 보여 준다.

신학적 측면에서 보자면, 십계명에 대한 칼빈의 관심은 새로운 것이 아니었다. 칼빈은 이미 그의 『기독교 강요』(이후 『강요』로 칭함 –

역자 주) 초판과 그 이후의 개정판들에서 십계명에 대해 논한 바 있었다. 그러므로 칼빈의 십계명 강해는 그 토대를 그가 처했던 역사적 상황뿐 아니라 그의 신학에도 두고 있었던 셈이다. 대체로 우리는 그의 설교들이 그가 『강요』에서 비교적 분명하고 간략하게 진술했던 내용을 보다 알기 쉽게 풀어서 설명하고 있다고 말할 수 있다. 그렇다고 해서 그의 설교들이 『강요』보다 열등한 것은 아니다. 왜냐하면 그것들은 그의 신학적 혜안을 당대의 문제들에 적용하는 탁월한 작업을 수행하고 있기 때문이다. 결과적으로 그의 설교들은 그의 『강요』를 보다 읽을 만한 것으로 만들어 주고, 그와 동시에 그의 사회 경제적 사상을 드러내 보인다.

역사적 배경과 사회적·정치적 영향들

칼빈의 반대파의 몰락

1555년 초에 칼빈의 십계명 강해에 영향을 준 세 가지 사건이 발생했다. 첫번째이자 가장 중요한 사건은 "자유파Libertines"의 몰락이었다. 자유파는 칼빈과 제네바 공화국이 전개하는 종교개혁에 맞섰던 정치적 분파였다. 자유파는 칼빈뿐 아니라 제네바의 변화에도 반대했다. 그들은 제네바 공화국이 다른 박자에 맞추어 진군하기를 원했다.

데오드르 베자Theodore Beza에 따르면, 그 적대자들 중 핵심 인물은 제네바의 평의원Syndic(제네바의 질서와 치안을 담당하는 주요 권력 기구였다—역자 주) 아미 페린Ami Perrin이었다. 칼빈은 1546년 3월부터 페린가家 사람들과 충돌했는데, 그 갈등은 그 후 여러 해 동안 계속되었다. 칼빈은 십계명 강해에서 그 갈등에 대해 자주 언급한다. 그러므로 여기에서 우리는 짧게나마 그것에 대해 살펴볼 필요가 있다.

첫 번째 충돌은 1546년 3월 21일에 시작되었다. 그 날 페린과 그의 아내(제네바의 부호 프랑소와 파브르Francois Favre의 딸이었다)가 춤이 곁들어진 어느 약혼식에 참석했다. 당시 제네바에서는 춤이 금지되어 있었기에 그 파티의 참석자들은 소위원회the Little Council(제네바의 최고 의결기구로 25명의 위원들로 구성되었다 – 역자 주)에 의해 체포되어 교회회의에 출두하게 되었다. 이 사건의 메아리 칼빈의 십계명 강해 중 아홉 번째 설교에서 나타난다. 1547년에는 페린의 장인 파브르가 일곱 번째 계명을 어긴 것 때문에 고소당하는 또 다른 사건이 발생했다. 이 사건의 메아리 역시 간음과 음행을 금하는 문제를 다루는 아홉 번째 설교에서 크게 울리고 있다.

1546년에 페린은 제네바의 총사령관직에 올랐다. 그는 그 지위를 이용해 오랜 전통을 지닌 화승총火繩銃 부대를 위한 축제를 열기로 계획했다. 1547년 5월 9일, 그는 소위원회에 그 축제를 개최하도록 허락해 줄 것을 요구했다. 소위원회는 축제를 승인했으나 참가자들에게 그 축제의 전통 의상인 추잡한 옷을 입지 말라고 명령했다. 그 문제를 논의하기 위해 곧 2백인위원회the Council of Two Hundred(제네바의 귀족들 200명으로 구성된 기구로 매년 16명의 소위원들을 선출하는 권한을 갖고 있었다 – 역자 주)가 소집되었다. 5월 25일에 열린 그 회의는 만약 제네바 시가 그 축제에 대한 개최 요구를 받아들인다면 결국 또 다른 요구들이 나타날 것이고 그럴 경우 그것들을 통제하기 어려워지리라는 칼빈의 주장을 받아들였다. 이 문제에 대한 언급 역시 아홉 번째 설교에서 나타난다.

1548년 즈음에 페린의 정치적 영향력은 칼빈의 사역에 아주 해롭게 작용하고 있었다. 베자의 보고에 따르면, 일부 시민들은 칼빈에게 공공연하게 적개심을 드러냈다. 어떤 이들은 자기들이 키우는 개의 이름을 "칼빈"이라고 지었고, 다른 이들은 그의 이름 칼빈Calvin에서 "lv"을 빼내 "가인Cain"(창 4:8 - 역자 주)이라고 불렀다. 그리고 많은 이들이 칼빈이 주관하는 성찬식에 참석하지 않았다.

1549년 2월에 페린은 제네바의 제1평의원이 되었다. 야당의 지도자로서 그는 칼빈의 계획에 더욱더 효과적으로 도전할 수 있었다. 그를 지지하는 자들 가운데 중요한 인물로는 피에르 반델, 필리버 베델리어, 그리고 프랑소아 다니엘 등이 있었는데, 그들은 모두 칼빈의 개혁에 반대하고 있었다. 그들은 계속해서 정치적 갈등을 첨예화하는 방식으로 칼빈의 신학과 용기를 뒤흔들었고, 그로 인해 칼빈은 무거운 부담을 안게 되었다.

그 때부터 시작해 1555년까지 페린 일당은 점점 늘어나는 프랑스 출신 망명자들(그들은 칼빈의 추종세력이었다)의 무장을 해제하고 그들의 공민권을 박탈하려 했다. 또한 그들은 칼빈의 대적 미카엘 세르베투스Michael Servetus의 변호를 담당했고, 교회회의의 권한을 빼앗으려 했고, 기회가 있을 때마다 공공연하게 칼빈을 모욕했다.

칼빈을 지지하는 자들의 입장에서 본다면, 1555년 즈음에 페린 일당은 "선동꾼"과 동의어였다. 그러나 1555년 2월 소위원회가 새로 선출한 평의원들 대부분은 칼빈을 추종하는 자들이었다. 그로 인해 칼빈과 페린 사이의 세력 균형이 깨졌다. 그리고 5월 16일 밤 페린과 그의 추종자들이 주동이 되어 일으킨 폭동은 결과적으로 자유파의 몰락을 촉진했다. 그 폭동은 칼빈이 십계명 강해를 시작하기 3주

전에 발생했으나, 그 충격은 그가 십계명을 강해하는 기간 내내 그를 괴롭힐 만큼 강했다. 칼빈이 6월 5일에서 7월 24일까지 파렐Farel과 불링거Bullinger에게 보낸 편지들은(첫번째 편지는 십계명 강해를 시작하기 직전에, 그리고 마지막 편지는 그 강해를 마치기 직전에 쓰였다) 그가 그 소동에 얼마나 마음을 쓰고 있었는지를 보여 줄 뿐 아니라, 또한 그의 설교들에서 자주 나타나는 뉘앙스를 보여 준다.

   5월 16일 밤에 발생한 소동의 원인은 그 이전 몇 달에 걸쳐 페린과 그의 추종자들이 차츰 미몽에서 깨어나는 과정에서 느꼈던 불안감 때문이었다. 칼빈은 불링거의 요청으로 그 사건에 대해 개인적인 의견을 표명한 적이 있는데(1555년 6월 15일자 편지), 그 때 그는 자신이 이미 그런 변화를 감지하고 있었다고 말했다. 칼빈 자신의 설명처럼, 그 소동의 주동자는 페린과 반델이었다. 그 두 사람은 오랫동안 제네바의 정치를 주물러 왔는데, 그 해 2월에 치러진 평의원 선거 이후 더 이상 그런 영향력을 발휘할 수 없게 되었다. 그들이 느꼈던 절망적인 무력감에 더해, 새로 결성된 소위원회는 오랫동안 그 도시에서 살아 왔던 프랑스 출신의 저명한 망명자들에게 시민권을 부여하기 시작했다. 페린 일당은 폭도를 모아 그런 움직임에 맞섰다. 그들은 도시의 유력자들을 설득해 소위원회에 그 새로운 정책에 대해 항의했고(5월 13일과 14일), 2백인위원회에 그 문제와 관련해 청문회를 요구했다. 그러나 소위원회는 자신들의 입장을 고수했다.

   그런 실패로 인해 낙심한 페린과 반델은 5월 16일 저녁에 두 개의 만찬모임을 주최했다. 만찬이 끝난 후 참석자들은 소란을 일으키며 거리를 활보하기 시작했다. 칼빈의 설명에 따르면, 어둠 속에서 돌 하나가 날아갔고 그 돌에 맞은 누군가가 비명을 질렀다. 야경꾼들이 도움을 요청하는 비명소리가 난 시장 뒤편 광장으로 달려갔다. 그곳에서 그들은 콤파렛家의 두 형제를 비롯한 한 무리의 사람들로부터 공격을 당했다.

난투 소식을 들은 평의원 헨리 올버트가 사건이 발생한 곳으로 달려갔고 질서를 회복하기 위해 평의원의 권표權標를 들어올렸다. 그러나 폭도들은 그의 권위를 무시했다. 콤파렛가의 형제 중 하나는 칼을 빼들고 그를 위협했다. 그 때 페린이 나서서 폭도들을 진정시키는 척하면서 올버트의 권표를 빼앗으려 했으나 올버트는 그에게 저항했다. 그 때 어디로부터인가 프랑스 출신 망명자들이 무기를 들었다는 외침이 들려왔다.

두 번째 평의원이 출두했을 때, 페린은 그의 사령봉司令棒을 빼앗았다. 그러나 그 평의원이 악을 쓰며 대들었기에 결국 그것을 돌려주어야 했다. 마침내 콤파렛가 형제들은 체포되었고 폭도들은 해산했다. 그러나 이미 분명한 피해가 발생한 상태였다. 소위원회는 시간을 허비하지 않고 즉시 심야 회의를 소집했다.

소위원회는 그 사건에 대한 조사를 명령했다. 증인들을 소환하고 심문한 후 2백인위원회가 열렸다. 페린과 반델은 몇 차례 그 회의에 참석했으나 자신들에게 위험이 닥치고 있음을 깨닫고 도망쳤다. 2백인위원회는 페린과 그의 추종자 네 명에 대한 체포를 명령한 소위원회의 결정을 지지했다. 도망자들에게는 15일 이내에 법정에 출두하라는 통지가 전해졌다. 그들은 신변의 안전이 보장되지 않는다면 돌아갈 수 없다는 요지의 편지를 썼으나, 그 제안은 거부되었다. 6월 3일(칼빈의 십계명 강해가 시작되기 나흘 전이다), 그들은 참수형을 선고받았다.

우리는 자유파의, 혹은 페린 일당의, 혹은 5월 16일 밤에 일어난 소동의 실패에 관해 더 많은 이야기를 할 수 있을 것이다. 그러나 여기서는 칼빈의 적대자들이 몰락했다는 것에만 초점을 맞추도록 하자. 왜냐하면 우리는 칼빈의 십계명 강해의 거의 매쪽에서 그 오랜 갈등의 시기에 발생한 소동을 감지할 수 있기 때문이다. 칼빈은 그의 강해 전반에 걸쳐 계속해서 하나님에 대한 경외에 대해, 그리고 책임감 있고 단정한 시민들에 의해 지지되며 경건하고 책임감 있는 지도자들에 의해 인도되는 질서 정연한 국가의 중요성에 대해 역설했다.

교회회의의 권한 강화

칼빈의 반대파의 몰락은 그의 십계명 강해의 배경을 이루는 역사적 상황이라는 견고한 거미집의 일부에 불과하다. 우리는 1555년에 발생한 두 가지 다른 사건들에도 주목할 필요가 있다. 하나는 교회회의가 신자들을 제명하는 권한을 갖는 것에 대한 비준이 이루어진 것이고, 다른 하나는 베른과 제네바 간의 정치적·신학적 견해차가 다시 불거진 것이었다. 그 두 사건 모두 칼빈이 십계명 강해를 시작할 무렵에 발생했고, 그가 그 강해를 했던 기간에 쓴 편지들에서 계속 언급되고 있다.

회개하지 않는 교인들에게 성찬을 금하는 권한을 두고 교회회의와 소위원회 사이에서 벌어진 갈등은 제네바에서의 교회와 국가의 분리라는 문제의 상당히 큰 부분을 차지한다. 그 갈등은 부분적으로는 자유파의 공격으로 인해 악화된 측면이 없지 않으나, 일차적으로 그것은 제네바 공화국이 종교적 신앙이라는 강력한 힘을 통제하고자 했던 시기에 교회와 국가의 역할을 적절히 구분하는 문제와 관련되어 있었다.

여기에서 독자들은 제네바 공화국이 칼빈이 1536년에 그곳을 찾아오기 전부터 이미 종교개혁에 매진하고 있었다는 점을 기억할 필요가 있다. 칼빈이 도착하기 이전부터 제네바 당국은 이미 교황의 통치를 거부하고 미사를 금지하고 있었다. 사실 그 당시에 종교에 관한 모든 사항은 제네바 당국의 권한에 속해 있었다.

칼빈은 소위원회가 교회 문제에 관여하는 것을 원치 않았다. 하지만 1541년에 채택된 제네바 교회법Ecclesiastical Ordinances of Geneva은 교회회의가 교인들의 징벌과 관련된 문제들을 소위원회에 보고하도록 명령하고 있었다. 그것은 태만한 신자들의 성찬 참여를 금하는 최종적인 권한이 소위원회에 있음을 의미했다. 그러나 교회법의 여러 조항들은 그 뜻이 여러 가지로 해석될 수 있었고, 교회회의는 교회의 권한이 그런 식으로 양도된 것을 못마땅하게 여겼다. 그로 인해 교회회의가 소위원회에 논의의 여지가 있는 사건들을 회부할 때마다 격렬한 논쟁이 발생했다.

그 중 가장 기억할 만한 것으로는 자유파인 필리버 베델리어의 사건이 있었다. 그는 5월 16일 밤 소동 때 돌을 던진 이로 밝혀진 프랑소아 베델리어의 형제였다. 소위원회는 그를 복권시키고자 했다. 그러나 그는 청문회 기간에 아주 호전적인 태도를 보였고, 그로 인해 소위원회는 교회회의의 결정에 찬동할 수밖에 없었다.

신자들의 성찬 참여를 금하는 것이 누구의 권한인가에 대한 그 두 그룹 사이의 분쟁은 1555년 1월 24일에 최종적으로 해결되었다. 그 날 소위원회와 2백인위원회는 교회회의의 손을 들어주었다. 이 결정은 이제 교회회의가 교인들을 징벌하고 교회의 영역 안에서 영적인 검을 휘두를 권한을 얻었음을 의미했다.

이처럼 국가가 교회회의의 권한을 비준한 사건은 칼빈이 십계명 강해를 통해 제네바 시민들에게 훈육의 필요성을 인정하고 하나님의 명에 순복할 것을 호소할 수 있게 해주었다.

> 세상이 자신에게 순종하기가 얼마나 어려운지 아시는 하나님은 한 백성을 택해 그들을 제한된 시기 동안만이 아니라 계속해서 다스리고자 하셨습니다. 이것은 그들이 그분의 명에 충분히 익숙해지게 하시기 위함이었는데, 지금도 그분은 그분의 교회 안에서 같은 일을 하고 계십니다.(첫번째 설교 중에서)

교회회의가 책임 있고 독립적인 교회 기구로서 기능할 권리를 얻은 것은 칼빈의 십계명 강해에 막대한 심리적 힘을 제공해 주었다. 아마도 그의 이런 설교를 들은 회중은 그동안 자기들 모두가 겪었던 큰 혼란을 배경 삼아 선포되는 칼빈의 메시지의 정당성과 적실성을 분명하게 인식할 수 있었을 것이다.

여기에서 우리는 위의 사건과 관련해 제네바의 사회적·정치적 삶에서 교회회의가 수행했던 역할의 중요성에 대해 살펴볼 필요가 있다. 제네바 교회법에 따르면, 교회회의는 12명의 장로들과 목회자들로 구성되었다. 이 그룹은 한 평의원의 주재하에 매주 목요일에 모였다. 그리고 이 그룹이 갖고 있는 훈육권訓育權은 영적 성격과 정치적 성격을 모두 갖고 있었다.

역사가 다니엘 브스카렛Daniel Buscarlet은 교회회의가 결과적으로 칼빈 신학의 영향을 받아 제정된 법을 이행했다고 주장한다. 이것은 칼빈의 십계명 강해에 나타나는 사회 신학이 부분적으로는 당시에 교회회의가 무엇을 용납할 만한 사회적 행동으로 인정했는가에 대한 단서를 제공한다는 것을 의미한다. 그러나, 만약 그렇다면, 그 반대 역시 참일 수 있다. 즉, 당시의 교회회의가 사회적으로 용납될 수 있는 행동이라고 여겼던 것이 칼빈의 십계명 강해에서 나타나는 그의 사회적·경제적 관점들에 영향을 주었을 수도 있다.

이에 대한 부스카렛의 평가는 보다 온건하다. 그는 우리가 흔히 제네바와 연관시키는 엄격함과 엄숙함은 그 도시만의 특징이 아니었다고 주장한다. 오히려 그는 당시의 제네바를 특징겼던 것은 교회 내부의 기강, 다시 말해, 파문권破門權을 주장했던 교회회의의 존재였다고 설명한다.

> 파문, 즉 성찬 기회를 박탈하는 것은 다른 징벌들 – 투옥이나 목에 칼을 씌우는 것 등 – 과 유사한 징벌이 아니었다. 그것은 사람들로 하여금 기독교 신앙을 진지하게 고려하게 하고, 그동안 희미하게만 알아 왔던 진리에 대한 가르침을 얻고자 애쓰게 하고, 또한 그들이 하나님의 법에서 벗어났을 때 그들의 삶을 수정하도록 강제하는 교육적 수단을 대표하는 것으로서 그 구속력이 제한되어 있었다.

이런 주장은 매우 암시적이다. 왜냐하면 그것은 칼빈의 십계명 강해가 당시의 교회회의가 제네바 시민들의 마음과 정신에 주입시키고자 했던 사회철학을 반영했을 가능성을 보강해 주기 때문이다. 아마도 교회회의가 그런 신학을 만들어내지는 않았을 것이다. 하지만 교회회의는 칼빈의 신학을 옹호했고 그것을 이행하고자 했다.

부스카렛은 당시의 교회회의가 보였던 행태를 기독교 사회주의

Christian Socialism의 한 형태로 해석한다. 그는 그 기관을 십계명의 두 번째 돌판이 요구하는 사회질서를 유지하는 일에 활발히 개입했던 집단으로 간주한다. 부스카렛은, 만약 우리의 눈에 그 기관이 지나치게 억압적으로 보인다면, 우리는 그 시대가 20세기가 아니라 16세기였음을 기억할 필요가 있다고 주장한다. 그 시대는 개인의 자유가 오늘날의 그것만큼 많은 것을 의미할 수 없었던, 그리고 하나의 도시가 그 자체만으로 하나의 개별적인 공동체로 존재하던 때였다. 부스카렛은 "제네바에서 사는 것이 좋았을까?"라고 질문한다. 물론이다-만약 당신이 성경을 사랑하고, 그리스도를 대신해 싸우려 하고, 당신의 우선적인 관심사가 하나님을 경외하는 것이라면 말이다. 그리고 바로 그것이 십계명이 궁극적으로 말하고자 했던 것이다.

마지막으로 부스카렛은 당시의 제네바가 프랑스의 종교개혁을 위한 요새였음을 강조한다. 제네바는 안식처를 찾아 그곳으로 도망친 자들을 보호하고 지원했다. 프랑스인들의 제네바로의 망명은 1535년 프랑수아 1세Francis I(1494-1547)의 억압 때부터 시작되어 칼빈이 살아있던 시절 내내 계속되었다. 그 기간 동안 약 5천여 명의 프랑스인들이 제네바에서 안전과 희망을 찾았다.

부스카렛은 그 문제를 더 이상 발전시키지 않는다. 그러나 우리는 당시의 제네바가 갖고 있던 그런 요새적 성격이 그 도시의 운명-칼빈이 말했던 "삶을 위한 올바른 법"을 특징으로 삼는 공화국으로서의 운명-을 강화했으리라고 짐작할 수 있다. 그런 측면에서 본다면, 칼빈의 십계명 강해가 이렇게 늦은 시기에 이루어진 것은 약간은 수수께끼 같은 일이라고 할 수 있다. 그러나 이 강해가 교회회의가 성찬을 금지하는 권한을 얻고, 페린 일당이 패배하고, 점차 늘어나는 망명객들이 참정권을 얻었던 시기에 이루어졌다는 것은 옛 시대가 끝나고 새 시대가 열렸음을 알리는 것이었고, 또한 십계명을 통해 드러난 하나님의 뜻과 그분의 영광을 위해 축배를 드는 것과 같은 것이었다.

베른과의 논쟁

1555년에 발생한 세 번째 사건은 칼빈과 제네바로서는 당혹스러울 수밖에 없는 정치적 문제를 낳은 민감한 종교적 논쟁들과 관련되어 있었다. 그 논쟁들은 베른 공화국의 관할지역에 교구를 갖고 있던 몇 사람의 스위스인 목사들로 인해 촉발되었다. 그 문제는 베른과 제네바가 몇 가지 기본적인 교회의 관습들과 관련해 오랫동안 의견을 달리 해왔다는 사실로 인해, 그리고 1536년 8월 7일에 시작된 두 공화국 사이의 정치적 동맹이 1556년 3월에 만료될 예정이라는 사실로 인해 악화되었다. 1555년 2월과 7월 사이에 칼빈이 쓴 편지들 중 상당수가 이 논쟁들을 직접 거론하고 있는데, 이것은 칼빈이 이 문제에 얼마나 골몰하고 있었는지를 보여 준다. 그 일에 대한 베자의 언급이 간략하게나마 그 일의 기본적인 양상을 알려 준다.

그 해에 칼빈이 아무런 방해도 받지 않는 기쁨을 누리지 못하게 만들었던 또 다른 사건이 발생했다. 칼빈에게 반대하는 몇몇 목회자들이 제롬 볼섹Jerome Bolsec의 사주를 받아 무리를 지어 일어났다. 파렴치한에 불과했던 그들은 걸출한 인물을 공격함으로써 명성을 얻겠다는 생각을 품고 칼빈이 하나님을 죄의 창조자로 만들고 있다며 상스러운 말로 비난했다. 그것은 칼빈이 하나님의 섭리와 약속에서 제외되는 것은 아무것도 없다고 가르쳤기 때문이었다. 칼빈은 처음에는 이런 비방을 무시했다. 하지만 그들의 계속되는 폭언을 더 이상 견딜 수 없었던 그는 제네바 당국에 자신이 사절단을 대동하고 베른으로 가서 그 문제를 해결할 수 있게 해달라고 요청했다. 그는 직접 그 도시의 주민들 앞에서 진리를 옹호하고자 했던 것이다. 칼빈이 자신의 입장을 변호한 후, 세바스찬 카스텔리오 Sebastian Castellio는 베른에서 불명예스럽게 추방되었고, 볼섹 역시 도시를 떠나라는 명령을 받았다.

간단히 말해, 그 논쟁은 칼빈의 섭리와 예정 교리에 대한 공격으로 시작되었다. 그 공격은 제롬 볼섹에 의해 촉발되었고, 앙드레 제베디와 쟌 랑에라는 스위스인 성직자들을 대리자로 내세운 세바스찬 카스텔리오가 관용에 대해 취했던 입장을 통해 강화되었다. 칼빈은 그 상황을 해결하기 위해 위신을 깎아가며 두 차례나(5월 6일과 29일) 베른으로 여행을 해야 했다. 그 문제는 칼빈의 십계명 강해가 시작되기 바로 전날인 6월 6일까지도 미해결 상태로 남아 있었다. 제네바 측 사절로 베른에 다녀왔던 어떤 이는 양측의 적대감이 오히려 커졌다고 보고하기까지 했다.

그 논쟁에는 여러 측면들이 있었다. 그러나 문제의 핵심은 칼빈의 예정론이 지나치게 급진적이라는 베른 측의 입장이었다. 베른 측은 너무 많은 호기심을 드러냈고, 하나님의 신비를 너무 깊이 파헤치려 했다.

이런 논쟁들은 칼빈의 십계명 강해 속으로 그대로 흘러들어갔다. 이 논쟁의 영향은 칼빈이 예정론을 확언하는 구절들을 통해 특히 분명하게 드러난다. 그가 십계명 강해를 통해 그런 확언을 했던 이유가 자신을 비방하는 베른 사람들과 맞서기 위해서였다고 주장하는 것은 지나친 일일 것이다. 하지만 그들의 그런 공격이 그 무렵 칼빈의 뇌리를 크게 지배하고 있었음은 분명하다.

칼빈의 십계명 강해에는 이 논쟁의 직접적인 영향을 보여 주는 설교가 적어도 네 편은 들어 있다. 그것들은 두 번째, 세 번째, 여섯 번째, 그리고 열다섯 번째 설교들로, 각각 6월 12일, 17일, 21일 그리고 7월 18일에 행해졌다. 그것들은 모두 그 논쟁에 대한 칼빈의 불편한 심경을 보여 준다. 다음의 인용문은 당시 그가 베른의 중상자들과 벌였던 논쟁에 대해 어떻게 생각하고 있었는지를 잘 보여 준다.

> 하나님은 우리를 철저히 파멸시키실 수 있는 분입니다. 그러므로, 만약 그분이 어떤 이들을 선하고 자비롭게 대하시고, 그들을 자신에게로 이끄시고, 죄의 심연으로부터 그들을 구해내고자 하신다면, 우리 중 누가 그분에게서 잘못을 찾을 수 있겠습니까? 우리가 어떻게 그분을 그런 일로 비난할 수 있겠습니까? 그분이 자신의 피조물에게 자비를 베푸시는데 어째서 우리가 우리의 눈을 치켜떠야 하는 것입니까? 그리고, 비록 그분이 모든 사람들에게 동일한 기준을 적용하지 않으실지라도, 우리는 여전히 입을 다물어야 합니다. 오히려 우리는, 설령 그분이 하시는 일이 우리의 이해 능력을 넘어설지라도, 우리의 입을 크게 열어 그분이 그렇게 하시는 데에는 그럴 만한 이유가 있고 따라서 정당하다고 고백해야 합니다. 왜냐하면 우리가 그분이 인간을 위해 하시는 모든 일들을 이해할 수는 없기 때문입니다. 우리가 해야 할 일은 호기심을 낮추고,

설령 그분이 하시는 일이 우리에게 너무 높고 신비롭게 보일지라도, 그분의 판단에 경의를 표하는 것입니다. (세번째 설교 중에서)

신학적 고려 사항들

칼빈의 십계명 강해의 신학적 토대

칼빈의 십계명 강해는 무엇보다도 도덕법道德法에 관한 해설이다. 이 해설은 적어도 19년간의 지속적인 성찰의 바탕 위에서 이루어졌다. 만약 우리가 칼빈이 1555년에 행한 이 설교들을 그의 『기독교강요』에 비추어 비판적으로 살피지 않는다면, 우리는 그것들을 제대로 이해할 수 없을 것이다. 왜냐하면 『강요』는 그 모든 설교들의 신학적 토대를 이루기 때문이다.

1536년에 첫 출간된 『강요』는 1539년, 1543년, 1550년, 그리고 1559년에 개정 증보되었다. 이 다섯 가지 판본들 중 넷은 분명히 십계명 강해보다 앞선다. 그렇다면, 십계명에 관한 칼빈의 대략적인 사상은 그의 강해가 나오기 훨씬 이전에 이미 틀이 잡혀 있었던 셈이다. 예컨대, 『강요』 초판(1536년) 제1장에는 "율법에 관하여"라는 제목이 달려 있는데, 이 장은 특히 십계명을 중점적으로 다루고 있다. 그로부터 여러 해가 흐른 1559년에 마침내 그 책의 결정판이 나왔다. 하지만 그 결정판의 내용을 이루는 중요한 사상들은 1539년 판에서부터 분명하게 나타난다. 그 결정판은 네 개의 새로운 부분을 추가하고 원래의 텍스트를 재구성했는데, 율법에 관한 칼빈의 사상 자체는 크게 달라지지 않았다.

대체로 우리는 칼빈의 십계명 강해에 들어 있는 설교들이 그의

『강요』가 분명하고 간략하게 정의하고 있는 내용을 보다 쉽고 매력적인 방식으로 발전시킨다고 말할 수 있다. 이것은 그의 설교들이 어떤 식으로든 『강요』의 내용을 훼손한다거나 그 책의 내용 외에 달리 공헌할 만한 것을 갖고 있지 않다는 의미가 아니다. 오히려 그 설교들은 그 책의 내용을 의미 있게 만드는 생생함과 적응성을 보여 준다. 그러나 그 설교들의 신학적 내용은 1555년 이전에 이미 정립되어 있었다. 칼빈의 십계명 강해는 『강요』가 보다 조직적으로 논의하는 내용을 설교에 적용하는 놀라운 방식을 과시하듯 보여 준다.

도덕법의 다섯 가지 주제

『강요』에서 칼빈은 도덕법을 율법의 핵심으로 여겼다. 그가 말하는 율법은 곧 십계명을 의미했는데, 그는 십계명을 "자신의 삶을 하나님의 뜻에 맞추고자 하는" 모든 사람과 나라들을 위한 "참되고 영원한 의의 법"이라고 규정했다. 칼빈은 『강요』에서 도덕법과 관련해 다섯 가지 주제를 발전시켰는데, 그것들 모두가 그의 설교들에 반영되어 있다.

첫째, 도덕법은 역사적으로 그리고 심리적으로 그것에 선행하는 자연법과의 관계 속에서 이해되어야 한다. 도덕법은 하나님이 인간의 마음에 새겨놓으신 자연법에 대한 증거라고 할 수 있다. 타락 이후 인간의 양심은 오염되었다. 그러나 자연법은 인간을 회복시켜 하나님 앞에서 책임적 존재로 만들어 줄 만큼은 남아 있다.

둘째, 그리스도는 율법의 목적이다. 이것은 특히 의식법儀式法에 대한, 그리고 그것이 훗날 복음서를 통해 주어질 보다 분명한 계시에 대해 갖는 "예표적" 혹은 "그림자적" 성격에 대한 칼빈의 이해라는 측면에서 그러하다. 그러나 율법의 이런 "그림자적" 성격은 의식법에만 국한되는 것이 아니다. 도덕법 역시 선취적 특성을 갖고 있다. 그것은 그리스도를 가리키며 그분 안에서 그것의 목적을 성취한다.

칼빈의 십계명 강해에서 율법 – 그것의 목적은 그리스도다 – 의 "그림자적" 성격만큼 주목 받는 주제는 달리 없다. 칼빈이 강조하는 것은 도덕법의 지속적이고 영원한 가치다. 도덕법의 권위는 의식법의 그림자적 성격으로 인해 감소되지 않는다. 칼빈은 그의 열세 번째 설교에서 다음과 같이 말한다.

> 특별히 그분은 그 계명이 오래 지속될 수 있도록 두 개의 돌판 위에 쓰시기로 하셨습니다. 그 계명은 일시적인 것으로 잠시만 소용이 되도록 제공된 것이 아니었습니다. 사실 종교적 의식儀式들의 효용은 끝났습니다. 바로 그것이 율법이 일시적이라고 불리는 이유입니다. 우리는 이제 그런 의식들이 폐지되었고 그것들과 관련된 모든 일들이 완료되었다는 것을 알아야 합니다. 그것들은 고대의 이스라엘 백성이 우리 주 예수 그리스도가 오시기 전까지 지키게 하기 위해 주어졌던 것입니다. 지금 우리는 더 이상 그 시절에 유효했던 의식들의 그림자 밑에서 살고 있지 않습니다. 그럼에도 십계명의 진리와 본질은 한 세대에만 국한된 것이 아닙니다. 그것들은 영원토록 남아 있을 불변하는 무언가를 구성합니다.

셋째, 『강요』에서 도덕법은 약속과 절망을 모두 포함하고 있는 것으로 묘사된다. 그것은 구원을 제공한다. 하지만 도대체 누가 율법을 다 지킬 수 있는가? 칼빈은 그의 강해에서 이 주제를 강조하면서 율법의 요구들은 인간이 충족시킬 수 있는 정도와 범위를 훨씬 넘어선다고 설명한다. 그러나 그것은 사람들이 스스로 구원을 확보하기 위해 그런 요구들에 매달릴 경우에만 그러하다.

넷째, 율법은 세 가지 기능을 한다. 칼빈이 『강요』에서 개괄하는 그 세 가지 기능 모두가 그의 설교들에서도 나타난다. 1) 율법은 불의를 드러내고 정죄하면서 하나님의 의를 계시한다. 2) 율법은 구원의 날이 이르기까지 악인들을 억누르고 중생하지 못한 자들을 제어한다. 3) 율법은 그리스도인들에게 거룩한 삶에 대한 하나님의 뜻을 가르치고 또한 그들에게 그 뜻에 대해 생각하고 복종할 것을 권면한다.

이것들 중 칼빈의 십계명 강해에서 주로 언급되는 것은 세 번째 기능이다. 사실 첫 번째 기능에 대한 언급은 마지막 계명에 대한 설교(열두 번째 설교-역자 주) 때까지는 나타나지 않는다. 그 후 그것은 열네 번째, 열다섯 번째, 그리고 열여섯 번째 설교에서 언급된다. 두 번째 기능에 대한 언급은 대개 문장들 속에 암시적으로 내포되어 있다. 이 강해 전체를 관통하며 힘을 부여하는 것은 세 번째 기능에 대한 언급이다. 처음부터 끝까지 칼빈의 주된 목적은 우리의 매일의 삶을 위한 하나님의 뜻이 십계명을 통해 계시되었으며, 또한 그것이 단지 계시된 것으로 그치지 않고 사람들이 하나님께 순종하는 삶을 살도록 권고하기 위해 공표되었음을 보여 주는 것이었다. 이 세 번째 기능은 이 책에 실려 있는 열여섯 편의 설교 모두를 위한 중요한 토대를 이룬다.

마지막으로, 칼빈은 이제 더 이상 율법은 저주에 대한 위협을 통해 인간의 양심을 구속하는 힘을 갖고 있지 않다고 주장한다. 우리는 여전히 율법을 존경하고 그것에 순종해야 한다. 그러나 절망감이 아니라 자유에 대한 의식을 갖고서 그렇게 해야 한다.

> 이것은 무엇을 의미하는가? 그것은 우리가 죽음에 대한 두려움으로 우리의 양심을 괴롭히는 끊임없는 속박 때문에 좌절하지 말아야 한다는 것이다. 그러나 논쟁의 여지가 없는 사실로 남아 있는 것이 하나 있는데, 그것은 율법의 권위의 그 어느 부분도 철회될 수 없다는 것과, 우리가 늘 그것을 존경과 순종의 마음으로 받아야 한다는 것이다(『강요』 II.vii.15).

칼빈의 십계명 강해에서 두드러지는 것은 이 진술의 후반부 내용이다. 자유에 대한 강조가 약화되지는 않는다. 그러나 칼빈이 십계명 강해를 통해 의도했던 것은 루터가 그의 갈라디아서 강해에서 강력하게 수행했던 것처럼 율법의 저주가 제거되었음을 축하하는 것이 아니었다. 오히려 그는 사람들에게 하나님의 율법은 기독교 신자들에게도 "참되고 영원한 의의 법"이라는 점을 납득시키고자 했는데, 그것은 십계명이 계속해서 사람들을 자기기만과 자기에 대한 의존으로부터 불러내고, 또한 그들로 하여금 그들의 삶을 위한 하나님의 법과 마주하도록 만들기 때문이다.

십계명 해석을 위한 몇 가지 원리들

1555년 이전에 나온 『기독교강요』들에서 또한 주목해야 할 것은 우리가 십계명을 읽고 해석하고 적용할 때 염두에 두어야 할 몇 가지 원리들이다. 칼빈은 1559년에 출간된 『강요』 결정판 제2권 8장 1–12

절에서 그 원리들에 대해 다뤘다. 하지만 그것들은 앞에서 말한 주제들의 경우와 마찬가지로 1539년 판에 이미 실려 있었다. 그 원리들은 아주 중요하다. 이 강해를 읽어나가는 과정에서 알게 되겠지만, 그 원리들은 칼빈이 이 강해에서 취하는 입장을 아주 분명하게 드러낸다. 전체적으로 보자면, 8가지의 원리들이 존재한다(『강요』에서 칼빈은 3가지 원리들만 언급하지만, 우리는 그의 십계명 강해에서 5가지의 다른 원리들을 추론해 낼 수 있다).

첫 번째 원리는 하나님의 뜻의 충분성을 강조하는 것이다. 오직 하나님만이 참 하나님, 인간의 창조주, 성부, 그리고 주님이시다. 그러므로 인간은 자신의 변덕스러운 마음을 억누르고 하나님의 마음을 알고자 해야 한다. 우리는 율법을 인간의 뜻에 맞도록 변경하거나 그것을 도덕적 성찰을 위한 받침대 정도로 여겨서는 안 된다.

두 번째 원리는 십계명의 하나님이 의로우신 동시에 자비로우신 분임을 강조하는 것이다. 그 두 차원 중 어느 것도 망각되어서는 안 된다. 한편으로 하나님은 인간을 심판으로 위협하신다. 반면에 그분은 늘 우호적인 수단을 동원해 그들을 자신에게로 이끄신다.

세 번째 원리는 우리에게 율법을 주신 분이 영적인 존재이시므로 그 율법 역시 영적으로 해석되어야 한다는 것을 강조하는 것이다. 율법의 여섯 번째 계명이 금하는 것은 살인만이 아니라 살인을 유발하는 분노와 증오까지 포함한다. 일곱 번째 계명이 금하는 것은 간음만이 아니라 간음으로 이어질 수 있는 욕망과 무절제한 열정까지 포함한다. 그리고 열 번째 계명이 금하는 것은 탐욕만이 아니라 그 형태가 무엇이든 그와 유사한 모든 생각들까지 포함한다.

네 번째 원리는 우리가 각각의 계명들의 목적을 이해할 필요가 있음을 강조하는 것이다. 각각의 계명들의 목적은 우리가 단지 그 계명의 어구를 반복해서 말하는 것을 넘어서 그 계명을 실천 가능한 것으로 또한 존중할 만한 것으로 만들어 주는 핵심을 제공하는 데 있다.

다섯 번째 원리는 칼빈의 소위 "반대의 법칙"에 유념하는 것이다. 무언가가 명령되면, 그 반대의 것은 정죄된다.

여섯 번째 원리는 율법의 "과격한 표현"에 초점을 맞추는 것이다. 어째서 율법은 가장 극악한 죄악들만을 금하는가? 그것은 육신을 가진 우리에게는 죄와 그것의 불결함을 별 것 아닌 것으로 여기려는 성향이 있기 때문이다. 율법은 아주 불편한 예들을 제시함으로써 우리가 모든 죄들을 혐오하도록 만든다. 칼빈이 그의 여덟 번째 설교에서 설명하듯, "하나님은 우리가 악을 행하지 않게 하시기 위해 우리 앞에 가장 혐오스러운 것을 제시하신다."

일곱 번째 원리는 율법의 두 돌판을 완전한 의의 핵심으로 강조하는 것이다. 완전한 의는 율법의 두 돌판의 내용 모두를 (한 쪽을 위해 다른 한 쪽을 포기하는 일 없이) 지킬 것을 요구한다. 이것은 칼빈이 십계명 강해 전반에서 고수하고 있는 원리다.

마지막으로, 소위 "사랑의 명령"에 유념하는 것이다. 이것은 "네 이웃을 네 몸과 같이 사랑"하고 "남에게 대접을 받고자 하는 대로 남을 대접"하는 것을 의미한다. 우리가 어느 계명의 의미에 대해 의문을 품을 때마다, "사랑의 명령"이 우리에게 보다 분명한 통찰을 제공해 줄 것이다.

이에 더하여, 이 강해에서 종종 등장해서 칼빈의 율법 해석에 영향을 주는 3가지 다른 원리들이 있다. 1) 인간 안에 있는 하나님의 형상, 2) 성경 본문의 본래적인 의미, 3) 적응의 원리.

첫 번째 원리는 사람들간의 유대를 강조한다. 모든 인간은 동일한 속屬과 동일한 조상에게 속해 있다. 그러므로 그들은 서로에게 선하게 행동해야 한다. 두 번째 원리와 관련해 칼빈은 항상 모든 성경 구절의 "참되고 본래적인 의미"가 우선시되어야 함을 상기시킨다. 세 번째 원리는 사람들에게 하나님은 각 세대의 사람들이 자신을 받아들이게 하시기 위해 자신을 그들의 능력에 맞추어 계시하셨음을 상기시킨다. 이것은 칼빈이 이 강해 전반에 걸쳐 지치지 않고 되풀이하는 원리다. 그는 이 원리를 언급함으로써 두 가지 기본적인 확신을 강조한다. 하나는, 하나님과 인간 사이에는 무한한 거리가 있다는 것이다. 인간은 하나님처럼 높아지기를 희망해서는 안 되며, 그분을 그분의 모습 그대로 알 수도 없다. 다른 하나는, 하나님의 그런 적응은 그분의 선하심과 은혜를 극적으로 보여 준다는 것이다. 인간에게 내려와 말씀하시고 그들의 생명을 초래하는 영원한 말씀을 제공하시는 분은 바로 그 하나님이시다.

칼빈의 십계명 강해의 신학적 배경에 대해서는 이보다 더 많은 이야기를 할 수 있을 것이다. 그러나 여기에서는 그의 『강요』가 그의 강해를 위한 신학적 토대를 제공했다는 사실에 주목하는 것으로 만족하자.

벤자민 W. 팔리

칼빈의 십계명 강해

(1555. 6. 7 ~ 1555. 7. 19)

1555년 6월 7일 금요일

제1강

오늘 우리와 세우신 언약

⁴⁴모세가 이스라엘 자손에게 선포한 율법은 이러하니라 ⁴⁵이스라엘 자손이 애굽에서 나온 후에 모세가 증언과 규례와 법도를 선포하였으니 ⁴⁶요단 동쪽 벳브올 맞은편 골짜기에서 그리하였더라 이 땅은 헤스본에 사는 아모리 족속의 왕 시혼에게 속하였더니 모세와 이스라엘 자손이 애굽에서 나온 후에 그를 쳐서 멸하고 ⁴⁷그 땅을 기업으로 얻었고 또 바산 왕 옥의 땅을 얻었으니 그 두 사람은 아모리 족속의 왕으로서 요단 이쪽 해 돋는 쪽에 살았으며 ⁴⁸그 얻은 땅은 아르논 골짜기 가장자리의 아로엘에서부터 시온 산 곧 헤르몬 산까지요 ⁴⁹요단 이쪽 곧 그 동쪽 온 아라바니 비스가 기슭 아래 아라바의 바다까지이니라 ¹모세가 온 이스라엘을 불러 그들에게 이르되 이스라엘아 오늘 내가 너희의 귀에 말하는 규례와 법도를 듣고 그것을 배우며 지켜 행하라 ²우리 하나님 여호와께서 호렙 산에서 우리와 언약을 세우셨나니 ³이 언약은 여호와께서 우리 조상들과 세우신 것이 아니요 오늘 여기 살아 있는 우리 곧 우리와 세우신 것이라 (신 4:44-5:3)

세상이 자신에게 순종하기가 얼마나 어려운지 아시는 하나님은 한 백성을 택해 그들을 제한된 시기 동안만이 아니라 계속해서 다스리고자 하셨습니다. 이것은 그들이 그분의 멍에에 충분히 익숙해지게 하시기 위함이었는데, 지금도 그분은 그분의 교회 안에서 같은 일을 하고 계십니다. 사실 우리는 하나님의 진리를 단 한 번 듣는 것으로 충분해야 합니다. 그러나 우리는 그런 진리의 말씀을 듣고도 우리가 마땅히 그렇게 해야 할 만큼 즉시 믿지 않습니다. 오히려 우리는 믿기 시작하자마자 물러서며 결국에는 배운 것조차 망각하고 맙니다. 그런 이유 때문에 하나님은 우리의 구원에 필요한 것들을 단 한 번 계시하시는 것에 만족하지 않으시고, 그것들을 가능한 한 여러 번 상기시키시고 또한 우리의 마음에 새겨 넣으십니다.

오늘의 본문이 말씀하는 것이 바로 그것입니다. 여기에서 모세는 자신이 호렙산에서 율법을 전한 일뿐 아니라, 40년간의 광야 생활을 마친 직후에 혹은 대략 그 무렵의 어느 때에 백성들에게 다시 그것에 대해 가르쳤던 것에 대해 상세하게 이야기합니다. 그러나, 우리가 이미 논했듯이(이 강해는 그가 행한 신명기 강해라는 보다 큰 연속설교 안에 들어 있다 – 역자 주), 여기에서 우리가 눈여겨봐야 할 것은 그가 그 오랜 시간 동안 백성의 관심을 하나님이 자신에게 선포하라고 명령하셨던 것에 집중시키는 일을 그치지 않았다는 사실입니다.

우리가 모세에게서 발견하는 이런 부지런함은 불필요한 것이 아닙니다. 오늘의 본문은 다음과 같이 말씀합니다. "요단 가까이 와서 아모리 족속의 왕 시혼과 그의 이웃인 바산 왕 옥을 물리친 후 모세가 다시 한 번 그 백성에게 하나님의 규례와 법도를 상기시키니라"(신 4:45-47에 대한 이문합성異文合成[conflation]이다. 종종 칼빈은 본문에 대한 간략하고 용이한 설명을 위해 성경의 이문들을 합성해서 사용한다 – 역자 주). 모세가 그렇게 한 까닭은 이스라엘 백성이 잠시 그곳에 머무는 동안 율법을 익히고 마치 전에는 그것에 대해 충분히 배운 적이 없었던 것처럼 하나님의 진리를 배우게 하기 위함이었습니다. 바로 그것이 모세가 이 구절에서 말하고자 했던 내용입니다.

율법, 인간의 삶을 위한 온전한 가르침

여기에서 모세는 특별히 "율법", "증언", "규례", 그리고 "법도" 등을 언급합니다(44-45절 참고 – 역자 주). 이것은 하나님이 그분의 백성을 절반 정도만 가르치거나 그들에게 모호하고 부족하고 불완전한 교훈을 제시하는 것에 그치지 않으시고, 오히려 "율법" 안에 인간에게 선하고 유익한 모든 것을 포함시키셨음을 보다 잘 설명하기 위해서였습니다. 그러므로, 만약 이스라엘 백성이 율법을 받아들였더라면, 그들은 이제 더 이상 그것에 대해 물을 필요가 없었을 것입니다. 왜냐하면, 그랬더라면, 대체로 그들은 이미 율법을 따라 살아가고 있었을 것이기 때문입니다. 이것은 아주 중요합니다. 왜냐하면 이때 그들이 배우고 있었던 것은 율법인 것만큼이나 또한 가르침이었기 때문입니다.

다음으로 "증언"이라는 말이 나오는데, 마치 이것은 하나님이 자신은 우리를 자신의 백성과 교회로 삼으시고 자신에게 이끌기 위해 우리와 더불어 언약을 맺고 그 언약의 내용을 항목별로 열거하실 때 그 언약에 필요한 것을 아무것도 빼먹거나 잊지 않으신다고 선포하시는 것과 같습니다. 하나님과 우리 사이의 영적 연합에 관한 모든 것이 이 "증언"이라는 말 속에 들어 있습니다. 그 모든 것이 언약의 항목들입니다. 언약을 맺을 때 우리는 양쪽 당사자에게 적합한 것을 기록합니다. 그러므로 여기에서 하나님은 이 말씀을 통해 자신의 율법이 (만약 우리가 그것을 잘 지키기만 한다면) 우리를 위한 충분한 가르침을 포함하고 있다는 사실을 엄중하게 확언하고 계신 것입니다. 그 다음에 나오는 "규례"와 "법도" 역시 마찬가지입니다.

인간의 헛된 호기심

하나님이 우리를 가르치기 위해 그토록 수고하실 뿐 아니라 또한 자신이 우리에게 필요한 것을 아무것도 빼먹지 않으신다고 선언하시는 것은 놀라운 일입니다. 그럼에도 우리의 마음은 너무나 변덕스러워서 항상 우리가 하나님의 말씀 안에서 발견할 수 있는 것보다 더 나은 무언가를 탐합니다. 그런 악한 호기심이 계속해서 이 세상을 지배해 왔습니다. 오늘날에도 우리는 세상 모든 곳에서 이 저주받은 탐욕이 여전히 활개를 치고 있는 것을 목격하고 있습니다. 언제나 인간은 하나님이 작정하신 것 이상으로 현명해지려고 합니다.

그런데 도대체 우리는 어째서 그러는 것일까요? 그것은, 우리가 하나님의 말씀이 선포될 때 그분이 우리에게 유익한 것을 모두 알려 주지 않으셨을 수도 있다고 억측해서는 안 됨에도 불구하고, 늘 요리조리 꿈틀거리면서 그분이 알려 주신 것보다 많은 것을 알려고 하기 때문입니다.

그러므로 우리는 우리 안에서 그런 악한 것이 감지될 때마다 이 구절에 내포된 권고를 기억해야 합니다. 왜냐하면 이 권고는 만약 우리가 하나님이 우리의 주인이 되시도록 허락한다면 우리가 그분의 학교에서 모든 완전한 지혜를 발견하게 되리라는 것을 알려 주기 때문입니다. 그러므로 우리는 율법이 우리를 신중하게 만들기 위해 존재한다고 말할 수 있을 것입니다.

더 나아가 율법은 우리를 하나님과 연합시키는 데 필요한 모든 조항들을 포함하고 있습니다. 그것은 우리의 행복과 영광을 구성하는 요소가 되며 올바른 삶을 위한 규칙들을 보여 줍니다(『강요』 II.viii.12; II.viii.1). 그러므로 이제 더 이상 우리는 올바른 삶을 영위하기 위해 하나님이 우리에게 무엇을 요구하시는지를 알아내려고 애쓸 필요가 없습니다. 왜냐하면 이미 우리에게는 우리의 삶을 위한 모든 규례와 법도가 있기 때문입니다. 그러므로 우리가 하나님이 정해 주신 한계를 넘어서지 않을 때, 우리는 우리의 삶을 통해 충분히 하나님을 기쁘게 해드릴 수 있습니다. 더 나아가 우리는 우리가 율법에 무언가를 덧붙일 때 하나님이 그것을 또 하나의 규례로 혹은 선한 것으로 인정해 주시리라고 여기지 말아야 합니다. 왜냐하면 그분은 우리에게 필요하고 유용한 것을 아무것도 간과하지 않으셨기 때문입니다.

우리는 이 두 가지 요점에 주목할 필요가 있습니다. 그것들은 우리로 하여금 매일 하나님의 이름으로 우리에게 선포되는 가르침들을 가능한 한 높이 존경하도록 만들어 줍니다. 그러므로, 율법이 그토록 완전한 지혜임을 안다면, 우리는 마땅히 온 힘을 기울여 그것에 집중하고 그것을 지키려 해야 하지 않겠습니까?

만약 우리가 하나님이 우리를 포기하지 않으시고 계속해서 우리를 가르치고자 하신다는 것을 안다면, 우리는 마땅히 그분의 말씀에 주의를 기울이고 부지런히 그 말씀으로부터 유익을 얻으려 해야 하지 않겠습니까? 그리고 우리는, 비록 처음에는 우리에게 마땅할 만큼 성공하지 못할지라도, 우리의 삶의 과정 전체를 통해 하나님의 뜻을 보다 잘 이해하고자 애씀으로써 마침내 모든 무지로부터 해방되어야 하지 않겠습니까? 비록 그런 일이 우리가 이 세상을 떠날 때에야 가능할지라도 말입니다.

모세는 그 일을 아주 잘 했습니다. 분명히 그는 오늘날에도 우리에게 규범과 본보기가 됩니다. 그는 경솔하게 행동하지 않았습니다. 그로 인해 하나님은 그를 모든 예언자들과 하나님의 교회에서 다른 이들을 가르치는 책임을 맡은 모든 이들을 위한 거울이 되게 하셨습니다. 하나님은 우리가 그분의 진리를 단 한 번의 교육만으로 알 수 있는 것처럼 여기지 않기를 바라십니다. 그분은 그 진리의 말씀이 우리 안에서 거듭 되살아나 더 이상 우리가 "오, 나는 그것에 대해 충분히 들은 바 없어"라며 핑계를 대지 못할 만큼 우리 안에 뿌리 내리기를 원하십니다. 하나님은 (만약 우리가 고의로 그렇게 하지만 않는다면) 우리가 실수하지 않게 하시기 위해 늘 그분 편에서 여러 가지 준비를 하십니다.

벳브올이 언급된 이유

오늘 우리의 본문에서 특별히 언급되는 "벳브올"(신 4:46)은 이스라엘 백성을 미신에 빠지게 했던 우상의 신전이 있었던 곳입니다. 그러나 이런 언급은 하나님이 그분의 백성에게 우상숭배에 빠지지 말 것을 촉구하기 위해 택하신 치유책이기도 했습니다. 실제로 그분은 우상의 신전에 관심을 두었던 이들에게 엄격한 징벌을 내리신 적이 있습니다(민 25:1-9 참고). 그러므로 여기에서 "벳브올"이 언급된 것은 하나님이 이스라엘 백성을 경멸하시며 다음과 같이 말씀하시는 것과 같습니다. "내가 너희를 부른 것은 나를 섬기기 위해 성별된 땅을 얻게 하기 위함이었다. 그곳에서 너희는 너희로 하여금 죄를 짓게 할 만한 아무것도 발견하지 못할 것이다. 왜냐하면 너희 가운데 나의 성소가 세워질 것이기 때문이다. 나는 나의 율법을 따라 순전한 예배를 받을 것이고, 그 땅은 오래된 미신들로 인해 더럽혀지지 않을 것이다. 왜냐하면 모든 미신들이 제거될 것이기 때문이다. 그런데 지금 너희는 이 나라의 구석진 곳에 머물러 우상의 신전을 바라보고 있구나. 너희 가운데 더럽고 혐오스러운 것이 있구나. 그러므로 너희는 내가 너희에게 약속했던 땅에 들어가지 못할 것이다. 그리고 너희가 그런 상태에서 너희의 죄를 의식하는 것이야말로 너희에 대한 나의 적절한 응징이다."

바로 그것이 이스라엘 백성이 하나님을 버리고 브올의 신전 부근에 머물고자 했을 때 하나님이 그들을 벌하신 방법이었습니다. 그러므로 오늘 우리가 우상을 숭배하는 자들과 뒤섞여 살면서 그들이 우리에게 얼마나 큰 해악을 끼치고 우리의 신앙을 얼마나 왜곡하고 있는지를 의식할 때, 우리는 바로 그것이 하나님이 우리의 우상 숭배를 벌하고 계신 것임을, 적어도 우리의 죄 때문에 우리를 낮추고 계신 것임을 깨달아야 합니다.

더 나아가 우리는 불신자들이 저지르는 잘못에 대해 슬퍼해야 합니다. 그리고 온 세상이 개혁되어 우리의 신앙에 일치와 조화가 나타날 때까지는, 또한 하나님이 우리 모두에게서 순전하게 경배받으실 때까지는, 우리가 그분의 나라를 바라볼 수 없다는 것을 깨달고 슬퍼해야 합니다. 그러므로 우리는 미신에 대한 그 어떤 미혹도 죄로 여겨야 합니다.

하지만 하나님은 그 어떤 상황에서도 자신의 백성 이스라엘에게 충분한 치유책을 제공하시는 일을 잊지 않으셨습니다. 하나님이 모세를 통해 백성들에게 율법을 가르치신 것은 그들을 가련하게 눈이 멀어 숱한 미신들에게 치이면서 잘못된 삶을 살아가는 자들로부터 구별해 내시기 위함이었습니다. 이를 통해 우리는 비록 세상이 왜곡되고 혼란에 빠져 있을지라도, 또한 온 세상이 부패한 것들로 가득 차 있을지라도, 여전히 우리에게는 우리를 인도하는 하나님의 말씀이 있다는 것을 인식할 필요가 있습니다. 그럴 경우 그 말씀이 우리에게 우상숭배자들의 온갖 미신들과 맞서는 데 필요한 힘을 제공해 줄 것입니다. 만약 하나님이 우리에게 그분의 말씀을 주셨음에도 우리가 여전히 허영으로 가득 차 그런 도우심을 거부한다면, 그 때 우리에게는 더 이상 변명할 여지가 없을 것입니다. 그러므로, 이미 말씀드렸듯이, 하나님이 우리에게 그분의 뜻을 선포하실 때, 우리는 그 말씀이 우리를 위한 효과적인 굴레가 되게 해야 합니다.

비록 온 세상이 우리를 향해 자기를 주장할지라도, 또한 어떤 이들이 멋대로 변덕을 부리고, 또 다른 이들이 특정한 신앙을 옹호할지라도, 일단 우리가 하나님의 음성을 듣고 그분의 뜻을 알았다면, 우리는 그 모든 것을 하찮게 여겨야 합니다. 그러므로 우리는 이 믿을 만하고 오류가 없는 가르침을 앞세우면서 세상의 모든 무가치한 의견들과 잘못들로부터, 그리고 인간이 고안하거나 마귀가 지어낸 모든 헛된 것들로부터 물러서는 것을 배워야 합니다. 바로 그것이 모세가 "벳브올"을 언급하는 이 구절에서 우리가 배워야 할 내용입니다.

옥과 시혼이 언급된 이유

이어서 모세는 "이 일은 두 왕 곧 바산 왕 옥과 아모리 족속의 왕 시혼을 물리친 후에 있었느니라"(신 4:46-47의 이문합성 – 역자 주)라고 말합니다. 여기에서 그가 그 사건들에 대해 이야기하는 것은 이스라엘 백성이 하나님께 순종하지 않을 경우 그들에게 책임을 지우기 위해서입니다. 우리는 하나님이 우리에게 베푸시는 은혜에 합당한 정도로 그분에 대해 사랑과 경외심을 품어야 합니다.

하나님은 우리에게 자신을 관대한 분으로 알려주셨습니다. 그러므로 마땅히 우리는 더욱더 그분에게 이끌려야 합니다. 만약 어떤 이가 우리에게서 은혜를 입었기에 우리에게 감사해야 마땅함에도 그렇게 하지 않는다면, 이후로 우리는 그를 무시할 것입니다. 그렇다면, 우리가 살아 계신 하나님께 그런 태도를 보일 경우, 도대체 우리는 그것에 대해 어떻게 변명할 수 있겠습니까!

그러므로 모세가 여기에서 그 두 명의 왕들의 패배를 언급하는 것은 이스라엘 백성에게 그 두 왕의 패배가 사실은 하나님이 이루신 놀라운 승리였음을 분명하게 인식시키기 위함이었습니다. 그동안 우리는 하나님이 금하시는 것에 맞서려고 할 때마다 보기 좋게 격퇴를 당해 왔습니다. 사실 우리 안에는 내세울 만한 것이 아무것도 없습니다. 그리고 우리의 적은 침으로 우리의 눈을 쏘아대는 왕벌만큼이나 강하고 날카롭습니다. 바로 그것이 이 구절에 내포된 내용입니다.

이스라엘에게 패배한 그 두 왕은 강하고 거친 자들이었습니다. 그럼에도 하나님은 그들을 이스라엘 백성의 손에 넘기셨습니다. 그것도 아무런 희생도 치르지 않게 하시면서 말입니다. 그러니 도대체 그 두 번의 승리의 원인이 무엇이었겠습니까? 모든 것을 주관하시는 하나님 아니었겠습니까? 그러므로, 만약 이스라엘 백성이 하나님이 자기들을 불쌍히 여기시고 자기들의 조상들과 하신 약속을 이행하기 시작하셨다는 것을 안다면(사실 그들은 이미 그것에 대한 충분한 증거를 받았습니다), 참으로 그들은 자신들을 온전히 하나님께 바치고 전적으로 그분에게 순종해야 하지 않겠습니까? 그분이 그들에 대한 사랑 때문에 그토록 분명하게 알려 주신 뜻에 자기들을 맡겨야 하지 않겠습니까? 바로 그것이 모세가 이 구절에서 시혼과 옥의 패배를 언급하며 말하고자 했던 내용입니다. 즉, 그것은, 만약 이스라엘 백성이 자신들에게 그토록 큰 은혜를 베푸신 분을 섬기는 일에 온전하게 헌신하지 않는다면, 그들의 배은망덕이 얼마나 클 것인지를 알리려는 것이었습니다.

이제 우리는 이 가르침을 우리 자신에게 적용해 유익을 얻어야 합니다. 우리가 우리 안에서 게으름이나 무관심이나 반역하는 마음이나 육신을 자극하는 무언가를 인식할 때마다, 혹은 우리가 하나님과의 교제를 기뻐하지 않거나 그 교제에 대해 우리가 마땅히 느껴야 할 만큼의 흥분을 느끼지 않을 때마다, 우리는 우리가 그분에게서 받은 유익들을 열거하면서 자신을 향해 이렇게 말해야 합니다. "가련한 자여, 하나님이 너에게 그분의 뜻을 계시하실 때 네가 그분께 매달리지 않는다면, 너는 얼마나 방종한 자인가! 네가 하나님으로부터 받은 것들을 떠올려 보라. 그분이 지금까지 너에게 제공하신 유익한 것들을 떠올려 보라."

그러므로 우리는 우리가 그분께 얼마나 많은 빚을 지고 있는지를 헤아리면서 그분을 섬기기 위해 더욱더 애써야 합니다. 또 우리는 그분이 우리를 지으셨을 뿐 아니라, 예전에 이스라엘 백성을 애굽에서 구해내신 것처럼 우리 주 예수 그리스도의 보혈을 통해 우리를 구속하셔서 자신에게 이끄셨으며, 또한 우리에게 복음의 교리들을 알려주심으로써 자신의 보호를 얻게 하시고 그로 인한 결과를 맛보게 해주신 것을 알아야 합니다.

그동안 우리는 우리가 연약할 때 그분이 우리를 도우시고 지원해주시는 것을 얼마나 자주 경험해 왔습니까? 만약 그분이 우리를 돕기 위해 손을 펼치지 않으셨다면, 우리는 사탄에 의해 수도 없이 제압당하지 않았겠습니까? 그분의 도움이 없었더라면, 우리 모두는 이미 사탄에게 정복되었을 것입니다. 그분의 구해주심이 없었더라면, 우리 모두는 사탄의 유혹에 빠져 질식했을 것이고 그것에 의해 삼켜지고 말았을 것입니다. 그러나 우리 주님은 중단 없이 매일 그분의 은혜를 통해 우리에게 확신을 주십니다. 그러므로 우리는 모든 기회를 활용해 더욱더 뜨겁게 그분을 섬겨야 합니다.

듣고 배우라

다음으로 모세는 이스라엘 백성을 향해 다음과 같이 말합니다. "이스라엘아 오늘 내가 너희의 귀에 말하는 규례와 법도를 듣고 그것을 배우며 지켜 행하라"(신 5:1). 이로써 모세는 십계명 서문에 다음과 같은 내용을 포함시키고 있는 것입니다. 즉, 하나님이 우리에게 율법을 주신 것은 단지 우리가 그것을 듣고 그 내용을 이해하게 하기 위해서가 아니라, 우리가 그것을 따라 변화되고 그로 인해 우리가 하나님께 바치는 순종을 그분이 인정하실 수 있게 하기 위해서라는 것입니다. 그러므로 우리는 하나님의 가르침은 실천을 낳는다는 것과, 우리에게는 우리가 그 가르침을 헛되이 받지 않았음을 입증할 의무가 있다는 것을 알아야 합니다.

가장 먼저 모세는 "내가 너희의 귀에 말하는 규례를 듣고 그것을 배우라"고 말합니다. 이것은 마치 그가 다음과 같이 말하는 것과 같습니다. "하나님이 그분의 이름과 권위로 선포하신 교훈이 땅에 떨어지게 해서는 안 된다. 오히려 우리는 그것을 신중하게 받고 연구해야 한다." 만약 우리가 세상의 일에 지나치게 몰두하느라 하나님의 말씀을 통해 아무런 유익도 얻지 못한다면, 그것은 누구의 잘못이겠습니까? 그것은 우리가 설교를 듣고 성경을 읽되 그저 의무적으로 그렇게 하기 때문이 아니겠습니까? 우리에게 율법이 선포된 이유는 우리가 그것을 정확하게 준수하도록 하기 위함입니다. 하지만 우리는 그것을 제대로 수행하려 하지 않습니다. 하나님이 그분의 말씀을 통해 우리를 가르치시기 위해 은혜롭게 행동하실 때, 우리는 그분의 착하고 부지런한 학생이 되기 위해 노력해야 합니다.

더 나아가 모세는 "내가 너희의 귀에 말하는…"이라고 강조해서 말합니다. 사실 우리에게는 이런 어법이 어렵게 보일 수 있습니다. 그러나 이 말의 의미는, 하나님은 결코 우리에게 모호하거나 낯설게 말씀하시지 않는다는 것입니다. 오히려 그분은 우리에게 필요한 모든 것을 우리에게 익숙한 방식으로 선포하십니다. 그분은 자신의 뜻을 분명하게 선포하기 위해 우리에게까지 내려오십니다. 이런 사실을 고려할 때, 만약 우리가 그분의 말씀을 잊거나 왜곡한다면, 혹은 우리가 그 말씀을 활용해 유익을 얻지 않는다면, 도대체 우리가 그분께 어떤 변명을 할 수 있겠습니까?

사실 우리는 어리석고 무지하기 때문에 늘 그분의 말씀 안에서 여러 가지 어려운 말씀들을 발견합니다. 그것들은 우리가 이해하기에는 너무 높고 심오해 보일 수 있습니다. 그러나 우리가 그 문제를 누구의 탓으로 돌려야 하겠습니까? 하나님의 말씀이 너무 낯설다고 불평하는 자들은 거짓말쟁이라는 비난을 받아야 마땅합니다. 사실 그들은 하나님께 실수하는 것이며 그분을 모독하는 것입니다. 그들은 (모세가 확언하는 바) 율법이 선포되었을 때 이스라엘 백성에게 주어졌던 은혜를 부인하고 경멸하는 것입니다. 왜냐하면 성경은 그 때 하나님이 모세의 입을 통해 이스라엘 백성의 귀에 대고 말씀하셨다고 전하기 때문입니다. 그러므로 그 때 그들이 받았던 가르침은 그들에게 아주 친밀한 방식으로 제공되었을 것입니다.

이것은 오늘날의 우리들에게도 해당됩니다. 우리 역시 하나님의 말씀의 어려움을 핑계 삼아 성경에 들어 있는 가르침을 제대로 이해할 수 없다고 강변해서는 안 됩니다. 왜냐하면 하나님은 오늘도 여전히 우리와 가까이 계시고 우리에게 분명하게 말씀하시기 때문입니다. 참으로 그분은 우리가 그분을 향해 귀를 틀어막지만 않는다면 우리를 방치하지 않으십니다. 뿐만 아니라 그분은, 설령 우리가 그분에게 귀를 막을지라도, 우리가 그분의 가르침을 통해 유익을 얻을 준비가 될 때까지 우리를 위해 쉬지 않고 일하십니다.

지켜 행하라

이제 우리는 우리가 앞에서 읽은 내용, 즉 "지켜 행하라"는 말씀으로 되돌아가야 합니다. 사실 우리가 단순히 하나님의 말씀에 동의하고 그것에 대해 증언만 할지라도, 그것은 그 자체로 선하고 옳고 거룩한 일이며, 그로 인해 하나님은 우리를 칭찬하실 것입니다. 그렇다면 무엇이 문제입니까? 문제는 하나님입니다. 그분은 과연 우리가 그분을 우리의 주님으로 여기고 있는지 알고 싶어 하십니다. 하기야, 바로 그것이 우리의 삶의 원칙이 되어야 합니다. 우리는 그분이 우리에게 말씀하시는 것을 연구만 해서는 안 됩니다. 우리는 우리의 욕망과 애착을 포기해야 합니다. 그리고 오직 그분을 기쁘게 해드리고 그분과 그분의 공의를 통해 다스림 받기를 구해야 합니다. 그렇게 할 때 비로소 우리는 하나님이 우리 안에서 그분에게 합당한 지위를 얻으셨음을 증거할 수 있습니다. 그리고 우리는 그런 상태에 이르기 전에는 그분의 가르침을 통해 아무런 유익도 얻지 못할 것입니다.

그러므로 하나님의 말씀을 듣는 자들은 "지켜 행하라"는 이 구절을 늘 마음에 새겨야 합니다. 어째서입니까? 그것은 우리가 하나님의 말씀을 배울 수 있도록 은혜를 베푸시는 분이 하나님 자신이기 때문입니다. 그런데 도대체 그분은 무엇 때문에 우리에게 그런 은혜를 베푸시는 것입니까? 그것은 우리가 그분이 하시는 말씀을 듣고 "오, 멋진 말이야" 혹은 "아주 좋아"라고 말하게 하기 위해서가 아닙니다. 오히려 그분은 우리의 삶이 변화되게 하기 위해서, 그리고 그분의 법이 선하고 믿을 만하기에 우리가 그 법을 따라 살아감으로써 이제 더 이상 과거와 같은 잘못을 저지르지 않게 하기 위해 그렇게 하시는 것입니다.

참으로 불행한 이들은 자기들이 옳은 길에서 벗어나 방황하고 있다는 사실을 알지 못하는 자들입니다. 그들이 그런 상태에 머물러 있는 것은 우리들처럼 가르침을 받지 못했기 때문입니다. 하나님의 가르침이 우리를 억제하는 것은 그분이 우리를 지배하시고 우리가 그분께 순종할 수 있게 하시기 위해서입니다.

바로 그것이 모세가 이스라엘 백성에게 율법을 전하기에 앞서 이 서론 격의 말을 통해 그들에게 분명하게 알려 주고자 했던 내용입니다. 즉, 그들은 율법을 듣고서 그것으로 자기들의 귀나 간질여서는 안 되고, 오히려 그것을 받아서 굳게 지켜야 했습니다.

자기를 낮추신 하나님

이어서 모세는 다음과 같이 말합니다. "우리 하나님 여호와께서 호렙 산에서 우리와 언약을 세우셨나니"(신 5:2). 사실 하나님이 우리에게 그분이 응당 받으셔야 할 몫만을 요구하셨을지라도, 마땅히 우리는 그분께 매달리고 그분의 계명에 우리 자신을 복속시켜야 했을 것입니다. 그러므로, 그분이 그분의 한없는 선하심으로 인해 우리와 언약을 맺고자 하실 때, 그렇게까지 하실 필요가 없음에도 굳이 우리에게 자신을 속박시키려 하실 때, 우리의 아버지와 구주가 되고자 하실 때, 우리를 자신의 양떼와 기업으로 받고자 하실 때, 마땅히 우리는 더욱더 그분의 보호 아래에 머물러야 하고 우리 자신을 그분이 제공하시는 영원한 생명으로 채워야 합니다. 하나님이 그런 일들을 하실 때 우리의 마음은—비록 그것이 전에는 돌처럼 딱딱했을지라도—살처럼 부드러워져야 하지 않겠습니까?

살아 계신 하나님이 그 정도까지 자신을 낮추시며 우리와 언약을 맺으시는 것은 사실상 그분이 다음과 같이 말씀하시는 것과 같습니다. "너희와 나의 상황을 비교해 보라. 사실 너희와 나 사이에는 무한한 거리가 있다. 그리고 나는 너희와 아무것도 합의하지 않고도 내게 좋아 보이는 것을 너희에게 요구할 수 있다. 왜냐하면 너희는 내게 접근할 자격이 없기 때문이다. 또한 너희는 자신이 원하는 것을 '이것이 내가 원하고 생각하는 것이다'라는 말 외에 아무런 추가적인 설명 없이 일방적으로 너희에게 명령할 수 있는 이와 교제할 만한 자격이 없기 때문이다. 그러나 보아라, 나는 나의 권리를 내려놓는다. 나는 너희의 인도자와 구주가 되기 위해 너희의 곁으로 내려왔다. 나는 너희를 다스리기 원한다. 너희는 나의 연약한 가족이나 다름없다. 만약 너희가 내 말을 듣는다면, 나는 너희의 왕이 될 것이다. 너희는 내가 너희의 조상들과 언약을 체결한 까닭이 내가 너희에게서 무언가를 얻어내기 위함이라고 여겨서는 안 된다. 왜냐하면 나는 아무것도 필요하지 않기 때문이다. 도대체 내게 부족한 것이 무엇이냐? 그리고 도대체 너희가 나를 위해 할 수 있는 것이 무엇이냐? 나는 그저 너희에게 안녕과 구원을 주려 할 뿐이다. 지금 나는 너희와 항목을 정해가며 언약을 맺고 너희를 향해 맹세할 준비가 되어 있다."

살아 계신 하나님이 그 정도까지 자신을 낮추심에도 우리가 그분 앞에서 우리 자신을 낮추고 우리의 모든 자랑과 교만을 포기하지 않는다면, 우리는 배은망덕한 자들로 간주되어야 마땅하지 않겠습니까? 그러므로 여기에서 모세가 하나님이 이스라엘 백성과 맺으신 언약을 언급하는 것은 공연한 일이 아닙니다. 무엇보다도 그것은 그분의 선하심과 은혜를 알리려는 것이었습니다.

우리가 율법의 시대에도 그렇게 해야 했다면, 오늘날 우리에게는 그렇게 해야 할 더 큰 이유가 있습니다. 왜냐하면 우리 주님은 그 옛날 유대인들과 언약을 맺으신 것에 그치지 않으시고 자신의 외아들을 보내셔서 예전에 하셨던 것보다 훨씬 더 분명하게 그리고 최대한 부드럽고 유화적인 방식으로 자신을 우리의 아버지와 구주로 알려 주셨기 때문입니다. 사실 이것은 하나님이 그분의 가장 은밀한 감정을 누설하신 것이나 다름없습니다. 하나님은 우리 주 예수 그리스도를 통해 우리에게 자신의 마음을 알리셨습니다. 그리스도께서는 직접 우리에게 자신이 더 이상 우리를 종이 아니라 친구라 부르겠노라고 말씀하셨습니다(요 15:15).

그러므로, 만약 우리가 우리 자신과 우리의 모든 감정을 하나님께 바치면서 우리의 모든 것을 그분에게 복속시키려 하지 않는다면, 우리는 이미 마귀에게 미혹된 것 아니겠습니까? 만약 오늘 우리가 우리 안에서 하나님을 섬기지 못하도록 가로막는 악의나 게으름을 발견한다면, 혹은 이 세상에서 잠이 들어 맑은 정신으로 하나님을 찬양하지 않고 있다면, 우리는 주님이 우리와 맺으신 언약을 기억할 필요가 있습니다.

오늘 우리와 세우신 언약

이어서 모세는 다음과 같이 덧붙여 말합니다. "이 언약은 여호와께서 우리 조상들과 세우신 것이 아니요 오늘 여기 살아 있는 우리 곧 우리와 세우신 것이라"(신 5:3). 우리는 이 본문을 두 가지 의미로 이해할 수 있습니다. 첫째로, 그것은 모세가 당시에 살았던 이들이 그들의 조상들보다 훨씬 더 큰 은혜를 받았으며 따라서 하나님을 섬기는 일에 더 열심을 내야 한다고 주장하기 위해 사용한 비교일 수 있습니다. 이런 비교를 위해 그는 출애굽기에서 하나님이 다음과 같이 말씀하셨다고 전합니다. "내가 아브라함과 이삭과 야곱에게 전능의 하나님으로 나타났으나 나의 이름을 여호와로는 그들에게 알리지 아니하였고"(출 6:3). 하나님은 아브라함과 이삭과 야곱에게는 자신을 모세에게 알리신 것만큼 알리지 않으셨다고 말씀하십니다. 이 말씀의 의미는 이제 그 백성이 정신을 차려야 한다는 것입니다. 왜냐하면 하나님은 그들에게 자신을 아주 비상한 방법으로 계시하셨기 때문입니다.

둘째로, 이 구절은 하나님이 우리의 조상들과는 그런 언약을 맺지 않으셨다는 것으로 해석될 수 있습니다. 하나님이 그분의 종 아브라함과 이삭과 야곱에게 말씀하셨고 그로 인해 그들이 충분히 교훈을 얻었으리라는 것은 분명합니다. 특히 창세기 18장은 다음과 같이 말씀합니다. "내가 하려는 것을 아브라함에게 숨기겠느냐 나는 그가 그의 가속을 내 규례와 율례와 심판과 율법으로 이끌 것을 아노라"(창 18:17, 19에 대한 이문합성 – 역자 주). 아브라함은 그의 가속을 불충분하게 가르치지 않았고 심판과 규례와 율법을 통해 충분하게 지도했습니다. 이것은 아브라함이 하나님의 율법을 그의 마음에 새겨두어야 했다는 것을 의미합니다. 그러므로, 하나님이 그분의 율법을 두 개의 돌판에 새기심으로써 그 안에 자신의 백성에게 필요한 모든 영속적인 가르침들을 넣어 주셨다면, 그것은 우리가 무시해서는 안 되는 큰 은혜라고 할 수 있을 것입니다. 더구나 그동안 그 모든 교훈들은 우리에게 유익한 것으로 입증되어 왔습니다.

바로 그것이 우리가 이 구절에서 얻어야 하는 교훈입니다. 그러므로 이 구절에서 모세는 이스라엘 백성에게 다음과 같이 말하고 있는 셈입니다. "친구들이여, 하나님이 오늘 우리에게 베풀어 주신 은혜를 깨달으라. 이것은 그분이 우리의 조상들에게는 허락하지 않으셨던 은혜다. 왜냐하면 그분은 우리의 조상들에게는 우리에게 하신 것처럼 성문화된 율법을 주시지 않았고, 또한 그 율법을 상세하게 설명해 주시지도 않았기 때문이다. 그분이 그들의 구원에 필요한 모든 것을 충분히 알려 주신 것은 사실이다. 하지만 그분이 오늘 우리에게 성문화된 율법을 내려 주셨다는 것은 우리가 이전에 있었던 그 어떤 계시보다도 훨씬 더 강도 높은, 그리고 우리를 그분께 더욱더 가까이 이끌어 갈 수 있는 계시를 받았다는 것을 의미한다."

오늘 우리는 하나님이 우리의 조상들을 오늘의 우리들처럼 대하지 않으셨다는 것을 알고 있습니다. 실제로 우리 주 예수 그리스도께서도 그분의 제자들에게 비슷하게 말씀하신 적이 있습니다. "내가 너희에게 말하노니 많은 선지자와 임금이 너희가 보는 바를 보고자 하였으되 보지 못하였으며 너희가 듣는 바를 듣고자 하였으되 듣지 못하였느니라"(눅 10:24). 마찬가지로 하나님은 그분의 무한한 자비를 통해 우리에게 전에 그분이 우리의 믿음의 족장들이나 선지자들에게 주셨던 것보다 훨씬 더 큰 은혜를 베풀고자 하십니다. 사실, 성경에 따르면, 선지자들은 그들의 시대보다 오늘 우리의 시대를 더 잘 섬기고 있습니다(벧전 1:12 참고). 그러므로 이런 말씀들을 알고 있는 우리는 더욱더 그분께 가까이 나아가야 하고 또한 그분의 가르침을 얻기 위해 우리의 모든 것을 바쳐야 합니다.

이 모든 상황을 고려할 때, 우리가 모세의 말을 숙고함으로써 알 수 있는 것은 모세는 하나님이 그 언약을 율법이 처음으로 선포되었던 날 직접 그것을 들었던 이들과 맺으신 것이 아니라고 이해했다는 것입니다. 다시 말해, 하나님은 그 언약을 그들과만 맺으신 것이 아니라, 그 이후의 사람들, 즉 그들의 죄를 계승한 자들과도 맺으셨다는 것입니다. 그러므로 궁극적으로 모세는 율법이 일시적인 것이거나 직접 그것을 접했던 이들의 생애에만 해당되는 것이 아니라, 이 세상이 끝날 때까지 계속해서 생기와 권위를 갖도록 계획된 가르침이라는 사실을 강조하려 했던 것입니다.

모세는 하나님이 그 언약을 "우리 조상들과 세우신 것이 아니"라고 말합니다. 다시 말해, 그분은 우리의 조상들만 그분의 백성으로 삼으려 하지 않으셨다는 것입니다. 그분은 자신을 그들에게 묶으심으로써 자신의 율법이 40년이나 50년 동안만 유효한 것이 되게 하지 않으셨습니다. 오히려 그분은 그 언약을 우리와, 즉 그 율법이 반포되었을 때는 세상에 존재하지도 않았던 이들과 더불어 체결하셨던 것입니다. 그러므로 그 날 호렙 산에 있지 않았기 때문에 그 산 위에 나타난 불을 보지 못했던 이들 역시 하나님이 자신들을 택하셨으며 그분의 언약에 포함시키셨다고 확신할 수 있습니다. 그러므로 우리는 그분의 율법을 지켜야 합니다. 왜냐하면 그 율법은 영원하도록, 세대를 넘어 존재하도록, 그리고 세상 끝날까지 선포되도록 세워진 것이기 때문입니다.

바로 그것이 모세가 이 구절을 통해 말하고자 했던 참되고 본래적인 의미입니다. 그리고 우리는 이것을 통해 한 가지 유익한 교훈을 얻을 수 있습니다. 그것은, 비록 우리가 복음이 선포되던 순간에 그 자리에 있지 않았고 율법을 통해 우리에게 전해진 내용을 직접 듣지 못했을지라도, 하나님의 역사는 우리에 대한 권위를 잃어버리지 않는다는 것입니다. 어째서 그렇습니까? 사실 하나님이 모세를 택하신 것은 그 당시에 살아 있던 이들에게 베푸신 특별한 은혜였습니다.

그러나 오늘날에도 우리는 율법의 권위를 무시해서는 안 됩니다. 왜냐하면 율법은 영원히 존재하며 결코 변하지 않을, 그리고 사람의 방식을 따라 소멸되지 않을 하나님의 진리를 포함하고 있기 때문입니다. 실제로 성경은 인간은 즉각 시들고 마르는 꽃이나 풀과 같으나 하나님의 진리는 영원할 것이라고 말씀합니다(시 90:5-6).

율법에는 변하지 않으며 변할 수도 없는 진리가 들어 있습니다. 사실, 종교적 의식儀式이라는 측면에서 본다면, 율법은 폐기되었습니다. 그러나, 그것의 내용이나 교훈이라는 측면에서 본다면, 율법은 여전히 효력을 갖고 있으며 결코 쓸모없게 되지 않았습니다. 그러므로, 비록 우리가 모세의 시대에 살고 있지는 않을지라도, 우리는 그것이 곧 우리가 그가 전해 준 율법에 들어 있는 가르침들을 무시해도 된다는 의미가 아니라는 것을 기억해야 합니다. 어째서 그렇습니까? 그것은 당시에 모세는 오늘의 우리를 향해서 말하고 있었기 때문입니다. 그는 호렙 산에 모였던 군중들에게만 말했던 것이 아니라 온 세상을 향해 말하고 있었던 것입니다.

하나님이 세우신 질서

그런데, 율법의 사정이 그러하다면, 복음의 경우는 얼마나 더하겠습니까! 왜냐하면, 이미 말씀드렸듯이, 율법은 그것의 그림자나 형상과 관련해서는 이미 죽은 셈이지만, 복음에는 그런 그림자나 형상 같은 것이 없기 때문입니다. 우리 주님은 복음을 통해 우리와 새롭고 영원한 계약 곧 세대를 관통하며 남아 있을 언약을 맺으셨습니다. 그렇다면, 복음이 선포될 때 우리가 취해야 할 적합한 태도는 무엇이겠습니까? 그것은 우리가 하나님의 아드님이 이 세상에 오신 것은 그분이 이 세상에 계실 때 그분과 직접 대화를 나눴던 이들만 가르치시기 위함이 아니라, 오히려 온 세상을 불러 구원에 이르게 하시기 위함이었고, 또한 그분의 아버지이신 하나님을 위해 자기의 음성을 직접 듣지 못한 자들이 자신의 가르침에 참여할 수 있도록 자신으로부터 위임을 받은 사도들이 온 세상에 복음을 전할 때 그 복음을 접한 자들을 속량하시기 위함이었다는 것을 깨닫는 것입니다. 그러므로 오늘 우리는 우리 주 예수 그리스도의 가르침을, 마치 그분이 여전히 우리 가운데 계신 것처럼, 또한 그분의 사도들이 여전히 그들의 입을 벌려 우리를 향해 말하고 있는 것처럼 받아야 합니다. 바로 그것이 우리가 이 구절로부터 얻어야 할 교훈입니다.

더 나아가 우리는 하나님의 교회 안에서 무언가를 변경하거나 그분의 말씀에 변화를 주려고 하지 말아야 합니다. 하나님은 자신의 교회 안에 늘 한결 같은 속도와 방향이 있기를 바라십니다. 그분은 우리에게 복음을 주셨을 뿐 아니라 또한 사도들과 초대 교회 모두를 위해 확고한 제도를 세우셨습니다. 그러므로 우리는 교회 안에서 그런 제도가 유지되도록 해야 하며 그 앞에서 멈춰야 합니다. 만약 우리가 그것을 넘어선다면, 그것은 우리가 하나님의 말씀을 일시적인 것으로, 그리고 우리와 더불어 부패할 수 있는 것으로 만드는 것이나 다름없습니다.

그러므로, 비록 세상이 불안정하고, 매일 변화에 휩쓸리고, 우리 중 어떤 이들이 너무 자주 이런저런 의견들로 인해 혼란을 겪을지라도, 우리는 자신이 오늘은 이 일을 그리고 내일은 저 일을 할 자유를 갖고 있다고 주장해서는 안 됩니다. 어째서 그렇습니까? 그것은 하나님이 그 언약을 우리의 조상들이 아니라 오늘 살아 있는 우리와 맺으셨기 때문입니다. 오히려 우리는 우리가 이 세상에서 사는 동안 하나님이 우리를 다스리신다는 것과, 우리가 탐욕에 이끌려 방황하는 순례자가 되는 대신 그분의 손에 이끌려 살아가게 하시기 위해 우리에게 길을 보여 주신다는 것을 알아야 합니다.

마지막으로 모세는 "오늘 여기 살아 있는 우리"라고 말합니다. 이것은 우리가 이 세상에서 사는 동안 자신을 위해 새로운 율법을 지어내지 말아야 한다는 것을 지적하는 말입니다. 우리는 오늘은 이 율법을, 그리고 내일은 저 율법을 갖고자 해서는 안 됩니다. 어째서 입니까? 인간의 삶에 필요한 모든 것이 하나님의 율법 안에 들어 있기 때문입니다. 그리고 그것은 우리를 위해 아주 충분합니다.

그러므로, 이제 만약 이스라엘 백성이 그들의 삶을 하나님을 섬기는 데 바치지 않는다면, 모세는 분명히 그들의 배은망덕을 비난할 것입니다. 아마도 그는 그들에게 다음과 같이 말할 것입니다. "지금 우리는 왜 살아 있는가? 우리 주님이 우리를 이 세상에 보내셨기 때문이 아닌가? 우리의 삶은 그분으로부터 온 것이다. 따라서 우리는 우리의 삶을 그분께 바쳐야 마땅하지 않은가? 우리의 삶 전체를 그분의 뜻에 맡겨야 하지 않은가?" 그렇습니다. 아마도 모세는 하나님의 말씀을 구하지 않고 방황하는 자들을 그렇게 비난했을 것입니다.

만약 우리가 방금 살핀 내용에 유념한다면, 우리는 지금 우리에게 있는 것이 일회용 율법이 아니라 우리가 사는 날 동안 지켜야 할 가르침이라는 것을 알 수 있을 것입니다. 그러므로, 만약 우리가 이미 성경을 통해 가르침을 받았다면, 이제 우리는 그것을 통해 유익을 얻고 그것을 바탕으로 더 나은 삶을 살기 위해 그것을 연구해야 합니다. 그럴 때 우리는 하나님이 그분의 언약을 통해 우리를 붙들어 주고자 하신다는 것, 그분 편에서 우리에게 불성실하거나 약속을 지키지 않으시는 상황은 결코 발생하지 않으리라는 것, 그리고 그분이 스스로 하신 약속을 확고하게 지키시리라는 것을 알게 될 것입니다. 그리고 그로 인해 우리는 그분이 우리를 이 세상에서 데려가시는 날까지 그분의 가르침을 믿고 따르게 될 것입니다.

사정이 그렇다면, 우리는 우리가 사는 날 동안 오직 그분에게 매달리는 것만을 생각해야 합니다. 그러나 우리는 우리 자신의 힘으로 하나님과 연합하려고 해서는 안 됩니다. 오히려 우리는 그분이 적절한 방식으로 우리 곁으로 다가오실 때 우리 역시 그분을 향해 나아가야 합니다. 그리고 그렇게 나아간 자리에 머물러야 합니다. 바로 그것이 우리가 이제부터 하나님의 율법과 계명들을 통해 제시될 가르침을 보다 잘 받아들이기 위해 이 구절을 통해 배워야 할 내용입니다.

1555년 6월 12일 수요일

제2강

다른 신들을 네게 두지 말라

⁴여호와께서 산 위 불 가운데에서 너희와 대면하여 말씀하시매 ⁵그 때에 너희가 불을 두려워하여 산에 오르지 못하므로 내가 여호와와 너희 중간에 서서 여호와의 말씀을 너희에게 전하였노라 여호와께서 이르시되 ⁶나는 너를 애굽 땅, 종 되었던 집에서 인도하여 낸 네 하나님 여호와라 ⁷나 외에는 다른 신들을 네게 두지 말지니라 (신 5:4-7)

앞에서 우리는 모세가 이스라엘 백성이 하나님의 말씀의 위엄을 의식하고 그 말씀을 두려워하며 받아들이게 하기 위해 부지런히 애썼던 것에 대해 살펴보았습니다. 우리가 하나님께 순종하겠다는 의지를 아무리 열정적으로 그리고 거듭 확언할지라도, 실제로 우리는 그렇게 하지 못합니다. 그럼에도 또한 그것은 우리가 하나님께 속해 있는지 여부를 알 수 있는 증거이기도 합니다. 이 세상의 반역적인 본성은 너무나 큽니다. 대개 사람들은 우리가 하나님의 말씀을 저항 없이 받아들여야 한다고 말합니다. 하지만 그 말씀에 그것에 합당한 권위를 부여하기 위해 진심으로 애쓰는 이들을 찾기란 여간 어려운 것이 아닙니다. 어째서 그런 것입니까? 그것은 우리가 그 말씀에서 드러나는 하나님의 위엄을 이해하지 못하기 때문입니다.

바로 그것이 모세가 그토록 자주 이스라엘 백성에게 하나님의 말씀은 모든 피조물이 그 아래에서 떨어야 할 만큼 충분한 위엄을 갖고 있다고 강조했던 이유입니다. 그리고 이제 그는 그 주제를 다시 강조하면서 다음과 같이 덧붙입니다. "여호와께서 산 위 불 가운데에서 너희와 대면하여 말씀하시매"(신 5:4). 이것은 마치 그가 다음과 같이 말하는 것과 같습니다. "너희는 내가 너희에게 선포한 가르침이 하나님의 것인지 인간의 것인지 의심할 이유가 없다. 왜냐하면 그동안 그 가르침은 아주 충분히 하나님의 것으로 입증되어 왔기 때문이다. 하나님은 너희가 그 가르침을 주신 분이 자신임을 깨닫게 하시기 위해 가시적이고 잘 알려진 징표들로 너희에게 자신을 알려오셨다." 바로 이것이 모세가 이 구절을 통해 말하고자 했던 내용입니다.

인간에게 적응하시는 하나님

그러나 우리는 이 주제에 대한 이야기를 끝내기 전에 한 가지 의문을 제기할 수 있습니다. 오늘 우리의 본문은 하나님이 "너희와 대면하여 말씀하셨다"라고 말씀합니다. 그러나 우리가 그분의 무한한 영광을 감당할 수 없음을 고려한다면, 우리는 도대체 어떤 눈을 갖고서 하나님을 직시할 수 있는 것입니까? 우리는 너무나 연약하기 때문에, 설령 하나님이 우리에게 그분의 빛 중 아주 작은 한 줄기만 보내실지라도, 우리는 그 빛에 완전히 압도되어 온통 혼란에 빠지게 될 것입니다.

더구나 우리는 성경이 이와 관련해 어떻게 말씀하고 있는지 압니다. 성경에 따르면, 우리는 우리가 새로워질 때까지, 즉 이 세상에서의 마지막 날까지 하나님을 대면하여 볼 수 없을 것입니다. 지금 우리는, 바울이 말하듯이, 오직 거울을 통해서 부분적으로 그리고 희미하게 볼 뿐입니다(고전 13:12). 그러나 다른 곳에서 성경은 오늘날 복음이 우리에게 하나님의 위엄을 우리가 알 수 있는 방식으로 제시한다고 말씀합니다. 우리의 조상들은 하나님을 오늘 우리가 그분을 아는 것처럼 친밀하게 알 수 없었습니다. 왜냐하면 당시에 율법은 흐릿하고 베일에 가려져 있었기 때문입니다.

이 모든 것은 이해할 만한 일입니다. 율법과 복음을 비교해 보면, 우리는 바울의 말이 사실이라는 것을 분명히 알 수 있습니다. 왜냐하면 율법 안에서 하나님의 모습은 그분이 오늘 우리에게 자신의 생생한 형상이신 우리 주 예수 그리스도를 통해 하시는 것처럼 아주 친숙하게 드러나지 않기 때문입니다.

그러므로 오늘 우리 앞에는 엄청난 지혜의 보화가 놓여 있는 셈입니다. 오늘 하나님은 우리에게 자신이 우리를 자신의 나라로 부르고 계시다는 것과, 또한 우리를 자신의 자녀와 상속자로 여기신다는 것을 알려 주고 계십니다. 하지만 율법의 시대에는 사정이 그렇지 않았습니다. 그러나, 비록 오늘날 우리가 영적인 일들에 관해 아무리 상세하고 직접적인 지식을 갖고 있을지라도, 우리가 인용했던 사도 바울의 말씀, 즉 지금은 우리가 부분적으로 볼 뿐이라는 말씀은 여전히 사실입니다. 어째서 그런 것입니까? 그것은 우리가 아직은 하나님의 영광에 참여하고 있지 않으므로 그분에게 다가갈 수 없기 때문입니다. 그러므로 우리로서는 그분이 그분 자신을 우리의 조악하고 연약한 형편에 맞추어 알려 주시는 것이 필요합니다.

사실 하나님은 인간에게 처음으로 자신을 드러내신 때로부터 지금까지 자신을 있는 그대로가 아니라 우리가 감당할 수 있을 만큼만 계시하셨습니다. 그러므로 우리는 다음과 같은 사실에 유념해야 합니다. 즉, 하나님은 우리의 조상들에게 제대로 알려지시지 않았다는 것입니다. 그리고 오늘날에도 그분은 우리에게 그분의 본래의 모습을 있는 그대로 드러내시지 않습니다. 오히려 그분은 자신을 우리에게 적응시키십니다. 그분은 오늘날에도 우리가 그분의 현존을 파악할 수 있게 하시기 위해 우리의 능력에 맞춰 자신을 낮추고 계십니다.

그러므로 여기에서 모세가 "그분이 우리와 대면해서 말씀하셨다"고 말하는 것은 공연한 소리가 아닙니다. 그가 말하고자 하는 것은 이스라엘 백성은 하나님의 말씀을 의심하거나 그것에 대해 다른 의견을 가져야 할 이유가 없다는 것입니다. 오히려 그들은 다음과 같은 결론을 내릴 수 있을 만큼 분명한 증거들을 갖고 있다는 것입니다. "여기에 우리의 믿음이 더 이상 불확실해질 필요가 없을 만큼 충분하게 자신을 알려 주신 하나님이 계시다. 이제 우리는 더 이상 그분의 이름으로 선포된 가르침을 두고 과연 그것이 우리가 받을 만한 것인지에 대해 논쟁을 벌일 이유가 없다." 어째서 그런 것입니까? 그것은 하나님이 우리가 스스로를 기만할 수 없을 만큼, 그리고 과연 그것이 그분으로부터 나온 것인지 의심할 필요가 없을 만큼 명백한 증거를 제공해 주셨기 때문입니다. 바로 그것이 모세가 한 말의 의미입니다.

어쨌거나 우리는 이것을 통해 한 가지 유익한 교훈을 얻어낼 수 있습니다. 그것은 하나님이 그분 자신을 우리의 야심이 요구하는 것만큼 숭고한 방식으로 계시하지 않으신 것은 우리의 유익과 구원을 위해서라는 것입니다. 우리 자신의 연약함을 고려한다면, 우리는 우리의 본성이 우리를 부추겨 취하게 하는 무모함을 억눌러야 합니다. 왜냐하면 늘 우리는 끝도 없이 하나님의 비밀을 파헤치려 하기 때문입니다. 그런데 도대체 우리는 어째서 그러는 것입니까? 그것은 우리가 자신의 한계를 깨닫지 못하고 있기 때문입니다. 그러므로 우리는 하나님이 우리와 우리의 조악함을 모두 고려하고 계시며 그로 인해 우리가 그것에 의해 압도당하지 않게 하기 위해 자신의 영광을 감추고 계시다는 것을 깨닫고 그분의 선하심을 찬양해야 합니다.

이미 말씀드렸듯이, 우리처럼 연약한 존재는 그분의 영광을 감당할 수 없습니다. 그러나 하나님이 우리에게 자신의 현존에 관한 분명한 징표를 보여 주실 때 우리는 더 이상 아무런 핑계도 대지 말고 그분에게 합당한 존경을 그분께 드려야 합니다. 우리는 하나님이 측량할 수 없는 영광의 모습으로 – 예컨대, 하늘이 갈라지고 낙원의 모든 천사들이 나타나는 방식으로 – 우리에게 오시기를 기대해서는 안 됩니다. 오히려 우리는 주님이 지금 우리에게 말씀하시는 분이 자신임을 알려 주실 때 그것으로 만족해야 합니다. 그리고 즉시 그분 앞에서 자신을 낮춰야 합니다. 왜냐하면, 만약 우리가 그런 상황에서도 여전히 게을러지고자 한다면, 그분은 자신이 우리에게 자신의 얼굴을 보이셨음에도 우리가 그분께 등을 돌린 것 때문에 우리를 책망하실 것이기 때문입니다.

성경은 인간이 하나님의 얼굴을 뵈면 필히 멸망할 것이라고 말씀합니다. 비록 모세가 출애굽기 33장 11절이 언급하는 방식으로 계시를 받았을지라도, 즉 하나님이 그를 "친구와 이야기함 같이" 대하셨을지라도, 사실 그는 그분의 등을 본 것에 불과했습니다. 성경이 그런 말씀을 하는 것은 인간은 육신을 입고 있는 한 하나님께 다가가려 해서는 안 되며 현재 이상으로 높아질 생각을 해서도 안 된다는 것을 알려 주기 위함입니다. 만약 스랍의 형상을 하고 있는 낙원의 천사들조차 하나님이 자신을 계시하실 때 눈을 가려야 했다면(사 6:2), 겨우 이 땅 위에서 살아가는 우리들이야 오죽하겠습니까? 여하튼 우리가 하나님의 얼굴에 대해 충분히 생각하지 않거나 그분의 현존을 알려 주는 징표들을 충분한 것으로 여기지 않을 때 하나님이 우리의 배은망덕을 비난하시는 것은 바로 그런 이유 때문입니다.

    무엇보다도 우리로서는 율법에 대해서만큼이나 복음에 대해 순복하는 것이 필요합니다. 하나님은 무엇보다도 복음을 통해 자신을 알리시는데, 그것은 우리가 주님의 입에서 나오는 모든 말씀을 받으며 그분을 경배하게 하시기 위함입니다. 그렇다면 도대체 우리는 무엇 때문에 모세가 한 이런 말을 우리에게 적용해야 하는 것입니까? 그것은 우리 앞에 성경이 펼쳐질 때, 혹은 누군가 그것을 우리에게 선포하거나 상세하게 설명할 때, 혹은 우리가 그것을 읽을 때, 우리가 이 십계명 서문을 기억하면서 자신을 낮추고, 가장 경건한 마음으로 하나님을 찬양하고, 그분의 말씀에 대한 논쟁을 그치고, 오히려 선지자 이사야가 지적했던 것처럼(사 66:2, 5) 그 말씀을 듣고 떨어야 하기 때문입니다. 사실, 성경에 들어 있는 모든 내용은 아주 분명하기 때문에, 우리는 하나님이 우리에게 말씀하실 때 그분이 자신을 가시적으로 계시하신다고 말할 수 있을 정도입니다.

인간을 통해 전해진 율법

이어서 모세는 다음과 같이 덧붙입니다. "그 때에 너희가 불을 두려워하여 산에 오르지 못하므로 내가 여호와와 너희 중간에 서서 여호와의 말씀을 너희에게 전하였노라"(신 5:5). 여기에서 모세가 말하고자 했던 것은, 비록 율법이 인간인 자신을 통해 전해지기는 했으나, 우리가 그런 이유로 율법의 권위를 폄하해서는 안 된다는 것이었습니다. 율법이 우리와 같은 인간을 통해 전해진 것은 우리의 불완전함과 악함 때문이었습니다. 이 구절은 주목할 만한 가치가 있습니다. 왜냐하면 우리는 언제나 하나님의 말씀에 대한 불경을 용인하기 위해 이런저런 핑계거리를 찾기 때문입니다.

물론 우리가 대놓고 그렇게 하는 것은 아닙니다. 하지만 오늘날 하나님의 말씀에 대한 적의敵意가 세상의 거의 모든 곳에서 발견되고 있음은 분명합니다. 우리는 무언가에 대해 다음과 같이 말할 수 있을 때 마음이 아주 편해집니다. "오, 이것이 하나님의 말씀이라고? 글쎄, 잘 모르겠네. 나는 이 말씀이 어떤 상황에 적합한지 모르겠어." 바로 그것이 세상이 하나님의 말씀에 순종하지 않기 위해 늘 취하는 방법입니다. 그리고 그런 변명은 우리가 다음과 같이 말할 때 아주 잘 이용됩니다. "그래, 우리가 하나님께 순종해야 하는 것은 사실이야. 그러나 설교를 하는 자들은 우리와 같은 인간이란 말야. 그러니 우리가 그들의 말을 마치 그들이 하늘에서 내려온 자들인 것처럼 받아야 할 필요는 없어." 오늘날 많은 이들이 이런 식의 논리를 바탕으로 자기들이 하나님께 지속적으로 반항하는 것을 정당화하거나 하나님과 그분의 말씀에 충분하게 순종하지 않고 있습니다.

그러나 이제 우리는 그 모든 것에 종지부를 찍을 만한 대답을 갖고 있습니다. 하나님이 그분의 말씀을 우리와 같은 인간을 통해 전하시는 까닭은 우리의 악함과 연약함 때문입니다. 그럼에도 그분은 우리가 그분의 말씀을 쉽게 하늘의 것으로 인식하게 하시기 위해 자신의 영광에 관한 징표를 제공하는 일을 잊지 않으십니다. 우리가 그분의 말씀을 연구하면 할수록, 하나님은 그만큼 우리에게 그 말씀이 자신의 것임을 확인시켜 주십니다. 이런 대답은 모세가 상대해서 말해야 했던 우리의 믿음의 조상들만을 위한 것이 아닙니다. 그의 교훈은 오늘 우리에게도 해당됩니다. 그가 이런 말을 하는 이유는, 비록 인간이 하나님의 말씀을 선포하는 전령이 되었을지라도, 그런 사실 때문에 그 말씀의 위엄이 감소되는 것은 아니라는 것을 알리기 위해서입니다. 그러므로, 만약 우리가 하나님이 매일 우리를 위해 기적을 행하시기를 바라면서 이미 우리에게 적합하게 제공된 것을 받아들이려 하지 않는다면, 그 때 우리는 자신의 연약함에 대해 크게 오해하고 있는 셈입니다.

기적에 관해서 말하자면, 우리 중 율법과 복음에 대해 온전한 확신을 갖고 있는 이들에게는 그것들 모두가 진리임을 확증하기에 충분할 만큼의 기적들이 존재합니다. 그러므로 오늘 하나님이 우리와 모든 인류를 자신에게 이끄시기 위해 자신의 이름으로 그리고 자신을 대신해 우리를 가르치는 일을 수행할 우리와 유사한 이들을 보내시는 것은 적절한 일이라 할 수 있습니다(『강요』 II.viii.4, 14).

여러분은, 만약 하나님이 그분의 모습 그대로 우리에게 나타나신다면, 우리가 그분의 현존을 견딜 수 있으리라고 생각하십니까? 아, 그럴 경우 우리는 완전히 소멸되고 말 것입니다! 우리는 하나님이 힘껏 말씀하실 경우 이 세상의 사정이 어떠하리라는 것을 성경을 통해 이미 알고 있습니다. 그 때는 모든 바위와 산들이 밀랍처럼 녹아내릴 것입니다(시 97:5; 사 64:1, 3; 미 1:4). 그러니 그것들보다 훨씬 약한 우리가 그런 강력한 능력 앞에서 자신을 망치지 않고 견딜 수 있겠습니까?

그러므로 우리는 하나님이 그분의 말씀이 선포되고 기록되게 하신 것은 그분이 우리의 연약함에 자신을 맞추셨던 것이고, 또한 우리가 그분에게 나아갈 때 놀라지 않고 그분에게 이끌리게 하기 위해 마치 자신이 인간이신 것처럼 우리를 아주 부드러운 방식으로 대하셨던 것임을 알아야 합니다.

더 나아가 우리는 그분이 우리와 같은 사람들 중에서 (사실 그들이 그럴 만한 용기가 없음에도) 그분의 인격을 드러내고 그분의 이름으로 우리에게 말할 사람을 택하심으로써 우리에게 베풀어 주신 영광에 대해 생각해 볼 필요가 있습니다. 사실 그분은 그런 일을 낙원의 천사들에게 맡기시는 편이 훨씬 나았을 것입니다. 그들이라면 그 명예로운 책무를 인간들보다 얼마나 더 잘 수행할 수 있었겠습니까? 그럼에도 그분은 우리와 같은 사람들을 자신의 말씀을 전하는 고귀하고 훌륭한 도구로 삼으심으로써 우리를 향한 자신의 선하심이 얼마나 큰지를 보여 주셨습니다. 사실 그분의 선하심은 우리의 육신의 아버지의 그것보다도 훨씬 더 큽니다.

더 나아가 그분은 우리의 겸손을 시험하고자 하십니다. 만약 그분이 하늘에서 천둥을 치신다면, 그분이 직접 우리에게 모습을 드러내신다면, 천사들이 하늘에서 내려온다면, 그래서 사람들이 그분의 말씀을 믿는다면, 아마도 그것은 그다지 놀랄 만한 일이 되지 못할 것입니다. 그러나 크고 작은 모든 이들이 그분이 교회를 위해 정하신 계율을 받아들일 때, 즉 그분의 말씀이 우리와 같은 인간을 통해 선포될 경우 우리가 그것에 순종해야 한다는 계율을 받아들일 때, 그 계율은 우리의 믿음을 시험하는 수단이 됩니다. 그러므로 우리는 늘 다음과 같은 사실을 상기해야 합니다. 그것은 그동안 하나님이 우리에게 자신을 충분히 계시해 오셨으므로 우리로서는 그분의 말씀을 의심하거나 이미 발생한 일들에 대해 논쟁할 아무런 이유가 없다는 것입니다. 우리를 향한 그분의 뜻은 우리가 그것과 관련해 제공된 징표들을 기꺼이 받아들일 때 보다 확실해집니다.

그러므로 이제 우리는 모세가 이스라엘 백성이 두려움 때문에 감히 산에 오르려 하지 않았다고 말하는 이 구절에서 우리가 무엇을 깨달아야 하는지 알 수 있습니다. 물론, 만약 오늘날 하나님이 우리에게 직접 말씀하신다면, 우리는 그 말씀을 거부하지 않을 것입니다. 하지만, 모든 상황을 고려해 볼 때, 그것은 우리에게 별 유익이 되지 않을 것입니다. 그러므로 우리는 하나님이 우리와 같은 인간을 그분의 도구로 사용하시는 것이 우리의 믿음의 확실성을 감소시키는 원인이 될 수 없다는 것을 깨달아야 합니다.

나는 네 하나님 여호와다

이어서 모세는 하나님이 다음과 같이 말씀하셨다고 전합니다. "나는 너를 애굽 땅, 종 되었던 집에서 인도하여 낸 네 하나님 여호와라 나 외에는 다른 신들을 네게 두지 말지니라"(신 5:6-7). 이스라엘 백성을 억제하시기 위해 하나님은 그들이 자신(여호와)에 대한 지식을 이미 갖고 있으므로 모든 미신을 버려야 한다고 말씀하셨습니다. 만약 이방인들이 우상을 섬기고 헛된 생각으로 인해 오도된다면, 우리는 그것에 대해 놀랄 이유가 없습니다. 우리는 그런 일이 인간 자신으로부터 온다는 것을 알아야 합니다. 안타깝게도 우리 인간은 헛된 것에 기울어지는 성향이 너무 강하기 때문에 굳이 학교에 가지 않더라도 헛것에 기만당하는 법을 얼마든 배울 수 있습니다. 왜냐하면, 그 문제에 관해서라면, 우리 자신이 이미 노련한 선생들이기 때문입니다. 간단히 말해, 우리는 늘 악을 향해 기울어집니다. 선함의 가면을 쓰고 있을 때조차 그러합니다. 그로 인해 우리가 하나님을 섬기는 곳에조차 부패와 우상숭배가 넘칩니다.

　이방인들에게는 아주 다양한 미신들이 있었습니다. 그런 미신들은 제 나름의 신들을 만들어낼 수 있었습니다. 그러나 그 이방인들은 살아 계신 하나님을 알지 못했습니다. 어째서입니까? 그것은 하나님이 온 세상에 자신을 드러내시는 일에 그렇게 관대하지 않으셨기 때문입니다. 그로 인해 많은 이들이 어리석게 되었습니다. 하지만 그것은 미신들의 잘못된 가르침 때문이었습니다. 어쨌거나 그것은 그들을 위한 변명거리가 되지 못합니다. 그들은 하나님 앞에서 여전히 유죄입니다. 우상숭배의 근원은 제멋대로 하나님을 포기한 사람들의 배은망덕과 악의惡意입니다. 세상이 부패해졌을 때, 가련한 이방인들은 눈이 먼 자들처럼 헤맸습니다. 그것은 그들에게는 구원의 길을 보여 주는 빛이 없었기 때문입니다.

　그러므로, 만약 이스라엘 백성이 하나님이 그들에게 주신 율법을 지키지 않는다면, 모세는 그들의 반역을 비난할 수밖에 없을 것입니다. 어째서입니까? 그것은 하나님이 그들에게 "나는 네 하나님 여호와라"고 말씀하셨기 때문입니다. 그분이 그렇게 말씀하신 것은 인간이 만들어낸 다른 모든 신들을 배제하시기 위함이었습니다. 이것은 마치 그분이 다음과 같이 말씀하시는 것과 같습니다. "오직 하나의 신만이 존재하는데, 그 신은 바로 나. 그러므로 나를 알고도 우상을 섬기는 자들은, 설령 그들이 살아 계신 하나님인 나를 분명하게 포기한 것은 아닐지라도, 변명의 여지가 없다."

모세가 하나님이 이스라엘 백성을 향해 "나는 네 하나님이다"라고 말씀하셨다고 덧붙인 것은 하나님이 그 백성에게 적절하게 계시되었음을 알려 주기 위함이었습니다. 이것은 마치 그분이 다음과 같이 말씀하시는 것과 같습니다. "나는 다른 모든 사람들로부터 너희를 구별했다. 너희는 다른 이들이 얼마나 방황하고 있는지 알 것이다. 그것은 그들이 아무런 보호도 인도도 받지 못하고 있기 때문이다. 그러나 나는 너희를 내 백성으로 택했고 너희에게 나를 계시했다. 나는 너희의 하나님이다. 그러므로 너희는 내게 매달리라. 그렇게 하지 않는다면 너희는 이방인들보다도 변명의 여지가 없을 것이다. 또한 그럴 경우 너희는 내게 약속했던 믿음을 부패시키고 내가 너희와 맺은 언약을 깨게 될 것이므로 너희가 받을 벌은 이방인들의 그것보다 훨씬 더 무거울 것이다."

내가 너희를 애굽에서 구해냈다

이제 더 나아가 모세는 하나님이 이스라엘 백성에게 베푸신 은혜를 상기시키기 위해 하나님이 하신 다음과 같은 말씀을 전합니다. "나는 너를 애굽 땅 종 되었던 집에서 인도해냈다"(신 5:6). 그가 이런 말로 의미하고자 했던 것은, 하나님이 이스라엘 백성을 그런 식으로 자신에게 묶으셨으므로, 만약 그들이 그분에게 반역한다면, 추가적인 징벌을 받을 수밖에 없다는 것이었습니다. 왜냐하면, 만약 그들이 그런 상태에서도 자기들이 그분 덕택에 얻은 구속을 망각한다면, 그들의 배은망덕은 두 배나 더 커질 것이기 때문입니다. 그들은 하나님의 손으로 구원을 받았으므로 마땅히 자기들을 구속해 주신 분을 섬기는 일에 헌신해야 했습니다.

특별히 본문에서 모세는 애굽을 "종 되었던 집"이라고 부르는데, 이것은 이스라엘 백성에게 그들이 그곳에서 어떤 상태에 있었는지를 상기시키기 위함이었습니다(『강요』 II.viii.15). 출애굽기에서 우리는 애굽에서 폭력과 폭압에 시달릴 때 탄식하며 울부짖었던 자들이 하나님이 그들을 구해 주시자마자 다시 그곳으로 돌아가게 해달라고 요구하는 모습을 보게 됩니다(출 16:1-3; 17:1-3 참고). 그런데 도대체 그들은 어째서 그랬던 것입니까? 그것은 그들이 더 이상 자기들이 받았던 압제를 기억하지 않았기 때문입니다. 또한 그들이 하나님의 은혜에 대해 그것에 합당한 경배를 드리지 못하게 하기 위해 마귀가 그들의 눈을 멀게 했기 때문입니다. 바로 그것이 여기에서 모세가 애굽을 "종 되었던 집"이라고 칭하는 이유입니다. 그리고 그 말끝에 다음과 같은 첫 번째 계명이 덧붙여집니다. "나 외에는 다른 신들을 네게 두지 말지니라"(신 5:7).

모든 우상을 제하라

이제 이 모든 가르침을 우리 자신에게 적용해 봅시다. 먼저, 본문에서 하나님은 "나는 여호와라"(신 5:6)라고 말씀하시는데, 우리는 이 말씀의 무게를 바르게 이해해야 합니다. 하나님의 위엄이 우리에게 나타난 이상, 우리는 다른 신을 고려해서는 안 됩니다. 왜냐하면 하나님은 그 어떤 경쟁자도 허락하시지 않기 때문입니다. 태양 앞에서 다른 모든 별들의 빛이 사라지듯이, 하나님이 우리에게 자신을 계시하실 경우, 우리는 오직 그분만을 경배하고 예전에 우리 눈에 그럴듯하게 보였던 모든 것을 아무것도 아닌 것처럼 여겨야 합니다. 바로 그것이 예언자들이 주님이 다스리시는 날이 오면, 그분 외에는 다른 빛이 없을 것이고, 태양조차 어두워질 것이고, 달도 깜깜해지리라고 말했던 이유입니다(슥 14:6, 7 참고).

우리가 하나님을 우리의 머리로 고안해 낸 헛된 것들과 뒤섞는 것은 그분에게 속한 모든 권리들을 축소시키는 것이나 다름없습니다. 하나님은 그 어떤 경쟁자도 용납하시지 않습니다. 그러므로 우리는 이 말씀을 기억하면서 우리 안에 있는 모든 헛된 것들을 없애버려야 합니다. 또한 우리는 스스로 무언가를 고안해 내려고 하지도 말아야 합니다. 다만 우리는 유일하신 한 분 하나님만을 모시고 그분으로 만족해야 합니다.

바로 그것이 성경이 우리 주 예수 그리스도께서 이 세상에 그분의 보좌를 세우시는 날에 애굽의 우상들이 그 앞에서 떨 것이라고 말씀하는 이유입니다(사 19:1). 이 말씀은 우리에게도 해당됩니다. 왜냐하면 모세는 옛 사람들에게과 마찬가지로 오늘 우리들에게도 다음과 같이 말하고 있기 때문입니다. "주님이 너희에게 나타나셨다. 그러므로 너희는 너희 가운데 있는 모든 우상들을 없애버려야 한다." 특히 우리는 하나님이 그분의 외아들을 통해 우리에게 자신을 계시하셨다는 것을 알고 있으므로 우리 안에 있는 모든 우상들을 더욱더 과감하게 쓸어버려야 합니다.

주지하다시피, 애굽은 세상의 그 어떤 나라들보다도 우상들로 가득 차 있었습니다. 그러므로 전에 그곳에서 살았던 이스라엘 백성은 거짓과 어둠에 빠져 있었을 뿐 아니라 또한 수많은 우상들에 둘러싸여 있었던 셈입니다. 그러나 이제 그들은, 하나님이 그들에게 자신이 그들의 주인임을 알리셨으므로 마땅히 그 모든 우상들을 쓸어버려야 했습니다. 하나님이 자신을 우리의 하나님으로 계시하시는 것은 곧 우리를 자신에게 이끄시기 위해 자신의 위엄을 아주 상냥한 방식으로 알리시는 것입니다. 만약 하나님이 그분의 영원무궁하신 본질을 드러내며 우리에게 말씀하신다면, 틀림없이 우리는 혼비백산하고 말 것입니다. 그런 일은 우리의 모든 백일몽을 책망하는 데는 적합할지 모르나 우리를 가르치거나 우리에게 유익을 끼치는 데는 아무 소용도 없을 것입니다.

그보다 필요한 것은 하나님이 우리에게 자신을 우리가 유일하게 경배해야 하고 마땅히 찬양해야 할 분으로 알리시되 부드럽고 상냥한 방식으로 알리시는 것입니다(『강요』 II.viii.4). 그래야 우리가 그분이 우리와 함께 거하고자 하시는 이유가 우리가 그분에게 매달리게 하시기 위함임을 깨닫고 그분을 우리의 하나님이자 주인으로 받아들일 수 있을 것입니다. 바로 그것이 이 구절이 말씀하는 내용입니다. 즉, 그분은 이 구절을 통해 우리에게 다음과 같이 말씀하고 계신 것입니다. "나는 너희를 놀라게 하기 위해 너희에게 온 너희의 유일한 주님일 뿐 아니라 너희의 하나님이기도 하다. 나는 나를 위해 너희를 택했다. 내 뜻은 너희를 나의 기업으로 삼는 것이다."

하나님의 주권에 대한 시인

그러므로 이제 우리는 하나님이 자신의 율법에 권위를 부여하시는 이유를 알 수 있습니다. 그것은 우리가 그것을 두려움과 겸손함을 지니고 받아들이게 하시기 위함입니다. 그럼에도 또한 그분은 우리가 그것을 친밀하게 받아들이기를 원하십니다. 그것은 우리가 그것을 맛보고, 그것에 복종하는 데서 기쁨을 느끼고, 자발적으로 그 안에 들어 있는 교훈들을 따르면서 그것에 의해 다스림을 받게 하시기 위함입니다.

그러므로, 요약해서 말하자면, 만약 오늘 우리가 모든 미신과 그분을 섬기는 것을 가로막는 것들을 내버리고 하나님께 충성하지 않는다면, 우리에게는 그 어떤 변명거리도 없는 셈입니다. 어째서입니까? 그것은, 그분이 스스로에게 부여하신 모든 칭호들을 사용하시면서 우리에게 자신을 알리실 때, 우리는 마땅히 두려워하는 마음을 품고 그분을 받아들여야 하기 때문입니다. 그분이 우리에 대한 자신의 주권에 대해 말씀하시고 자신을 우리의 하나님으로 알리실 때, 우리는 그분의 아버지다운 선하심을 인식해야 합니다. 우리에게는 하나님의 율법을 통해 계시된 것에 귀를 기울이고 그것에 매달리는 것 외에는 다른 선택의 여지가 없습니다.

바로 그것이 훗날 하나님이 이스라엘 백성을 비난하셨던 이유입니다. 그들은 그분을 두려워하지도 사랑하지도 않았습니다. 하나님은 선지자 말라기를 통해 다음과 같이 말씀하셨습니다. "내가 아버지일진대 나를 공경함이 어디 있느냐 내가 주인일진대 나를 두려워함이 어디 있느냐"(말 1:6). 아마도 말라기는 이런 선포를 하는 동안 모세가 여기에서 한 말을 떠올렸을 것입니다. 하나님이 자신을 주님이라고 칭하시는 것은 우리가 그분에게 합당한 존경심을 지니고 그분을 공경하게 하시기 위함입니다. 그분이 자신을 자기 백성의 하나님이라고 칭하시는 것은 그 백성을 친밀한 방식으로 자신에게 이끄시고, 또한 자신이 그들을 택하셨으므로 그들이 마땅히 모든 것을 자신의 손에 맡겨야 한다는 것을 알리시기 위함입니다.

율법 시대의 상황이 그러했다면, 오늘 우리의 상황은 훨씬 더 그러합니다. 비록 하나님이 그분의 독생자 안에서 자기를 비우기로 하셨을지라도(빌 2:7-8), 그분은 여전히 그분의 영광을 갖고 계시며, 그분의 자기 비움은 그분의 탁월함 중 그 어떤 것도 감소시키지 않습니다. 우리 주 예수 그리스도의 겸비는 하나님의 자비하심에 대한 분명한 증거입니다. 그러나, 그 사정이 어떠하든, 우리는 그분의 겸비를 조롱해서는 안 됩니다. 하나님이 우리에게 자신의 무한한 영광을 보여 주시는 것은 그분이 우리에게 오실 때 우리에게서 경배를 받으시기 위함입니다.

그러므로 그분이 오늘 우리를 책망하시는 데에는 그럴 만한 이유가 있는 것입니다. 만약 우리가 그분을 경외하거나 사랑하지 않는다면, 우리 역시 모든 면에서 변명의 여지가 없습니다. 왜냐하면 그분은 지금도 자신을 우리의 하나님과 우리의 주님으로 계시하고 계시기 때문입니다. 그러므로, 그분이 우리에게 자신을 심판주로 계시하셨고 또한 언젠가 우리가 그분을 조롱거리로 만든 것에 대해 책임을 물으실 것이 확실함에도 여전히 우리가 그분의 명령을 고려하지 않고, 그분의 위협에 굴복하지 않고, 우리의 악행을 계속한다면, 도대체 그분에 대한 우리의 경외는 어디에 있는 것입니까? 만약 그분이 우리와 같은 인간이라면, 우리는 그를 우리에 대해 완전한 주권을 갖고 계시는 살아 계신 하나님보다 훨씬 더 두려워할 것입니다.

그러나 우리가 종의 태도를 지니고 억지로 그분을 경외하는 것은 옳지 않습니다. 오히려 우리의 경외에는 사랑이 더해져야 합니다. 왜냐하면 그분은 우리의 아버지로 불리시기 때문입니다. 우리는 그분이 자신을 "이스라엘의 하나님"으로 계시하실 때 그 칭호가 의미하는 것이 그분이 우리의 구주가 되시리라는 것임을 알아야 합니다. 하박국 선지자는 "당신은 우리의 하나님이시오니 … 우리가 멸망하지 아니하리이다"(합 1:12)라고 말합니다. 그러므로 우리는 하나님의 이 칭호가 우리를 위한 것임을 깨닫고 그것을 소중히 여겨야 합니다.

율법에 앞서는 구원과 은혜

그러나 이제 또한 우리는 그분이 그분의 백성에게 베푸신 은혜와 관련해 다음과 같은 말씀을 덧붙이시는 것에 주목해야 합니다. "내가 너희를 애굽 땅에서 인도하여 냈다"(신 5:6). 사실 하나님은 다른 모든 민족들보다도 이스라엘을 자신에게 묶으려 하셨습니다. 바로 그것이 그분이 여기에서 특별히 자신이 이스라엘을 위해 이루신 구속 사건을 언급하시는 이유입니다. 하나님이 그런 말씀을 하실 때 우리는 그분이 우리를 자신에게 묶으시기 위해 우리에게 베푸신 온갖 은혜를 떠올려야 합니다. 그 은혜는 무한하며 헤아리기 어려울 정도입니다. 하지만 우리는 힘껏 그 은혜를 헤아리고 모든 이해력을 동원해 그것을 살펴야 합니다. 그렇게 하지 못할 경우, 적어도 우리는 우리에게 하나님에 대한 경외와 사랑을 가르칠 만한 것들에 대해서라도 관심을 기울여야 합니다.

먼저 우리는 우리를 지으시고 우리에게 형상을 주신 분이 하나님이시며, 따라서 우리가 우리 자신의 것이 아니라 그분의 것이라는 사실에 유념해야 합니다. 이것은 이미 잘 잘려진 은혜입니다. 비록 우리 모두가 온 힘을 다해 그분을 섬기기 위해 애쓸지라도, 과연 우리가 그분이 우리를 이 세상에 심으시고 먹이시는 것에 대해 어떻게 적절하게 보답할 수 있겠습니까? 더구나, 만약 우리가 그분이 우리에게 보여 주시는 그분의 사랑에 대한 증거들을 철저히 숙고한다면, 즉 그분이 우리를 위해 세상을 지으시고, 모든 것을 우리의 용도에 맞게 하시고, 우리 안에 그분의 형상을 부어주심으로써 우리가 불멸의 존재가 되게 하시고, 이 쇠락하는 삶보다 훨씬 더 좋은 기업을 우리를 위해 준비하고 계심을 깨닫는다면, 그러나 그러고서도 우리가 하나님께 경배하고 우리 자신과 모든 것을 그분께 바치려는 뜨거운 열망을 품지 않는다면, 도대체 우리는 얼마나 어리석은 자들이겠습니까?

더 나아가 이것에 더해서 우리는 하나님이 우리에게 주신 모든 은혜—특별한 은혜뿐 아니라 보편적인 은혜들까지도—에 대해 살펴볼 필요가 있습니다. 사실 우리는 다윗과 더불어 다음과 같이 고백해야 옳습니다. 시편 40편에서 그는 하나님의 은혜와 관련해 다음과 같이 말하고 있습니다. "여호와 나의 하나님이여 주께서 행하신 기적이 많고 우리를 향하신 주의 생각도 많아 누구도 주와 견줄 수가 없나이다 내가 널리 알려 말하고자 하나 너무 많아 그 수를 셀 수도 없나이다"(시 40:5). 물론 우리는 자신이 하나님께 얼마나 많은 것을 빚지고 있는지 알아야 합니다. 하지만 또한 우리는 우리가 하나님의 손에서 받은 은혜들에 대해서도 깊이 생각해야 합니다. 우리는 하나님이 이스라엘 백성에게 "내가 너희를 애굽에서 인도해 냈다"라고 말씀하시는 이 구절을 통해 주님이 우리들 역시 구해 내셔서 그분의 집과 교회의 일원이 되게 해주신 것을 의식해야 합니다. 본래 우리는 아담의 자녀들이요, 본성상 가련하며, 죽음의 상속자이며, 죄만 갖고 있을 뿐이며, 따라서 하나님께는 틀림없이 혐오스러운 존재였습니다.

오늘날 인간이 얼마나 제멋대로 자기를 기쁘게 하고 높이는지 살펴보십시오. 그것이 인간의 본성이며 그들이 귀하게 여기는 것입니다. 그들은 마귀의 졸개들입니다. 그들은 그들 안에 죄와 부패의 심연을 갖고 있습니다. 그들은 자신들의 머리 위에 하나님의 진노와 저주를 쌓을 뿐입니다. 간단히 말해, 천국에서 쫓겨난 후 그들은 온통 불행에 빠져 있습니다. 그러나 하나님은 그분의 아드님의 손을 통해 우리를 그런 상태에서 건져주셨습니다. 그분은 우리에게 (그분이 옛 사람들에게 하셨던 것처럼) 모세만 보내신 것이 아닙니다. 오히려 그분은 자신의 외아들까지 아끼지 않으시고 우리를 대신해 죽도록 내어 주셨습니다. 그러므로 그토록 귀하고 헤아릴 수 없는 비용 곧 하나님의 아드님의 거룩한 피를 지불하고 속량된 우리는 마땅히 그분께 우리 자신을 온전하게 내어 드려야 하지 않겠습니까?

더 나아가 오늘 우리의 본문은 애굽을 "종 되었던 집"이라고 칭합니다. 이것은 마귀가 우리를 사로잡아 폭압을 행할 경우 우리로서는 죽음에서 구원을 얻을 방도가 없고 구원에 대한 모든 소망으로부터 차단될 수밖에 없음을 의미하는 것 아니겠습니까? 그러니, 우리가 그 모든 것으로부터 해방될 경우, 과연 우리가 그 해방감을 모세가 여기에서 말하는 것 이상으로 표현할 수 있겠습니까?

그러므로 이제 우리는 "너희의 하나님이 너희를 애굽 땅에서 인도해 내셨다"라는 말씀 앞에서 우리가 우리 자신의 것이 아니라는 것을 분명하게 깨달아야 합니다. 참으로 우리는 (사도 바울이 로마서 14장과 고린도전서 7장에서 말하듯이) 우리의 것이 아닙니다. 그러므로 믿는 자들은 자기들이 좋아하는 것을 무엇이든 할 수 있는 자유를 갖고 있다거나 모든 이가 자기들 입맛에 맞는 것을 추구할 수 있다는 주장은 더 이상 옳지 않습니다. 어째서 그렇습니까? 그것은 죽으셨다가 부활하신 주 예수께서 산 자와 죽은 자 모두를 다스리고자 하시기 때문입니다. 예수 그리스도께서 산 자와 죽은 자 모두의 주님이 되시는 것은 아주 정당한 일입니다. 왜냐하면 그분은 우리의 구속과 구원이 의문시 되었을 때 자신을 아끼지 않으셨기 때문입니다. 그분은 우리를 구원하시기 위해 자기를 내어주셨습니다. 우리는 오늘날에도 그분이 복음을 수단으로 삼아 우리를 그 은혜의 참여자가 되게 하고 계시며 우리가 그분의 양떼에 속하도록 우리를 자신에게로 부르고 계시다는 것을 알아야 합니다.

너희가 받은 은혜를 기억하라

사실, 세상의 죄를 씻기신 분은 흠이 없는 어린양이십니다. 그런 분이 인간을 하나님과 화해시키기 위해 자신을 바치셨습니다. 우리는 이 세상의 많은 이들이 버린 바 되었고, 또한 하늘의 문이 그들에게 닫혀 있다는 것을 알고 있습니다. 하나님은 그들에게는 우리에게 하셨던 것처럼 믿음을 통해 가르치시는 은혜를 베풀지 않으십니다. 그러므로 이제 우리는, 만약 우리에게 복음이 선포되고 또한 그 복음이 우리에게 하나님의 아드님은 자신이 단번이 이루신 구속이 우리에게 유효하게 될 뿐 아니라 우리가 그 은혜를 기뻐하기를 원하고 계시다는 것을 증거함에도 불구하고 여전히 우리가 죄인들에 불과한 우리를 자신과 결합시키고자 하시는 분께 순종하지 않는다면, 우리의 처지가 이전보다도 훨씬 더 비참하게 되리라는 것을 알아야 합니다.

오늘날 불신자들이 마치 달아난 말처럼 날뛰고 미신에 빠져 삶을 탕진하고 있는 것은 그들에게 자기를 제어할 만한 그 어떤 고삐도 없기 때문입니다. 하나님은 그들을 자신의 종으로 삼지 않으셨습니다. 우리가 알다시피, 현재의 교황제도 안에는 끔찍한 혼란이 존재합니다. 그럼에도 그 제도 안에는 사람들을 다시 하나님께 인도할 만한 아무런 가르침이 존재하지 않습니다. 오히려 그들의 가르침은 사람들을 하나님으로부터 멀어지게 할 뿐입니다. 또한 우리는 그 안에는 마귀가 터를 잡고 있고, 모든 것이 거짓과 환상뿐이며, 살아 계신 하나님이 망각되어 있다는 것을 알고 있습니다. 참으로 무서운 혼란이 아닐 수 없습니다.

그렇다면 우리는 어떻게 해야 합니까? 하나님이 자신을 위해 우리를 교화시키실 때 마땅히 우리는 더욱더 우리 자신을 그분과 연합시키고 그분의 이름으로 선포된 가르침에 더욱더 순종해야 하지 않겠습니까? 그러므로 우리는 우리 자신을 하나님께 붙들어 매고 우리의 머리로 지어낼 수 있는 모든 것을 포기하는 것을 배워야 합니다. 이제 우리는 더 이상 비틀거리며 이리저리 흔들리거나 다른 무언가로 인해 혼란에 빠져서는 안 됩니다. 왜냐하면 우리에게는 우리를 소유하고자 하시는 오직 한 분이신 하나님이 계시기 때문입니다. 그분은 자신의 명예를 피조물에게 넘겨 더럽히기를 원치 않으십니다. 그분은 우리가 호소해야 할 분이 오직 자신뿐이며 우리의 피난처가 오직 자신의 도우심과 은혜 안에 있을 뿐임을 알려 주시기 위해 늘 우리를 지켜보고 계십니다.

마지막으로 우리는 하나님이 우리를 구속해 자신의 집에 붙들어두고자 하신다는 것을 의식하면서 그분의 면전에서 그리고 그분의 빛 안에서 살아야 합니다. 우리는 그분을 우리의 유일한 하나님으로 경배하되 예배의식이나 형식적인 말로만이 아니라 마음을 다해 그렇게 해야 합니다. 왜냐하면 영이신 그분에 대한 우리의 섬김 역시 영적이어야 하기 때문입니다. 그러므로 우리는 그분이 우리의 몸과 영혼 모두를 소유하시게 해야 합니다. 그래서 그분이 우리 몸과 영혼 모두 안에서 그리고 그 둘 모두에 의해서 영광을 얻으시게 해야 합니다.

1555년 6월 17일 월요일

제3강

우상을 만들지 말라

⁸너는 자기를 위하여 새긴 우상을 만들지 말고 위로 하늘에 있는 것이나 아래로 땅에 있는 것이나 땅밑 물 속에 있는 것의 어떤 형상도 만들지 말며 ⁹그것들에게 절하지 말며 그것들을 섬기지 말라 나 네 하나님 여호와는 질투하는 하나님인즉 나를 미워하는 자의 죄를 갚되 아버지로부터 아들에게로 삼사 대까지 이르게 하거니와 ¹⁰나를 사랑하고 내 계명을 지키는 자에게는 천 대까지 은혜를 베푸느니라 (신 5:8-10)

우리에게는 하나님에 대한 예배를 늘 사악한 미신으로 변질시키려고 하는 악한 성향이 있습니다. 그러하기에 하나님은 억지로라도 우리를 제어하시기 위해 우리를 위협하실 필요가 있습니다. 그분이 그렇게 하시지 않는다면, 우리는 우리의 허영심 때문에 그분을 그분의 위엄에 어울리지 않는 방식으로 상상하게 될 것입니다. 바로 그것이 오늘의 본문이 강조하는 요점이며, 우리는 그것에 대해 이미 언급한 바 있습니다. 사실 이스라엘 백성은 살아 계신 하나님을 이미 알고 있었습니다. 따라서 그분이 그들에게 아무런 형상도 만들지 말라고 명령하시는 것은 불필요했습니다. 그럼에도 그분이 이런 명령을 내리신 것은 그들의 사악한 성향 때문이었습니다. 그러나 또한 그것은 우리의 유익을 위한 것이기도 했습니다. 왜냐하면 그런 악은 우리의 뼛속 깊이 뿌리를 내리고 있기 때문입니다. 오늘의 본문에서 하나님은 우리에게 자신이 그 어떤 우상 숭배도 허용하지 않으실 것이라고 말씀하십니다. 그리고 우리는 그런 위협 앞에서 놀라야 합니다. 왜냐하면 우리 모두는 끝없이 우상들을 만들어냄으로써 살아 계신 하나님의 영광을 우리의 상상 속으로 밀어 넣고 있기 때문입니다.

"선한 의도"라는 핑계

오늘의 본문을 통해 우리는 우리가 갖고 있는 한 가지 본성, 즉 늘 우리를 미신에 빠지게 하는 비뚤어지고 사악한 본성 때문에 비난을 받습니다. 사실 우리는 이처럼 과격한 방식으로 제어되어야 할 필요가 있습니다. 왜냐하면 우리는 자발적으로는 하나님을 순전하게 예배하지 못하며 그분 자신이나 본래 그분에게 속한 것들을 이해하지도 못하기 때문입니다.

또한 우리는 소위 "우리의 선한 의도"가 실제로 무엇을 위한 것인지 알고 있습니다. 그리고 우리가 그 문제와 관련해 자주 제시하는 변명은 이런저런 상像을 만들어내는 것이 우리의 생래적 성향이라는 것입니다. 또한 우리가 그렇게 하는 것은 하나님을 예배하고, 그분께

보다 많이 헌신하고, 그분이 우리의 요구를 들어주시리라는 보다 큰 확신을 얻기 위해서라는 것입니다. 그런 식으로 우리는 우리의 선한 의도라는 핑계 뒤에 숨으려 합니다. 그러나 하나님은 우리의 그런 선한 의도를 경멸하십니다. 그분은 자기들의 의견을 따라 이리저리 휘둘리는 자들을 무겁게 책망하십니다. 물론 그들은 자기들이 하나님을 예배하고자 한다고 말하며 실제로 그러하기도 합니다. 그러나 도대체 그들은 어떤 방법으로 하나님을 예배하고자 하는 것입니까? 하나님은 그런 예배를 결코 받지 않으십니다. 오히려 그분은 그런 예배를 경멸하고 혐오하십니다. 그리고 그분이 그렇게 하시는 데에는 그럴 만한 충분한 이유가 있습니다. 왜냐하면, 우리가 이미 살펴보았듯이, 인간이 그분을 가시적인 형상을 통해 나타내고자 할 때, 그분의 위엄은 우스꽝스러운 것이 되고 말기 때문입니다.

그러므로 이 구절을 통해 우리는 우리에게 좋아 보이는 것을 취하지 말라는 교훈을 얻어야 합니다. 무엇보다도 우리는 하나님을 예배하는 문제와 관련해 우리 자신의 상상력에 의지해서는 안 됩니다. 오히려 우리는 그분이 그분의 말씀을 통해 명령하신 것을 (그것에 아무것도 덧붙이지 말고) 단순하게 따라야 합니다. 만약 우리가 그 명령을 멀리하고 아주 사소하게라도 무언가를 스스로 고안해 낸다면, 하나님은 틀림없이 우리를 벌하실 것입니다. 그러므로 성경이 "네 하나님 여호와는 질투하는 하나님인즉 나를 미워하는 자의 죄를 갚되 아버지로부터 아들에게로 삼사 대까지 이르게 하거니와"(신 5:9)라고 말씀하는 것은 장난삼아 하는 위협이 아닙니다.

이 구절에는 특별히 강조할 필요가 있는 두 가지 내용이 들어 있습니다(『강요』 II.viii.17). 하나는, 우리는 쉽사리 우상 숭배에 빠지는 본성을 갖고 있으므로, 만약 우리가 하나님의 말씀을 다른 무언가와 뒤섞지 않으려면, 그리고 이런저런 우상들을 고안해 내지 않으려면, 하나님이 하신 이 명령에 늘 유의해야 한다는 것입니다. 왜냐하면 하나님은 우리의 상상력이 아니라 그분의 본성을 따라서 순전하게 예배 받으셔야 하기 때문입니다. 다른 하나는, 우리가 무언가를 고안해 내는 것에 대한 구실로 "우리의 선한 의도"를 내세워서는 안 된다는 것입니다. 오히려 우리는 하나님이 우리에게 요구하시는 핵심적인 섬김이 순종이라는 것을 알아야 합니다.

이제 성경에 기록된 말씀을 살펴봅시다. 먼저 하나님은 "나는 네 하나님 여호와라"(신 5:6)라고 말씀하십니다(『강요』 II.viii.18). 여기에서 그분은 우상들과 맞서서 자신을 드러내십니다. 이것은 그분이 이스라엘 백성에게서 미신을 제거하기 위해 그들 앞에 자신의 위엄을 드러내셨음을 의미합니다. 그렇습니다. 하나님은 인간이 아무런 변명도 하지 못하게 하시기 위해 적어도 한 번은 우리 모두에게 자신을 드러내셨습니다.

사실, 우리가 신앙의 참된 목적을 알지 못하며 참되신 하나님을 식별하지도 못한다는 사실을 감안한다면, 우리의 판단이 빗나가거나 아무런 방향 없이 방황하거나 잘못된 길로 이끌리는 것은 놀랄 일이 아닙니다. 그럼에도, 일단 하나님이 우리에게 자신을 계시하시고 우리가 그분의 진리를 이해했다면, 우리는 그것만으로도 우리의 모든 헛된 꿈을 버리고 우리가 이해한 것을 지켜나가야 합니다. 여기에서 하나님이 자신이 이미 이스라엘 백성에게 자신을 계시하셨고 그들을 자신의 백성으로 삼으셨음을 거듭 말씀하시는 이유가 바로 그것 때문입니다. 또한 그분은 바로 그런 이유 때문에 이제 곧 선포될 율법을 통해 그들을 다스리고자 하시는 것입니다.

질투하고 진노하시는 하나님

이제 본문에서 그분은 특별히 "질투하는 하나님"(신 5:9)으로, 그리고 "진노의 하나님"으로 불리십니다(『강요』 II.viii.18). 우리의 본문에 나오는 단어는 그 두 가지를 모두 의미합니다(성경 본문에는 질투라는 단어만 나오지만 그 안에 진노라는 뜻이 내포되어 있다는 의미다 - 역자 주). 여기에서 그분은 "하나님"이라고 불리시지만, 그분이 사용하시는 이름은 "힘"을 암시합니다. 왜냐하면 그분이 "질투하신다"고 일컬어질 때, 그것이 의미하는 것은 그분이 자신의 명예가 더럽혀지는 것을 허락하지 않으신다는 것이기 때문입니다. 만약 어떤 이가 하나님께만 속한 것을 취해 피조물에게 수여하려 한다면, 그분은 그런 신성 모독을 결코 용납하지 않으실 것입니다. 그러므로, 설령 하나님의 명예가 오늘 우리에게 더 이상 값져 보이지 않을지라도, 그것이 곧 하나님 역시 그 명예를 우리처럼 하찮게 여기시리라는 것을 의미하지는 않습니다. 그러므로 우리는 하나님은 자신의 명예를 잊지 않으신다는 것과, 또한 (성경을 통해 강조된 것처럼) 자신의 영광을 유지하고자 하신다는 것을 알아야 합니다.

사실 우리가 조금이라도 분별력을 갖고 있다면, 우리는 누군가가 우리에게 그렇게 하라고 권하지 않더라도 하나님의 명예를 지키기 위해 열심을 낼 것입니다. 우리는 하나님이 자신의 명예에 대해 갖고 계신 열정으로 인해 불타올라야 하며, 누군가가 그분의 위엄을 더럽히거나 비방하는 것을 볼 때 크게 분노해야 합니다. 그러나 보십시오!

우리는 우리 자신의 명예를 지키는 일에는 지나치게 몰두하면서도, 우상 숭배에 빠진 세상에서 하나님의 명예가 짓밟히고, 농담과 조롱의 대상이 되고, 심지어 갈가리 찢길지라도, 그 모든 일을 못 본 체합니다. 우리는 하나님의 명예를 지키는 일에 우리가 마땅히 해야 할 만큼의 노력을 기울이지 않습니다. 그러나, 만약 우리가 계속해서 그 일에 게으르고 무관심하다면, 그래서 자신이 그런 식으로 우리에게 무시당하신다면, 그분은 그 일로 인해 우리에게 복수하실 것입니다.

여기에서 모세는 이스라엘 백성에게 하나님이 그분의 명예에 대해 질투하실 뿐 아니라 우상숭배자들을 벌하실 능력을 갖고 계시다는 사실을 알리기 위해 하나님께 "힘"을 의미하는 호칭을 부여합니다. 이 두 단어("질투"와 "진노" – 역자 주)는 한데 결합되어야 합니다.

사실 모세가 한 이 말은 선지자 나훔을 통해 보다 잘 설명됩니다. 그는 다음과 같이 말합니다. "여호와는 질투하시며 보복하시는 하나님이시니라 여호와는 보복하시며 진노하시되 자기를 거스르는 자에게 여호와는 보복하시며 자기를 대적하는 자에게 진노를 품으시며 … 여호와의 길은 회오리바람과 광풍에 있고 구름은 그의 발의 티끌이로다"(나 1:2-3). 선지자는 모세가 사용한 것과 동일한 단어를 사용해 여호와께서 "질투하신다"라고 말합니다. 그리고 이것은 그분이 아무 것도 잊지 않으시며 우리가 그분을 경멸할 때 우리를 살펴보신다는 의미입니다.

이 세상의 모든 일은 그분 앞에 기록됩니다. 그리고 언젠가 그분은 그 모든 일을 심판하실 것입니다. 그런데 이 때 선지자는 하나님이 자신의 명예를 지키려 하신다고 말하는 동시에, 또한 그분이 적들을 벌하시기에 충분한 힘을 갖고 계시며 아무도 그분의 손을 벗어날 수 없다고 말합니다. 선지자가 "회오리바람과 광풍"에 대해 그리고 하나님의 "보복"에 대해 말하는 이유가 바로 그것 때문입니다. 비록 하나님이 일시적으로 눈을 감으시거나 적들에 대한 경계를 늦추실지라도, 적당한 때가 이르면 그 적들은 그동안 자기들이 어떤 분을 상대해 왔는지를 분명하게 깨닫게 될 것입니다. 즉, 그 때 그들은 그동안 자기들이 살아 계신 하나님의 화를 돋궈왔다는 것을 알게 될 것입니다. 바로 그것이 우리가 이 구절을 통해 얻어야 할 한 가지 교훈입니다.

그러나 우리는 이 구절을 통해 또 다른 교훈을 얻어야 합니다. 그것은 하나님은 자신의 질투심을 이행하실 수 있을 만큼 충분히 강력하시다는 것입니다. 그분은 우리 같은 인간이 누군가가 우리를 모욕하거나 상처를 줄 때 불쾌해하고 분개하면서도 자신이 원하는 일을 하지 못하는 것처럼 유약하시지 않습니다. 하나님은 그런 분이 아니십니다. 오히려 그분은 자신의 모든 적들을 혼란에 빠뜨리실 수 있는 강력한 힘을 갖고 계십니다.

물론 우리는 하나님이 이리저리 부산하게 움직이는 사람들에게서 발견되는 것과 같은 인간적인 감정을 갖고 계시다고 상상해서는 안 됩니다. 하나님 안에는 그 어떤 진노도 존재하지 않습니다. 그러나 우리가 하나님을 그분의 모습 그대로 이해하는 것이 불가능하기에 그분은 자신의 본성을 무지한 우리에게 맞추어 알려 주셨습니다. 그러므로 성경이 하나님의 화, 진노, 혹은 분개 등에 관해 말씀할 때, 그것은 하나님이 그런 감정들에 굴복하신다거나 어떤 식으로든 우리와 비슷하게 흥분하신다는 의미가 아닙니다. 오히려 그분은 늘 그분 자신의 상태에 머물러 계십니다. 야고보의 직유를 사용해 말하자면, 그분의 본질에는 "변함도 없으시고 회전하는 그림자도" 없습니다(약 1:17). 그러나 우리는 진노, 화, 혹은 분개 같은 단어들을 사용하지 않고는 그분의 심판과 위협을 이해할 수 없습니다. 그리고 성경은 바로 그런 이유 때문에 그런 단어들을 사용하고 있습니다. 그러므로 우리가 알아야 할 것은, 하나님이 이 구절을 통해 우리가 그분의 손에 떨어지는 것이 아주 무서운 일임을 알려 주고 계시다는 것입니다. 그러므로 우리가 악한 생각에 빠져 그분에 대한 순전한 예배를 왜곡하거나 우리의 마음이 원하는 것을 하려고 할 경우, 우리는 과연 우리가 어떤 분을 상대하고 있는지를 분명하게 인식할 필요가 있습니다. 그분은 우리가 그런 식으로 조롱하기에는 너무나 강한 분이십니다.

하나님의 복수의 정당성

그러나 하나님은 직접 우상을 숭배함으로써 율법을 무시한 자들만 위협하시는 것으로 만족하지 않으십니다. 그분은 자신이 그런 일을 한 자들을 벌하실 것이라고 말씀하시는 것으로 그치지 않으십니다. 오히려 그분은 그런 일을 한 자들의 후손들에게까지 복수의 손길을 뻗치십니다. "나 네 하나님 여호와는 질투하는 하나님인즉 나를 미워하는 자의 죄를 갚되 아버지로부터 아들에게로 삼사 대까지 이르게 하거니와"(신 5:9). 언뜻 보면 이것은 하나님의 공의와 어울리지 않아 보입니다. 이것은 아비와 어미의 죄 때문에 자녀들을 벌하시겠노라는 말씀인데, 사실 상식적으로는 이해하기 어려운 내용입니다.

우리는 선지자 에스겔이 이 문제와 관련해 했던 말을 기억합니다. 그는 죄를 지은 자는 그 자신의 죗값을 치를 것이고, 아들이 아비의 잘못에 대해 책임을 지거나 아비가 아들의 잘못에 대해 책임을 지는 일은 없을 것이라고 말한 바 있습니다(겔 18:19-20). 그러므로 본문의 말씀은 미개하고, 거칠고, 심지어 하나님의 공의와 평등에 어긋나는 것처럼 보입니다. 죄는 그 값을 치러야 하는데, 그 값이란 그 죄를 지은 자의 죽음입니다. 그런데 어째서 무죄한 자가 죽어야 하는 것입니까? 게다가 성경에는 하나님 자신이 아비의 죄 때문에 무죄한 자녀들을 벌하지 않으시리라고 말씀하셨던 증거가 있습니다(겔 18:17).

심지어 하나님은 유대인들이 "아버지가 신 포도를 먹었으므로 아들들의 이가 시다"(사 31:29)라는 속담을 만들어 자신을 모독했다고 비난하기까지 하셨습니다. 유대인들이 그 속담으로 말하고자 했던 것은 다음과 같은 것이 아니면 무엇이겠습니까? "하나님이 우리를 이토록 심하게 벌하시는 이유는 우리의 잘못 때문이 아니다. 왜냐하면 우리는 우리에게 마땅한 방식대로 살아왔기 때문이다. 그러니 그분이 우리를 벌하시는 이유는 우리의 조상들의 죄 때문인 셈이다." 당시의 유대인들은 하나님과 맞서서 그런 식으로 투덜거렸습니다.

그러나, 만약 우리가 모든 상황을 신중하게 고려해 본다면, 이런 말씀에 대한 우리의 반감은 곧 사라질 것입니다. 왜냐하면 하나님이 에스겔의 본문을 통해 말씀하고자 하셨던 것은, 다름 아니라, 하나님께 벌을 받는 자들은 자기들의 무고함을 주장할 수 없다는 것이기 때문입니다. 그들은 하나님이 자기들을 그토록 엄하게 대하시는 것이 잘못이라고 말해서는 안 되었습니다. 왜냐하면, 문제를 신중하게 살펴본다면, 그들은 각각 그들 자신의 죄 때문에 유죄 판결을 받은 것이기 때문입니다. 내가 말씀드리고자 하는 것은, 그들은 그들의 어미의 뱃속에서부터 죄인일 수밖에 없으며, 따라서 반드시 그들 자신이 공개적으로 심각한 죄를 지어야만 유죄 판결을 받는 것이 아니라는 것입니다.

우리는 어떤 존재입니까? 우리의 본성은 전적으로 악할 뿐입니다. 그러므로 어미의 뱃속에 들어 있는 아기들조차 하나님 앞에서는 이미 죄인일 뿐입니다. 우리는 어떤 이들의 악함을 인식하지 못할 수 있습니다. 그러나 그들의 본성이 악하고 비뚤어져 있다는 사실은 변하지 않습니다. 그들은 숨겨진 죄의 씨앗을 지니고 있고, 아담으로부터 인류에게 전가된 원죄로 인해 이미 정죄되어 있기 때문입니다. 어린아이들조차 하나님의 진노와 저주에서 면제될 수 없습니다. 그러므로, 설령 그분이 그들을 벌하실지라도, 그것은 아무 이유 없이 그러시는 것이 아닙니다.

그러므로 우리는 그런 경우에라도 그분이 유능한 심판자로서 그분의 일을 공정하게 처리하셨다고 확신해야 합니다. 그러므로 이미 충분히 성장한 이들은 보다 강력한 이유로 자신들의 무죄를 주장할 수 없습니다. 오히려 우리는 그들이 어린아이들보다 훨씬 더 죄가 많다는 것을 알 수 있습니다. 따라서 우리가 에스겔이 한 말과 관련해 분명하게 말할 수 있는 것은 하나님은 자녀들이 무죄함에도 아비들이 지은 죄 때문에 그들을 벌하시는 것이 아니라 그들 안에 있는 그들 자신의 잘못 때문에 그들을 벌하신다는 것입니다.

더 나아가, 만약 우리가 하나님이 "아버지로부터 아들에게로 삼사 대까지 이르게 하거니와"(신 5:9)라고 말씀하실 때 그런 일이 어떻게 일어나는지에 주목한다면, 우리는 우리의 문제를 보다 쉽게 해결할 수 있을 것입니다. 우리는 하나님이 우리에게 그 어떤 빚도 지고 계시지 않다는 것을 압니다. 그러므로, 만약 그분이 우리에게 친절하게 행동하신다면, 그것은 그분의 순전한 은혜 때문이지 그분이 그렇게 하셔야 할 의무가 있기 때문이 아닙니다. 만약 그분이 우리를 엄격하게 대하신다면, 그분은 우리를 완전한 정죄 상태에 내버려 두실 수 있습니다. 또한 그분이 우리에게서 그분의 자비를 철회하신다면, 그분은 온 세상을 심판하시는 자가 되실 것입니다. 그리고, 실제로 그런 일이 일어난다면, 우리 모두는 망할 것입니다. 그 때 우리에게는 아무런 치유책도 없을 것입니다. 만약 하나님이 우리를 둘러싸고 있는 저주를 제거해 주시지 않는다면, 우리 모두는- 큰 자와 작은 자, 그리고 아비와 자식 할 것 없이- 저주를 받게 될 것입니다. 그런데 우리가 알다시피 그분은 굳이 그렇게 하실 필요가 없음에도 우리에게 관용을 베풀고 계십니다.

하나님은 우리를 철저히 파멸시키실 수 있는 분입니다. 그러므로, 만약 그분이 어떤 이들을 선하고 자비롭게 대하시고, 그들을 자신에게로 이끄시고, 죄의 심연으로부터 그들을 구해내고자 하신다면, 우리 중 누가 그분에게서 잘못을 찾을 수 있겠습니까? 우리가 어떻게 그분을 그런 일로 비난할 수 있겠습니까? 그분이 자신의 피조물에게 자비를 베푸시는데 어째서 우리가 우리의 눈을 치켜떠야 하는 것입니까?

그리고, 비록 그분이 모든 사람들에게 동일한 기준을 적용하지 않으실지라도, 우리는 여전히 입을 다물어야 합니다. 오히려 우리는, 설령 그분이 하시는 일이 우리의 이해 능력을 넘어설지라도, 우리의 입을 크게 열어 그분이 그렇게 하시는 데에는 그럴 만한 이유가 있으며 따라서 그 일이 정당하다고 고백해야 합니다. 왜냐하면 우리가 그분이 인간을 위해 하시는 모든 일들을 이해할 수는 없기 때문입니다.

우리가 해야 할 일은 호기심을 낮추고, 설령 그분이 하시는 일이 우리에게 너무 높고 신비롭게 보일지라도, 그분의 판단에 경의를 표하는 것입니다. 상황이 어떠하든, 우리는 다음과 같은 기준을 세워야 합니다. 만약 하나님이 그렇게 하고자 하셨다면, 그분은 우리를 우리가 처해 있는 파멸의 상태에 그대로 내버려 두실 수 있었고, 그로 인해 우리 모두는 멸망했을 것입니다. 그러나 그분은 어떤 이들에게 ― 모든 이들이 아닙니다 ― 자신을 연민과 인애가 풍성한 분으로 드러내기를 기뻐하셨습니다. 그리고 바로 그것이 그들을 다른 이들과 구별시켜 줍니다. 하지만 또한 그분은 자신이 보시기에 그렇게 하시는 것이 타당해 보이는 어떤 이들을 그들이 태어났을 때처럼 저주 받은 상태에 머물도록 방치하십니다.

하나님의 자유

이제 우리는 다음과 같이 질문할 수 있습니다. "어째서 하나님은 어떤 이들에게는 자비로우시고 어떤 이들에게는 엄격하신 것인가?" 사실 그 이유는 우리에게 알려져 있지 않으며 우리가 연구를 통해 알 수 있는 것도 아닙니다. 어째서 그렇습니까? 그것은 이 문제와 관련해 중요한 것은 우리가 자신의 생각을 제한하고 억누르는 것이고, 하나님이 그분이 좋게 여기시는 이들을 택하시고 다른 이들을 거부하실 자유를 갖고 계시다고 고백하는 것이기 때문입니다.

그러나, 그 사정이 어떠하든, 그분은 자신에게 신실한 자들에게 다음과 같은 약속, 즉 자신이 그들의 자녀들을 불쌍히 여기실 것이고, 이미 그들에게 자비를 베푸셨던 것처럼 세상 끝날까지 그렇게 하시리라는 약속을 하십니다. 우리는 하나님이 어떤 이유에선가 어떤 이들에게 다른 이들에게보다 더 큰 은혜를 베푸신다는 것을 알고 있습니다. 반면에 그분은 불신자들을 위협하고 저주하실 뿐 아니라 그들의 후손들에게까지 그렇게 하십니다.

이제 하나님의 자비와 징벌의 문제를 살펴봅시다. 그분의 자비는 그분이 신자들의 자녀들에게 부와 건강 혹은 그와 유사한 것들을 허락하시거나 이 세상에서 그들이 번성하게 하시는 것을 의미하지 않습니다. 그것은 하나님이 내리시는 가장 큰 복이 아니며 그분의 목표도 아닙니다. 오히려 그분이 그들에게 내리시는 복은 그분이 성령을 통해 그들을 다스리시고, 그들에게 자신의 자녀 됨의 징표를 허락하시고, 그들을 고쳐주시고, 또한 그들을 자신의 형상으로 회복시키기 위해 그들의 죄를 씻어주시는 것입니다. 바로 그것이 하나님이 자신에게 신실한 자들의 자녀에게 베푸시는 자비입니다. 하나님은 그들이 그들의 부패와 악의 안에 머물러 있도록 내버려 두지 않으시고, 그들을 고치시고, 다스리시고, 심지어 그들이 세상에서 번성하게 하십니다. 그것도 그분의 자비의 최고 단계에 이르기까지, 즉 그분이 그들을 자신의 왕국 안으로 그리고 영원한 생명 안으로 이끄실 때까지 그렇게 하십니다.

다른 한편으로, 하나님이 아비들의 죄악 때문에 그들의 자식들을 벌하실 경우, 그분은 그들을 그들의 원래의 상태에 방치하십니다. 예컨대, 사악한 자, 하나님을 증오하는 자, 위선자, 혹은 불신자들과 그들의 자녀들의 경우를 살펴봅시다. 하나님은 그들을 인정하지 않으십니다. 그분은 그들을 낯선 자로 여기십니다. 그분은 그들을 자신의 가족의 일원으로 여기지 않으십니다. 그런 식으로 그분은 그들이 사탄의 소유물이 되도록 내버려 두십니다. 그리고 그로 인해 그들이 하나님의 성령을 얻지 못하면, 결국 그들은 악하게 되어서 점점 더 그분의 진노를 초래하게 됩니다.

사정이 그렇다면, 그 때 우리 주님은 그들을 이유 없이 벌하시는 것입니까? 물론 아닙니다! 왜냐하면 그들 안에는 이미 충분한 죄가 있기 때문입니다. 그러므로 이제 우리는 하나님이 에스겔을 통해 선포하신 말씀이 참되다는 것을 충분히 이해할 수 있습니다. 즉, 죄를 지은 자는 누구나 그가 마땅히 받아야 하는 그 자신의 죗값을 치루는 것이며, 무죄한 자가 다른 무도한 범죄자 때문에 벌을 받는 것이 아니라는 것입니다.

그럼에도 또한 우리는 하나님이 아비들의 죄악으로 인해 그들의 후손들에게 벌을 내리시겠다고 말씀하신 것이 공연한 말씀이 아니라는 것을 알 수 있습니다. 어째서 그렇습니까? 그것은 하나님이 악을 행하는 자들과 불신자들, 혹은 특별히 그분의 말씀을 조롱하는 자들이나 그분의 이름을 남용하는 위선자들의 자녀들에게 은혜를 베푸시는 것은 그분의 본성에 맞지 않기 때문입니다. 하나님이 그런 자들의 후손들에게서 그분의 성령을 거두시는 것은 그분의 자유에 속한 문제입니다. 그리고 그들의 자녀들이 그런 식으로 하나님으로부터 소외될 경우, 그들에게 남는 것은 아담의 부패 외에 달리 무엇이겠습니까? 그 때 그들 안에는 죄와 부패 외에는 아무것도 남아 있지 않게 됩니다. 그러니 그 때 그들이 하나님의 적이 되는 것은 당연한 일입니다. 그리고 바로 그것 때문에 하나님이 그들을 벌하시는 것이 정당해집니다. 만약 그들이 하나님이 틀리셨고 자기들에게 잔인하시다고 불평하면서 그분의 진노의 손에서 벗어나기를 요구하는 잘못을 저지르지 않으려면, 그들은 그들의 입을 다물어야 합니다.

사실 우리는 반역자들을 결코 진정시킬 수 없습니다. 우리 중에는 고결하고 신실한 자들이 수치감을 느낄 정도로 뻔뻔스럽게 하나님과 맞서는 자들이 있습니다. 그러나 우리는 그런 개들은 제멋대로 짖어대게 내버려 두고 겸손하게 우리의 하나님께 영광을 돌립시다. 우리는 하나님이 그분의 눈에 좋아 보이는 이들에게 은혜를 베푸실 권위와 권리를 갖고 계시다는 것을 알고 있습니다. 그러므로 우리는 설령 하나님이 악한 자들의 후손들에게서 그분의 성령을 거두실지라도 우리가 그분을 잔인하시다고 비난해서는 안 된다는 결론을 내려야 합니다. 왜냐하면, 일단 그들이 하나님에 의해 버림받고 그분의 영에 의해 다스림을 받지 못한다면, 그 때 그들은 그들이 처한 바로 그런 상태로 인해 벌을 받아 마땅한 존재가 되기 때문입니다. 그러므로 우리는 이런 선고가 에스겔의 말과 상충한다고 여기지 말아야 합니다. 이제 우리는 모세가 한 말의 의미로 되돌아갑시다.

하나님, 두려워해야 할 분

의심할 바 없이 여기에서 모세는 우리에게 하나님에 대한 더 큰 두려움을 심어주려 하고 있습니다. 사실 여기에서 그는 단순하게 다음과 같이 말할 수도 있었습니다. "만약 너희가 하나님에 대한 예배를 타락시키거나, 신앙과 관련된 무언가를 변경하거나, 혹은 그분을 어떤 형상을 통해 표현하고자 한다면, 그분이 너희를 벌하실 것이다. 너희가 그분의 보복을 피할 것이라고 여기지 말라. 왜냐하면 그분은 자신의 명예가 그런 식으로 소멸되는 것을 허락하지 않으실 것이기 때문이다." 사실 그들은, 만약 그들이 완고하고 둔하지 않다면, 모세가 단순히 그렇게만 말했을지라도 마땅히 큰 두려움에 사로잡혔을 것입니다.

그러나 여기에서 모세는 그보다 더 나아갑니다. 그는 하나님이 그들을 벌하실 뿐 아니라 그들의 후손들 – 단순히 그들의 자녀들만이 아니라 그들의 모든 후손들 – 에게도 복수하실 것이라고 말합니다. 그러므로 그들은 살아생전에 이미 타오르는 불길과도 같은 그분의 진노를 경험할 뿐 아니라 죽은 후에도 자기들이 지은 죄의 흔적을 보게 될 것입니다. 그들이 땅에 묻힐지라도 하나님의 복수가 그런 식으로 그들에게 미친다면, 그들이 지은 죄는 세세토록 기억될 것이고, 사람들은 그들이 하나님 곧 그들이 자신의 양떼에 속한 자들처럼 자신의 말씀을 따라 자신의 다스림을 받게 하시기 위해 그들에게 그토록 큰 은혜를 베풀어 주셨던 분에게 반역했다는 것을 알게 될 것입니다. 그러므로 우리는 하나님이 그런 식으로 우리를 깨우쳐 주실 때 더 이상 우둔하게 되지 않도록 조심해야 합니다.

하나님이 그토록 많은 말씀으로 혹은 몇 가지 징표들까지 동원해 자신의 분노를 드러내신다면, 마땅히 우리는 두려움과 공포에 사로잡혀야 합니다. 그럼에도 우리는 그분이 우리에게 우리 자신이 고통을 받아야 할 뿐 아니라 우리의 후손들 역시 자신에게 복수를 당하게 되리라고 설명하실지라도 좀처럼 자극을 받지 않습니다. 하나님이 그런 식으로 말씀하실 때, 우리는 그분의 진노를 돋우지 않도록 주의해야 하고, 그분을 두려워해야 하고, 우리의 삶의 방향을 그분에게 맞추어 나가야 합니다. 왜냐하면 그분의 진노를 돋우는 것은 아주 무서운 일이기 때문입니다. 바로 그것이 우리가 이 구절을 통해 얻어야 할 교훈입니다.

율법을 어기는 자들에 대한 징벌

이어서 모세는 "나[하나님]를 미워하는 자"(신 5:9)에 대해 말합니다. 그는 이 표현 안에 율법을 어기는 모든 자들을 포함시킵니다. 만약 우리가 "이것은 하나님의 율법에 순종하지 않는 자들은 그분을 미워하는 자라는 뜻인가?"라고 묻는다면, 그 대답은 "그렇다"입니다. 그것은 그들이 그분을 미워하는 것처럼 보여서가 아니라 실제로 그러하기 때문입니다. 우리는 이 문제를 우리의 판단에 맡겨서는 안 됩니다. 왜냐하면 그런 판단을 하실 수 있는 분은 오직 하나님 한분뿐이기 때문입니다. 사람들은 악한 일에 빠져 있으면서도 자기들이 하나님을 미워한다고 말하지 않을 뿐 아니라 실제로도 그렇게 생각하지 않습니다. 따라서 그런 일이 악한 것으로 밝혀지는 것은 꼭 필요한 일입니다.

사실 위선자들은 자기들이 그럴 듯하게 보이는 까닭이 자기들 안에 있는 하나님에 대한 사랑 때문인 것처럼 위장합니다. 그리고 그들 안에서 얼마간 그럴듯한 씨앗이 발견되는 것도 사실입니다. 그러나 사실 그것은 타락하고 악한 씨앗에 불과합니다. 하기야 위선자들이나 무책임하고 방탕한 자들에게서 하나님에 대한 증오가 드러나지 않는 경우가 종종 있기는 합니다. 그러나 어느 경우이든 사정은 마찬가지입니다— 우리가 그들 안에서 그런 증오를 인식할 수 없을 때라도 말입니다.

세상의 모든 악당들이 원하는 것은 이 세상에서 재판관이나 기사단이나 경찰이 사라지는 것입니다(5월 16일 밤에 발생한 페린 일당의 폭동을 언급하는 말이다—역자 주). 그러므로 자신들이 하나님께 속해 있음을 의식하지 못하는 모든 이들은 그분을 조롱하는 자들입니다. 그들은 하나님이 하늘보좌에서 끌려 내려오는 것을 보면서 기뻐합니다. 그런 일은 완전히 비뚤어진 삶을 살고 있는 자들에게서 보다 분명하게 드러납니다.

사람들이 죄악을 제어하는 굴레에서 벗어날 때, 그들은 더 이상 그 어떤 교정도 얻지 못합니다. 그럴 경우 그들은 더욱더 다루기 어려워집니다. 만약 누군가 그들을 귀찮게 한다면, 그들은 그를 향해 이를 갈다가 마침내 폭발합니다. 그들은 미친개들처럼 하나님과 맞섭니다. 그러므로 하나님에 대한 이런 증오는 자기들이 악한 일을 할 수 있는 면허를 갖고 있다고 여기는 자들, 즉 악에 휩쓸리고 그 악에 깊이 빠져 있는 자들에게서 보다 두드러지게 나타납니다.

사실 우리가 하나님에 대한 두려움을 갖고는 있으나 하나님과 그분의 심판에 대한 말을 들을 때 혼란스러워하는 이들에게서 하나님에 대한 증오를 인식하기는 매우 어렵습니다. 그러나 그들 안에는 이미 하나님에 대한 얼마간의 증오가 있습니다. 사실 그들은 더 이상 그분을 믿지 않습니다. 그러나 하나님은 모든 것을 우리보다 훨씬 더 분명하게 보십니다. 비록 우리가 그런 것들을 인식하지 못할지라도, 그분은 그것들을 인식하십니다.

그러므로 우리는 사도 요한이 한 말 곧 "하나님은 우리 마음보다 크시고 모든 것을 아신다"(요일 3:20)라는 말을 늘 기억해야 합니다. 이것은, 설령 우리가 자신의 잘못을 옹호할지라도, 하나님은 우리의 그런 말에 영향 받지 않으신다는 것을 의미합니다. 그러므로 우리는 하나님께 순종하지 않는 자들과 그분을 경배하기 위해 그분의 위엄 앞에서 자신을 낮추지 않는 모든 자들은 비록 그들이 그런 낌새를 보이지 않아 우리가 그것을 식별조차 할 수 없을지라도 하나님을 미워하는 자들이라는 것을 분명하게 알아야 합니다.

사랑에서 시작되는 순종

그리고 바로 그것이 하나님이 자신의 계명을 지키는 자들에 관한 말씀을 "사랑"이라는 단어로 시작하시는 이유입니다(『강요』 II.viii.21). 그분은 다음과 같이 말씀하십니다. "[나는] 나를 사랑하고 내 계명을 지키는 자에게는 천 대까지 은혜를 베푸느니라"(신 5:10). 어째서 그런 것입니까? 그것은 우리가 하나님이 여기에서 말씀하시는 사랑을 느끼지 않고서는 그분께 영광을 돌리거나 그분에게 복종하려는 마음을 가질 방법이 없기 때문입니다. 이것은 우리에게 유익한 교훈이 될 수 있습니다. 나중에 살펴보겠지만, 모세는 율법을 요약하면서 다음과 같이 말합니다. "이스라엘아 네 하나님 여호와께서 네게 요구하시는 것이 무엇이냐 곧 네 하나님 여호와를 경외하여 그의 모든 도를 행하고 그를 사랑하며 마음을 다하고 뜻을 다하여 네 하나님 여호와를 섬기고 내가 오늘 네 행복을 위하여 네게 명하는 여호와의 명령과 규례를 지킬 것이 아니냐"(신 10:12-13).

단언하건대, 만약 우리가 이런 사랑으로 시작하지 않는다면, 우리는 하나님의 율법을 지키고 그것을 따라 사는 것이 무엇인지 알 수 없을 것입니다. 어째서 그렇습니까? 그것은 하나님이 우리에게 원하시는 것은 기꺼운 복종이기 때문입니다. 그분은 우리가 종의 두려움을 지니고 자신을 예배하기를 원하지 않으십니다. 오히려 그분은 우리가 진지하고 즐거운 마음으로 자신에게 나아와 자신을 영화롭게 하기를 바라십니다. 그런데 그런 일은 우리가 그분을 사랑하지 않는다면 이루어질 수 없습니다. 그러므로 우리는 순종의 근원과 시작과 토대와 뿌리 모두가 하나님에 대한 사랑이라는 것을 알아야 합니다. 만약 우리가 그분 안에서 가장 깊은 기쁨을 발견하지 못한다면, 우리는 결코 그분에게 나아가려 하지 않을 것입니다. 그러므로 우리는 그런 기쁨이야말로 우리의 참된 복이라는 것과, 우리가 그분의 뜻을 따라 다스림을 받고 그 뜻에 맞추어 살아가는 것보다 귀한 것은 없다는 것을 알아야 합니다.

더 나아가 우리는 우리가 하나님의 선하심을 맛보기 전에는 결코 그런 사랑을 지닐 수 없다는 것에 유념해야 합니다. 우리가 하나님을 우리와 맞서는 분으로 여기는 한, 우리는 그분에게서 달아날 수밖에 없습니다. 하나님을 사랑하기를 원하십니까? 그분에게 순종함으로써 변화되어 그분을 섬기는 일에서 큰 기쁨을 얻고자 하십니까? 그렇다면 무엇보다도 우리는 그분이 우리의 아버지와 구주이시며 우리에게 은혜 베풀기를 바라신다는 것을 알아야 합니다. 일단 우리가 그분이 우리를 위해 예비하신 사랑을 맛본다면, 우리는 그분을 우리의 아버지로 여기며 사랑하게 될 것입니다. 만약 우리 안에 그런 사랑이 있다면, 그 때 우리는 그분께 순종하게 될 것이고 그분의 율법이 우리의 생각과 마음과 우리의 모든 것을 지배하게 될 것입니다. 하나님에 대한 증오 때문이 아니라면, 우리가 그분에게 반항하는 이유가 달리 무엇이겠습니까? 반면에, 하나님에 대한 우리의 사랑은 우리를 이끌어 그분을 섬기게 하고 그분의 공의에 순복하게 만들 것입니다. 그리고 그럴 때 우리는 비로소 하나님의 율법과 우리의 모든 바람과 애정 사이에 일치와 조화가 이루어지는 것을 보게 될 것입니다(『강요』 II.viii.17).

하나님의 본성

이런 사실을 보다 잘 이해하기 위해, 먼저 우리는 하나님이 어떤 분이신지를 생각해 볼 필요가 있습니다. 그분은 우리의 본성을 따라 알려지시는 것을 원치 않으십니다. 그러므로 우리가 그분의 이름이 언급되는 소리를 들을 때 그분에게 "하나님"이라는 호칭을 드리는 것만으로는 충분하지 않습니다. 오히려 그분은 우리에게 자신의 본성 그대로, 즉 공정하고 선하신 분으로, 또한 모든 지혜와 덕과 고결함과 의로움의 완벽한 모범과 근원이신 분으로 알려지기를 원하십니다. 그러므로, 일단 우리가 하나님을 그분의 본질 그대로, 즉 정의롭고 고결하며 의로우신 분으로 이해하기 시작했다면, 우리는 진심으로 우리 자신을 그분께 맞추기 위해 애쓰게 될 것입니다. 다른 한편으로, 만약 우리가 악을 사랑하고 그것에 둘러싸여 있다면, 우리는 필연적으로 하나님을 미워하게 될 것입니다.

여기에서 문제가 되는 것은 그분의 원래의 본질이 아닙니다. 우리는 하나님을 우상처럼 여겨서는 안 됩니다. 우리는 그분을 그분의 공의와 의를 통해 이해해야 합니다. 우리가 하나님 안에 있는 것 곧 그분의 의로우심과 고결하심을 미워할 경우, 필연적으로 우리는 그분 자신을 미워하게 될 것입니다. 왜냐하면 그분은 자신을 부인하거나 위장하실 수 없기 때문입니다. 그분은 자신을 우리의 모습으로 변화시키실 수 없습니다. 그분은 영원토록 그분 자신으로 남아 계실 수밖에 없습니다. 그러므로, 이미 언급했듯이, 하나님을 사랑하는 이는 누구나 그분의 율법에 순종하고 그분의 계명을 지키는 것에 관심을 기울이게 됩니다. 왜냐하면 그것들은 하나님과 분리될 수 없을 만큼 연결되어 있기 때문입니다. 바로 그것이 우리가 이 구절을 통해 배워야 할 내용입니다.

이것을 통해 우리는 모든 반역과 죄악에 대해 우리가 예전에 가졌던 것보다 더 큰 두려움을 가져야 한다는 경고를 얻을 수 있습니다. 왜냐하면 우리가 하나님의 적으로 선포되고 그분과 싸우는 것은 결코 작은 문제가 아니기 때문입니다. 우리는 그분과 맞서 자신을 내세우거나, 그분에게 등을 돌리거나, 그분의 멍에를 거부해서는 안 됩니다. 우리는 자신이 그분의 적으로 혹은 공개적으로 그분과 맞서 싸우는 자로 정죄되지 않도록 유의해야 합니다. 그런 일은 혐오할 만한 것이 되지 않겠습니까? 그러므로 우리는 두려워하면서 자신의 죄와 악을 억제해야 합니다. 왜냐하면 그런 것들은 우리를 하나님의 적으로 만들며, 또한 하나님으로 하여금 그분 자신을 우리와 맞서는 분으로 드러내시게 하기 때문입니다. 또한 더 나아가 우리는 이 구절을 통해 우리가 순전하고 진지한 애정을 지니고 하나님께 나아가야 한다는 교훈을 얻어야 합니다. 우리의 손과 발과 눈이 악을 행하지 않도록 제어하는 것만으로는 충분하지 않습니다. 오히려 우리는 참된 애정을 지니고 하나님을 예배해야 합니다.

만약 우리가 참으로 율법을 지키고자 한다면, 무엇보다도 우리는 하나님이 우리의 선하고 은혜로우신 아버지이심을 인식해야 합니다. 그래야만 그분의 사랑에 의해 이끌릴 수 있기 때문입니다. 더 나아가, 만약 그 사랑이 우리의 삶 전체를 통해 드러나지 않는다면, 우리는 자신을 기만하면서 자신이 하나님을 사랑한다고 고백해서는 안 됩니다. 왜냐하면 하나님에 대한 사랑을 말하는 이 구절에서 모세는 "나[하나님-역주]를 사랑하고 내 계명을 지키는 자"라는 말을 덧붙이기 때문입니다(신 5:10). 그러므로 우리가 하나님을 사랑하는지 아니면 미워하는지를 확인하려면, 가장 먼저 우리는 과연 우리가 진심으로 그분의 계명에 순종하고 있는지를 살펴야 합니다.

계명을 지키는 자들에게 약속된 은혜

더 나아가 우리는 하나님이 여기에서 자신의 자비를 자신의 분노 혹은 보복과 비교하시면서 다음과 같이 말씀하는 것이 공연한 일이 아니라는 것을 알아야 합니다. "나를 미워하는 자의 죄를 갚되 아버지로부터 아들에게로 삼사 대까지 이르게 하거니와 나를 사랑하고 내 계명을 지키는 자에게는 천 대까지 은혜를 베푸느니라"(신 5:9-10). 이 말씀으로 그분은 우리에게 성경의 다른 구절들을 통해 더 잘 설명되고 있는 내용을 알려 주고 계십니다. 그것은 그분이 노하기를 더디 하시고 자비로우시고 오래 참으신다는 것이며, 또한 그분의 진노는 한 순간인 반면 그분의 은혜는 영원하다는 것입니다. 그러므로 여기에서 우리는 하나님의 참된 본성을 알 수 있습니다.

하나님은 인간을 가장 부드럽게 그리고 자신의 선하심을 통해 자신에게로 이끌고자 하십니다. 그분이 인간을 벌하시는 것은 그분의 본성에 어긋나는 일입니다. 이것은 그분이 인간을 벌하시는 것이 온당하지 않다는 뜻이 아니라, 그분이 은혜로운 분이시라는 뜻입니다. 그분은 우리에게 자신의 선하심이 아주 크다는 것을 알려 주고자 하십니다. 사실 그분은 난폭한 분이 아니십니다. 오히려 그분은, 우리가 허락하기만 한다면, 우리에게 자신의 마음을 열어 보이기를 원하십니다. 그분은 우리에게 선하고 자비로운 분으로 알려지고자 하십니다. 그리고 그분의 영광은 주로 그분의 그런 본성으로 인해 빛을 발합니다.

그러므로 우리는 모세가 여기에서 하나님의 은혜와 관련해서는 "천 대"를 언급하고, 그분의 진노와 보복과 관련해서는 "삼사 대"만을 언급하는 것이 별 이유 없이 그러는 것이 아님을 알아야 합니다. 이것은 마치 그가 다음과 같이 말하는 것과 같습니다. "분명히 주님은 미신들을 그냥 내버려 두지 않으실 것이다. 너희가 너희의 헛된 생각을 즐기면서 그분에 대한 예배와 그분의 명예를 더럽힌다면, 너희는 물론이고 너희의 자녀들까지 그분의 벌을 받게 될 것이다. 일단 너희를 향해 그분의 진노의 불길이 타오르고 나면, 그 불길은 너희가 생각하는 것만큼 빨리 꺼지지 않을 것이다. 그럼에도 여전히 그분은 너희를 향한 자비를 그치지 않으실 것이다. 그리고 그분의 견고한 사랑은 언제나 그분의 진노보다 훨씬 더 클 것이다."

실제로 하나님은 이 세상이 온갖 우상과 기괴한 형상들에 미혹되지 않게 하시기 위해 우리가 그동안 들어 왔던 위협의 말씀만으로 이 세상을 올바른 신앙적 상태 안에 붙들어 두려고 하지 않으셨습니다. 오히려 그분은 여기에 포함된 약속과 같은 수단을 통해 우리를 자신에게 이끌고자 하셨습니다. 만약 우리가 그분에게 합당한 사랑과 존경을 그분께 드린다면, 그분은 무서운 위협을 통해 우리를 붙들어 두기보다는 자신의 선하심을 통해 우리를 얻고자 하실 것입니다(『강요』 II.vii.4).

그리고 이것은 하나님이 우리에게 다음과 같이 말씀하시는 것과 같습니다. "나의 자녀들아, 내가 너희를 벌하리라고 예상하지 말라. 만약 너희가 나의 화를 돋운다면, 참으로 나는 너희가 그런 식으로 나를 조롱하도록 내버려 두지 않을 것이다. 하지만 그와 동시에 나는, 비록 너희가 나의 화를 돋울지라도, 여전히 너희를 사랑어린 친절로 유인하고 유혹할 것이다. 그러므로 나는 너희에게 선언한다. 만약 너희가 순전하게 그리고 전적으로 내게 순종하기만 한다면, 나는 천 대에 이르기까지 계속해서 너희에게 은혜를 베풀 것이다. 그렇게 해서 너희의 자녀들은 너희의 잘못에도 불구하고 계속해서 나를 인식하게 될 것이다." 바로 그것이 우리가 이 구절을 통해 얻어야 하는 교훈입니다.

오직 은혜

결론적으로 우리는 하나님이 여기에서 "은혜"라는 단어를 사용하신 것이 공연한 일이 아님을 알아야 합니다. 이것은 그분이 베푸실 보답을 의미하는 것일 수 있습니다. 사실 그분은 그저 다음과 같이 말씀하실 수도 있었을 것입니다. "나는 내게 영광을 돌리고 예배했던 자들과 나를 사랑하고 내 계명을 지켰던 자들의 노고를 인정할 것이다. 나는 그들에게 그들이 나를 영화롭게 하기 위해 기울였던 수고가 잊히지 않으리라는 것을 알려 줄 것이다." 그렇습니다. 하나님은 그렇게만 말씀하실 수도 있었습니다. 그러나 그분은 그렇게 하시는 대신 "내가 그들에게 은혜를 베풀겠노라"라고 말씀하셨습니다. 이것은 어찌된 것입니까? 우리가 하나님을 섬길 경우 그분이 우리에게 보답하시는 것이 공정하기 때문입니까? 결코 아닙니다. 그럼에도 그분이 그런 말씀을 하신 것은 자신이 자신에게 영광을 돌리고 자신의 계명을 따른 이들에게 보상하시는 것은 자신에게 그렇게 하셔야 할 의무가 있어서가 아니라 자신이 그들에게 은혜를 베풀기로 작정하셨기 때문임을 알려 주시기 위함입니다.

이 "은혜"라는 말은 인간의 모든 교만을 낮추는 역할을 합니다. 그러므로 우리는 마치 우리가 그분에게서 어떤 보상을 받을 만하기라도 한 것처럼 자신을 높여서는 안 됩니다. 오히려 우리가 알아야 할 것은, 하나님이 그 단어로 의미하시는 것은 우리가 그분을 섬길 때조차 여전히 우리에게는 우리의 악과 잘못에 대한 그분의 용서뿐 아니라 그분의 도우심까지도 필요하다는 것입니다.

그러므로 우리가 이 본문을 통해 알아야 할 것은 두 가지입니다. 하나는, 비록 우리가 제아무리 순전하게 하나님을 섬긴다고 할지라도, 그분이 우리에게 어떤 보답을 해주시는 것은 그분이 우리에게 무언가 빚을 지고 계셔서가 아니라는 것입니다. 사실, 그분의 순전한 은혜로부터가 아니라면, 우리가 그분을 섬길 힘을 다른 어느 곳에서 얻을 수 있겠습니까? 또한 도대체 그분이 우리에게 무슨 빚을 지고 계십니까? 더 나아가, 그분이 우리를 엄격하게 살피기로 작정하신다면, 우리 모두는 그분 앞에서 유죄 판결을 받게 될 것입니다. 그러므로 우리가 그분을 섬길 때 그분이 우리에게 보답해 주시는 것은 그분의 순전한 선하심 때문이지 그분이 우리에게 어떤 식으로든 빚을 지고 계셔서가 아닙니다.

그러나 그보다 더 큰 문제가 하나 있습니다. 그것은 우리에게는 그분이 우리의 죄를 용서해 주시는 것은 물론이고 우리가 잘 하는 일에서조차 그분이 우리를 뒷받침해 주시는 것이 꼭 필요하다는 사실입니다. 그러므로 우리는 하나님이 우리에게 자비와 관용을 베푸시는 것은 우리로 하여금 그분의 은혜를 맛보게 하시기 위함이라는 것,

특히 우리가 그분의 엄격함을 맛보아야 할 때 오히려 그분의 은혜를 맛보게 하시기 위함이라는 것을 알아야 합니다. 만약 그분의 이런 은혜가 없다면, 틀림없이 우리 모두는 망하고 말 것입니다. 설령 우리가 그분께 순종하고자 할지라도, 만약 그분이 우리에게 이런 은혜를 베풀지 않으신다면, 우리는 모두 유죄 판결을 면치 못할 것입니다. 그러므로, 만약 우리가 우리의 구원에 대한 확신을 얻고자 한다면, 우리는 그 구원의 수단이 오직 하나님의 은혜뿐이라는 것을 알아야 합니다.

1555년 6월 19일 수요일

제4강

여호와의 이름을
망령되이 일컫지 말라

너는 네 하나님 여호와의 이름을 망령되이 일컫지 말라 나 여호와는 내 이름을 망령되이 일컫는 자를 죄 없는 줄로 인정하지 아니하리라

(신 5:11)

만약 우리에게 분별력이 있다면, 우리는 굳이 하나님을 공경하라는 가르침을 받을 필요가 없을 것입니다. 왜냐하면 그럴 경우 우리는 누가 시키지 않아도 자연스럽게 그렇게 할 것이기 때문입니다. 우리가 이 세상에 태어난 이유가 무엇입니까? 우리에게 모든 선한 것을 베푸신 분께 경의를 표하고 우리의 삶을 그분의 위엄을 찬양하는 데 바치는 것이 아니라면, 도대체 왜 우리가 이 땅에서 살고 있는 것입니까? 사실 그것이야말로 우리의 삶의 목적이요 전부입니다. 그럼에도 우리

는 우리의 하나님께 영광을 돌리고 자신을 그런 일에 바치기는커녕 그와 정반대되는 일을 도모해 왔습니다. 어떤 이들은 하나님에 대한 모든 기억을 없애버리고자 합니다. 다른 이들은 그분을 조롱하고 경홀히 여깁니다. 또 다른 이들은 그분을 뻔뻔스럽게 모독합니다. 그리고 그렇게 함으로써 자기들이 이 세상에서 살면서 삶을 즐기고 있는 이유를 알지 못한다는 사실을 드러냅니다.

하나님의 거룩한 이름

우리의 삶이 그처럼 악에 물들어 있음을 아시는 하나님은 그것을 치유하고자 하셨습니다. 또한 그분은 우리가 그분의 거룩한 이름을 남용하지 말아야 한다는 것을 알려 주고자 하셨습니다. 왜냐하면 우리가 그분의 이름을 남용하는 것은 곧 그분을 모독하는 것이기 때문입니다. 바로 그것이 하나님이 우리에게 "네 하나님 여호와의 이름을 망령되이 일컫지 말라"(신 5:11)라고 명령하시는 이유입니다. 그분이 이와 같은 명령을 통해 말씀하고자 하시는 것은 우리가 그분의 이름을 신중하고 적절하고 적법하게 사용해야 한다는 것입니다.

사실 우리는 그 어떤 상황에서도 우리의 입에 그분의 이름을 올릴 만한 자격이 없습니다. 우리는 선지자 이사야가 했던 말 곧 "화로다 나여 망하게 되었도다 나는 입술이 부정한 사람이요 나는 입술이 부정한 백성 중에 거주하면서 만군의 여호와이신 왕을 뵈었음이로 다"(사 6:5)라는 말을 기억할 필요가 있습니다. 만약 우리가 우리 안에 있는 것이 더럽고 악할 뿐임을 안다면, 분명히 우리는 우리가 그분을 영화롭게 한다는 조건하에서 하나님이 우리에게 그분의 이름을 사용하게 하시는 경우를 제외하고는 그분의 이름을 사용해서는 안 됩니다. 그러므로 성경이 우리에게 "네 하나님 여호와의 이름을 망령되이 일컫지 말라"라고 말씀할 때, 우리는 그 말씀의 의미를 분명하게 알아야 합니다. 그것은, 만약 우리가 하나님의 이름을 그분이 허용하신 방식을 따라 혹은 그분의 말씀에 내포된 규례를 따라 사용하지 않는다면, 주님께서 우리의 배은망덕함에 대해 책임을 물으시리라는 것입니다. 이 문제를 좀 더 잘 이해하려면, 우리는 하나님이 우리가 대화중에 그분의 이름을 온전한 경외감과 존경심을 갖고 사용하게 하시기 위해 자신의 이름에 내포된 위엄의 본질을 우리에게 보이시기로 작정하셨다는 것에 주목해야 합니다(『강요』 II.viii.22). 그분은 그런 관점에서 맹세가 포함된 서원의 문제에 특별히 주목하십니다(『강요』 II.viii.23).

더 나아가 우리는 주님이 우리를 너무 사랑하시기에 우리가 이웃과 소통할 수 있도록 자신의 이름을 빌려 주시기까지 하신다는 것을 알고 있습니다. 그러기에 우리는 우리 가운데 어떤 어려움이나 의견 차이가 있을 때 그분의 이름을 사용해 문제를 해결할 수 있습니다. 즉, 혹시 우리가 어떤 문제에 대해 확신이 없거나 의심이 생길 경우, 우리는 그런 불확실성을 제거하기 위한 수단으로 하나님의 이름을 사용할 수 있습니다. 하나님의 이름을 사용해 확언할 경우, 문제들은 보다 분명하게 됩니다.

우리의 주님이 우리를 향해 자신을 낮추시고 우리가 그분의 이름을 사용할 수 있도록 허락하시는 것은 그분의 헤아리기 어려운 선하심 아닙니까? 그런데 도대체 그분은 어째서 그렇게 하시는 것입니까? 사실 하나님의 위엄은 너무나 귀하기 때문에 그 정도까지 낮아져서는 안 됩니다. 하지만 그분은 우리를 위해 자신을 그 정도까지 낮추고자 하셨습니다. 그러므로, 만약 우리가 서원을 하면서 그분의 이름을 더럽힌다면, 우리의 죄악은 더욱 커질 수밖에 없습니다. 그런 일은 우리가 거짓 맹세를 할 때뿐 아니라, 하나님의 이름을 허투루 사용하거나 우리가 다루는 문제가 신중한 확언이 필요함에도 그것에 대해 조심스럽게 말하지 않을 때도 발생합니다. 그러므로 우리가 조심스럽게 행동하지 않는 모든 경우에 우리는 하나님의 이름을 더럽히는 셈입니다.

하나님에 대한 예배로서의 참된 맹세

하나님은 어떤 이가 그분의 이름으로 맹세할 때마다 그것을 자신에 대한 일종의 예배라고 여기십니다. 이것은 그분이 우리의 맹세 때문에 우리에게 속박되신다는 의미가 아닙니다. 오히려 그 반대입니다. 이미 언급했듯이, 우리는 하나님이 우리에게 자신의 이름을 사용하도록 허락하시는 것을 보면서 그분이 우리를 얼마나 인내하고 계신지를 깨달아야 합니다. 게다가 우리는 우리가 하나님의 이름으로 맹세할 때마다 그분이 우리보다 우월하시다는 것을 고백하는 셈입니다. 히브리서 기자는 열등한 자가 자기보다 우월한 자를 가리키며 맹세하는 법이라고 말합니다(히 6:16). 만약 우리가 맹세가 무엇을 위한 것인지 안다면, 우리는 그것이 오직 하나님의 유일한 위엄을 두고서만 가능하다는 것도 알 것입니다. 대개 사람들은 아무 증거도 댈 수 없는 은밀한 일이나 문제들을 실증하고 싶어 합니다. 그러나 그 어떤 피조물도 그렇게 할 수 없습니다. 오직 하나님만이 그렇게 하실 수 있는데, 그것은 오직 그분만이 우리의 마음 깊은 곳을 보시기 때문입니다. 그러므로 그분이 자신에게 "진리"라는 칭호를 부여하시는 것은 공연한 일이 아닙니다.

우리는 하나님의 이름을 두고 맹세함으로써 그분께 경의를 표합니다. 왜냐하면 그렇게 할 때 우리는 그분이 우리의 심판자이시며 어떤 의심스럽거나 은밀한 일들과 관련해 우리가 의지해야 할 분이심을 고백하는 셈이기 때문입니다. 하나님은 그런 방식으로 우리에게서 영광을 받으십니다. 더 나아가 우리는 그런 맹세를 통해 그분이 진리를 유지하시리라는 것을 확언하게 됩니다. 왜냐하면 진리는 그분의 명예에 속한 문제이기 때문입니다. 바로 그것이 우리가 하나님의 이름으로 맹세할 때, 그 맹세가 부적절하지만 않다면, 그분이 그것을 일종의 예배로 여기시는 이유입니다(『강요』 II.viii.24-25). 그러므로 우리는 거짓으로 혹은 성급하게 맹세하는 자들의 잘못이 심각한 것임을 알 수 있습니다. 왜냐하면 그런 맹세는 하나님에 대한 예배를 해치기 때문입니다.

하나님에 대한 모독으로서의 거짓 맹세

거짓으로 맹세하는 자들에 관해 말하자면, 그들은 하나님의 이름을 망령되이 일컫고 그것을 남용하는 죄인들일 뿐 아니라, 또한 반역자이자 사기꾼들이기도 합니다. 도대체 우리가 그분의 진리를 말살하는 것보다 더 큰 어떤 죄를 지을 수 있습니까? 그분에게 속한 것들 중 진리보다 그분에게 적합한 것은 달리 없습니다. 그러므로 우리가 거짓 맹세를 하는 것은 그분을 그분의 보좌에서 끌어내리고 그분의 모든 거룩한 명예와 영광을 빼앗는 것과 다름없습니다. 그리고 그런 일은 누군가가 그분의 진리를 거짓으로 만들 때마다 발생합니다. 그렇게 거짓으로 맹세하는 자들, 다시 말해, 자신의 거짓말을 견고하게 하거나 무언가를 속이거나 변경하려는 악한 의도를 지니고 하나님의 이름을 헛되이 사용하는 자들은 그렇게 함으로써 분명하게 하나님을 모독하는 것입니다.

방금 나는 특별히 우리가 "무언가를 변경하려" 한다고 말했는데, 어째서 그랬겠습니까? 그것은 대개 많은 이들이 그 정도는 거짓 맹세라고 비난하기 어렵다고 여기며 그런 일을 묵인하기 때문입니다. 도대체 우리는 어째서 그러는 것입니까? 그것은 대개 그런 짓을 하는 이들은 높은 신분을 갖고 있고 자기들의 상황을 아주 그럴듯하게 묘사하기 때문에 전혀 거짓으로 맹세하는 것처럼 보이지 않기 때문입니다. 그러나 하나님은 그런 교묘한 말장난을 용납하지 않으십니다. 그러므로 우리는 우리가 그런 교묘한 속임수를 사용해 하나님과의 문제를 해결했다거나 그분으로부터 자유롭게 되었다고 억측해서는 안 됩니다. 우리는 하나님의 이름을 진지하고 단순하게 사용하지 않는 모든 이들은 그분을 모독하는 자들이라는 것을 알아야 합니다. 이것이 한 가지 교훈입니다.

그러므로 뚜렷한 목적이나 별다른 생각 없이 맹세하는 자들은 자기들이 하나님을 고려하지 않고 있으며 그분을 조롱하고 있을 뿐임을 분명하게 증거하는 셈입니다(『강요』 II.viii.25). 사실 그들은 자신들의 말과 정반대되는 것을 고백하고 있는 셈입니다. 물론 그들은 자기들의 의도가 그렇지 않다고 말할 것입니다. 하지만 그것은 위선에 불과합니다. 왜냐하면 그들의 행동이 그들이 하나님에 대해 아무런 존경심도 갖고 있지 않음을 분명하게 드러내기 때문입니다.

우리가 누군가를 소중히 여길 경우, 우리는 그의 이름을 헛되이 사용하지 않습니다. 그 때 우리는 다른 이가 그의 이름을 조롱하는 것을 묵인하지 않습니다. 만약 어떤 이가 그에 대해 험담을 하거나 그를 조롱한다면, 우리는 그와 싸우려 들 것입니다. 우리는 모욕감을 느끼며 그런 일을 제어하려고 할 것입니다. 그렇다면 우리는 살아계신 하나님보다 더 큰 특권을 누리려 하는 것입니까? 우리는 수치스럽고 타락한 짐승에 불과합니다. 그럼에도 우리는 하나님이 치욕을 당하시는 동안에도 여전히 존경과 명성을 누리려 합니다.

이처럼 오늘날 이 세상에는 그 어떤 신앙심도 남아 있지 않습니다. 비록 많은 이들이 그리스도인인 척 하지만, 그들은 전혀 그리스도인이 아니며, 하나님을 예배하지도 않으며, 그분에게 경의를 표하지도 않으며, 그분에게 합당한 것을 그분께 바치지도 않습니다. 오늘날 하나님의 이름이 어떻게 사용되고 있습니까? 사람들은 맹세가 없이는 포도주 한 병도 팔거나 사지 못합니다. 만약 우리가 하나님의 이름을 존중한다면, 분명히 우리는 하나님의 이름으로 하는 맹세를 그런 식으로 남용하지 않을 것이고, 오히려 그 이름을 두려움을 갖고 대할 것입니다. 그러나 오늘날 사람들은 하나님의 명예를 가볍게 여길 뿐 아니라, 그분의 이름을 빌어 맹세했다는 이유로 비난을 받으면 마치 굉장한 불의를 당한 것처럼 여깁니다. 어떤 이가 자신의 이익에 도움이 되지 않는 일을 떠맡을 경우, 그는 그 일에 대해 짜증을 내고 분노하고 격렬하게 불평을 합니다.

우리가 하나님에 대한 열정 때문에 그분의 이름이 그런 식으로 무시되는 것에 분노할 경우, 그로 인해 어떤 일이 일어나는지 살펴보십시오. 아마도 싸움과 원한과 이를 가는 일이 벌어질 것입니다. 그러나 세상은 이미 하나님을 조롱하는 일에 깊이 빠져 있고 그분에 대해 무감각해져 있습니다. 따라서 사람들이 더 이상 그분의 위엄에 대해 알지 못하는 것은 그저 하나의 징표에 불과합니다.

비록 사람들이 그런 일은 관습적인 것이고 법은 관습에서 나온다는 핑계를 대며 그런 일을 정당화할지라도, 하나님은 자신의 이름을 우리가 생각하는 것 이상으로 훨씬 더 소중하게 여기십니다. 따라서, 만약 우리가 그분의 이름을 경홀히 여긴다면, 우리는 그로 인해 아주 비싼 대가를 치르게 될 것입니다. 우리는 우리가 살고 있는 이 세상과 우리가 받은 모든 유익한 것들이 우리로 인해 더럽혀졌다는 것을 알아야 합니다. 또한 우리는 우리가 그 모든 것의 주인이신 분에게 합당한 영예를 돌려드리지 않았음을 인정해야 하고, 그동안 우리를 번성케 하신 분이 그분이셨음을 분명하게 시인해야 합니다. 바로 그것이 우리가 이 구절에서 유념해야 할 내용입니다.

하나님은 우리를 지지해 주십니다. 또한 그분은 우리가 그분의 이름을 적법한 일에 사용하는 것을 허락하십니다. 그리고 우리는 그분이 우리에게 그런 일을 허락하신 것을 보면서 그분이 우리의 아버지 이상의 존재이심을 분명하게 알 수 있습니다. 하지만 또한 그분은 우리에게 그 어떤 헛된 서약도 하지 않을 만큼 충분히 신중해지라고 권면하십니다. 거짓 맹세와 관련해 말하자면, 이미 말씀드렸듯이, 그것은 우리가 그분에게 매우 수치스럽고 혐오스러운 모욕을 가하는 것과 같습니다. 왜냐하면 그것은 그분의 진리를 거짓으로 바꾸는 것이기 때문입니다. 그럴 경우 우리는 철저히 사기꾼이 됩니다. 그리고 그것은 죽어 마땅한 죄입니다.

맹세는 하나님의 이름으로만

하지만 우리가 거짓 맹세를 하지 않는 것만으로는 충분하지 않습니다. 우리는 거짓 맹세를 하지 않도록 조심해야 할 뿐 아니라, 또한 하나님의 이름을 하찮은 동전처럼 함부로 사용하지 않도록 조심해야 합니다. 다시 말해, 우리는 꼭 필요한 경우에만 그분의 이름을 사용해야 합니다. 우리가 어떤 맹세를 할 때, 그것은 하나님이 우리보다 우월하심을 시인하는 것입니다. 따라서 우리가 피조물을 사용해 맹세하는 것은 모두 잘못이며 미신에서 나오는 것입니다.

교황주의자들은 성 안토니우스나 성 요한의 이름을 빌어 맹세를 합니다. 하지만 그것은 우상의 이름을 빌어 맹세하는 것이나 다름없습니다. 어째서 그렇습니까? 그것은 언제나 우리는 방금 전에 인용했던 사도의 선언(히 6:16 – 역자 주)을 떠올려야 하기 때문입니다. 우리가 하나님의 이름으로 맹세할 때마다 그것은 곧 그분이 우리보다 우월한 존재, 즉 우리의 주권자이심을 시인하는 것입니다. 그리고 바로 그것이 하나님이 자신의 약속으로 우리를 견고하게 하시겠노라고, 혹은 우리가 잘못을 범하고도 완고하게 무감각해지거나 그분의 심판을 두려워하지 않는 것을 보실 때 우리를 일깨우시겠노라고 맹세하시는 이유이기도 합니다.

하나님도 맹세를 하십니다. 그런데 그분은 도대체 누구를 가리키며 맹세하십니까? 혹시 자신을 가리키며 하십니까? 그렇습니다. 그분은 그런 영예를 자신에게 넘기십니다(히 6:13 참고). 그러므로 피조물을 가리키며 맹세하는 자들은 우상을 숭배하는 자들입니다. 그리고 바로 그것이 이 문제가 미신과 관련해서 언급되는 이유입니다. 맹세가 인간을 오도할 수 있는 증언으로 간주되는 것은 인간이 율법의 순전함으로부터 돌아섰기 때문입니다. 예레미야의 말처럼(렘 5:7; 12:16) 백성을 이끄는 책임을 맡은 자들은 그 백성에게 하나님의 이름으로 맹세하는 것에 대해 가르칠 필요가 있습니다(『강요』 II.viii.23). 다시 말해, 그들은 백성에게 하나님의 이름으로 하는 맹세 이외의 다른 모든 맹세는 무시되어야 하고 해서도 안 된다고 가르쳐야 합니다.

더 나아가, 이미 말씀드렸듯이, 우리는 하나님의 이름을 언급할 때 그 이름을 발음하지 말아야 할 뿐 아니라, 그 이름에 담긴 의미에 대해 존경을 품어야 합니다. 하나님은 우리에게 천박하고 교묘한 말씀을 사용하시는 궤변가가 아니십니다. 오히려 그분은 말의 실행 자체를 고려하십니다.

사실, 분명하게 하나님의 이름을 두고 맹세하지 않는 이들이 있습니다. 그러나 그런다고 해서 그들이 유죄 판결을 면할 수는 없습니다. 왜냐하면 우리 주 예수 그리스도께서는 다음과 같이 말씀하시기 때문입니다. "나는 너희에게 이르노니 도무지 맹세하지 말지니 하늘로도 하지 말라 이는 하나님의 보좌임이요 땅으로도 하지 말라 이는 하나님의 발등상임이요 예루살렘으로도 하지 말라 이는 큰 임금의 성임이요"(마 5:34-35).

그러므로, 만약 우리가 그런 식으로 말하면 정죄되지 않으리라고 믿는다면, 그것은 잘못입니다. 우리는 그런 것에 속아서는 안 됩니다. 그런 변명은 너무나 유치합니다. 어째서 그렇습니까? 그것은 하늘에는 하나님의 위엄의 징표가 새겨져 있기 때문입니다. 그러므로 우리가 그런 식으로 말하면 그분의 영광이 감소되고 맙니다. 같은 것이 땅에도 해당됩니다. 땅은 하나님의 발등상이기 때문입니다. 결론적으로 우리는 하나님의 이름에 큰 존경심을 품어야 하며, 꼭 필요할 때 하나님이 우리에게 자신의 이름을 사용하도록 허락하시는 경우가 아니라면, 함부로 맹세하지 말아야 합니다.

그러므로 우리는 언제나 다음과 같은 규칙을 따라야 합니다. 즉, 우리는 우리가 하나님의 이름을 망령되이 일컬을 때마다 언뜻 우리에게 유리하게 보이는 것이 사실은 악한 것이며 율법에 의해 정죄된다는 것을 분명하게 의식하면서 단순하게 "그렇다"라고 말해야 합니다. 사실 모든 불필요한 맹세와 하나님의 이름을 영화롭게 하지 못하는 모든 말에는 이중의 악이 들어 있습니다. 만약 어떤 이가 그런 식으로 부주의하게 말한다면, 그것이 그가 자신이 하는 말을 진지하게 여기지 않는다는 증거입니다. 그런 말들이 나타나는 것은 사람들이 거짓말을 너무 많이 하고 너무 많이 사기를 치기 때문에 아무도 다른 이의 말을 믿지 않아서가 아니라면 도대체 무엇 때문이겠습니까? 그러므로 그런 말들은 사악함과 악의로부터 나오는 것입니다.

하나님이 우리에게 혀를 주신 것은 우리가 서로 소통하게 하시려는 계획의 일환이었습니다. 혀는 우리의 마음을 전하는 전령과 같습니다. 우리는 그것을 통해 우리의 마음에 품은 것을 표현하기 때문입니다. 불필요한 맹세는 인간의 불성실함으로부터 나옵니다. 사실 이것에 대해서는 더 이상 살필 것도, 더 깊이 연구할 것도 없습니다. 왜냐하면 우리 모두가 그것에 대해 증언할 수 있기 때문입니다. 어떤 경우이든, 우리는 하나님이 명령하신 대로 우리의 혀를 절제하는 법을 배워야 합니다. 그래서 꼭 필요한 경우가 아니라면 함부로 맹세하지 말아야 합니다.

헛된 맹세는 작은 일이 아니다

더 나아가 이 문제를 좀 더 명확하게 하기 위해 다음과 같은 상황을 생각해 봅시다. 오늘날 많은 이들은 믿음을 걸고 맹세하는 것을 하찮은 일로 여깁니다. 더 많은 이들은 아무것도 걸지 않고 맹세를 합니다. 이것은 그들이 아무런 믿음도 갖고 있지 않기 때문입니다. 사실 그들은 개들만큼의 믿음도 갖고 있지 않습니다. 그들에게는 양심도, 신앙심도 없습니다. 그러나 하나님은 "믿음"이라는 말을 여전히 소중하게 여기십니다. 그분은 그것을 귀하게 여기십니다. 그분에게 그것은, 만약 우리가 그로 인해 유죄 판결을 받고 하나님의 진노를 초래하려는 것이 아니라면, 절대로 모욕해서는 안 되는 거룩한 것입니다. 그러므로 우리가 "하나님의 이름으로" 맹세하지 않는 것만으로는 충분하지 않습니다. 오히려 우리는 우리가 자신의 믿음을 걸고 맹세하거나 하나님의 위엄을 나타내는 징표를 걸고 무언가에 대해 확언할 경우 그 즉시 하나님의 이름이 모욕을 받는다는 것을 알아야 합니다.

그렇다면, 과도하게 극단적인 말을 사용해 자신의 뜻을 위장하거나 별 생각 없이 마치 조롱하듯 맹세하는 자들의 운명은 어찌되겠습니까? 또한 살이나 피나 죽음, 혹은 기타 온갖 불경스러운 것을 들이대며 하나님께 도전하는 자들의 운명은 어찌되겠습니까? 그들은 유죄 판결을 받게 될 것입니다. 그런데 그들은 단지 하나님의 이름을 남용한 것에 불과할까요? 아닙니다! 오히려 그들은 우리 주 예수 그리스도 – 바울의 말처럼 일시적으로 자신을 비우셨던(빌 2:7) 영광의 주님 – 를 향해 해서는 안 되는 저주 받아 마땅한 짓을 한 셈입니다. 그분은 생명의 근원이심에도 죽을 인간이 되셨고 낙원의 천사들에게 책임을 지우는 대신 몸소 종의 몸을 입고 오셔서 우리를 위해 보혈을 흘리시고 우리가 받아야 할 죄를 대신 감당하셨습니다. 그런데 그런 분이 오늘날 자칭 그리스도인이라는 자들의 더러운 입을 통해 모욕을 당하시는 것이 옳은 일이겠습니까?

그들이 그분의 보혈이나 죽음 혹은 그분의 상처나 무언가 다른 것을 두고 맹세할 때, 사실 그들은 하나님의 아드님을 다시 십자가에 못 박고 갈가리 찢는 것 아닙니까? 그렇다면 그런 자들은 하나님의 교회와 세상으로부터 분리되고 더 이상 그분의 피조물들 사이에서 계수되지 말아야 하지 않겠습니까? 도대체 그런 짓이 우리 주 예수님이 우리를 위해 자신을 낮추신 것 때문에 우리에게서 받으셔야 할 보답입니까? 하나님은 그분의 백성을 다음과 같이 비난하십니다. "나의 백성들아, 내가 너희에게 어떻게 했느냐? 나는 너희를 애굽에서 빼냈고 광야에서 인도했다. 나는 모든 자비와 애정으로 너희를 키웠다. 나는 너희를 이 땅에 심었고 너희가 좋은 열매를 맺는 포도나무처럼 되기를 바랐다. 나는 너희를 위해 땅을 경작했다. 그런데 이제 너희가 내게 쓸개즙 같이 되고, 나를 질식시키려는 듯 쓰디쓴 열매만 내놓는 것이 합당한 일이냐?"

주님의 이런 말씀은 오늘 우리에게도 적용됩니다. 하나님의 아드님은 마지막 날에 이 세상의 심판주가 되어 오셔서 우리에게 다음과 같이 말씀하실 것입니다. "이게 무슨 일이냐? 너희는 내 이름을 지니고 살았고, 내가 너희의 구속주임을 기억하고 증언하는 세례를 받았다. 나는 너희가 빠졌던 구덩이에서 너희를 건져내었다. 나는 내가 겪은 그 참혹한 죽음을 통해 너희를 영원한 죽음에서 해방시켰다. 그러기 위해 나는 인간이 되었다. 나는 너희가 나의 은혜를 통해 유익을 얻게 하기 위해 내 아버지이신 하나님이 내리신 벌을 너희를 위해 대신 받았다. 그런데 너희가 내게 되갚은 것이 무엇이냐? 나는 너희에 의해 갈가리 찢겼다. 나는 모욕을 당했다. 너희는 내가 너희를 위해 견뎠던 죽음을 조롱했다. 너희는 너희의 영혼을 씻어 정화하는 나의 보혈을 짓밟았다. 한 마디로 너희는 마치 내가 형편없이 혐오스러운 피조물인 것처럼 틈만 나면 나를 모독하고 비방했다."

최고의 심판주께서 이런 말씀으로 우리를 비난하실 때, 그것은 우리를 압도해 심연의 밑바닥으로 던져 넣으시려는 것 아니겠습니까? 그럼에도 우리 중에는 그렇게 생각하는 이들이 거의 없습니다. 만약 오늘날 우리가 우리에게 마땅한 두려움을 지니고 과도한 맹세를 제어한다면, 우리는 지금처럼 당당하고 뻔뻔스럽게 거짓 맹세를 하지는 않을 것입니다.

신성 모독에 대해 말하자면, 여러분은 그것이 어떤 결과를 낳을지 알지 못하는 것입니까? 우리는 하나님의 이름이 우리의 발밑에서 짓밟힐지라도 우리 자신의 명예와 명성에만 열중합니다. 만약 어떤 이가 우리의 육신의 아비를 모욕한다면, 아마도 우리는 그 사람과 맞붙어 싸울 것이고 그를 법정으로 끌어갈 것입니다. 그리고 아마도 많은 이들은 직접, 그리고 어떤 대가를 치르더라도, 그 자에게 복수하려 들 것입니다. 우리는 우리가 육신의 아비를 위해 싸워야 할 충분한 이유를 갖고 있다고 생각합니다.

그런데 여기에 우리의 육신의 아비와 동일한 방식으로 모욕을 당하고 계신 하늘 아버지가 계십니다. 그분은 아무 이유 없이 영광의 주님으로 불리시는 것이 아닙니다. 그분은, 바울의 말처럼(빌 2:10), 온 세상이 그분의 아드님 앞에서 무릎을 꿇어야 할 만한 분이십니다.

그런데 그런 분이 조롱을 당하고 계십니다. 누군가의 얼굴에 침을 뱉는 것 이상으로 그를 모욕하는 일은 없습니다. 그런데 스스로 그리스도인이라고 칭하며 그분께 영광을 돌리겠다고 공언하는 자들이 가장 혐오스러운 방식으로 그분을 모욕하고 있습니다.

그러나 우리 주님은, 사람들이 제아무리 불경하게 그분의 위엄을 훼손할지라도, 자신의 명예를 유지하시는 일을 그치지 않으실 것입니다. 그분은 자신이 그들에게 보복하실 것이라고 엄중하게 맹세하십니다. "나는 여호와이니 이는 내 이름이라 나는 내 영광을 다른 자에게, 내 찬송을 우상에게 주지 아니하리라"(사 42:8). 그분은 자신의 명예가 우상에게 넘어가도록 허락하지 않으십니다.

그러나 이 말씀은 그 이상으로 적용되어야 합니다. 만약 우리가 그분의 거룩한 이름을 오용한다면, 우리는 하나님이 자신의 이름을 얼마나 귀하게 여기시는지 알게 될 것입니다. 그러므로 우리는 그런 일을 하려고 들지 말아야 합니다. 오히려 우리는 우리의 하나님-그분은 최고의 위엄을 지니신 분입니다- 을 향해 경건하게 행동하는 법을 배워야 합니다. 또한 그와 동시에 우리는 우리가 그분께 속해 있으며, 그분이 우리의 아버지요, 창조자요, 심판자이심을 확언하며 맹세하는 법을 배워야 합니다. 바로 그것이 우리가 이 구절을 통해 배워야 할 교훈입니다.

하나님을 모독하는 자들에 대한 위협

사람들이 어리석은 짓을 할 때마다 하나님의 위협은 여전히 유효합니다. 그러나 사탄은 사람들을 유혹해 그들 앞에 하나님의 진노가 놓여 있음에도 그것을 깨닫지 못하게 합니다. "나 여호와는 내 이름을 망령되이 일컫는 자를 죄 없는 줄로 인정하지 아니하리라"(신 5:11). 이 말씀을 하신 분은 하나님이십니다. 그렇다면 그런 식으로 신성을 모독하는 자들은 머리카락이 쭈뼛 설 정도로 두려워해야 하지 않겠습니까? 어떤 이가 별 생각 없이 자신의 믿음을 걸고 맹세를 할 때, 하나님은 그와 맞서 무장을 하시며 이렇게 말씀하십니다. "이런! 너는 나를 명예롭게 하지 않았으므로 그런 신성 모독에 대해 책임을 져야 할 것이다."

하나님은 우리 안에 있는 단 하나의 거짓말도 용납하실 수 없습니다. 그러니, 만약 우리가 거짓 맹세를 한다면, 그것은 아주 심각한 일입니다. 만약 어떤 이가 신성을 모독한다면, 그것은 모든 악 중에서도 가장 나쁜 것입니다. 그것은 마치 우리가 공개적으로 하나님을 조롱하고 그분을 공격해 상처를 입히기로 작정한 것이나 다름없습니다. 만약 우리가 그런 식으로 행동하면서 하나님의 이름을 모독하는 자들을 위해 준비되어 있는 벌을 진지하게 고려하지 않는다면, 분명히 우리는 정신이 나간 것이고, 미친 것이고, 사탄이 우리의 눈을 멀게 해서 아무것도 보지 못하게 하고 있는 것 아니겠습니까?

그럼에도 오늘날 그런 일은 아주 일반적이어서 아무 문제가 되지 않을 정도입니다. 어느 집의 주인이 종들에게 다음과 같이 말한다고 생각해 봅시다. "나는 너희가 내게 복종하기를 원한다. 그리고 내가 무엇보다도 바라는 것이 하나 있는데, 나는 너희 중 그 누구도 그 일에서 실수하지 않기를 바란다. 만약 너희가 그 일에서 실수한다면, 너희는 결국 붙잡혀서 그것에 합당한 벌을 받게 될 것이다." 만약 그 주인이 어떤 일에 대해 그 정도로 강력하게 경고한다면, 그의 종들은 누구라도 그 일에 대해 조심하며 두려워할 것입니다. 그런데 여기에 자신의 율법의 어느 한 조항이라도 어기는 모든 이들을 정죄하시는 하나님이 계십니다. 그분은 다음과 같이 말씀하십니다. "부모를 경홀히 여기는 자는 저주를 받을 것이라[신 27:16]. 이웃의 경계표를 옮기는 자는 저주를 받을 것이라[17절]. 이 율법의 말씀을 실행하지 아니하는 자는 저주를 받을 것이라[26절]." 분명히 이것은 하나님의 이름을 남용하는 자들에 대한 위협의 말씀입니다. 이 말씀을 통해 그분은 우리에게 비록 자신은 자신의 율법이 모든 상황에서 모든 이들에 의해 준수되고 또한 우리의 삶이 그것에 의해 규제되기를 바라지만 특히 무엇보다도 우리 안에서 자신의 이름이 존중되기를 바라신다는 것을 알려 주십니다.

그러므로, 만약 우리가 이런 위협을 무시하고 그것에 유의하지 않는다면, 그래서 그런 위협을 받고서도 하나님과 그분의 위엄을 조롱하는 짓을 멈추지 않는다면, 우리는 마귀가 우리를 사로잡고 있으며 그로 인해 우리의 모든 감각과 이성이 마비되었다고 결론을 내려야 하지 않겠습니까? 그리고, 만약 이런 위협이 우리를 일깨우지 못한다면, 결국 우리는 하나님이 그렇게 위협하신 것이 공연한 것이 아니었음을 분명히 깨닫게 될 것입니다. 그러므로 우리는 주님께서 사람들이 자신의 이름을 망령되이 부르는 것을 엄하게 금하실 뿐 아니라 또한 그 이름을 남용하는 자들에게 자신을 그들과 맞서는 분으로 알리신다는 것에 유념하면서 속히 정신을 차려야 합니다. 허튼 맹세를 하지 않는 것이 변덕을 부리지 않거나 신성 모독적인 행동을 하지 않는 것보다 어렵겠습니까?

자신들의 잘못을 감추려 하는 자들이 가장 흔히 사용하는 변명은 습관 때문에 어쩔 수 없었다는 것입니다. 그러나, 만약 우리가 언젠가는 우리가 우리의 심판주이신 하나님 앞에 서야 한다는 것을 안다면, 우리는 그런 습관을 즉각 잊어버리게 될 것입니다. 그러므로 우리는, 아주 분명하게 그렇게 해야 할 때를 제외하고는, 하나님의 이름을 허투루 사용하지 말아야 합니다. 만약 우리가 율법을 진지하게 추구한다면, 틀림없이 우리는 그 안에 깃들어 있는 하나님의 위엄을 발견하게 될 것입니다. 그럴 경우, 우리가 하나님을 우리를 위한 증인으로 요청할 때마다, 우리는 그분을 우리의 심판주로 의식하게 될 것입니다. 그러므로 우리는, 바울이 "주의 이름을 부르는 자마다 불의에서 떠날지어다"(딤후 2:19)라고 말했던 것처럼, 그분의 이름을 불의하게 사용하지 말아야 합니다.

우리는 반드시 그렇게 해야 합니다. 그러나 실제 상황은 어떻습니까? 이미 말씀드렸듯이, 우리의 입술은 하나님의 이름에 대한 조롱으로 넘쳐납니다. 하나님의 이름을 남용하지 말라는 성경의 간언은 하나님이 우리에게 내리치시는 큰 망치의 무게만큼이나 무겁습니다. 그럼에도 우리는 여전히 우리가 살아 왔던 방식대로 살고 있으며 하나님의 이름은 전과 다름없이 아무런 명예도 위엄도 얻지 못하고 있습니다. 그러나 하나님의 이름에 대해 최소한의 지각이나 이해를 갖고 있는 자들이라면 누구라도 오늘의 본문이 전하는 말씀을 신중하게 고려해야 합니다.

더 나아가, 앞에서 이미 살펴보았듯이, 우리는 우리에게 말씀하시는 분이 영원하신 분이요 우리의 창조주시라는 것, 그리고 바로 그분이 우리를 구속하시고 우리에게 자신을 아버지와 구세주로 알려주셨다는 것을 알아야 합니다. 만약 우리가 그런 가르침에 충분히 유념한다면, 우리는 함부로 그분의 이름으로 맹세하지 않을 것입니다. 만약 앞으로도 우리가 그동안 해왔던 것처럼 행동한다면, 그 때는 선지자 스가랴가 했던 말이 우리에게 적용될 것입니다. 즉, 그 때 우리는 우리가 찌른 분 곧 우리가 상처를 입힌 분을 의식하게 될 것입니다(슥 12:10). 비록 사람들이 서로에게 아첨하고 헛되이 맹세하면서도 그런 일들이 쉽게 용서되리라고 생각할지라도, 하나님은 자신이 상처를 입는 것을 허락하지 않으실 것이고, 결국 그런 행위가 우리가 그분에게 우리 자신을 드리는 마땅한 방법이 아니라는 것을 알려 주실 것입니다.

헛된 맹세를 통해 드러나는 우리의 부패

우리는 하나님이 우리에게 우리가 그분의 이름에 어떤 존경심을 보여야 하는지를 알려 주고자 하셨다는 것을 알아야 합니다. 여기에서 특별히 맹세가 언급되는 것은 사실입니다. 하지만 그와 동시에 이 가르침은 그 이상으로 확대되어야 합니다. 우리가 하나님에 대해 생각하거나 그분의 이름을 언급할 때, 우리는 철저한 존경심을 갖고서 그렇게 해야 합니다. 우리는 그분을 이 세상의 모든 피조물보다 높여야 할 뿐 아니라, 우리가 헤아릴 수 없는 영광을 지니신 분 곧 그분 앞에서는 하늘의 천사들조차 두려워 떠는 분 앞에 서 있다는 것을 알아야 합니다. 가련한 피조물이자 세상의 다른 모든 존재들보다 훨씬 더 일시적인 존재인 우리는 하나님의 이름이 언급될 때 그 이름이 지닌 최고의 위엄에 경의를 표해야 합니다. 바로 그것이 우리가 이 구절을 통해 분명하게 알아야 할 가르침입니다.

이 가르침은 그 자체로는 아주 쉽지만 우리에게는 아주 어려워

보입니다. 사실 오늘날 그것은 실제로는 거의 실천되고 있지 않습니다. 하나님에 대해 생각할 때 우리의 마음속에는 얼마나 많은 헛된 생각들이 떠오릅니까? 우리의 본성은 그런 식으로 뒤틀려 있습니다. 우리의 마음은 온갖 거짓된 것들로 꽉 차 있고, 우리 안에는 어둠만 존재할 뿐입니다. 만약 어떤 이가 계속해서 하나님의 명예에 어긋나는 악한 상상을 한다면, 그것은 그동안 그가 마귀와 공모해 왔음을 보여 주는 것입니다. 악한 상상이 떠오르거나 자기들이 기껏 생각한 것이 하나님의 영광과 배치되는 악한 것일 때 그로 인해 두려움에 떠는 이들이 얼마나 됩니까? 그런 상상을 억압하고 몰아내려고 애쓰는 이들이 얼마나 됩니까? 그들 중 어떤 이들은 오히려 그런 상상을 즐기고 그것에 빠져듭니다. 일단 마음이 오염되고 나면, 즉 우리의 정신이 더럽혀지고 나면, 나머지는 아주 쉽게 부패합니다. 실제 상황이 그렇습니다. 사람들이 하나님에 대해 얼마나 하찮게 지껄이는지 생각해 보십시오. 그들이 하나님에 대해 말하면서 어떤 말들을 사용하는지 생각해 보십시오. 그들은 스스로 부패하기만을 바라는 것처럼 보일 정도입니다. 사도 바울은 우리를 타락시키고 악한 것으로 감염시키는 사악한 제안들과 관련해 다음과 같이 말했습니다. "적은 누룩이 온 덩어리에 퍼진다"(고전 5:6).

가장 나쁜 것은 우리가 하나님에 대해 조롱하는 투로 말하는 것입니다. 우리가 헛되고 경박하며 수치스럽고 혐오스러운 말로 그분을 조롱하는 것은 큰 잘못입니다. 그것은 하나님의 위엄에 대한 악의적인 침해입니다. 그럼에도 오늘날 그런 일은 다반사로 벌어지고 있습니다. 우리는 하나님에 대한 그런 조롱을 발견하기 위해 어느 한 곳에 오래 머물러 있을 필요가 없을 정도입니다. 이로써 우리는 그동안 우리가 하나님을 적절하게 예배해 오지 않았다는 것을 알 수 있습니다.

매일 우리는 "주님의 이름이 거룩히 여김을 받으시옵소서"라고 아주 쉽게 말합니다. 하지만 실제로는 그와 정반대로 행동하고 있습니다. 우리는 예배에 참석해 하나님의 이름이 영화롭게 되기를 바란다고 고백하고, 식탁에서도 그렇게 하고, 잠자리에서 일어나거나 누울 때도 그렇게 합니다. 지금 나는 완전히 짐승 같지는 않은 이들에 대해 말씀드리고 있는 것입니다. 왜냐하면 우리 중에는 하나님께 기도하는 것이 무언인지 알지 못하는 이들도 있기 때문입니다. 그러나 사실은 매일 하나님을 향해 "주님의 이름이 거룩히 여김을 받으시옵소서"라고 말하는 이들 역시 마찬가지입니다. 그들은 기도를 마치자마자 위선적인 맹세를 할 뿐 아니라 하나님의 이름을 이런저런 방식으로 들먹이기 시작합니다. 그러나 그런 일은 그분의 위엄에 대한 침해 아닙니까? 그것은 마치 우리가 하나님을 단검으로 찌르거나 그분의 따귀를 때리는 것이나 다름없지 않습니까? 우리는 하나님이 그분의 이름의 거룩성을 유지하시기를 간구하지만, 그와 동시에 가능한 한 그 거룩성을 파괴하려고 합니다. 그런 우리에게는 우리의 입술에서 나오는 헛된 선언 이상으로 우리의 맹세를 정죄할 다른 심판자가 필요하지 않습니다.

하나님의 이름을 대하는 우리의 태도

하나님에 대해 말할 경우, 우리는 그분에 대해 온전한 존경심을 지니고 말해야 합니다. 이것은 우리가 그분의 일에 관해 말할 때도 마찬가지입니다. 예컨대, 날씨에 관해 말하자면, 우리는 날이 맑든

흐리든 하나님의 위엄의 징표들과 마주하고 있는 셈입니다. 하나님이 우리에게 흐린 날을 주실 때, 그것은 그분이 우리가 그분의 진노를 깨달아 자신의 죄를 살피고 그것에 대해 슬퍼하고 회개에 이르게 하기 위해 자신을 심판자로 계시하시는 것입니다. 그럴 경우, 만약 우리가 그분 앞에서 자신을 낮추고 우리의 죄를 슬퍼하기는커녕 마치 하나님을 조롱하려는 생각으로 가득 찬 자들처럼 그분의 화를 돋운다면, 우리를 위해서라도 그 흐린 날이 오래도록 지속되어야 하지 않겠습니까? 그런 식으로 우리는 하나님께 돌아가지 않으며 그분께 우리의 죄를 용서해 달라고 간구하지 않습니다. 그리고 이것은 다른 모든 경우에도 마찬가지입니다.

내가 이런 예를 든 것은 우리가 하나님의 일에 관해 말할 때 그분을 우리의 선하신 아버지로 혹은 엄격한 심판자로 의식할 필요가 있음을 보여 주기 위해서였습니다. 그러므로, 하나님이 우리의 눈에 탐탁지 않고 우리의 바람과 소망에 어긋나는 일을 하시는 것처럼 보일 때, 우리는 그것을 그분께서 우리가 자신의 죄를 깨닫고 그것에 대해 슬퍼하게 하시기 위해 우리를 징계하시는 것으로 여겨야 합니다. 만약 우리가 그런 식으로 하나님께 영광을 돌리지 않는다면, 우리는 그분의 거룩한 이름을 더럽히는 셈입니다.

다른 한편으로, 우리는 하나님이 상냥하고 자비로운 아버지처럼 부드럽게 우리를 이끄시는 것은 우리가 더욱더 그분께 영광을 돌리게 하시기 위함이라는 것을 알아야 합니다. 우리가 그분이 우리에게 하신 말씀을 듣자마자 그분께 영광을 돌리지 않았기 때문에 배은망덕하다고 정죄된다면, 만약 우리가 그분의 모든 말씀을 듣고도 그분께 영광을 돌리지 않거나 하나님이 우리를 구원하시기 위해 그토록 비싼 대가를 치르신 것을 알면서도 우리 자신을 그분께 바치지 않는다면, 그 때 우리의 사정은 어찌되겠습니까? 그분은 그동안 우리가 그분의 위엄을 조롱하고, 그분의 일을 짓밟고, 돼지처럼 주둥이를 나불거려 왔을 뿐임을 분명하게 보여 주시지 않겠습니까? 그리고, 만약 우리가 그런 일로 고발을 당한다면, 그것은 우리에게 아주 무서운 일이 되지 않겠습니까?

하나님의 말씀 앞에서 겸손하라

비록 하나님이 자신이 하신 모든 일들 위에 표식을 남기셨을지라도, 따라서 우리가 좋은 날씨와 궂은 날씨 그리고 열기와 추위 모두를 통해, 즉 모든 자연 질서를 통해 그분을 알아야 마땅할지라도, 여전히 그분은 무엇보다도 그분의 말씀 위에 자신의 표식을 남기셨습니다. 우리가 그분이 우리에게 베푸신 유익들을 얻고서도 그분을 인정하지 않는 것은 변명할 수 없는 죄입니다. 우리는 그분에게서 우리의 생명을 얻었습니다. 바울의 말처럼, 우리는 그분 안에서 살아갑니다(행 17:28). 만약 우리가 그분을 그런 은혜와 연관 지어 생각하지 않는다면, 우리는 그것만으로도 이치에 맞지 않는 배은망덕의 죄를 짓는 셈입니다. 그러나, 이미 말씀드렸듯이, 하나님은 무엇보다도 그분의 말씀 위에 자신의 표식을 새겨 넣고자 하셨습니다. 그러므로 우리가 해야 할 모든 일은 하늘과 땅에 대해 숙고하는 것입니다. 그러면 우리는 모든 곳에서 하나님을 보게 될 것입니다. 땅은, 바울의 말처럼(롬 1:20), 하나님을 보여 주는 그분의 살아 있는 형상이 아니라면 도대체 무엇이겠습니까? 비록 우리가 그분의 본질을 볼 수는 없으나,

그분은 여전히 자신을 그런 식으로 계시하심으로써 우리가 그분을 경배하도록 하십니다.

그러나, 우리가 성경으로 돌아설 때, 거기에서 우리는 하늘과 땅을 통해서보다 훨씬 더 분명하게 그분을 보여 주는 한 가지 형상을 발견하게 됩니다. 태양도 달도 — 비록 그것들이 세상에 빛을 비추기는 할지라도 — 하나님의 위엄을 율법과 선지자들과 복음보다 더 잘 계시하지는 못합니다. 그럼에도 오늘 우리는 성경에 대해 어떤 태도를 보이고 있습니까? 우리는 그것에 대해 얼마나 오만하게 말하고 있습니까? 오늘날 사람들은 하나님의 이름에 대해 너무나 제멋대로 말하고 있지 않습니까? 그들이 선술집이나 식탁에서 술잔을 들고 성경에 관해 논쟁을 벌일 때, 과연 그들이 자신을 낮추고, 자신들의 무지와 연약함을 시인하고, 하나님이 그분의 비밀을 우리가 알아야 할 만큼 알려주시도록 그분의 영의 도우심을 간구하고 있습니까? 결코 아닙니다! 그런 곳에서 이루어지는 토론은 하나님에 대한 조롱에 불과합니다. 그런 토론은 이 세상에 신앙이 희귀할 뿐 아니라 그것에 대한 안타까움조차 없다는 사실을 드러낼 뿐입니다.

우리는 오늘날 많은 이들이 성경을 얼마나 심각하게 조롱하고 있는지 잘 알고 있습니다. 그들은 잠언을 웃음거리로 만듭니다. 그들은 마치 어떤 이가 꼴사납게 그리고 제멋대로 만들어 놓은 것에 밀랍을 칠하는 것 이상의 다른 목적이 없는 것처럼 성경을 조롱할 뿐입니다. 다른 이들은 성경에 대한 논쟁에 뛰어들면서 "이것은 왜 이런가? 너는 그것에 대해 어떻게 설명하려느냐?"라고 묻습니다. 우리가 하나님의 드높은 신비와 접할 때 무언가가 우리를 지루하게 만들면, 우리는 그 모든 것을 없애버리려 합니다. 이것은 마치 우리가 하나님을 하늘로부터 끌어내리려 하는 것이나 다름없습니다.

그러므로 무엇보다도 우리는 하나님이 우리에게 그분의 말씀의 명예와 권위를 위탁하셨다는 것을 알아야 합니다. 이것은 그분이 우리에게 성경에 포함된 모든 내용을 온전한 겸손함을 지니고 받아들이고 그것에 맞추며 살아가기를 요구하시는 것과 같습니다. 그렇습니다! 비록 그것이 우리의 본성과 어긋날지라도, 또한 우리가 하나님이 우리에게 보다 흡족한 방식으로 말씀하시기를 바랄지라도, 우리는 그분이 우리의 전 존재를 이끄시도록 허락하면서 다음과 같이 말해야 합니다. "주님, 우리는 주님의 제자입니다. 우리는 주님이 우리에게 가르치고자 하시는 것을 순적하게 받아들이겠습니다. 우리는 그것이 우리의 유익이며 구원이라는 것을 압니다."

그러므로 우리는 성경에 기록된 모든 말씀을 단 하나의 예외도 없이 경외하며 받아들여야 합니다. 우리는 하나님의 거룩한 신비를 우리 자신의 이해를 따라 판단해서는 안 됩니다. 무언가가 우리의 눈에 선하거나 옳게 보이지 않을 때, 우리는 자신을 억제해야 합니다. 그래서 언제나 모든 일에서 하나님이 중심이 되시게 해야 합니다. 그분의 말씀이 온전한 자유를 누리게 해야 합니다. 그리고 특히 설교를 들을 때마다 그것을 통해 지혜를 얻어야 합니다. 그것이 하나님이 우리에게 그분 자신을 계시하시는 방식이기 때문입니다. 그분은 우리의 심판주이십니다. 어떤 이들이 설교를 들으며 하듯이 그분과 맞서 모험을 하는 것은 옳지 않습니다. 정말 그렇습니다! 그들이 하나님과 그리고 그분의 말씀과 맞서는 것은 그들의 마음이 몹쓸 풍조에 물들어 있기 때문입니다. 그들은 철저하게 적의를 품은 채 말할 뿐입니다. 그들은 식탁에서조차 불경한 말을 토해낼 만큼 타락해 있습니다.

그렇지 않다면 그들은 설령 어떤 이가 하는 말이 그들의 성향에 맞지 않을지라도 그가 말하는 자리에 참석할 것입니다.

우리가 하나님의 이름을 높일 수 있는 적절한 방법이 있습니다. 그것은 우리가 성경을 읽거나 누군가 그것에 대해 설교하는 소리를 들을 때마다 항상 그분의 이름의 위엄을 높이는 것입니다. 누군가 우리에게 성경에 관해 말해 주거나 특히 그분의 말씀이 선포되는 소리를 들을 때, 우리는 선지자 이사야의 말처럼 그 말씀 앞에서 두려워하며 떨어야 합니다(사 66:2, 5). 그렇게 함으로써 우리는 우리의 입술뿐 아니라 행동을 통해서 우리가 참으로 신실한 자임을 선포할 수 있습니다. 그리고 그럴 때 하나님은 우리를 자신의 백성으로 인정하실 것이고, 결국 우리를 부르셔서 자신의 나라를 유업으로 얻게 하실 것입니다.

1555년 6월 20일 목요일

제5강

안식일을 지켜 거룩하게 하라

¹²네 하나님 여호와가 네게 명령한 대로 안식일을 지켜 거룩하게 하라 ¹³엿새 동안은 힘써 네 모든 일을 행할 것이나 ¹⁴일곱째 날은 네 하나님 여호와의 안식일인즉 너나 네 아들이나 네 딸이나 네 남종이나 네 여종이나 네 소나 네 나귀나 네 모든 가축이나 네 문 안에 유하는 객이라도 아무 일도 하지 못하게 하고 네 남종이나 네 여종에게 너 같이 안식하게 할지니라 (신 5:12-14)

앞에서 우리는 하나님께 예배하는 올바른 방식에 대해, 그분을 섬기는 것에 대해, 그리고 그분의 이름을 맹세의 형식으로나 혹은 그분께 영광을 돌리는 것 이외에 다른 방식으로 사용하지 않음으로써 그분을 영화롭게 하는 것에 대해 살펴보았습니다. 이제는 우리가 하나님을 그분의 율법, 즉 그분이 신실한 자들이 실천할 수 있도록 정하신 질서의 요구를 따라 예배하는 것에 대해 살필 차례입니다.

무엇보다도 안식일은 인간이 세상과 자신을 분리하는 식으로 하나님께 헌신하지 않는다면 결코 그분을 적절하게 예배할 수 없음을 보여 주는 상징이었습니다. 다음으로 안식일은 사람들이 한데 모여 율법을 듣고, 하나님의 이름을 부르고, 희생제물을 바치고, 영적 질서와 관련된 일들을 수행하게 하기 위한 의식이었습니다(『강요』 II.viii.28). 이제 우리의 본문이 안식일을 묘사하는 방식을 살펴보도록 합시다. 그러나 그 방식은 우리가 방금 언급한 두 가지 사항을 구별하고 그것들을 상세하게 고찰하지 않고는 쉽게 이해되지 않을 것입니다.

안식일, 율법 아래에 있었던 그림자

먼저 우리는 안식일이 우리 주 예수 그리스도께서 오셔서 하나님이 우리에게 요구하시는 것이 우리가 모든 일을 그치고 쉬는 것임을 알려 주시기 전까지 율법 아래에 있던 하나의 그림자였다는 것에 주목할 필요가 있습니다(『강요』 II.vii.2 이하). 나는 이것에 대해 이미 간단하게 요약해서 말씀드린 바 있습니다. 그리고 그 말의 요지는, 만약 우리가 하나님의 뜻을 따라 살고자 한다면, 우리의 본성을 억제해야 한다는 것이었습니다.

아무튼 바울은 그 사실을 매우 강조합니다. 뿐만 아니라 신약성서에는 그것과 관련된 무수히 많은 언급들이 존재합니다. 그러나 여기에서는 보다 명확한 본문 하나를 인용하는 것으로 충분할 것입니다. 골로새서는 우리가 예수 그리스도 안에서 이전에 율법 아래에 있던 것의 실체 혹은 몸통을 갖고 있다고 말씀합니다(골 2:17). 옛날에 우리의 믿음의 조상들은 다른 의식들과 마찬가지로 안식일을 통해서 그와 같은 소망에 참여해야 했습니다. 그러나 오늘 우리는 그리스도를 알고 있기에 그런 모호한 것들에 의해 제약을 받을 필요가 없습니다.

물론 율법이 전적으로 폐지된 것은 아닙니다. 왜냐하면 그것은 여전히 우리를 위한 교훈과 진리를 지니고 있기 때문입니다. 그러나 율법의 그림자는 우리 주 예수 그리스도의 오심으로 인해 사라졌습니다. 그런데, 만약 우리가 우리의 믿음의 조상들이 그것을 어떻게 의식했는지에 대해 묻는다면, 모세가 그것에 대해 답을 줄 것입니다. 출애굽기 20장 10절에서 그는 하나님이 자신에게 율법을 선포하시면서 안식일의 목적을 밝혀 주셨다고 말합니다. 모세에 따르면, 하나님이 그 날에 모든 일을 그치게 하신 것은 이스라엘 백성이 하나님을 향해 거룩함을 유지하게 하시기 위함이었습니다. "나 여호와가 안식일을 복되게 하여 그 날을 거룩하게 하였느니라"(출 20:11).

성서가 우리에게 하나님 앞에서 성결하게 되는 것에 관해 말씀할 때 그것이 의미하는 것은 우리가 그분을 섬기지 못하도록 가로막는 모든 것들로부터 분리되어야 한다는 것입니다. 그러나 오늘날 우리는 도대체 어디에서 그런 순결함을 발견합니까? 우리는 이 세상에 속해 있습니다. 그리고 이 세상에는, 요한이 말하듯이, 오직 왜곡과 악의만 존재할 뿐입니다(요일 2:15-17; 5:19). 우리가 하나님과 그리고 그분의 공의와 맞서기 위해 반드시 밖으로 나가야 하는 것은 아닙니다. 왜냐하면, 바울이 말하듯이, 우리의 모든 생각과 감정은 하나같이 하나님과 적대적인 관계에 있기 때문입니다(롬 8:7). 사람들이 자신들의 생각과 욕망과 의지와 탐욕을 제어하는 고삐를 늦출 경우, 틀림없이 그들은 하나님과 맞서 싸우게 됩니다. 우리는 창세기에 기록된 말씀이 참되다는 것을 알고 있습니다. "여호와께서 사람의 죄악이 세상에 가득함과 그의 마음으로 생각하는 모든 계획이 항상 악할 뿐임을 보시고…"(창 6:5). 우리는 우리가 하나님 앞에서 성결해질 수 없다는 것을 알고 있습니다. 하나님과 맞서는 더러운 것들로부터 분리되지 않는 한, 혹은 우리의 본성에 속한 것들이 사라지지 않는 한, 우리가 하나님을 순결하게 예배하는 것은 불가능합니다.

그 옛날 우리의 믿음의 조상들은 이 모든 것을 희미하게 알았을 뿐입니다. 왜냐하면 당시 그들에게는 예수 그리스도가 계시되지 않았기 때문입니다. 그러나 오늘날 그것들은 우리 주 예수 그리스도 안에서 성취되고 완성되었습니다. 그것을 입증하기 위해 바울은 우리의 옛 사람이 그리스도와 함께 십자가에 못 박혔다고 말합니다(롬 6:6). 그가 말하는 우리의 옛 사람이란 우리가 아담에게서 물려받은 악한 본성입니다. 우리의 모든 것, 즉 우리의 몸이나 영혼뿐 아니라 우리 안에 있는 악의, 우리의 눈을 멀게 해 우리로 하여금 그릇된 일을 하게 하는 것, 그리고 하나님의 공의에 맞서 반역하는 악한 욕망들 모두가 죽어 없어져야 합니다.

아담으로부터 전해 내려온 그 모든 욕망들은 완전히 폐기되어야 합니다. 그런데 그런 일은 어떻게 해야 가능한 것입니까? 그것은 우리 자신의 노력으로는 되지 않습니다. 그러나 우리는 더 이상 그런 것들이 우리에게 전가되지 않게 하기 위해 우리를 위해 죽으신 우리 주 예수 그리스도를 통해 그렇게 할 수 있는 힘을 얻습니다. 우리는 그분의 성령을 힘입어 우리의 육적인 애착이 더 이상 우리를 지배하지 못하도록 이 세상을 그리고 심지어 우리 자신을 포기할 수 있습니다. 더 나아가 바울은 우리가 그리스도와 함께 부활했다고 말합니다(롬

6:4-5, 8; 골 2:12, 13; 3:1). 그러나 이 모든 것은 율법 아래에서는 분명하게 드러나지 않았습니다. 따라서 그 시절에 살았던 이들을 오늘 우리의 것과 같은 소망—그것은 우리 주 예수 그리스도의 죽음이 초래한 것입니다—안에서 양육하기 위해서는 희생제사 같은 도움이 필요했습니다. 그것은 그들로 하여금 그들의 죄가 중재자의 피를 통해 처리되었음을 깨닫게 하기 위함이었습니다. 그들에게 안식일이 주어진 것 역시 마찬가지입니다. 안식일은 하나님이 그들 안에서 사시기 위해 그들의 생각과 감정을 억제하기 위한 수단으로 제공된 은혜였습니다.

안식의 출발, 자신에 대한 포기

이제 우리는 그동안 간략하게 언급해 왔던 것을 이해하기 위한 단초를 얻었습니다. 그것은 안식일은 우리 주 예수 그리스도의 오심을 통해 성취된 것을 대표하는 일종의 상징이라는 것입니다. 안식일이 예배의 차원으로까지 확대된 것은 우리가 자신을 포기하지 않고는, 혹은 우리 자신과 세상의 더러운 것으로부터 분리되지 않고는, 하나님을 순전하게 공경할 수 없음을 보여 주기 위함이었습니다. 바로 그것이 하나님이 선지자 에스겔을 통해 안식일을 지키지 않는 자들을 비난하셨던 이유입니다(겔 20:21; 22:8; 32:38). 그들에게 이런 말씀이 주어진 것은 그동안 그들이 율법 전체를 어겼음을 지적하기 위함이었습니다. 그리고 거기에는 그럴 만한 이유가 있었는데, 그것은 안식일을 더럽히는 자들은 누구나 하나님에 대한 예배 전체를 무시하는 것이었기 때문입니다. 만약 우리가 안식일을 지키지 않는다면, 다른 모든 날들은 의미를 잃어버리게 됩니다. 선지자 이사야가 말했듯이, 안식일에는 우리가 귀하게 여기는 모든 것들을 밀쳐두는 것이 중요합니다. 왜냐하면, 그렇지 않을 경우, 그 날은 하나님이 받으시고 인정하시는 주님의 날이 될 수 없기 때문입니다. 이를 통해 우리는 단지 의식을 준수하는 것만으로는 안식일의 목적이 달성되지 않는다는 것을 알 수 있습니다.

유대인들이 그 규례를 준수하는 것에 대해 생각해 봅시다. 안식일에 그들은 모든 일을 밀쳐 두고 한데 모였습니다. 하지만 그들은 여전히 온갖 악한 생각을 품었고 그것들을 실행했습니다. 결과적으로 그들은 하나님을 조롱하고, 그분의 이름을 남용하고, 그분이 정하신 모든 질서를 타락시키고 부패시켰을 뿐입니다. 그로 인해 하나님은 그들을 책망하실 수밖에 없었습니다. 중요한 것은 그 규례에 포함된 진리, 즉 하나님에 대한 영적 섬김에 대해 생각하는 것이었습니다. 그럼에도 이스라엘 백성은 그들에게 명령된 그 의식을 지켜야 할 필요가 있었습니다. 왜냐하면 하나님이 그들을 그렇게 억제하고자 하셨기 때문입니다. 그분은 그들이 그런 상징적 제도의 내용을 이해하는 것으로 만족하지 않으셨습니다. 하나님은 그들이 우리 주 예수 그리스도가 오시기 전까지 그 규례를 지킬 것을 원하셨습니다.

이런 사실을 염두에 둔다면, 이제 우리는 사도 바울이 했던 말을 이해할 수 있습니다(골 2:20). 즉, 이제 우리는 더 이상 억지로 안식일을 지키지 않아도 됩니다. 오히려 필요한 것은 우리가 그 명예를 예수 그리스도께 돌려드리는 것입니다. 그리고 이제 더 이상 율법하에서 명령된 것에 묶이지 않고 오히려 예수 그리스도께서 우리에게 가져다주신 것으로 만족하는 것입니다.

우리는 이와 같은 율법의 준수가 어떻게 오늘 우리에게 적용되는지 알고 있습니다. 의식에 관한 한, 그것은 과거에 속해 있습니다. 중요한 것은 우리가 그 의식의 내용을 이해하는 것입니다. 그리고 그것의 의미는 우리가 하나님을 제대로 섬겨야 하며 우리 자신의 모든 의지와 생각과 감정을 비워내야 한다는 것입니다. 어째서 그렇습니까? 그것은, 우리가 똑똑한 척 하면서 하나님을 섬기는 온갖 방법을 상상할 경우, 우리는 실제로는 하나님에 대한 예배 전체를 훼손시키게 될 것이기 때문입니다.

그러므로 우리에게 꼭 필요한 것은 우리 자신의 신중한 분별력을 내려놓고, 자신의 판단과 상상력에 의지하는 대신 하나님이 우리에게 말씀하시는 것에 귀를 기울이는 것입니다. 바로 그것, 즉 우리의 눈에 좋아 보이는 것을 믿지 않는 것이야말로 우리가 안식일을 지키는 출발점입니다. 우리는 마땅히 쉬어야 합니다. 그런데 어떻게 쉬어야 합니까? 처음에는 이것에 대해 그리고 다음에는 저것에 관해 떠들어 대거나 그런 것들을 고안해 내느라 머리를 복잡하게 만들지 않으며 쉬어야 합니다. 우리는 하나님께 순종하며 살아갈 필요가 있습니다. 우리가 자신의 욕망으로 인해 미혹될 때, 우리는 그것이 하나님과 맞서는 것임을 알아야 하고, 또한 우리의 모든 감정이 사악하고 반역적일 뿐임을 알아야 합니다. 그러므로 우리는 주님이 알려 주신 방식으로 쉬어야 합니다. 그리고 오직 그분만이 우리 안에서 역사하시고 성령을 통해 우리를 이끌고 다스리실 수 있도록 우리 자신을 하나님 앞에 내려놓아야 합니다. 그럴 때 우리는 하나님이 안식일을 제정하시면서 우리에게 필요한 것을 아무것도 빼놓지 않으셨다는 것을 알게 될 것입니다.

하나님은 우리를 위해 그 정도까지 하셨습니다. 게다가 우리는 언젠가 우리가 성령께서 우리에게 제공하신 것을 얻게 되리라는 것을 알고 있습니다. 그러니 이런 상태에 있는 우리에게 완전한 성결에 관한 더 이상의 어떤 가르침이 필요하겠습니까? 중요한 것은 우리가 하나님께 순종하면서 경건하게 살아가는 것입니다. 그런데 도대체 그런 일은 어떻게 이루어집니까? 그것은 우리가 그분의 말씀을 받고 그분의 의를 따르는 것을 통해서만 가능합니다. 그러나 우리의 본성이 그런 일과 상충하기에 어쩔 수 없이 우리는 자신을 부인하는 것에서 시작할 수밖에 없습니다(『강요』 III.vii.1-3).

그런 일이 이루어질 경우, 우리는 하나님을 섬기는 데 필요한 것을 얻을 수 있습니다. 그러나 그것은 매우 어려운 일입니다. 그러므로, 하나님이 우리에게 안식일을 지키라고 명령하실 때, 우리는 바짝 정신을 차려야 합니다. 그리고 그런 일은 우리의 노력만으로는 가능하지 않으며 하나님이 우리가 그렇게 하도록 강제하셔야만 가능하다는 것을 알아야 합니다. 만약 우리가 이런 사실에 유념하면서 자신의 기질을 억제하고 자신을 전적으로 하나님께 바친다면, 우리는 일생에 걸쳐 막대한 유익을 얻게 될 것입니다. 그렇다면 우리는 주님이 주시는 쉼을 누리는 일에 더욱 열심을 내야 합니다. 왜냐하면 오늘 우리는 율법에 대한 굴종적인 순종으로부터 자유롭게 되었을 뿐 아니라, 하나님이 옛날에 우리의 믿음의 조상들에게 주셨던 것보다 훨씬 더 큰 특권을 누리고 있기 때문입니다. 하나님은 우리의 옛 사람이 죽고 성령을 통해 새로워지기를 바라십니다. 이제 더 이상 우리는 그 옛날 율법 아래에서 아주 협소하게 지켜졌던 그 의식에 얽매여 있지 않습니다(『강요』 II.viii.31).

안식일은 순종에 대한 요구다

우리는 하나님이 우리를 얼마나 우호적으로 대하고 계신지 잘 압니다. 그러나 이제 우리는 안식일을 보다 잘 지키기 위해 이 핵심적인 문제를 좀더 깊이 생각해 볼 필요가 있습니다. 우리가 오래 전 우리의 믿음의 조상들에게는 그들을 고무했던 어떤 의식儀式이 있었고 그것이 그들에게 소망의 역할을 했다고 말하는 것으로는 충분하지 않습니다. 왜냐하면 오늘 우리에게는 과거의 그것을 훨씬 능가하는 외적이고 가시적인 표지가 있기 때문입니다. 우리 주 예수 그리스도, 즉 과거에 희미하게 예표되었던 모든 것이 그 안에서 성취된 분이 우리에게 나타나셨기 때문입니다. 그러므로 우리가 율법 아래 있었던 것을 지금도 구하는 것은 매우 부적절한 일입니다.

우리는 안식일과 관련해 명령되었던 것들이 오늘날 어떻게 성취되었는지 알고 있습니다. 사실 안식일과 관련해 명령된 것은 다른 모든 것들에도 적용될 수 있습니다. 만약 우리가 하나님의 율법을 있는 그대로 받아들인다면, 우리는 공의를 위한 영속적인 규준을 얻게 될 것입니다(『강요』 II.vii.6–12). 하나님은 십계명을 통해 우리에게 영원히 존재해야 할 어떤 규준을 제공하려 하셨습니다. 그러므로 우리는 모세가 안식일과 관련해 했던 말들이 오늘 우리에게는 해당되지 않는다고 여겨서는 안 됩니다. 그것은 그 상징이 오늘날에도 여전히 유효해서가 아니라 우리가 그것에 내포된 진리를 알고 있기 때문입니다.

바로 그것이 히브리서 기자가 안식일에 관한 말씀을 그리스도인들과 새로 탄생한 교회를 교육하는 데 적용했던 이유입니다(히 4:1–11). 그는 우리가 하나님 곧 우리의 모든 행복과 완전함이 그 안에 있는 분께 순종해야 한다고 가르치는데, 그것은 우리가 갖고 있는 온갖 고상한 것들이 우리가 하나님의 형상을 따라 창조되었기에 존재하기 때문입니다. 그런데 그 형상이 죄로 인해 지워졌습니다. 그러니 오늘 우리에게 요구되는 것은 그것의 회복이 아니면 달리 무엇입니까? 바로 그것이 우리가 우리의 완전함을 유지하는 방법입니다. 즉, 우리는 하나님과 그분의 뜻에 순종해야 하고, 그분과 동일한 일을 하기 위해 그분의 일에 관해 질문해야 합니다.

그러므로 하나님을 더 잘 섬기기 위해 우리는 온 힘을 다해 자신을 억제해야 하며, 그렇게 함으로써 우리의 생각과 감정과 욕망을 누그러뜨리고 하나님이 그분의 성령을 통해 우리를 지배하고 다스리시게 해야 합니다. 사실 위선자들은 스스로를 기만할 뿐입니다. 그들이 자신들의 악한 열망을 숨기고 있는 한, 또한 그들이 질투, 앙심, 야심, 잔인함, 그리고 속임수로 가득 차 있는 한, 그들은 안식일을 범할 수밖에 없습니다. 그러므로 우리는 그들이 (우리가 앞에서 에스겔의 말을 인용하며 말했던 것과 유사한 방식으로) 하나님에 대한 예배 전체를 왜곡하고 있다고 말할 수 있습니다.

더 나아가 우리는 예레미야에게서도 동일한 말을 들을 수 있습니다(렘 17:24-27). 바로 그것이 율법 시대에 그 의식이 그토록 엄격하게 지켜져야 했던 이유입니다. 하나님이 인간의 게으름을 기뻐하신 적이 있습니까? 결코 아닙니다! 그럼에도 그분은 안식일에 일했던 이들을 살인자들 못지않게 엄벌하셨습니다(민 15:32, 35). 어떤 이가 안식일에 나무를 베었다는 이유로 살인자와 동일한 취급을 당한다면, 그것은 매우 잔인한 처사로 보입니다. 그러나 하나님은 안식일에 나무를 벤 자들을 죽어 마땅한 죄인이라고 정죄하십니다. 어째서 그런 것입니까? 그것은 하나님에 대한 예배 전체가 바로 그 계명을 지키는 것에 달려 있었기 때문입니다. 예레미야서에서도 동일한 내용이 나타납니다. 거기에는 안식일에 짐을 지고 수레를 끄는 이들에 대한 경고의 말씀이 나옵니다(렘 17:21-27). 어째서 그런 것입니까? 그것은 하나님이 아주 사소하고 의미 없는 일 하나를 본보기 삼아 안식일의 의미를 알려주고자 하셨기 때문입니다. 이스라엘 백성이 그런 식으로 하나님을 조롱한 것은 일종의 신성 모독이었습니다. 왜냐하면 그들은 그런 식으로 자기들이 하나님의 율법 전체를 아무 의미 없는 것으로 여기고 있다는 것을 드러냈기 때문입니다.

하나님의 모범

이제 우리의 상황을 살펴봅시다. 오늘 우리는 그런 엄격한 계명을 갖고 있지 않습니다. 그리고 하나님은 우리에게 굉장한 자유를 허락하셨는데, 그것은 우리 주 예수 그리스도의 고난과 죽으심을 통해 얻어진 것입니다. 그러므로 우리는 보다 열심히 우리 자신을 그분께 바쳐야 합니다. 설령 우리가 다른 모든 일을 열심히 할지라도, 만약 우리가 자신의 애착을 제어하지 않는다면, 그리고 우리의 모든 생각과 열망을 포기함으로써 하나님이 우리를 다스리시도록 허락하고 그분 안에서 쉬려고 하지 않는다면, 우리가 행한 그 모든 일들은 아무 소용이 없는 것이 될 것입니다.

바로 그런 이유 때문에 하나님은 자신을 본보기로 제시하십니다. 하나님은 사람들에게 쉬라고 명령하시는 것만으로 만족하지 않으시고 몸소 그 방법을 보이셨습니다. 그분은 세상과 그 안에 있는 모든 것을 창조하신 후에 쉬셨는데, 그것은 그분에게 휴식이 필요해서가 아니었습니다. 그분이 쉬신 까닭은 우리를 초대해 자신의 작품들을 감상하게 하심으로써 우리가 그것들에 집중하고 그 모든 것을 창조하신 분에게 순종하게 하시기 위함이었습니다.

하나님이 그분의 일로부터 물러나신 것과 관련해 말해진 모든 것이 우리에게도 해당됩니다. 그러므로 우리 역시 우리에게 좋아 보이는 모든 것과 우리의 본성이 열망하는 모든 것을 중단해야 합니다. 만약 하나님의 모범이 우리를 자극하지 않는다면, 그 때 우리는 우리가 실제로는 그분에게서 오는 그 무엇도 원하지 않으며, 참된 행복을 원하지 않으며, 오히려 빈약하고 형편없는 자신의 지식을 따라 살고자 할 뿐임을 드러내는 것입니다.

그러므로 우리가 할 수 있는 최선의 일은 하나님께 매달리고 그분과 연합하는 것입니다. 주님은 우리를 자신에게로 부르십니다. 그리고 만약 우리가 우리의 일을 떠나 쉬지 않는다면 하나님과의 참된 연합과 성결함을 얻을 수 없다고 알려 주십니다. 만약 우리가 계속해서 분주하고 남의 일에 참견하고 우리 눈에 좋게 보이는 일을 해나간다면, 분명히 우리는 하나님과 우리의 관계를 단절하게 될 것이고, 그분을 떠나게 될 것이고, 결국 그분으로부터 소외될 것입니다. 그럴 경우 사람들은 우리가 스스로 사탄의 먹이가 되기를 원하고 있으며, 결국 그가 우리를 잘못된 길로 이끌어 하나님의 보호를 받지 못하는 지경으로까지 몰아가리라는 것을 알게 되지 않겠습니까?

그런데 우리의 실제 상황은 어떻습니까? 우리 중에는 그런 식으로 생각하는 이가 거의 없습니다. 우리 모두는 자유에 탐닉하고 있습니다. 만약 당신이 누군가를 향해 자신의 상상을 따라 살아가지 말라고 말한다면, 그 때 당신이 듣게 될 대답은 다음과 같을 것입니다. "내가 어떻게 행동해야 할지는 누구보다도 내가 더 잘 알아."

그런 반역보다 더 공개적으로 하나님을 모욕하는 방법은 없습니다. 이것은 마치 어떤 이가 자신은 자기보다 우월한 그 어떤 존재도 원하지 않는다고 말하는 것과 같습니다. 사실 사람들이 실제로 그렇게 공언하지는 않습니다. 그럼에도 그것은 사실입니다. 이미 말씀드렸듯이, 여기에서 시작하지 않는 한, 우리가 하나님을 섬길 다른 방법은 없습니다. 우리는 우리의 생각과 감정을 지워버려야 합니다. 그러므로 우리가 똑똑해지고, 우리의 판단을 믿고, 우리 눈에 좋아 보이는 것을 행하고, 우리의 감정과 상상을 따르고, 그것들을 제어하려 하지 않고, 심지어 누군가 그런 것들을 교정해 주려고 할 때 짜증을 낸다면, 그것은 곧 우리가 하나님을 섬기는 것이 무엇인지 혹은 율법의 핵심이 무엇인지를 알지 못한다는 증거가 아니겠습니까?

그러므로 우리는 하나님이 우리를 위해 직접 모범을 보이신 까닭이 한편으로는 우리를 부드럽게 초대해 영적 쉼을 누리게 하시려는 것이고, 다른 한편으로는 우리가 하나님으로부터 분리될 경우 불행해질 수밖에 없음을 깨닫게 하시기 위함이라는 것을 알아야 합니다. 바로 여기에 하나님과 우리를 연합시키는 끈이 있습니다. 그것은 우리가 하나님의 종교와 진리를 떠나지 않고 그분이 우리를 다스리시도록 허락하는 것입니다.

어째서 하루만 쉬는가

이제 우리는 다음과 같이 물을 수 있습니다. "어째서 이스라엘 백성은 오직 제칠 일에만 쉬라는 명령을 받은 것인가?" 우리는 이것을 우리가 일주일에 단 하루만 자신의 생각과 애착을 포기하면 된다는 의미로 해석해서는 안 됩니다. 오히려 우리는 우리의 일생 동안 그런 자세를 견지해야 합니다(『강요』 II.viii.30). 간단히 말해, 하나님이 우리에게 명령하시는 것은 영속적인 쉼, 즉 그 어떤 간격도 없는 쉼입니다. 그렇다면 어째서 그분은 일주일 중 단 하루만을 택하셨을까요? 그것은, 설령 우리가 우리의 악한 욕망과 위선 그리고 우리의 본성에 속한 모든 것을 포기하기 위해 최선을 다할지라도, 우리는 이 세상을 떠나는 날까지 결코 그런 상태에 도달할 수 없다는 것을 알려 주시기 위함이었습니다. 그럼에도 믿음을 지닌 자들은 일생 동안 안식일을 지키고, 자신들의 뜻과 행위를 제어하고, 모든 겸손함으로 하나님께 전적으로 헌신하고, 그분과 제휴하고, 그분께 순종하면서 평화를 발견해야 합니다. 중요한 것은 우리가 계속해서 그렇게 해나가는 것입니다. 그렇지 않을 경우, 우리가 하나님께 바치는 모든 예배는 헛것이 될 것이고, 그분은 그것을 거부하고 책망하실 것입니다.

그러나 우리가 우리의 모든 애착을 부정한다고 해서 모든 것이 끝나는 것은 결코 아닙니다. 왜냐하면 우리 안에는 늘 어떤 잘못이 남아 있을 것이기 때문입니다. 언젠가 바울은 자신에 대해 말하면서 세상은 자신에 대해 못 박혔고 자신은 세상에 대해 못 박혔다고 분명하게 말했습니다(갈 6:14). 그럼에도 그는 자신의 육이 성령을 거스르며 싸우고 있고 자신과 성령 사이에 그 어떤 일치도 없다는 것을 부인하지 않습니다(갈 5:17). 심지어 그는 자기가 늘 자기 안에서 그런 모순을 느낀다고까지 말합니다(롬 7:15, 19). 즉, 그는 자신이 원하는 선을 행하지 않는다고, 다시 말해, 늘 자신을 방해하는 것 때문에 단호하게 하나님을 따라 살아가지 못하고 있다고 말합니다. 그로 인해 그는 온 힘을 다해 달리기는커녕 절뚝거리며 걷는 것처럼 보일 정도입니다.

그러므로 이제 우리는 하나님이 칠일 중 단 하루만을 안식일로 정하신 데에는 그럴 만한 이유가 있다는 것을 알아야 합니다. 그것은 우리가 하루 동안이든 한 달 동안이든 그분이 우리에게 요구하시는 온전한 거룩함에 도달할 수 없다는 사실을 알려 주시기 위함입니다. 그런데 도대체 우리는 어째서 그런 것입니까? 그것은, 설령 우리가 자신의 육적인 애착이나 악한 생각과 맞서 제아무리 용감하게 싸울지라도, 우리가 하나님과 완전하게 연합하고 그분이 우리를 그분의 하늘 왕국으로 불러 모으시기 전까지는, 늘 우리 안에 얼마간의 죄의 찌꺼기가 남아 있을 것이기 때문입니다. 그 때까지 우리 안에는 항상 몇 가지 유혹들과 문제들과 근심들이 남아 있을 것입니다. 그리고 그로 인해 우리는 우리 자신이 여전히 많은 유혹들에 굴복하고 있다는 것과 우리 곁에는 늘 우리를 이리저리 이끌어가는 수많은 자극들이 존재한다는 것을 의식하게 될 것입니다. 그리고 그런 것들은 우리의 영적 쉼을 방해하기에 충분하지 않겠습니까? 만약 우리가 하나님 안에서 쉬고자 한다면, 우리는 우리를 옳은 길에서 떠나게 할 수 있는 그 어떤 것도 상상하지 말아야 합니다. 우리는 그 어떤 악한 애착이나 호기심도 갖지 말아야 합니다. 우리는 그 모든 것들을 멀리 해야 합니다.

우리가 온갖 변덕스러운 생각에 빠질 때, 사탄은 우리를 공격하고 우리의 마음을 근심으로 가득 채웁니다. 우리가 악을 행하려는 마음을 품으면, 무언가가 우리 안으로 뛰어 들어와 우리를 간질입니다. 그리고, 설령 우리가 옳지 않은 일을 크게 혐오할지라도, 우리는 그런 유혹 때문에 그것을 추구하도록 자극을 받습니다. 우리가 사악한 정욕으로부터 자유롭게 되어 그것이 더 이상 우리를 지배하지 못하는 상태에 이르는 것은 결코 쉽지 않습니다. 그러므로 우리는 하나님이 주시는 영적 쉼을 경축한다는 이 주제를 좀더 살펴볼 필요가 있습니다. 왜냐하면 우리는 우리의 삶이 끝나는 날까지도 그런 쉼을 얻지 못할 것이기 때문입니다.

이런 사실에 유념할 때 우리는 두 가지 측면에서 권고를 받습니다. 하나는, 비록 그동안 우리가 하나님께 순종하기 위해 많은 애를 써왔을지라도, 우리는 여전히 계속해서 자신에 대해 불쾌해하고 가슴 아파해야 한다는 것입니다. 우리는 늘 자신이 길 위에 있다는 것과, 여전히 우리가 수행해야 하는 율법의 요구와 명령들이 있다는 것을 인식해야 합니다. 그런 인식은 우리를 겸손해지게 합니다. 왜냐하면 그런 인식을 통해 우리는 언제나 하나님이 우리에게 요구하시는 더 많은 것들이 있으며 우리가 그런 요구들을 결코 이행하지 못하리라는 것을 깨닫게 되기 때문입니다. 이 모든 것은 우리가 자신을 낮추고 참된 마음으로 회개하고 탄식할 기회를 제공합니다.

다른 하나는, 우리가 우리의 그런 상황으로 인해 더욱더 자극을 받아야 한다는 것입니다. 사실 하나님은 우리에게 그분을 섬기고자 하는 마음을 심어주셨습니다. 그런데 도대체 우리는 그분을 어떻게 섬겨야 하는 것입니까? 아, 우리는 여전히 그분을 섬기는 일에서 크게 부족할 뿐입니다. 우리가 그런 사실을 인식할 때, 그것은 그분을 섬기려는 우리의 노력을 훨씬 더 긴급한 것으로 만들어주지 않겠습니까? 그러므로 우리는 그런 인식을 통해 자극을 받아 우리 안에 있는 악을 혐오하면서 이런 안식을 통해 유익을 얻고 그 안에서 전진해

나가야 합니다. 그리고 매일 자신을 책망해야 합니다.

하나님은 그런 식으로 우리에게 자신을 낮출 기회를 제공하십니다. 또한 우리가 우리의 악을 교정하고 우리의 육체를 억제하는 일에 더욱더 열심을 내야 한다는 것을 알려 주십니다. 그뿐만 아니라 또한 그분은 우리가 우리의 옛 사람을 부분적으로 십자가에 못 박는 것만으로는 충분하지 않으며 오히려 우리의 모든 것이 그리스도와 함께 장사되어야 한다는 것을 깨닫게 해주십니다. 바로 그것이 바울이 우리가 이미 인용한 바 있는 로마서 7장에서 말했던 내용입니다(롬 7:4).

하나님의 이름으로 모이는 날

이제 안식일과 관련된 두 번째 요점을 살펴볼 차례입니다(『강요』 II.viii.28). 그 요점이란, 안식일은 하나님을 섬기는 일과 관련해 신자들을 훈련시키기 위한 규례였다는 것입니다. 안식일은 사람들이 한데 모여 그들에게 선포되는 율법의 가르침을 듣고, 희생제사에 참여하고, 하나님의 이름을 부르게 하기 위해 제정된 것입니다. 그런데 이것은 옛날의 이스라엘 백성뿐 아니라 오늘의 우리에게도 해당됩니다. 비록 안식일의 형상적 측면은 없어졌을지라도, 바울이 골로새서에서 이 규례와 관련해 언급했던 내용은 지금도 여전히 유효합니다(골 2:16-17).

그렇다면 그 규례의 내용은 무엇입니까? 그것은 우리가 하나님의 이름으로 모이는 것입니다. 사실 그런 일은 늘 이루어져야 합니다. 그러나 우리의 연약함과 게으름 때문에 특별히 어느 한 날이 지정될 필요가 있었습니다. 만약 우리가 우리에게 마땅한 만큼 하나님을 섬기는 일에 열심을 낸다면, 굳이 주중의 어느 한 날을 지정할 필요가 없었을 것입니다. 왜냐하면 그럴 경우 우리는 성문화된 법이 없을지라도 하나님의 말씀의 교화를 얻기 위해 밤낮으로 한데 모였을 것이기 때문입니다.

사실 우리에게는 악을 행하려는 성향이 너무 많아서 우리를 타락시키기 위해서는 아무것도 필요하지 않을 정도입니다. 하지만 우리를 교화하기 위해서는 어떤 관습이 꼭 필요합니다. 그러므로 우리는 매일 하나님의 이름으로 한데 모일 필요가 있습니다. 그러나 실제 상황은 어떻습니까? 우리는 사람들이 주일에 한 번 모이는 것조차 어려우며 세상을 그런 관습에 묶어 두려면 강압이 필요하다는 것을 압니다. 우리는 우리 안에 그런 연약함이 있다는 것을 알고 있습니다. 그러므로 우리는 사람들을 어느 특정한 날에 한데 모이게 하는 이 규례는 단지 이스라엘 백성들만이 아니라 우리에게도 해당된다는 것을 알아야 합니다.

그러나 또한 우리는 안식일 규례에는 그 이상의 무언가가 있다는 것을 알아야 합니다. 무엇보다도 우리는 단지 육체적 활동만 중단할 뿐 그 외의 다른 것을 포함하지 않는 휴식은 아주 빈약한 것임을 알아야 합니다. 그렇다면 더 필요한 것은 무엇입니까? 그것은 우리가 단순히 휴식을 즐기는 것을 넘어서 보다 고상한 목표를 위해 애쓰는 것입니다. 즉, 하나님의 일에 대해 숙고하고, 그분의 이름을 부르고, 그분의 말씀을 따라 행하는 것을 방해할 수 있는 모든 일을 그치는 것입니다.

만약 우리가 주일을 그저 삶을 즐기고 운동과 오락을 행하는 날로 삼는다면, 하나님이 어떻게 그런 일을 통해 영광을 받으실 수 있겠습니까? 사실 그것은 그분의 이름을 조롱하거나 모독하는 것 아니겠습니까? 우리가 주일에 가게 문을 닫고 멀리 나돌아 다니지 않는 이유는 좀 더 많은 여가와 자유를 얻어 하나님이 우리에게 명하신 일, 즉 하나님의 말씀을 통해 가르침을 받고, 함께 모여 신앙을 고백하고, 성례에 참여하기 위해서입니다. 안식일은 바로 그런 것을 목적으로 제정된 것입니다.

이제 자칭 그리스도인들이 과연 그들이 해야 하는 일을 하고 있는지 살펴봅시다. 우리 중에는 주일의 존재 이유가 자기들이 원하는 일을 할 수 있도록 시간을 제공하는 것이라고 여기는 이들이 있습니다. 사실 우리 중에는 마치 주중에는 자기들의 사업에 대해 숙고할 다른 날이 없는 것처럼 안식일을 그런 목적에 사용하는 이들이 아주 많습니다. 예배를 위해 한데 모이라고 알리는 종소리가 울려 퍼질지라도, 그들은 마치 자기들에게는 자기의 일이나 이런저런 다른 일을 할 시간밖에 없는 것처럼 행동합니다. 어떤 이들은 집안에 틀어박혀서 폭식을 해대는데, 이것은 그들이 감히 거리에서 공공연하게 주님을 조롱할 만한 용기가 없어서입니다. 아무튼 그들에게 주일은 하나님의 교회와 멀리 떨어져 어느 한 구석에 처박히는 날에 불과합니다.

이상을 통해 우리는 오늘날 우리가 기독교와 하나님을 섬기는 것에 대해 어떤 태도를 갖고 있는지 알 수 있습니다. 즉, 우리는 우리가 하나님께 다가가는 것을 돕기 위해 제공된 것을 오히려 그분으로부터 멀어지기 위한 기회로 삼고 있습니다. 그 결과 오늘 우리는 방황하고 있습니다. 우리는 그 모든 것을 회복해야 합니다. 사실 우리 안에는 악마적인 악의가 들어 있습니다. 우리는 선한 예들을 열심히 찾아야 하는데, 안타깝게도 그런 예들은 점점 더 진귀한 것이 되어가고 있습니다. 오늘날에는 모든 것이 더럽혀졌습니다. 그리고 그로 인해 우리 중 대부분은 사람들이 세상적인 근심과 분주한 사업을 멀리하고 전적으로 하나님께 몰두하게 하기 위해 제정된 날을 활용하는 문제에 아무런 관심도 기울이지 않습니다.

하나님을 찬양하는 날

더 나아가 우리는 주일이 제정된 것은 단순히 우리가 예배에 참석하도록 하기 위해서가 아니라, 그 날 우리의 모든 시간을 하나님을 찬양하는 데 바치도록 하기 위해서라는 것을 알아야 합니다. 정말입니다! 그분은 매일 우리를 양육하십니다. 그럼에도 우리는 그분이 우리에게 베푸신 은혜를 충분하게 숙고하며 찬양하지 않습니다. 우리는 주일 이외에는 하나님의 은혜에 대해 생각하지 않는데, 사실 그것은 매우 어리석은 일입니다. 그럼에도 다른 날에 우리는 자신의 일에 너무 몰두하느라 전적으로 그런 목적을 위해 구별된 날에 하듯이 하나님을 예배하려는 마음을 갖지 못합니다.

그러므로 우리는 주일을 하나의 탑처럼 여겨야 합니다. 우리는 그곳으로 올라가 하나님의 일에 대해 숙고해야 합니다. 그 날에는 우리가 다른 일 때문에 방해를 받거나 그런 일에 몰두하지 않을 수 있어야 합니다. 그리고 우리의 모든 감각을 확대해 하나님이 우리에게 베푸신 은혜와 은총을 인식해야 합니다. 만약 주일이 우리가 그런 식으로 하나님의 일에 대해 생각하도록 도울 수 있다면, 그래서 실제로 우리가 오랫동안 하나님의 일을 묵상하고 그것을 통해 유익을 얻을 수 있다면, 우리는 주중의 나머지 날들에도 기꺼이 그분에게 순종할 수 있을 것입니다. 우리는 월요일과 그 주의 다른 모든 날들에도 우리의 하나님께 감사를 드리게 될 것입니다. 그러나, 만약 우리가 주일을 헛된 일에 혹은 하나님의 뜻과 완전히 어긋나는 일에 허비한다면, 우리는 주일을 경축한 것이 아닐 뿐 아니라, 오히려 여러 가지 방식으로 하나님을 모욕한 셈이 될 것입니다. 우리가 하나님이 우리를 자신에게 이끄시기 위해 정하신 거룩한 규례를 그런 식으로 모독할 경우, 설령 그 주의 다른 모든 날들이 엉망이 된다 한들, 우리가 그로 인해 놀랄 이유가 무엇이겠습니까?

그렇다면 이제 우리에게 필요한 것은 무엇입니까? 우리는 주일에 좋은 가르침을 받고 하나님의 이름을 부르기 위해 예배에 참석하는 것만으로는 충분하지 않으며, 오히려 우리가 그런 것들에 대해 숙고할 뿐 아니라 우리의 모든 감각을 동원해 하나님이 우리에게 베푸신 은혜를 좀 더 잘 이해하려고 노력하는 것이 필요하다는 것을 알아야 합니다. 내가 바라는 것은, 그렇게 함으로써 우리가 월요일이든 주중의 다른 날이든 상관없이 하나님의 뜻에 맞는 사람으로 형성되어 가는 것입니다. 또한 우리의 마음이 우리를 훼방하는 모든 것과 우리가 하나님의 일을 의식하지 못하도록 가로막는 모든 것으로부터 구원을 얻는 것입니다. 우리는 이 규례와 관련된 문제를 그런 식으로 바라보아야 합니다.

우리는 이 안식일 규례를 (마치 우리가 율법의 굴레 아래에 있을 때 그랬던 것처럼) 어떤 의식을 엄격하게 지키기 위해 갖고 있는 것이 아닙니다. 오히려 그것의 목적은 우리를 한데 모으는 것입니다. 그리고 우리가 우리의 약함을 따라 하나님을 섬기는 일에 좀 더 잘 헌신하도록 훈련을 받고, 그 한 날을 온전히 그분께 바치고, 그렇게 함으로써 잠시나마 세상으로부터 물러나 우리의 삶의 나머지 날들을 살아갈 힘을 얻게 하는 것입니다.

안식일은 공동체적 규례다

더 나아가 우리는 주일에 우리가 각자의 방식으로 하나님과 그분의 일에 대해 생각하는 것만으로는 충분하지 않으며 오히려 그 특정한 날에 우리의 믿음을 공적으로 고백하기 위해 한데 모이는 것이 필요하다는 것을 알아야 합니다. 사실, 이미 말씀드렸듯이, 그런 일은 매일 이루어져야 마땅합니다. 하지만 우리로서는 우리의 미천함과 냉담함으로 인해 어느 한 날을 택해 그 날을 전적으로 그런 일에 바치는 것이 필요합니다. 우리는 그런 일을 일곱 번째 날에만 국한해서는 안 됩니다. 사실 오늘날 우리는 오래 전에 이스라엘 백성에게 명령되었던 날을 지키고 있지는 않습니다(『강요』 II.viii.38). 그 날은 토요일이었습니다. 그러나 그리스도인들의 자유를 드러내기 위해 그 날이 바뀌었습니다. 그것은 부활하신 예수 그리스도께서 우리를 율법의 모든 굴레로부터 구해내시고 그것이 부과하는 모든 의무를 끊으셨음을 보여 주기 위해서였습니다. 바로 그것이 그 날이 바뀐 이유였습니다.

여하튼 우리는 한 날이든 두 날이든 주 중의 어느 날을 택해 안식일 규례를 지켜야 하는데, 그것과 관련된 모든 문제는 전적으로 그리스도인들의 자유에 맡겨질 수 있습니다. 그럼에도 사람들이 한데 모여 성찬을 나누고, 공적으로 하나님의 이름을 부르고, 일치되고 연합된 믿음을 드러내기 위해서는, 어느 특정한 날을 택하는 것이 필요합니다. 각자가 자기 집으로 돌아가 성경을 읽거나 하나님께 기도를 드리는 것만으로는 충분하지 않습니다. 중요한 것은 믿는 자들의 모임에 참석해 자신이 교회 공동체와 하나임을 보이고 그 공동체와 더불어 우리 주님이 명령하신 규례를 경축하는 것입니다.

그런데 실제로는 어떻습니까? 오늘날 우리는 곳곳에서 하나님을 섬기는 일이 모욕을 당하는 것을 보고 있습니다. 이미 언급했듯이, 우리 주변에는 자기들이 하나님을 조롱하며 공동의 율법으로부터 면제되기를 원한다는 것을 공공연하게 밝히는 이들이 아주 많습니다. 그들이 일 년에 대여섯 차례 예배에 참석하는 것은 사실입니다. 그런데 그들이 예배에 참석하는 목적이 무엇입니까? 그것은 하나님과 그분의 모든 가르침을 조롱하기 위해서입니다. 사실 그들은 하나님의 전을 더럽히러 오는 돼지들이나 다름없으며, 돼지우리 안에서 뒹굴어야 마땅한 자들입니다. 그런 자들은 차라리 냄새나는 그들의 구덩이 속에 남아 있는 편이 낫습니다. 그런 어중이떠중이나 혐오스러운 인간들은 신자들의 무리와 섞이도록 허락 받아서는 안 되며, 오히려 하나님의 전에서 완전히 내쳐져야 마땅합니다. 그러나 그들은 여전히 가끔씩 예배에 참석합니다! 예배를 알리는 종소리가 충분히 길게 울려 퍼진다면, 여러분은 그들이 예배당에 나와 자리를 차지하고 앉는 모습을 보게 될 것입니다. 그러므로 우리는, 우리가 우리의 믿음을 하나님이 우리 안에서 이루어지는 참된 일치를 통해 영광을 받으시는 방식으로 고백해야 한다는 것에 유념해야 합니다.

더 나아가 모든 미신들을 일소하는 것이 필요합니다. 우리는 교황주의자들이 하나님을 얼마나 무익한 방식으로 예배하고 있는지 알고 있습니다. 그러나 우리는 안식일을 그런 식으로 경축해서는 안 됩니다. 안식일을 정확하고 적법하게 지키려면, 무엇보다도 주님이 우리에게 요구하시는 것이 우리가 그 날을 그분의 말씀을 듣고, 함께 모여 기도하고, 우리의 신앙을 고백하고, 성찬식을 행하며 보내는 것임을 알아야 합니다. 그분은 우리에게 그런 것을 요구하십니다. 그럼에도 교황제도하에서 그 모든 것은 철저하게 부패하고 혼잡해졌습니다. 그들은 자기들 멋대로 이런저런 날들을 정해 남녀 성인들을 기념하고 각종 우상들을 지어내고 있습니다. 더구나 그들은 하나님을 그런 식으로 섬기는 것이 필요하다고 여기고 있습니다.

세상이 그처럼 부패했기에, 우리는 모세가 안식일과 관련해 제공하는 이런 설명에 더욱더 주목할 필요가 있습니다. 우리는 하나님이 오래 전에 이스라엘 백성에게 일주일 중 한 날을 택해 쉬라고 명령하신 이유를 알고 있습니다. 또한 우리는 그것이 우리 주 예수 그리스도의 오심을 통해 폐지되었다는 것도 알고 있습니다. 그러므로 이제 우리는 우리의 모든 이성과 감정을 내려놓고 우리 자신을 하나님께 온전하게 드리기 위해 영적 휴식을 취할 필요가 있습니다. 더구나 오늘 우리에게는 우리에게 적용되는 외적인 규례가 있습니다. 그것은 우리가 우리의 모든 일을 밀쳐두고 오직 하나님의 일에 대해서만 묵상하고 하나님이 우리에게 베푸신 은혜를 인정하는 훈련을 받게 하기 위한 것입니다. 우리는 그분이 매일 복음을 통해 우리에게 제공하시는 은혜를 인식하면서 더욱더 그분께 순종해야 합니다. 그리고, 만약 우리가 주일을 기도하면서, 그분의 이름을 찬양하면서, 그리고 그분의 일에 대해 묵상하면서 보냈다면, 우리는 주중의 나머지 날 동안 주일에 받은 그 은혜를 증거하며 살아야 합니다.

1555년 6월 21일 금요일

제6강

아무도 일하게 하지 말라

¹³엿새 동안은 힘써 네 모든 일을 행할 것이나 ¹⁴일곱째 날은 네 하나님 여호와의 안식일인즉 너나 네 아들이나 네 딸이나 네 남종이나 네 여종이나 네 소나 네 나귀나 네 모든 가축이나 네 문 안에 유하는 객이라도 아무 일도 하지 못하게 하고 네 남종이나 네 여종에게 너 같이 안식하게 할지니라 ¹⁵너는 기억하라 네가 애굽 땅에서 종이 되었더니 네 하나님 여호와가 강한 손과 편 팔로 거기서 너를 인도하여 내었나니 그러므로 네 하나님 여호와가 네게 명령하여 안식일을 지키라 하느니라 (신 5:13-15)

어제 우리는 안식일을 지키라는 계명이 어떻게 그리고 어째서 이스라엘 백성에게 주어졌는지에 대해 살펴보았습니다. 간단히 말해 그것은 신자들이 하나님을 섬기기 위해 지켜야 하는 영적 안식에 대한 상징이었습니다. 물론 오늘날 우리는 우리 주님께서 우리를 위해 모든 계명을 성취하셨기에 더 이상 율법의 그림자에 묶여 있을 필요가 없습니다. 오히려 우리는 우리의 옛 사람이 우리 주 예수 그리스도의 고난과 죽으심을 통해 십자가에 못 박히고 변화됨으로써 우리의 하나님을 온전하게 섬기게 된 것에 만족해야 합니다. 그러나 우리 가운데에는 여전히 어떤 질서와 인도가 필요합니다(『강요』 II.vii.12). 그러므로 우리가 일주일 중 한 날을 정해 한데 모이고, 하나님의 가르침을 확인하고, 매일의 삶을 위한 확신과 유익을 얻고, 하나님의 이름을 찬양하고, 우리의 신앙을 고백하는 훈련을 받는 것은 꼭 필요합니다. 그럴 경우 우리는 그 주의 나머지 날들을 우리가 하나님으로부터 받은 모든 은혜를 생각하면서 더욱더 그분을 찬양하며 보내게 될 것입니다.

엿새 동안 일하라는 명령의 의미

이제 모세가 오늘의 본문을 통해 전한 하나님의 말씀에 대해 생각해 봅시다. 본문에서 하나님은 "엿새 동안은 힘써 네 모든 일을 행할 것이나"(신 5:13)라고 말씀하십니다. 우리는 이 말씀을 하나님이 우리에게 일을 하라고 명령하시는 것으로 해석해서는 안 됩니다. 물론 우리가 그런 목적으로 태어난 것은 분명합니다. 더 나아가 우리는 하나님이 우리가 세상에서 게으름을 피우며 사는 것을 원치 않으신다는 것도 알고 있습니다. 왜냐하면 그분은 우리가 일하는 데 필요한 손과 발은 물론 우리가 해야 할 일들까지도 주셨기 때문입니다. 더 나아가 아담은 타락 이전에도 동산에서 정원을 돌보아야 했습니다(창

2:15).

그러나 오늘날 사람들이 수행하고 있는 일들은 죄에 대한 징벌입니다. 성경은 다음과 같이 말씀합니다. "네가 흙으로 돌아갈 때까지 얼굴에 땀을 흘려야 먹을 것을 먹으리라"(창 3:19). 우리는 우리의 조상 아담의 원래의 상황, 즉 사람이 애써 일하지 않아도 편안하게 살 수 있었던 상황이 어떤 것인지 알지 못합니다. 그러나 인간은 죄가 세상에 들어오고 그로 인해 하나님의 책망을 받아 고통스럽고 힘겨운 일을 하도록 정해지기 이전에도 이미 어떤 형태의 일을 해야 했습니다. 어째서 그런 것입니까? 그것은 우리가 쓸모없는 나무토막 같은 존재가 되는 것은 우리의 본성에 어긋나기 때문입니다. 그러므로 분명히 우리는 일생 동안 어떤 형태로든 일을 해야 합니다.

그러나 오늘의 본문이 우리에게 명령하는 것은 우리가 엿새 동안은 반드시 일을 해야 한다는 것이 아닙니다. 사실 율법 시대에는 그 날의 목적이 안식이 아니었던 다른 엄중한 날들도 있었습니다. 가령, 주중에 열리는 절기 축제 같은 것들입니다. 그러나 그 수가 일 년에 나흘 정도로 아주 적었기에 하나님은 여기에서 그것들에 대해 언급하지 않으시고 단순히 안식일에 관해서만 말씀하시는 것입니다.

주님이 우리에게 "엿새 동안 일하라"고 말씀하시는 것은, 자신이 우리에게 일주일 중 엿새를 주셨으니 우리가 주중의 한 날을 온전하게 자신에게 바치는 데 인색해서는 안 된다는 것을 알려 주시기 위함입니다. 이것은 마치 그분이 다음과 같이 말씀하시는 것과 같습니다. "내가 너희에게 주중의 한 날을 택해 다른 모든 일을 중단하고 그 날을 온전하게 나에게 바치면서 오직 나의 율법을 읽고 실천하라고,

너희에게 선포되는 가르침에 귀를 기울이라고, 교회에 나와 내게 예배하면서 확신을 얻으라고, 내 이름을 부르면서 너희가 내 백성의 무리에 속해 있음을 고백하라고 요구하는 것이 그렇게 지나친 것이냐? 너희가 일주일 중 엿새를 너희 자신의 필요와 사업상의 여러 일들을 수행하는 데 사용한다면, 너희는 나를 위해 그 정도의 시간은 할애해야 하는 것 아니냐? 내가 너희에게 일주일 중 칠일이 아니라 오직 한 날만 요구하면서 많이 양보했음에도, 만약 너희가 그 날조차 아까워하면서 나를 위해 너희의 시간 중 칠분의 일을 할애하는 데 인색하게 군다면, 너희는 용서받지 못할 만큼 배은망덕한 것 아니냐? 나는 너희 모두에게 일생이라는 긴 시간을 주었다. 너희에게 햇빛이 비추는 것은 너희가 나의 선함을 깨닫고 내가 너희의 관대한 아버지임을 깨닫게 하기 위해서다. 그리고 내가 오늘도 너희에게 햇빛을 비추는 것은 너희가 그 빛을 통해 각자의 길을 살피고 자신에게 필요한 일을 수행할 수 있게 하기 위함이다. 그러니 그런 내가 너희에게 칠일 중 하루만이라도 세상의 염려에 휩싸이지 말고 너희의 일에서 물러나 나에 대해 생각하라고 요구하면 안 되는 것이냐?"

그러므로 우리는 엿새 동안 일하라는 이 말씀이 우리에게 주어진 명령이 아니라, 오히려 우리가 안식일을 지켜 거룩하게 하지 않을 경우 우리의 배은망덕을 비난하기 위해 주어진 일종의 허가라는 사실을 알아야 합니다.

우리의 연약함에 대한 배려

우리는 이 구절을 통해 한 가지 선하고 유익한 교훈을 얻을 수 있습니다. 그것은 우리가 하나님께 순종하기를 주저할 때 그분이 베푸신 은혜를 기억하는 것이 도움이 된다는 것입니다. 사실 우리가 하나님이 우리에게 명하신 것을 따르고자 하는 열망을 품기 위해서는 그분이 우리를 엄하게 다루시거나 과도하게 다그치신 적이 없다는 사실을 생각하는 것보다 나은 방법이 없습니다. 하나님은 원하기만 하신다면 우리를 아주 엄하게 억누르실 수도 있습니다. 그분은 우리가 도저히 빠져나올 수 없는 어려운 일들로 우리를 제어하실 수도 있습니다. 그러나 그분은 마치 세상의 아비들이 제 자식에게 하듯 아주 부드러운 방식으로 우리를 이끌고자 하십니다.

만약 우리가 그분이 우리를 그렇게 지지해 주시는 것을 안다면, 우리는 그분의 은혜에 더욱더 자극을 받아 그분이 우리에게 명하시는 일을 수행해야 하지 않겠습니까? 그러므로 하나님의 명령을 수행하는 것이 어렵게 느껴질 때마다 우리는, 만약 그분이 우리를 한껏 압박하셨다면 우리의 사정이 지금보다 훨씬 더 어렵게 되었으리라는 것을 기억할 필요가 있습니다. 만약 우리 주님께서 그분의 권위를 한껏 행사하신다면, 우리는 지금보다 훨씬 더 당황하게 될 것입니다. 그러므로 우리는 지금 그분이 우리를 지탱해 주고 계실 뿐 아니라 또한 아버지로서의 무한한 선하심을 보여주고 계시다는 것을 알아야 합니다.

사실 우리가 하나님의 율법을 이행하는 것은 불가능하며, 완전하게 이행하는 것은 더욱더 불가능합니다. 어떤 이가 하나님 앞에서 자신의 능력에 의지해 그분의 율법을 이행하려 한다면, 분명히 그는 손가락 하나도 들어 올리지 못할 뿐 아니라 그 일을 어떻게 해야 할지에 대해 감조차 잡지 못할 것입니다. 사실 우리는 하나님께 순종하고 그분의 율법이 요구하는 것을 이행할 준비가 되어 있지 않습니다. 우리의 모든 생각과 감정은 하나님과 맞설 뿐입니다. 만약 우리가 우리 자신의 힘으로 율법을 이행할 수 있었다면, 아마도 하나님은 우리에게 이렇게 말씀하셨을 것입니다. "힘써 행하라!" 그러나 그분은 반대로 말씀하셨습니다. "하나님이 역사하시도록 쉬어라!"

우리가 율법을 이행하는 것은 불가능해 보입니다. 그러나 하나님은 그 율법을 우리의 마음에 새기시고 성령을 통해 우리를 다스리실 수 있습니다. 실제로 그러하기에 율법은 우리가 감당할 수 없는 어려운 일들을 아무것도 포함하고 있지 않은 아주 부드럽고 가벼운 짐처럼 보일 정도입니다. 이런 사실을 신중히 고려한다면, 우리는 하나님이 마치 자기 자식에게 자비로운 아비처럼 우리를 지탱해 주신다는 것을 알 수 있을 것입니다. 그러므로 배은망덕해지지 맙시다. 그리고 하나님의 은혜에 더욱더 고무되어 그분을 섬깁시다. 특히 그분께서 우리에게 지나치게 어렵거나 고통스러운 일들을 명령하시는 것이 아니라 오히려 우리의 약함을 기억하신다는 사실에 유념하면서 그렇게 합시다. 바로 그것이 우리가 이 구절에서 주목해야 할 내용입니다.

사실, 이미 말씀드렸듯이, 우리는 매일 함께 모여 모든 세상적인 관심사를 잊고 하나님의 이름을 부르면서 거룩한 삶을 살아갈 만큼 영적인 존재가 되어야 합니다. 그러나 실제 상황은 어떻습니까? 하나님은 우리가 육체를 갖고 있고, 이 땅 위에서 살고 있고, 약함에 지배당하고 있기에 천사들과 같은 삶을 살아가는 것이 불가능하다는 것을 알고 계십니다. 그리고 그분은 우리의 그런 무지와 약함을 아시기에 우리를 너그럽게 대하시고 자신의 가장 엄격한 모습을 우리에게 드러내시지 않습니다. 심지어 그분은 만약 우리가 일주일 중 단 하루만 자신에게 바친다면 그것으로 만족하시겠노라고, 특히 그 날이 일주일 중 나머지 날 동안 우리에게 도움이 되기만 한다면 그것으로 만족하시겠노라고 말씀하십니다. 어째서입니까? 그것은, 이미 말씀드렸듯이, 그분이 우리가 얼마나 약한지를 너무나 잘 알고 계시기 때문입니다. 그러므로, 만약 우리가 그분이 우리를 이렇게까지 지지해 주시고 또한 우리가 원하는 일들을 하도록 허락하셨음을 알면서도 그분께 순종하려 하지 않는다면, 그 때 우리는 아주 비겁하고, 파렴치하고, 용서받을 수 없는 존재가 되지 않겠습니까?

소와 나귀까지 안식해야 하는 이유

이어서 본문은 다음과 같이 말씀합니다. "일곱째 날은 네 하나님 여호와의 안식일인즉 너나 네 아들이나 네 딸이나 네 남종이나 네 여종이나 네 소나 네 나귀나 네 모든 가축이나 네 문 안에 유하는 객이라도 아무 일도 하지 못하게 하고 네 남종이나 네 여종에게 너 같이 안식하게 할지니라"(신 5:14). 짐승들과 관련해 말하자면, 안식하라는 계명에 짐승들이 포함된 것은 이상하게 보일 수 있습니다. 정말로 그 계명이 소나 나귀에게도 해당되는 것입니까? 이런 질문에 대해 하나님은 다음과 같이 말씀하십니다. "내가 너희에게 안식일을 제공한 것은 내가 너희를 성별했다는 것, 그리고 내가 너희 가운데서 통치하는 너희의 하나님이라는 것에 대한 하나의 징표였다. 이것은 모든 인간에게 공통적으로 해당되는 것이 아니다." 하나님은 그런 은혜와 특권을 이방인과 불신자들에게는 베풀지 않으십니다. 그분은 그들을 성별하시지 않습니다. 그분은 오직 자신이 택해 자신의 기업으로 삼으신 자들에게만 말씀하십니다. 그런데, 이렇듯 안식일이 하나님이 그분의 교회에 속한 신자들을 세상의 나머지로부터 구분하셨음을 보여 주는 징표라면, 어째서 그것이 소나 나귀에게까지 확장되는 것입니까?

우리는 이 명령이 말 못하는 짐승들을 위해 제공된 것이 아니라 우리가 그것을 통해 더욱더 고무되도록 우리의 눈앞에 그분의 계명을 상기시키는 것으로서 제공되었다는 것을 알아야 합니다. 그러므로 이 명령은 지성이나 이성을 갖고 있지 않은 짐승들을 위해서가 우리가 그것을 통해 유익을 얻게 하시기 위해 주어진 것입니다. 우리는 희생제사에 짐승이 사용된다는 것을 알고 있습니다. 또한 희생제사에는 정교한 준비가 필요하고, 금그릇과 은그릇 그리고 기타 그와 비슷한 것들이 요구된다는 것도 알고 있습니다. 그런데 우리가 그 모든 것들이 성별되었다고 해서 하나님이 그런 금속들이나 아무 의식도 없는 물건들에 그분의 영을 불어넣으셨다고 생각할 수 있습니까? 결코 그럴 수 없습니다! 그 모든 것은 우리 인간을 위한 것이었습니다. 왜냐하면 모든 피조물은 우리가 그것을 사용해 유익을 얻도록 지어진 것이기 때문입니다. 하나님은 이 덧없는 세상에서 그런 것들을 통해 유익을 얻고자 하시지 않습니다. 오히려 그분은 우리가 우리를 천국으로 안내할 보다 많은 수단과 도움들을 얻게 하시기 위해 우리에게 그것들을 자신의 은혜에 대한 징표로서 제공하실 뿐입니다. 그러므로 하나님이 안식일에 소와 나귀에게도 쉼을 허락하라고 명하신 것은 그분이 그것들을 (우리가 앞에서 논의했던 바) 영적 안식의 참여자로 만들고자 하셨기 때문이 아니라 이스라엘 백성이 그 날 짐승의 우리가 닫힌 것을 보고 깨달음을 얻게 하시기 위함이었습니다.

그렇다면 그들은 도대체 무엇을 깨달아야 했을까요? 그들은 하나님이 자기들에게 말 못하는 짐승들조차 그분의 뜻을 보여 주는 표식과 가시적인 성례로서 제공하셨다는 것을 깨달아야 했습니다. 짐승들에게 안식이 제공된 것은 바로 그런 이유 때문이었습니다. 다시 말해 그것은, 만약 우리가 우리의 삶에서 가장 중요한 것―우리 자신을 버리고 더 이상 자신의 탐욕이나 이성이나 지혜를 따르지 않는 것―에 대해 생각하지 않는다면, 우리가 하나님의 율법 전체를 해치는 셈이 되리라는 것을 깨닫고 그분을 섬기는 일에 더욱더 정진하게 하려는 것이었습니다. 하나님이 우리를 다스리셔야 합니다. 우리는 그분이 우리 안에 거하실 수 있도록, 또한 철저하게 부패한 우리 자신의 길을 더 이상 따르지 않기 위해 마치 죽은 자들처럼 될 필요가 있습니다. 바로 그것이 하나님이 이스라엘 백성에게 말 못하는 짐승들에 관해 말씀하시면서 의도하셨던 것입니다. 즉, 그것은 그분이 이스라엘 백성이 더욱더 자신들을 제어하고 안식일을 온전하게 존중하며 지키게 하기 위해 제공하신 가시적인 표식이었던 것입니다.

우리는 그동안 하나님이 완악한 인간을 어떻게 다뤄오셨는지, 그리고 어떻게 그들에게 적합한 치유책을 제공해 오셨는지 알고 있습니다. 그분이 그렇게 하신 까닭은 사람들이 마땅히 그 앞으로 나아가야 할 분 앞으로 쉽사리 나아가지 않았기 때문입니다. 이것은 이스라엘 백성뿐 아니라 오늘의 우리들 역시 마찬가지입니다. 그러므로 우리는 하나님이 우리의 악을 치유하는 데 필요한 것들을 아무것도 잊거나 무시하지 않으셨음을 보면서 그분의 선하심을 깨달아야 합니다. 그와 동시에 우리는 우리가 사악한 외고집에 사로잡혀 있음을 깨닫고 함부로 떠들어대거나 자신의 감정에 대한 고삐를 늦추지 않도록 조심해야 합니다. 우리는 그런 식으로 자신을 제어할 필요가 있습니다.

하나님은 마치 고집 센 말들을 다루시듯 우리를 수없이 달래고 찌르십니다. 하나님이 우리를 그런 식으로 몰아세우시는 데에는 그럴 만한 충분한 이유가 있습니다. 그것은 우리가 사악하고 반역적이기 때문입니다. 그러므로 우리는 자신의 감정을 억눌러야 합니다. 또한 우리가 하나님이 명하신 길을 따르지 못하도록 방해하는 것에 얽매이지 않도록 조심해야 합니다. 더 나아가 우리는 우리의 본성이 그런 일에 맞서지 못하게 하기 위해 하나님이 명령하시는 것에 사로잡혀야 하고, 우리 자신이 하나님께 완전히 굴복할 때까지 중단 없이 전진해야 합니다. 바로 그것이 우리가 이 구절에서 배워야 할 내용입니다. 이제는 남녀종들의 문제에 대해 살펴봅시다.

남녀종들까지 안식해야 하는 이유

남녀종들과 관련해 하나님은 이스라엘 백성에게 "네가 애굽 땅에서 종이 되었더니"(신 5:15)라고 상기시키십니다. 이보다 앞서 그분은 그들이 그들 수하에 있는 이들을 인간적으로 대해야 한다고 말씀하셨습니다. "네 남종이나 네 여종에게 너 같이 안식하게 할지니라"(14절). 그런데 도대체 어째서 그래야 하는 것입니까? 그것은 그들 역시 한때 종살이를 했던 경험이 있기 때문입니다. 그 시절에 그들은 자기들을 지배하던 자들이 자기들에게 얼마간이라도 휴식을 주기를 바랐을 것입니다. 그러므로 이제 그들이 자기들 수하에 있는 자들에게 그 정도의 자비를 베푸는 것은 마땅한 일입니다.

분명히 여기에서 하나님은 안식일을 (우리가 앞에서 논의했던 것과 같은) 영적 안식을 위한 제도로서가 아니라 시민적 질서의 한 형식으로, 즉 자비를 실천하는 날로 정하신 것처럼 보입니다. 그분은 마치 다음과 같이 말씀하시는 것처럼 보입니다. "종살이하던 시절에 너희는 누군가 너희에게 약간의 휴식을 주기를 바라지 않았느냐? 그 때 너희는 늘 다른 이들로부터 괴롭힘을 당하고 싶어 했느냐? 분명히 그렇지 않았을 것이다! 그러므로 이제 너희는 마땅히 다른 이들을 배려해야 한다." 이것은 이 계명이 주님을 섬기기 위해서 제공된 것이 아니라, 비록 신분의 차이가 아무리 클지라도 우리가 서로에게 자비를 베풀게 하기 위해서 제공된 것임을 의미합니다. 하지만, 이 계명이 첫 번째 돌판에 들어 있음을 감안한다면, 우리의 이런 논의는 어쩌면 부차적인 것에 불과할 수도 있습니다.

방금 나는 "첫 번째 돌판"이라고 말씀드렸는데, 하나님이 그분의 율법을 이런 식으로, 즉 두 개의 돌판에 기록하는 방식으로 나누신 데에는 그럴 만한 이유가 있습니다(『강요』 II.viii.11). 만약 그분이 원하셨다면, 그분은 율법을 하나의 돌판에 기록하실 수도 있었을 것입니다. 그런데 어째서 그분은 그것을 두 부분으로 나누신 것일까요? 그분은 공연히 그렇게 하신 것이 아닙니다. 하나님의 율법에는 두 가지 중요한 요소가 있습니다. 그 중 하나는 우리가 하나님을 위해서 해야 할 일들과 관련되어 있고, 다른 하나는 우리가 우리와 더불어 사는 이웃을 위해서 해야 할 일들과 관련되어 있습니다. 즉, 우리의 삶과 관련된 모든 것이 그 두 가지 요소에 기초를 두고 있는 것입니다.

우선 우리는 우리의 주인이신 하나님이 계시다는 것에 유념하면서 그분께 순종하며 살아야 합니다. 우리는 우리의 삶이 그분께 의존하고 있음을 알기에 마땅히 그분께 존경을 표해야 합니다. 또한 우리는 그분이 우리에게 보다 나은 소망을 주시고 우리를 그분의 자녀로 삼아 주신 것에 유념하면서 그분의 선하심을 찬양해야 합니다. 그분은 우리가 온전하게 자신의 백성이 되게 하시기 위해 자신의 아들의 보혈을 통해 우리를 값 주고 사셨으며, 또한 우리가 그분을 위한 참된 제사가 될 수 있게 하시기 위해 이 세상의 더러운 것들로부터 우리를 구속하시는 수고를 감당하셨습니다. 그러므로 우리는 그분의 이름을 부르고 오직 그분에게서만 피난처를 찾아야 합니다. 우리는 그분이 베푸신 모든 은혜를 찬양해야 합니다. 바로 그것이 우리의 삶에서 가장 중요한 요소입니다.

다음으로 우리는 이 세상에서 다른 이들과 더불어 사는 동안 자신의 특별한 개인적 관심사에만 몰두해서는 안 되고 서로 돕기 위해 힘써야 합니다. 하나님은 그것을 통해 우리의 순종을 시험하고자 하십니다. 그러므로 우리는 서로에게 정직해져야 합니다. 그것도 단지 다른 이들에게 사기나 폭력이나 잔인한 일을 행하지 않기 위해서가 아니라, 우리의 삶을 진실하고 건전하게 만들기 위해, 그리고 우리의 삶이 방탕하거나 수치를 모르거나 야만스러워지지 않게 하기 위해 그렇게 해야 합니다. 바로 그것이 우리의 삶에서 두 번째로 중요한 요소입니다.

그러므로, 안식일과 관련된 계명이 첫 번째 돌판에 새겨진 것을 감안한다면, 우리는 그것이 하나님에 대한 영적 섬김과 관련되어 있음을 알 수 있습니다. 분명히 그것은 우리가 우리의 이웃에게 행해야 하는 자비와 관련된 문제가 아닙니다. 그렇다면 어째서 그것이 여기에서 언급되는 것일까요? 이것은 마치 주님께서 다음과 같이 말씀하시는 것처럼 보입니다. "휴식을 위한 이 날은 너희를 쉬게 함으로써 너희의 남녀종들 역시 너희와 더불어 쉴 수 있도록 해줄 것이다." 그러나 이것은 하나님이 안식일을 제정하시며 염두에 두셨던 주된 목적이 아닙니다. 그분의 주된 목적은 주중의 한 날을 정해 사람들이 일을 그치게 하심으로써 그들이 숨을 돌리고 탈진하지 않게 하시려는 것이 아니었습니다. 하나님은 그런 이유 때문에 안식일을 제정하신 것이 아닙니다. 오히려 그분의 주된 목적은 신자들로 하여금 그들이 성결하게 살아가기 위해서는 그들의 모든 감정과 욕망으로부터 벗어나야 하며 오직 하나님만이 그들 안에서 움직이셔야 한다는 것을 깨닫게 하시기 위함이었습니다.

게다가 여기에는 우리가 예상하지 못했던 무언가가 들어 있습니다. 이것은 우리 주님께서 다음과 같이 말씀하시는 것과 같습니다. "들어라. 너희가 이 계명을 지킬 때, 내가 너희를 성별하고 있다는 것을 기억하라. 또한 너희가 내게 순종하기 위해 애쓸 때, 이 계명이 너희에게 유익이 되리라는 것과, 그것이 너희의 유익을 위해 존재한다는 것을 기억하라. 너희 가족은 이 계명을 지킴으로써 영원히 지치지 않게 될 것이다. 너희의 남녀종들과 짐승들이 얼마간 휴식을 즐기는 것은 아주 적절한 일이다."

여기에서 하나님은 의도적으로 이스라엘 백성이 전에 애굽의 노예였음을 언급하시면서 그들에게 그들 수하에 있는 이들을 배려하라고 말씀하십니다. 모세 시대의 남녀종들은 오늘 우리의 종들과는 그 의미가 사뭇 다릅니다. 당시에 종들은 소나 나귀처럼 부릴 수 있는 노예였습니다. 그들의 노역은 너무나 고되고 비인간적이었기에 애처로울 정도였습니다. 그래서 하나님은 이스라엘 백성에게 그들이 안식일을 지키는 것이 그들의 가정에도 유익과 위로가 되리라고 말씀하셨던 것입니다. 이것은 마치 그분이 다음과 같이 말씀하시는 것과 같습니다. "내가 매 칠일마다 하루를 나를 위해 남겨둔 것에 대해 투덜거리지 말라. 만약 너희가 다른 이들에게 지나치게 잔인해지지 않는다면, 만약 너희가 너희의 남녀종들을 포악하게 대하지 않는다면, 그 날은 너희에게도 유익이 될 것이다. 만약 너희가 이 규례를 지킨다면, 그래서 그 날 너희의 종들이 쉼을 얻을 수 있다면, 그것이 너희에게 복을 가져다 줄 것이다. 그러나 내가 너희에게 이 계명을 준 까닭이 너희의 가속家屬을 위해서만이 아니라는 것을 항상 기억하라. 오히려 그것은 너희로 하여금 내가 너희에게 한 말, 즉 너희는 불신자들로부터 분리될 때만 온전하게 그리고 순전한 마음으로 나를 섬기면서 나를 위한 훌륭한 제사가 될 수 있음을 깨닫게 하려는 것이다. 이런 관점을 갖는다면, 너희는 이 날이 너희에게도 얼마간 세상적인 유익을 가져다주리라는 것을 알게 될 것이다. 하지만 그것이 너희가 추구해야 할 것은 아니다."

요약하자면, 여기에서 우리 주님은 훗날 예수 그리스도께서 하신 말씀 곧 "너희는 먼저 그의 나라와 그의 의를 구하라 그리하면 이 모든 것을 너희에게 더하시리라"(마 6:33)라는 말씀을 하고 계신 것입니다. 흔히 우리는 만약 우리가 거룩한 삶을 열망한다면 굶어 죽을 것이라고 생각합니다. 그런 삶은 우리의 모든 기쁨을 앗아가 버릴 것처럼 보입니다. 간단히 말해, 우리가 하나님을 섬기려 할 때마다 늘 마귀가 나타나 그런 일에 대해 은밀한 혐오감을 불러일으킵니다. 그는 만약 우리가 하나님을 섬기는 일에 몰두한다면 틀림없이 우리가 굶어죽을 것이고, 비참한 처지에 놓일 것이고, 온 세상을 향해 작별인

사를 하게 될 것이라고 협박합니다.

사실 우리는 하나님을 온전하게 섬길 수도 없고, 우리의 감정을 모두 비워낼 수도 없고, 사방에서 우리를 압박하는 세상의 근심들을 모두 거부할 수도 없습니다. 그럴 때 우리에게 필요한 것은 우리에게 약속된 은혜에 의지하는 것입니다. 그 은혜란, 만약 우리가 하나님의 나라를 구한다면, 우리가 이 세상의 일들에서도 복을 얻을 것이고, 주님께서 우리에게 자비를 베푸실 것이고 우리가 이 세상에서 사는 데 필요한 모든 것을 공급해 주신다는 것입니다. 그러므로 우리는 우리의 힘으로 얻을 수 없는 것들을 그분에게서 구해야 합니다. 바로 그것이 우리가 이 구절을 통해 배워야 할 내용입니다.

우리는 이런 조언을 통해 더욱더 자극을 받아 하나님이 명하시는 것을 따라야 합니다. 우리가 하나님께 순종하는 삶을 살지 못하도록 가로막는 원흉은, 다름 아니라, 우리가 자신에게 얽매이는 것이 훨씬 더 유리하다는 우리의 확신입니다. 게다가 우리는 언제나 (그것이 무엇이든) 우리에게 안락을 주는 것을 얻으려 하고, 또한 (그것이 무엇이든) 세상에 속한 모든 것을 즐기려 합니다. 바로 그것이 우리가 하나님을 따르지 못하고 오히려 그분을 떠나 방황하며 그분의 율법이 가르치는 것과 정반대 방향으로 달려가는 이유입니다. 즉, 우리는 우리가 하나님을 섬기는 동안에는 우리의 유익을 위해 일할 수 없다고 잘못 생각합니다.

이것은 하나님의 은혜에 대한 아주 사악하고 배은망덕한 반응입니다. 이런 반응은 하나님에 대한 우리의 반역을 더욱더 심화시킬 뿐입니다. 그러면 우리는 어떻게 해야 하겠습니까? 우리는 우리가 마냥 자유롭고 편안한 마음으로 하나님을 섬길 수는 없다는 것에 유념해야 합니다. 오늘 우리는 하나님이, 그분이 오래 전에 여호수아에게 말씀하셨던 것처럼(수 1:5), 우리의 삶 전체를 내다보시고 그 중 아무것도 잊지 않으신다는 확고한 믿음을 갖고 있지 않습니다. 히브리서를 쓴 사도는 이 가르침을 모든 신자들에게 적용하는데, 특히 그들에게서 너무 많은 근심을 제해 버리기 위해서 그렇게 합니다. 그는 말합니다. "그가 친히 말씀하시기를 내가 결코 너희를 버리지 아니하고 너희를 떠나지 아니하리라 하셨느니라"(히 13:5). 만약 우리가 하나님이 우리를 지켜보고 계시며 그분이 우리의 모든 필요를 미리 알고 계시다고 확신할 수만 있다면, 분명히 우리는 더 이상 이 세상의 관심사들에 빠져 허우적거리거나, 그분을 섬기는 일에서 떠나 방황하거나, 정신이 산란해져서 영적 삶에 대해 묵상하지 못하거나 하지 않을 것입니다.

그러므로 이제 우리는 우리가 주님이 알려 주신 이 교훈을 통해 무엇을 배워야 하는지 알 수 있습니다. 그것은, 설령 안식일을 지키는 문제와 관련해 하나님이 우리에게 명령하신 것이 영적인 성격을 지니고 있을지라도, 우리가 그것에 따르는 실제적인 유익을 인식하는 데 실패해서는 안 된다는 것입니다. 그리고 그 유익이란, 만약 우리가 하나님을 올바로 기억하고 우리가 보기에 우리의 세상적 안락에 도움이 되는 것을 얻기 위해 그분 아닌 다른 곳을 바라보지 않는다면, 그분께서 우리에게 복을 주시리라는 것입니다.

그러나 우리는 이 구절을 통해 또 다른 가르침을 얻을 수 있습니다. 그것은, 만약 우리가 다른 이들을 지배하는 위치에 있다면, 우리는 그들이 우리보다 아무리 열등할지라도 그들을 업신여겨서는 안 된다는 것입니다. 그리고 이 가르침은 그 이상으로 확대되어야 합니다. 우리는 남녀종들만이 아니라, 가난한 자들, 권위와 존경을 누리지 못하는 자들, 그리고 세상의 눈으로 보아 무가치하다고 여겨지는 모든 이들을 배려해야 합니다.

우리는 우리가 얼마나 오만한지 알고 있습니다. 비록 우리가 다른 이들보다 높아질 이유가 없을지라도, 우리 모두는 어떤 탁월한 지위를 얻기를 바랍니다. 우리 안에는 그런 오만함이 자리 잡고 있습니다. 또한 우리 모두는, 실제로는 그럴 만한 이유가 전혀 없음에도, 자신이 이웃들보다 높아지기를 바랍니다.

그런데 우리가 다른 이들보다 높은 자리에 앉게 되면 어떤 일이 벌어집니까? 지금 높은 자리에 앉아 있는 자들이 어떤지 살펴보십시오. 만약 하나님이 성령을 통해 그들을 제어하시고, 그들에게 인내하며 사는 법을 가르치시고, 또한 그들 수하에 있는 이들을 압제해서는 안 된다고 알려주시지 않는다면, 아마도 그들은 세상이 자기들을 위해 만들어진 것처럼 행동할 것입니다. 하지만 사실 그들은 그들의 이웃들을 마치 자기들의 자녀인 양 여기면서 그들을 위해 아버지다운 역할을 수행해야 합니다. 또한 하나님이 그 이웃들을 마치 그분의 자녀인 양 귀하게 여기신다는 것을 깨닫고 최대한 겸손하게 살아야 합니다.

하나님의 말씀을 선포하고 다른 이들을 이끄는 책임을 맡은 자들에 관해 말하자면, 만약 그들이 자기들이 보통 사람들과는 다른 대접을 받아야 한다고 생각하며 다른 이들을 업신여긴다면, 그들은 얼마나 부당한 것입니까! 만약 그들이 하나님의 뜻을 따라 살아가는 첫 번째 사람이 되지 않는다면, 또한 그들이 자기들 역시 우리 주 예수 그리스도의 양떼 중 하나임을 고백하면서 이웃들과 더불어 평화롭게 살아가지 않는다면, 차라리 그들은 강단에 올라가 있는 동안에 목이 부러지는 편이 훨씬 더 나을 것입니다.

우리의 이웃 안에 있는 하나님의 형상

분명히 부자는 가난한 자들을 도울 수 있습니다. 어떤 이가 자기를 위해 남종이나 여종을 고용할 경우, 그는 식탁에서 그 종을 자기보다 상석에 앉히거나, 그 종에게 자신의 침대에서 자도록 허락하지 않습니다. 그러나, 그렇듯 엄존하는 상관의 권리에도 불구하고, 우리 모두가 하나님의 형상을 따라 지음 받았으며 한 몸 안에 연합되어 있다는 중요한 사실은 변하지 않습니다. 만약 우리가 아담의 후손 모두가 우리의 골육이라고 믿는다면, 우리는 서로에게 야만스러운 짐승처럼 행동하는 대신 서로를 향해 친절을 보여야 하지 않겠습니까? 선지자 이사야는 사람들에게 몰인정해지지 말 것을 권하면서 다음과 같이 말했습니다. "네 골육을 피하여 스스로 숨지 말지라"(사 58:7). 우리는 이 세상에 아주 많은 사람들이 있음을 고려하면서 그들을 통해 우리 자신을 보아야 합니다. 그것이 한 가지 요점입니다.

그러나 주목해야 할 것이 하나 더 있습니다. 그것은 모든 인간에게는 하나님의 형상이 새겨져 있다는 사실입니다. 그러므로 우리가 누군가를 압제하는 것은 단순히 우리의 골육을 업신여기는 것에 불과한 것이 아니라 온 힘을 다해 하나님의 형상을 해치는 것과 같습니다. 그러므로 우리는 하나님이 이 구절을 통해 권위를 지닌 자들, 남들에게 존경을 받는 자들, 남들보다 부유한 자들, 그리고 어느 정도의 명예를 누리는 자들을 향해 그들보다 못한 이들을 혹사하거나 지나치게 괴롭혀서는 안 된다고 말씀하려 하셨다는 것에 유념해야 합니다.

우리는 우리 모두가 아담의 후손이라는 것, 우리 모두가 공통의 본질을 갖고 있다는 것, 그리고 우리 모두에게 하나님의 형상이 새겨져 있다는 것을 항상 기억해야 합니다. 바로 그것이 우리가 이 구절에서 유의해야 할 내용입니다. 우리 주 예수 그리스도께서는 우리의 모든 오만함을 정죄하시기 위해, 또한 겸손 외에는 하나님을 섬길 다른 방법이 없음을 보여 주시기 위해 이 땅에 내려와 철저하게 파멸당하셨습니다. 그렇게 하심으로써 그분은 우리 모두를 그분의 몸의 구성원으로 삼으셨습니다. 노예나 주인이나 상관이나 할 것 없이 우리 모두를 말입니다.

우리가 우리 주 예수 그리스도께 나아가 그분을 뵙고자 할 때 우리에게 가장 중요한 것은 그분의 모범을 따르는 것입니다. 우리는 큰 자와 작은 자 모두가 그분의 몸의 지체이며 그분이 우리의 주인이시라는 것을 알고 있습니다. 그러므로 우리에게는 우리의 이웃에게 선을 베풀어야 할 충분한 이유가 있는 셈입니다. 게다가 하나님은 자신을 우리의 아버지로 선포하셨습니다. 이것은 그분이 과거에 율법 아래에서 살았던 자들에게 하셨던 것보다 훨씬 더 친밀한 방식으로 자신을 계시하신 것입니다. 그러므로 이제 우리는 우리 안에서 형제간의 사랑을 유지하기 위해 더욱 애써야 합니다. 바로 그것이 우리가 오늘의 본문을 통해 얻어야 할 교훈입니다.

너희 역시 종이었음을 기억하라

하나님은 이 규례를 정하시면서 이스라엘 백성에게 그들이 부인할 수 없는 한 가지 사실을 떠올리셨습니다. "너는 기억하라 네가 애굽 땅에서 종이 되었더니"(신 5:15). 우리는 그들이 그곳에서 아주 잔인한 대우를 받았던 것을 알고 있습니다. 그들은 하나님을 향해 탄식하고 신음했으며 그로 인해 하나님의 응답을 받았습니다. 그러기에 이제 하나님은 이 말씀을 통해 그들을 향해 "너희도 같은 일을 하라"고 선언하고 계신 것입니다.

여기에는 한 가지 훌륭한 교훈이 들어 있습니다. 만약 우리가 우리 자신에 관해 생각한다면, 우리는 늘 우리의 의무를 이행할 필요를 느끼게 될 것입니다. 반면에, 만약 우리가 우리의 이웃에게 잔인하게 행동한다면, 그것은 우리가 자신의 안일에 취해 자신의 가난과 불행에 대해 생각하지 않는 것이나 마찬가지입니다. 한때 굶주림과 갈증에 시달리며 누군가 자기를 구해 주기를 바랐던 사람은 가난한 이웃을 바라보면서 다음과 같이 생각할 것입니다. "한 때 나도 저런 상황에 처해 누군가 나를 도와주기를 바란 적이 있었지. 그 때 나는 사람들이 나를 보며 연민을 느끼고 나를 도와주려는 생각을 품기를 바랐어."

곤경에 처한 사람을 바라보며 그런 생각을 하는 이는 누구나 그 사람에 대해 부드러운 태도를 보이지 않겠습니까? 그러나 실제 상황은 어떻습니까? 대개 우리는 안락을 누리는 동안에는 자신의 인간적 연약함을 기억하지 않습니다. 오히려 그 때 우리는 자신이 그런 상황에서 면제되었고 따라서 이제 더 이상 자기가 보통 사람들 중에 속해 있지 않다고 여깁니다. 바로 그것이 우리가 우리의 이웃과 그들이 겪고 있는 모든 일들에 대한 연민을 잊고 더 이상 그런 것에 대해 생각조차 하지 않는 이유입니다. 그러므로, 우리가 자신에 대한 사랑 때문에 눈이 멀고 자신이 누리는 기쁨에 탐닉하느라 고통이나 결핍을 겪는 이들에 대해 생각조차 하지 않을 때, 우리는 우리 주님께서 이 구절을 통해 우리를 향해 다음과 같이 말씀하신다는 것을 깨달아야 할 필요가 있습니다. "너희가 누구냐? 너희 자신이 곤경에 처한 적이 있지 않느냐? 그리고, 설령 너희가 그런 사람들에게 화가 날지라도, 그들은 하나님의 형상대로 지음을 받은 자들이 아니냐? 그러니, 만약 너희가 그들을 모욕한다면, 어째서 내가 너희에게 자비를 베풀어야 하겠느냐?"

그러므로 우리는 우리가 사는 날 동안 이 가르침을 실천해야 합니다. 그리고 어려움에 처한 이들을 볼 때마다 다음과 같이 회상해야 합니다. "나 역시 저들처럼 곤경에 처한 적이 있지 않은가?" 만약 지금 우리가 그런 상태에 처해 있다면, 우리는 누군가로부터 도움을 받고 싶어 하지 않겠습니까? 사정이 그러할진대, 우리가 곤경에 처한 이들을 돕는 일에서 면제받는 것이 과연 옳은 일이겠습니까? 우리가 할 수 있는 최소한의 일은 남에게 대접을 받고자 하는 대로 남을 대접하는 것입니다(마 7:12). 우리의 본성이 우리에게 그렇게 하라고 가르칩니다. 우리는 그런 것을 배우기 위해 굳이 학교에 다니지 않아도 됩니다. 그러므로 우리가 그런 일로 자신을 정죄하는 데에는 우리 주님께서 이미 경험을 통해 우리에게 가르쳐 주신 것 이상이 필요하지 않습니다.

우리가 그런 생각을 통해 인도를 받을 때, 분명히 우리는 궁핍과 곤경에 처한 이들을 돕고자 하는 연민을 느끼게 될 것입니다. 우리는 그들이 고통당하는 것을 보며 그들을 동정하게 될 것이고, 만약 우리에게 그들을 도울 수단과 능력이 있다면, 그것들을 사용해 그들을 도우려 할 것입니다. 그러므로 이제 우리는 "네가 애굽 땅에서 종이 되었더니"라는 이 말씀을 통해 우리가 무엇을 배워야 하는지 알 수 있을 것입니다. 그것은 우리의 수하에 있는 자들의 고통을 경감시키기 위해 애써야 한다는 것입니다. 왜냐하면, 만약 지금 우리가 그런 상태에 있다면, 분명히 우리는 누군가 우리를 도와주기를 간절히 바랄 것이기 때문입니다.

이방인들까지 안식해야 하는 이유

마지막으로, 비록 이스라엘 백성은 아니지만 그들 가운데서 살면서 사업을 하던 자들에 관해 생각해 봅시다. 하나님은 자신이 그들을 성별하시지도 않았고 또한 안식일이 그들을 위해 있는 것도 아님에도 그들 역시 안식일을 지키기를 바라셨습니다. 이 때 하나님은 안식일을 불신자들 – 율법도 약속도 갖고 있지 않은 자들 – 에게 적용하심으로써 그 규례를 모독하시는 것처럼 보입니다. 그러나 우리는 하나님이 이방인들에 관해 말씀하시는 것은 언제나 그분이 택하셔서 자신의 자녀로 삼으신 백성을 위한 것임에 주목해야 합니다.

만약 우리가 어떤 이들로 인해 하나님을 섬기는 일이 방해 받는 것을 방치한다면, 설령 누군가가 "이 사람들은 우리 그룹에 속해 있지 않아"라고 말할지라도, 우리는 여전히 그들의 나쁜 행실로 인해 잘못된 길로 이끌리게 될 것입니다. 만약 이스라엘 백성이 안식일에 자기들 가운데서 살아가는 이방인들이 장사를 하도록 허락한다면, 그 결과가 어찌되겠습니까? 그럴 경우 아마도 이스라엘 백성은 안식일에도 그들과 거래를 하게 될 것이고, 그로 인해 더럽혀질 것이고, 결국 안식일 자체가 아무런 의미도 갖지 못하게 될 것입니다.

우리는 기회만 있으면 쉽사리 악에 빠집니다. 그리고, 비록 그런 기회가 아주 대단한 유인誘因이 아닐지라도, 우리의 본성은 너무 쉽게 악을 향해 기울어지기 때문에 우리는 곧 그것에 이끌려 방황하게 됩니다. 그러니, 그런 식으로 모두가 타락하게 된다면, 도대체 그것이 누구에게 무슨 유익이 있겠습니까? 만약 이스라엘 백성이 그들 가운데서 살아가는 이방인들에게 제멋대로 할 자유를 준다면, 아마도 그들은 모두 부패하게 될 것입니다. 그러므로 하나님은 안식일에 짐승들을 쉬게 하셨던 것과 같은 이유에서 이방인들에게도 안식일을 지키게 하셨던 것입니다. 즉, 그것은 이스라엘 백성이 그런 악한 상황을 피함으로써 안식일을 최대한 거룩하게 지킬 수 있게 하기 위한 안전장치였던 것입니다.

그러므로 이 계명은 오늘의 우리에게도 적용되어야 합니다. 왜냐하면 그것의 목적은 우리에게, 만약 단순히 우리의 공동체를 거쳐 가는 이들조차 그런 악한 일을 한 것으로 인해 벌을 받아야 한다면, 기독교 신앙을 고백하는 이들은 결코 그런 악을 행해서는 안 된다는 것을 가르쳐 주려는 것이기 때문입니다. 어째서 그런 것입니까? 그것은, 만약 우리가 우리 안에서 신성을 모독하는 자들을 정죄하면서도 우리 곁을 스쳐지나가는 자들이 그렇게 하는 것은 용인하거나 묵인한다면, 결국 우리는 그런 신성 모독을 지지함으로써, 별것 아닌 것으로 여김으로써, 혹은 억제할 필요가 없는 것처럼 여김으로써 그것이 다른 모든 것을 오염시키도록 허락하는 셈이 되기 때문입니다. 그런데 안타깝게도 실제로 그런 일이 벌어지고 있습니다. 사실 오늘날 우리는 우리와 동일한 신앙을 갖고 있지 않은 자들이나 우리와 섞여 살면서 기독교 신앙을 고백하는 척하는 자들이 저지르는 신성 모독에 대해 아무런 징계도 가하지 않고 있습니다. 실제로 우리는 그런 신성 모독이 우리를 혼란스럽게 할 만큼 너무 자주 발생하고 있다는 것을 알고 있습니다.

어쨌거나, 만약 우리가 교황주의자들과 기타 우상숭배자들에게 그들이 원하는 대로 하도록 내버려 둔다면, 또한 만약 우리가 그들이 복음의 가르침을 폄훼하고 하나님의 이름을 모독하도록 내버려 둔다면, 그것은 계속되는 부패를 낳을 것이고 결국 그것을 치유하기는 점점 더 어렵게 될 것입니다. 만약 우리가 방탕한 자들과 악한 자들이 그들의 타락한 삶의 방식으로 우리에게 영향을 주고 우리의 공동체 안으로 지금 우리가 행하는 악보다 훨씬 더 심한 악을 가져오도록 허락한다면, 또한 만약 우리가 난봉꾼들과 부패한 자들이 우리 가운데서 그들의 추악한 짓을 행하도록 허락한다면, 우리는 필연코 그들과 함께 방탕해지고 철저히 타락하게 되지 않겠습니까?

그러므로 우리 주님께서 그분의 백성을 이토록 철저히 훈련하시는 것은 자칫 그리스도인들이 단순히 악을 행하지 않는 것에 그치는 것이 아니라 가능한 한 그런 악을 관용하는 것조차 거부하게 하시기 위함입니다. 우리는 하나님에 대한 예배가 오염되고 그분의 거룩하신 이름이 조롱당할 경우 이 세상 자체가 더럽혀진다는 것을 알아야 합니다. 만약 그분이 우리에게 허락하신 세상이 오염되어 저주를 받는다면, 그분은 우리에게 다가오실 수 없을 것입니다. 어쨌거나, 하나님이 그분의 자녀들에게 그들이 사는 지역에서 우상숭배를 뿌리 뽑을 특권을 주셨음에도 그들이 그 일에 실패한다면, 그들은 그분의 진노와 보복을 자초하게 될 것입니다. 마찬가지로, 만약 오늘날 우리가 교황제도가 갖고 있는 혐오스러운 일들을 하나님에 대한 순결한 예배와 뒤섞는다면, 또한 만약 우리가 이곳(제네바 – 역자 주)에서 살기 원하는 완고한 교황주의자들이 미사를 행하도록 허용한다면, 그것은 마치 우리가 하나님의 분노를 자초하고 그분으로 하여금 우리에게 복수의 불을 던지시게 하는 것이나 다름없습니다. 어째서 그렇습니까? 그것은, 하나님이 정의의 칼을 쥔 자들과 이 세상에서 정부를 지배하고 있는 자들에게 우상숭배와 교황주의로 인한 더러운 것들을 제거할 힘을 주셨음에도 그들이 그런 것들을 묵인한다면, 그것은 마치 그들이 그들 가운데 계신 하나님의 위엄과 통치를 끝내기 위해 그분을 몰아내는 것이나 다름없기 때문입니다.

그러므로 우리는 하나님이 이스라엘 백성들 가운데서 살았던 이방인들에도 – 그들은 이스라엘 백성과는 다른 신앙을 갖고 있었습니다 – 안식일을 준수하게 하신 데에는 그럴 만한 이유가 있었다는 것을 알아야 합니다. 그분이 그렇게 하신 것은 그 이방인들을 위해서도, 혹은 그들을 가르치시기 위해서도 아니었습니다. 오히려 그것은 이스라엘 백성을 부패시키거나 하나님에 대한 예배를 해칠 수도 있는 그 어떤 요소라도 미리 잘라냄으로써 자신의 종 아브라함에게 주셨던 땅이 온전하게 자신에게 바쳐질 수 있게 하시기 위함이었습니다.

여기에서 우리는 하나님의 말씀을 통해 거룩하게 되라는 가르침뿐 아니라 우리 안에 있는 그 어떤 추문이나 부패도 관용하지 말라는 경고를 받습니다. 우리는 그런 것들을 모두 제거해야 합니다. 우리 주님은 우리가 그분을 섬기려는 큰 열정을 품음으로써 그분의 교회에 속해 있지 않은 이들조차 그들이 우리 가운데서 살아가는 동안 우리와 함께 연합하고 우리의 관습을 따르게 되기를 바라십니다. 그러니, 만약 우리가 그분에게 온전하게 순종하지 않고 가련한 불신자들을 하나님께 이끄는 거울과 같은 역할을 수행하지 않는다면, 우리가 그분에게 무슨 변명을 할 수 있겠습니까? 만약 우리가 그들을 주님께 이끌고자 하는데 그들이 우리 안에서 자기들과 비슷하거나 심지어 더 나쁜 악을 발견한다면, 그들은 정당하게 우리의 조언을 조롱할 수 있지 않겠습니까? 그러므로 우리는 이 계명이 이방인들조차 하나님에 대한 예배와 어긋나는 일을 하지 못하도록 명령하고 있음에 유념하면서 우리가 그들보다 두 배나 더 큰 열정과 겸손과 절제를 지니고 살아야 한다는 것을 알아야 합니다. 그렇게 할 때 이방인들은 우리가 하나님을 영화롭게 해드리려 하는 것이 거짓이 아니라는 것을 확신하게 될 것이고, 또한 그 누구도 하나님의 위엄과 영광을 모욕하지 않게 될 것입니다.

그러므로, 만약 오늘 우리가 하나님이 이스라엘 백성에게 명하신 것을 따르고자 한다면, 우리는 이 본문을 통해 바로 그것을 배워야 합니다. 왜냐하면 우리 주님은 그분이 오래 전에 그분의 백성을 애굽에서 구해내셨던 것처럼 우리를 지옥의 구덩이에서 건져내셨고, 우리가 그 안에 빠져 허우적거리던 영원한 죽음과 불의 심연으로부터 끌어내셨고, 우리를 자신의 하늘 왕국으로 인도하셨기 때문입니다. 또한 그러기 위해 자신의 사랑하는 외아들 우리 주 예수 그리스도의 핏값으로 우리를 사셨기 때문입니다.

1555년 6월 26일 수요일

제7강

네 부모를 공경하라

너는 네 하나님 여호와께서 명령한 대로 네 부모를 공경하라 그리하면 네 하나님 여호와가 네게 준 땅에서 네 생명이 길고 복을 누리리라
(신 5:16)

이제 우리는 율법의 두 번째 돌판에 이르렀습니다. 하나님은 그것을 통해 우리가 이 땅에서 다른 이들과 조화를 이루며 사는 방법을 가르쳐 주셨습니다. 앞에서 이미 말씀드렸듯이, 우리의 삶에는 두 가지 중요한 요소가 있습니다. 하나는 하나님을 순전하게 섬기는 것이고, 다른 하나는 각자의 의무를 다하며 다른 이들과 더불어 정직하고 의롭게 살아가는 것입니다(『강요』 III.xix.15). 하나님께 대한 경배가 인간과 관련된 일들보다 훨씬 더 중요하기에 하나님을 영화롭게 해드리는 데 필요한 계명들이 우선적으로 주어진 것은 적절한 일이었습니

다. 그리고 그것들은 첫 번째 돌판에 새겨졌습니다.

그리고 이제 하나님은 우리가 사람들과 관련해 그분을 섬기려 할 때 우리의 삶이 어떠해야 하는지에 대해 설명하시기 시작합니다. 이미 살펴보았듯이, 하나님이 우리가 그분에게 영광을 돌리기를 바라시는 것은 그분의 어떤 필요 때문이거나 그것을 통해 어떤 유익을 얻기 위해서가 아니라 오히려 그것이 우리에게 유익이 되기 때문입니다. 그리고 하나님은 우리가 그분께 바치는 순종과 사랑의 진정성을 시험하시기 위해 우리에게 이웃과 더불어 정직하고 평등하게 살아갈 것을 명령하십니다. 또한 그분은 우리가 전적으로 자기 자신에게만 몰두하지 않고 다른 이들과 교제하고 화합하며 살아갈 뿐 아니라 각자의 수단과 능력을 바탕으로 공동의 선을 이루기 위해 애쓸 것을 명령하십니다(『강요』 II.viii.11). 바로 그것이 하나님이 과연 우리가 그분을 참으로 예배하는지 알아보기 위해 제기하시는 첫 번째 시험입니다.

우리는 하나님 앞에서 그럴듯한 쇼를 할 수도 있고 교회의 각종 예식에 참여할 수도 있습니다. 하지만 그분은 그런 것에 만족하지 않으십니다. 그런 이유 때문에 우리 주 예수 그리스도께서는 율법에서 더 중한 것이 "정의와 긍휼과 믿음"이라고 말씀하십니다(마 23:23). "믿음"이라는 말의 의미는 그런 것입니다. 우리가 다른 이들과 더불어 정직하게 살아갈 때, 그 어떤 교활함이나 악의에도 넘어가지 않을 때, 그리고 자신이 다른 이들을 섬기며 계속해서 선한 일을 하고 싶어 한다는 것을 남들에게 알릴 때, 우리는 그렇게 함으로써 율법의 핵심을 드러내는 셈입니다. 그러나 이것은 우리가 하나님에 대한 예배를 경시하거나 잊어도 좋다는 것을 의미하지 않습니다. 오히려 이것은, 만약 우리가 하나님에 대한 경외감으로 인해 이끌리지 않는다면, 결코 다른 이들을 위해 행동할 수 없다는 것을 의미합니다.

부모는 세상의 모든 권위를 대표한다

이제 "네 부모를 공경하라"(신 5:16)라는 계명에 대해 살펴봅시다. 비록 여기에서 "부모"라는 특정한 대상이 언급되고는 있으나, 하나님은 이것을 통해 우리에게 세상의 모든 권위를 존경하는 것에 대한 일반적인 가르침을 주고자 하셨던 것이 분명합니다. 그러므로 우리는 하나님의 율법이 그 안에 아무런 흠도 갖고 있지 않은 완전한 규준이라는 것을 알 수 있습니다. 만약 율법이 다른 권위들— 가령, 왕들이나 행정관들 그리고 사법의 칼을 휘두르는 자들— 에 대해 아무런 언급도 하지 않는다면, 그것은 몇 가지 흠을 갖고 있는 셈이 될 것입니다. 그러므로 우리는 하나님이 이 말씀을 통해 우리에게 우리보다 우월한 지위를 누리는 모든 이들을 존경하고 그들에게 복종할 것을 명령하셨다고 결론을 내려야 합니다.

세상의 모든 탁월한 자들은 하나님으로부터 오며, 그들은 그분이 세우신 질서를 형성하는 자들입니다. 그들이 없다면, 세상은 존립할 수 없을 것입니다(『강요』 IV.xx.2). 만약 하나님이 우리에게 올바른 삶을 위한 명확하고 거룩한 형식을 주시면서 이것을 고려하지 않으셨다면, 상황이 어찌되었겠습니까? 우리는 이 모든 것이 한 가지 조항 아래에 포함된 것을 이상하게 여기지 말아야 합니다. 이미 말씀드렸듯이, 이 방식은 율법 안에서 계속해서 나타납니다. 이 방식의 유익에 대해서는 나중에 좀 더 자세히 살피게 되겠지만, 이것은 하나님이 더 충분하게 말씀하실 수가 없어서가 아닙니다. 오히려 이것은 그분이 그렇게 하시는 것이 우리에게 더 유익하기 때문입니다. 인간은 자신이 날카롭고 치밀한 사람처럼 보이기를 바랍니다. 그럼에도 때로 그들은 "무지"를 방패삼아 자신을 보호하는 법을 잊지 않습니다. 하나님의 율법이 우리를 다그칠 때, 우리는 무지를 내세워 그것에 순종하지 않으려 합니다.

만약 하나님의 율법이 가장 무지하고 어리석은 자들을 가르치는 데 적합하지 않다면, 아마도 많은 이들이 자기들은 학자가 아니며 학교에 다닌 적도 없기 때문에 하나님의 율법이 자기들에게는 해당되지 않는 줄 알았다며 핑계를 댈 것입니다. 그러나 우리는 하나님이 우리의 무지에까지 자신을 낮추셨고 우리의 지적 능력에 맞추어 말씀하셨다는 것을 알고 있습니다. 그러므로 우리는 그 어떤 변명이나 핑계도 댈 수 없습니다. 오히려 우리 모두는 자신을 억제해야 합니다. 그리고, 만약 우리가 하나님께 반역하거나 그분의 멍에를 메지 않으려 하는 것이 아니라면, 우리는 그 무엇도 우리가 하나님의 뜻을 행하는 것을 방해할 수 없다고 고백해야 합니다.

바로 그것이 하나님이 모든 것을 단 하나의 표제 아래에 포함시키신 이유입니다. 즉, 그것은 하나님이 우리를 마치 우리가 참되고 완전한 가르침을 받을 수 없는 어린아이들인 양 이끄시기 위한 장치였던 것입니다. 바로 그것이 이 구절의 참되고 본래적인 의미입니다. 이제 곧 우리는 그것에 대해 살피게 될 것입니다. 어쨌거나 하나님은 그분이 열거하시는 열 개의 율법 모두를 이런 식으로 제공하셨습니다. 또 그분은 불명확한 것이 아무것도 없게 하시기 위해, 그리고 우리가 우리의 귀로 들은 것에 대해 의문을 갖거나 논쟁을 벌이지 않게 하시기 위해 상세한 설명까지 덧붙이셨습니다. 이를 통해 하나님은 자신이 우리가 우리의 부모뿐 아니라 우리보다 지위가 높은 모든 이들에게 예외 없이 복종하기를 바라신다는 것을 충분하게 설명하고 지적해 주셨습니다.

더 나아가, 하나님이 여기에서 네 부모를 공경하라고 말씀하신 것은 우리를 우리의 본성에 가장 적합하고 적절한 방식으로 이끄시기 위함입니다. 인간은 너무나 오만하기 때문에 누구에게도 쉽사리 머리를 숙이지 않습니다. 너 나 할 것 없이 우리 모두는 자신이 다른 이들의 주인이 될 수 있다고 생각합니다. 사실 우리가 하나님이 우리를 쉽게 지배하실 수 있을 만큼 자신을 낮추거나 우리보다 높은 권위를 가진 자들에게 순종하는 것은 아주 어렵습니다. 그러므로 순종이 우리의 본성에 그토록 어렵다는 것을 아시는 하나님은 우리를 아주 온화한 방식으로 이끄시기 위해 우리 앞에 부모라는 상징을 제시하신 것입니다.

만약 어떤 자식이 자기를 이 세상에 나오게 해주고 그동안 자기를 먹이고 입혀 준 자신의 부모를 인정하지 않는다면, 그것은 인간의 본성에 어긋날 뿐 아니라 아주 혐오스러운 일이 될 것입니다. 그러므로, 자식이 자기 부모와의 관계를 단절할 경우, 그는 괴물 같은 존재가 될 수밖에 없습니다. 그를 바라보는 이는 누구나 그를 혐오할 것입니다. 어째서 그렇습니까? 그것은, 설령 하나님이 그것과 관련해 한 마디 말씀도 하지 않으셨을지라도, 우리에게 성경이 없을지라도, 혹은 아무도 우리에게 그런 것을 가르쳐 주지 않을지라도, 우리 모두는 자식이 부모에게 자식으로서의 도리를 다해야 한다는 것을 생래적으로 알고 있기 때문입니다(『**강요**』 II.viii.35).

이로써 우리는 하나님이 우리에게 부모라는 상징을 제시하시는 이유가 그것을 통해 우리를 자신에게 이끄시고, 그로 인해 우리가 그분이 우리에게 지우시는 멍에에 대해 심통을 부리지 않고 오히려 그것을 순적하게 받아들이게 하시기 위함이라는 것을 알 수 있습니다. 사람들이 갖고 있는 모든 권위는 하나님으로부터 오는 것이므로 그분은 적법한 시민적 질서를 옹호하시면서 다음과 같이 말씀하십니다. "만약 너희가 나에게 합당한 경배를 드리는 일에 조심한다면, 너희보다 높은 권위에 복종한다면, 각자 자기의 처지와 형편을 고려한다면, 너희의 부모를 공경한다면, 재판석에 앉은 이들을 공경한다면, 그리고 너희에 대해 지배권을 갖고 있는 모든 이들에게 그와 같이 행한다면, 그 때 너희 중에는 아름다운 조화 곧 너희의 주님이 세우셨기에 너희가 결코 침해해서는 안 되는 질서를 따라 이루어지는 조화가 있게 될 것이다."(『강요』 II.viii.11, 35).

권위에 대한 공경이 의미하는 것

그러나 이 구절에서 언급되는 "공경"은 단순히 자녀들이 그들의 부모에게 애정을 표현하거나 모자를 벗고 허리를 숙이는 것만을 의미하지 않습니다. 하나님은 그런 방식으로 즐거움을 얻으시는 것에 관심이 없으십니다. 공경이란 그보다 훨씬 더 많은 것을 의미합니다. 그것은 자녀들이 부모의 말을 따르는 것, 그들의 지도를 받는 것, 그들을 향해 자기들의 의무를 이행하는 수고를 감당하는 것을 말합니다. 간단히 말해, 자녀들은 자신들에게는 부모와 관련해서는 아무런 자유도 없다는 것을 알아야 합니다. 바로 그것이 하나님이 "공경"이라는 말로 의미하셨던 것입니다.

나중에 우리는 하나님이 이런 견해, 즉 자녀들이 부모 앞에서 머리를 숙이거나 허리를 굽혀 인사하는 것만으로는 충분하지 않으며, 오히려 자기들의 부모에게 순종하고 온 힘을 다해 그들을 섬겨야 한다는 견해를 요약해서 알려 주시는 것에 대해 살피게 될 것입니다(신 21:18-20). 바울이 이 문제를 거론한 이유가 자식이 부모에게 보여야 하는 공경의 형태를 알려주기 위해서가 아니었음은 분명합니다. 오히려 그는 자녀들이 마땅히 그들의 부모에게 순종해야 한다고 말합니다(엡 6:1; 골 3:20). 특별히 그는 "순종"이라는 말을 강조했습니다. 그러므로 우리는 이 구절의 본래의 의미뿐 아니라 그것에 내포된 의미까지도 알 수 있습니다.

이제 앞에서 간략하게 언급했던 문제로 돌아가 그것을 통해 몇 가지 유익한 교훈을 얻도록 합시다. 먼저 자녀들은 자기들에게 부모를 주신 분이 하나님이시라는 것을 생각해야 합니다. 바로 그것이 그들이 부모에게 순종해야 할 충분한 이유가 될 수 있습니다. 그렇게 하지 않을 경우, 그들은 자기들이 하나님을 조롱하고 있음을 드러내는 셈입니다. 그들이 자기들의 윗사람인 부모에게 행하는 반역은 단순히 그 부모에 대한 반역에 그치지 않습니다. 오히려 그것은 하나님의 위엄과 영광을 짓밟는 것과 같습니다.

정확하게 말하자면, 우리에게는 오직 하늘에 계신 한 분의 아버지가 계실 뿐입니다(마 23:9). 그리고 이것은 영혼과 관련해서만이 아니라 육체와 관련해서도 그러합니다. 그러므로 "아버지"라고 불리는 명예는 하나님께만 속한 것이며, 그분이 누군가에 그것을 나눠주고자 하시지 않는 한 인간들이 그런 명예를 얻을 수 있는 다른 방법은 결코 없습니다. 그러므로, 이 "아버지"라는 칭호는 하나님이 인간에게 새겨주신 그분의 표식과 같은 것이기에, 만약 자녀들이 자기들의 부모를 고려하지 않는다면, 그것은 곧 하나님을 모독하는 것이 됩니다. 이것은 자기들의 왕이나 행정관들에게 순종하지 않는 자들과 모든 질서를 무시하면서 제멋대로 행동하는 자들에게도 해당됩니다.

바로 그것이 이방인들(키케로-역자 주)이 "경건"이라는 말을 우리가 부모에게 그리고 우리보다 높은 지위에 있는 권위자들에게 바치는 명예와 결합시켰던 이유입니다(『강요』 IV.xx.9). "경건"이란, 적절하게 말하자면, 우리가 하나님께 바치는 존경을 의미합니다. 교황주의자들조차-비록 그들이 무서울 정도로 눈이 멀어 있을지라도-하나님은 우리가 그분을 그분의 위엄을 따라 예배하기를 원하실 뿐 아니라, 우리가 우리보다 높은 이들에게 순종하는 것을 통해 자신에 대한 우리의 순종을 시험하신다는 것을 알고 있습니다(『강요』 IV.xx.23). 그러므로 부모, 행정관, 그리고 권위를 행사하는 모든 이들은 하나님의 대리자로서 그분을 대표하는 자들입니다. 그러므로, 만약 우리가 그들을 조롱하고 거부한다면, 그때 우리는 자신이 하나님께 순종하기를 원치 않는다고 선언하는 것과 같습니다(『강요』 IV.xx.4-6).

물론 우리는 그렇지 않다고 주장할 것입니다. 그러나 그것은 사실입니다. 만약 가련한 불신자들조차 그 사실을 이해한다면, 그리고 하나님이 그들에게조차 그런 지식을 허락하신다면, 우리는 우리가 아직도 그것을 깨닫지 못하는 것에 대해 도대체 무슨 변명을 할 수 있겠습니까? 사도 바울이 주장하듯이, 모든 부모의 신분은 하나님으로부터 오는 것입니다(엡 3:15). 그리고 우리는 예수 그리스도와의 연합을 통해 그것이 사실이라는 것을 알게 됩니다. 그러므로 우리에게는 이방인들의 그것보다 훨씬 더 분명한 가르침이 있는 셈입니다.

그렇다면, 과연 이런 상태에서도 여전히 이방인들이 우리의 선생이 되어야 하겠습니까?

그러므로, 자칭 그리스도인들이 이 사실에 대해 눈을 감고 귀를 막음으로써 하나님이 이방인들에게까지 분명하게 알려 주신 것을 이해하려고 하지 않을 때, 도대체 그들은 얼마나 가련한 것이며 얼마나 크게 책망을 받아야 하겠습니까? 만약 우리가 하나님이 세우신 질서를 거룩하게 유지하지 않는다면, 즉 권위를 지닌 모든 자들을 존중하고 공경하고 그들에게 순종하지 않는다면, 우리는 이 세상에서 그 누구와도 더불어 살아갈 수 없을 것입니다. 그리고 그럴 경우 이 세상에는 무서운 혼란만 남게 될 것입니다.

위계와 질서는 하나님의 뜻이다

그러므로 행정관들에게 순종하지 않거나 부모들에게 반역하거나 자신의 주인이 지운 멍에를 지려고 하지 않는 자들은 자기들이 그 누구와도, 다시 말해, 온전한 자연의 질서를 거스르는 자들이나 하늘과 땅을 뒤섞는 자들 외에는 아무와도 연합할 수 없다는 것을 분명하게 알리는 셈입니다. 질서는 하나님이 인간을 보존하기 위해 택하신 수단입니다. 사실 그분이 행정관들과 왕들을 보내시는 것은 단지 인간들만이 아니라 짐승들까지도 그들을 두려워하게 하시기 위함입니다. 다니엘서는 다음과 같이 말씀합니다. "사람들과 들짐승과 공중의 새들, 어느 곳에 있는 것을 막론하고 그것들을 왕의 손에 넘기사 다 다스리게 하셨으니 왕은 곧 그 금 머리니이다"(단 2:38). 그러므로 우리는 하나님이 세우신 시민적 질서에 반대하고 모든 이들에게 고통을 주고 모든 것을 혼란에 빠지게 하는 자들은 사나운 짐승만도 못하며 다시 학교로 돌아가 교육을 받아야 한다는 것을 알 수 있습니다. 우리 주님께서는 이성을 지닌 우리를 부끄럽게 하시려고 말 못하는 짐승들조차 왕과 행정관들을 두려워해야 한다고 말씀하셨기 때문입니다. 그러므로, 이미 말씀드렸듯이, 하나님이 세우신 질서에 겸손하게 순종하지 않는 자들은 누구나 마귀의 포로가 되어 있는 셈입니다. 그리고, 그런 순종이 없다면, 이 세상의 모든 것은 무너지고 혼란에 빠질 것입니다.

그러므로, 만약 우리가 오만함으로 가득 차 누군가에게 순종하는 것을 불쾌하게 여긴다면, 우리는 그런 오만한 마음과 맞서 싸워야 합니다. 그리고 하나님의 권위가 우리를 제어하도록 허락해야 합니다. 그리고 우리는, 비록 우리가 아무리 사나운 짐승 같을지라도, 하나님이 우리에게 주시는 말씀, 즉 만약 우리가 그분이 자신을 대신해 세우신 자들과 자신의 형상을 새겨 넣으신 자들을 공경하지 않는다면 우리가 그분께 영광을 돌리는 것이 아니라는 말씀에 귀를 기울이면서 이 계명에 순종해야 합니다.

우리는 사랑이 무엇을 지향하는지 알고 있습니다. 그것은 우리 자신을 낮추고 신중해지는 것, 오만하고 뻔뻔스럽게 되지 않는 것, 그리고 자기를 남들보다 높이지 않는 것입니다. 우리는 하나님이 기뻐하시는 일에 순종하기 위해 자신을 낮춰야 합니다. 바로 그것이 사도 바울이 이 세상의 권세자들에게 순종하는 것과 관련해 이 계명을 설명하면서 사랑을 언급했던 이유입니다(롬 13:7-10). 그는 만약 우리가 주님께서 우리에게 지우시는 멍에를 지기 위해 순순히 고개를 숙이지 않는다면 우리에게는 이웃을 위한 사랑이 없는 것이라고 말합니다. 만약 우리가 혼란과 무질서를 원하고 그로 인해 우리의 윗사람들이 더 이상 우리에게서 존경을 받지 못하게 된다면, 그 때는 모든 것이 엉망이 될 것입니다. 우리가 하나님이 정하신 질서를 지키려 하지 않음으로써 발생하는 혼란을 목격하느니, 차라리 우리 모두가 친구 하나 없이 각각 떨어져서 사는 편이 나을 것입니다.

그러므로 우리는 이웃과 더불어 살기 위해 우리 안에 있는 오만함과 뻔뻔함을 제거하고 겸손하고 신중해지는 것을 배워야 합니다. 우리는, 바울이 말하는 것처럼, 가장 작은 자에게도 순종적이 되어야 합니다(롬 12:16; 엡 4:2; 5:21). 그리고 그렇게 하기 위해 자신의 가치에 대해 생각해 보아야 합니다. 우리가 자신을 높이는 것은 자신의 실상을 알지 못하기 때문입니다. 언제나 우리는 하나님이 우리에게 허락하시는 것보다 높은 지위를 얻고자 합니다. 우리는 우리 안에 있는 것을 보지 않기 위해 눈을 감습니다. 우리는 우리 안에 있는 빈곤과 악을 제대로 이해하지 못하고 있습니다. 우리는 스스로 굉장한 존재가 되기 위해 애쓰지만, 사실 우리는 아무것도 아닙니다. 우리는 우리의 이웃을 고려하지 않으려는 경향이 너무 강해서 하나님이 우리의 이웃들 안에 심어놓으신 모든 아름다운 것들을 무시하려 합니다. 그 결과 우리 안에 우리를 오만함에 이르게 하는 수많은 악의와 배은망덕이 나타납니다. 그로 인해 우리는 늘 자신의 실제보다 훨씬 더 많은 것을 자신에게 돌리고 우리가 마땅히 해야 할 만큼 자신을 억누르지 못합니다.

그러므로, 하나님이 우리에게 우리보다 높은 이들에게 순종하라고 명령하실 때, 우리는 그분께 경의를 표해야 합니다. 우리는 그런 자들이 그들의 현재 모습 그대로 하나님의 뜻을 대표한다는 것을 알아야 합니다. 만약 당신이 당신의 아비에 대해 다음과 같이 말한다면, 그것은 아주 부적절한 일이 될 것입니다. "오, 저 자가 내 아비래. 그는 전혀 아버지답지 않아. 그는 결함투성이야." 그럼에도 그는 여전히 당신의 아비입니다. 당신이 모든 것을 무시하려는 것이 아니라면, 그리고 자연의 질서를 폐지하려는 것이 아니라면, 당신은 당신의 아비가 "아버지"라는 칭호를 갖고 있다는 이유만으로 그에게 순종해야 합니다. 만약 당신이 하나님이 세우신 질서를 무가치하고 아무 의미도 없는 것으로 여기려는 것이 아니라면, 당신은 당신의 아비를 있는 그대로 공경해야 합니다. 어째서 그렇습니까? 그것은 당신에게 부모를 공경하라고 명하시는 바로 그 분이 현재의 당신의 부모를 당신에게 보내셨기 때문입니다.

동일한 것이 행정관들, 왕들, 그리고 당신보다 윗자리에 앉은 모든 이들에게 해당됩니다. 왜냐하면, 바울과 모든 성경이 반복해서 증언하듯이(롬 13:1; 딤전 2:2; 벧전 2:14), 그들은 우연의 산물이 아니기 때문입니다. 당신에게 그들을 보내신 분은 하나님이시기 때문입니다(『강요』 IV.xx.4). 더 나아가 무엇보다도 우리는 하나님이 행정관들을 세우시면서 우리에게 보이시는 아버지다운 관심과 섭리를 볼 수 있습니다. 그러므로 우리는 우리에 대해 권위를 갖고 있는 모든 이들에게서 하나님의 선하심을 발견하고 그들에게 순종하는 것을 배워야 합니다.

주 안에서 순종하라

하나님은 성경의 한 구절과 그것에 대한 간략한 요약을 통해 우리가 모든 윗사람들에게 순종해야 한다는 것을 알려 주셨습니다. 그러나 우리는 그분이 그렇게 하심으로써 자신의 권리를 포기하신 것이 아니라는 것에 주목해야 합니다. 그분은 정당하게 자신에게 속해 있는 것을 결코 포기하지 않으십니다. 하나님이 항상 최고의 지위를 보유하시는 것은 아주 중요합니다. 사실, 우리가 바울의 말을 인용하며 살펴보았듯이, 모든 우월한 신분은 하나님으로부터 오는 것입니다. 그러므로 우리가 부모와 왕과 행정관들에게 복종하는 것은 곧 하나님의 대리자들에게 복종하는 것과 같습니다(『강요』 IV.xx.23).

우리는 다른 모든 것들보다 하나님께 영광을 돌려야 합니다. 우리가 동료 인간들에게 바치는 영광이 우리가 하나님께 바쳐야 하는 예배와 영광을 방해하게 해서는 안 됩니다. 왜냐하면 무엇보다도 우리는 그분 앞에서 우리 자신을 정당화할 수 있어야 하기 때문입니다. 만약 어떤 이가 하급 공무원에게 순종하면서 정작 그를 보낸 재판관이나 왕의 얼굴에 침을 뱉는다면, 그것은 굉장한 일이 될 것입니다. 그럴 경우 그는 어떻게 되겠습니까?

같은 것이 우리가 하나님의 대리자인 인간에게 복종하면서 정작 그분 자신의 위엄을 조롱하는 경우에도 해당될 것입니다. 그럴 경우 우리는 만물 위에 뛰어나신 분을 고려하지 않는 셈입니다. 그리고 그런 일은 결코 자연스러운 것이 아닙니다. 왜냐하면 어떤 식으로도 사람에게 속한 권위가 하나님의 영광을 가려서는 안 되기 때문입니다. 그러므로 윗사람들에게 순종하라는 명령을 받을 때 우리는 그 명령 안에 하나님께 속한 권리들 중 그 어떤 것도 훼손해서는 안 된다는 예외 규정이 들어 있음을 명심해야 합니다. 하나님께 영광을 돌리는 것이 다른 모든 것보다 우선시되어야 합니다. 바로 그것이 바울이 우리에게 이 시험에 관해 설명하면서 자녀들이 "주 안에서"(엡 6:1)

부모에게 순종해야 한다고 특별히 덧붙여 말했던 이유입니다.

앞에서 나는 부모가 하나님을 대표한다는 사실을 이해하는 것이야 말로 우리가 윗사람들 앞에서 겸손해지고 그들에게 순종하기 위해 필요한 토대라고 말씀드린 바 있습니다. 만약 우리가 어느 건물의 토대를 제거한다면, 그 건물 전체가 붕괴되지 않겠습니까? 마찬가지로 하나님을 고려하지 않는 자들은 이 가르침의 토대를 제거하는 것이나 다름없습니다. 그럴 경우 그 가르침 전체가 속임수요 거짓이 될 수밖에 없습니다.

권위자들이 지녀야 할 태도

그러나 이것은 아랫사람들에게만이 아니라 권위 있는 자리에 앉은 자들에게도 경고가 되어야 합니다. 어느 아비가 자녀를 키울 경우, 그는 하나님이 모든 사람을 지배하신다는 사실에 유념하면서 자신의 자녀들을 부적절하게 자신에게 굴복시키려 하지 말아야 합니다. 그렇다면 어떻게 해야 합니까? 아비는 주님을 두려워하면서 자녀들을 신중하게 가르치고 그들에게 바른 길을 제시해야 합니다. 그리고 어미 역시 같은 일을 해야 합니다. 그러면서 하나님이 크고 작은 자들과 젊고 늙은 자들 모두에게서 영광을 받으시게 해야 합니다.

행정관들 역시 하나님이 영광을 받으시도록 애써야 합니다(『강요』 IV.xx.6). 그들은 자기들이 하는 모든 일에서 그 목표에 유념해야 하며 그것도 온 힘을 다해 그렇게 해야 합니다. 참으로 그들은 하나님이 자기들에게 그분의 위엄이나 합당한 자리를 주시고 그분에게만 바쳐져야 하는 권력을 주셨음을 깨닫고 자기들이 다스리는 사람들에게 자기들은 그분의 대리자에 불과하다는 것을 분명하게 드러내야 합니다. 그들을 그들에게 합당하지 않은 자리까지 높여주신 분은 하나님이십니다. 그러므로 그들은 자기들이 그분의 이름으로 그런 권위를 누리고 있다는 것과, 따라서 자기들이 그분에 대해 책임을 져야 한다는 것을 분명하게 드러내야 합니다. 바로 그것이 왕들이 그들의 의무와 관련해 고려해야 할 내용입니다.

오늘날 우리 모두는 자신의 집에서도 같은 일을 해야 합니다. 하나님의 은혜로 남녀종들을 소유하게 된 자들은 우리 모두의 주인이 되시는 분이 계시며, 오직 그분만이 우리 모두의 순종을 받으셔야 하며, 우리가 그분의 권리를 온전하게 보존해 드려야 한다는 것을 분명하게 기억해야 합니다. 이것은 모든 윗사람들에게 – 그들이 갖고 있는 지위가 무엇이든 – 적용되어야 하는 가르침입니다. 왜냐하면 그들 역시 하나님께 순종하라는 명령을 받고 있기 때문입니다.

더 나아가, 부모와 행정관들이 하나님과 맞서 자신들을 높이고자 할 때, 즉 그들이 자고해져서 폭압을 행사하면서 오직 하나님께만 속한 것을 가로채려 할 때, 그리고 그들이 우리로 하여금 하나님께 순종하는 일에서 멀어지게 할 때, 그들은 우리가 그들에게 결코 순종해서는 안 되는 예외적인 상황을 만들어내고 있는 것입니다(『강요』 IV.xx.32). 그러므로 하나님이 먼저 순종을 받으셔야 하고, 인간은 그분에 이어서 내림차순으로 순종을 받아야 합니다. 사실 이 세상에 신중함과 겸손함이 그토록 희귀하고, 자녀들이 부모에게 반항하면서 사나운 짐승처럼 행동하고, 사람들이 악의와 반역으로 가득차고, 종들이 주인에게 충성하지 않는 것은 이런 순서가 지켜지지 않기 때문입니다. 그것은 하나님이 허락하신 위엄을 남용하는 모든 자들에게 내리시는 적절한 징벌인 셈입니다. 왜냐하면 종종 우리는 왕들이 하나님의 이름을 영화롭게 하고 그분에게 합당한 영광을 그분께 돌리는 방식으로 백성들을 다스리는 것이 아니라, 오히려 자기들이 그분의 자리를 차지하기 위해 자신들을 위한 우상을 세우고 하나님을 그분의 보좌에서 끌어내리려 하고 있는 것을 목격하기 때문입니다.

오늘날 우리는 그런 일을 무수히 목격합니다. 혹은 적어도 우리는 왕들이 아무런 제약 없이 다른 이들을 다스리는 것을 목격합니다. 그러므로 하나님이 그들에게 복수하시는 것은 옳은 일입니다. 오늘날 부모들이 열정과 애정을 갖고서 자녀들에게 하나님을 두려워하는 법을 가르치는 경우가 얼마나 됩니까? 심지어 그들은 자녀들을 철저히 불경하게 그리고 하나님과 그분의 말씀을 무시하도록 가르치고 싶어 하는 것처럼 보일 정도입니다. 부모가 늑대 같을 경우, 그들은 늑대 같은 자식들을 갖고 싶어 합니다. 부모가 늙은 여우 같을 경우, 그들은 교활한 작은 마귀들을 갖고 싶어 합니다. 부모가 뱀 같을 경우, 그들은 그와 비슷한 자손을 얻고 싶어 합니다. 우리는 그것을 알고 있습니다. 그러므로 인간이 자기가 누구인지를 잊어버릴 때, 그리고 무엇보다도 하나님이 그분의 손을 들어 자기들을 높여 주시고 비록 보다 낮은 단계의 것이기는 하나 그분의 몫을 자기들에게 주셨다는 사실을 인정하지 않을 때, 하나님이 그들에게 보복하시는 것은 아주 정당한 일입니다.

그러므로 권위 있는 자리에 앉은 이들은 마땅히 다음과 같이 생각해야 하지 않겠습니까? "나는 누구인가? 나는 가련한 지렁이에 불과하다. 그런데 하나님은 내가 그분을 위해 그분의 이름을 지니기를, 그리고 그분이 내게 주신 권위와 관련해 그 이름을 활용하기를 원하신다." 만약 그들이 이런 사실을 이해하지 못한다면, 그것은 가장 큰 배은망덕이지 않겠습니까? 다음으로 부모들은 마땅히 다음과 같이 생각해야 하지 않겠습니까? "보라, 하나님이야말로 온 인류의 유일한 아버지이시다. 그런데 그분이 그 고귀한 칭호를 내게 허락해 주셨다. 그러니 나는 마땅히 그분에 대해 책임을 다해야 하지 않겠는가?" 그리고 남녀 주인들은 마땅히 다음과 같이 생각해야 하지 않겠습니까? "우리는 다른 이들보다 나은 사람이 아니다. 그럼에도 하나님이 우리를 높이기로 작정하셨고 우리에게 그분의 형상을 주셨을 뿐 아니라 우리의 수하에 있는 사람들보다 높은 지위를 허락해 주셨다." 사람들이 이런 사실을 깨닫지 못할 경우, 그들은 완전히 어리석은 자들이 아니겠습니까?

우리는 하나님께 대한 반역이 종종 그런 어리석음에서 나온다는 것을 분명하게 알아야 합니다. 권위 있는 자리에 앉은 이들은 자신들의 직무가 무엇보다도 사람들로 하여금 하나님께 영광을 돌리고 그분을 섬기고 그분께 순종하게 하는 것임을 알아야 합니다(『강요』 IV. xx.2-3). 그러나, 설령 행정관들이 그런 일에 실패할지라도, 그로 인해 자녀들이나 백성들이나 종들이 면죄부를 받는 것은 아닙니다. 그럴 경우에도 그들에 대한 하나님의 보복은 여전히 정당합니다.

그러나 더 나아가 우리는 이 구절을 통해 혹은 성경 전체를 통해 이 계명과 관련해 우리가 배운 것을 따를 필요가 있습니다. 그것은, 간략히 말하자면, 지금 우리는 각자의 소명이나 삶과 관련해 자신에게 책임을 져야 한다는 분명한 경고를 받고 있다는 것입니다. 하나님으로부터 정의의 검을 받고 그분의 자리에 대신 앉는 명예를 누리고 있는 자들은 하나님의 이름으로 다스리기 위해, 또한 모든 이들이 그분께 영광과 존경을 돌리게 하기 위해 애써야 합니다. 그들은 마치 투명한 거울처럼 다른 이들에게 좋은 본보기가 되어야 합니다. 그들은 자기들이 책임을 맡고 있는 이들을 다스리되, 하나님의 이름이 높아지도록, 또한 모든 험담꾼들이 입을 다물 만큼 합리적으로 다스려야 합니다(『강요』 IV.xx.4, 6, 9-10). 바로 그것이 첫 번째 요점입니다.

더 나아가 부모들은 자녀들을 잘 지도하기 위해 애써야 합니다. 부모들은 그들의 자녀들이 하나님이야말로 그들의 유일한 아버지이심을 인식하도록 가르쳐야 합니다. 그리고 남녀종들에게는 그들의 섬김의 일차적 대상이 사람이 아니라 하나님이시라는 것을 가르쳐야 합니다. 그들이 그들의 일을 습관적으로 수행하게 해서는 안 됩니다. 사람들은 자기들의 이익과 만족이 늘어나기만 하면 하나님이야 잊히든 말든 상관하지 않습니다. 그러나 또한 주인들은 하나님이 그들의 수하에 있는 사람들만이 아니라 그들 자신까지도 다스리고자 하신다는 것을 알아야 합니다. 바로 그것이 이 계명이 권위 있는 자리에 앉은 자들과 관련해 제공하는 교훈입니다.

그럼에도 우리는 우리가 행정관들에게 반항할 때, 시민적 질서와 맞서 자신들을 높이고자 할 때, 그리고 하나님이 세우신 질서를 무너뜨리고자 할 때, 우리의 그런 태도가 단지 피조물만이 아니라 하나님 자신을 공격하는 것임을 분명하게 알아야 합니다. 그런데 도대체 우리가 하나님과 맞서 싸워서 얻을 수 있는 것이 무엇이겠습니까? 우리가 그분보다 더 강한 자를 불러올 수 있습니까? 결코 그럴 수 없습니다! 오히려 그분이 아주 쉽게 우리에게 보복하실 것입니다. 그리고 우리는 하나님이 그분의 말씀으로 정하신 일을 놀라운 능력으로 이루시는 것을 보면서 완전히 얼어붙게 될 것입니다. 첫 번째 요점과 관련해서는 이 정도로 해둡시다.

하급자들이 지녀야 할 태도

다음으로 자녀들은 부모들 앞에서 잘난 척하거나 변덕을 부리거나 제멋대로 행동하지 않도록 조심해야 합니다. 오히려 그들은 자기들이 우리 주님께서 자기들에게 지우신 멍에에 순종하지 않는 것은 곧 그분과 맞서 싸우는 것임을 깨닫고 자기들의 부모에게 순순히 복종해야 합니다. 남녀종들은 자기들이 상전들에게 순종하지 않는 것은 곧 하나님을 공격하는 것이며, 그럴 경우 결국 자기들이 하나님의 손에 의해 다스림을 받으려 하지 않았던 것 때문에 책망을 받게 되리라는 것을 알아야 합니다.

그러므로 무엇보다도 우리는 우리가 하나님께 영광을 돌려야 한다는 것, 왕과 행정관들에게 진실한 마음으로 순종해야 한다는 것, 그리고 그들에게 순종하되 오직 하나님만이 누리실 수 있는 그분의 특권들 중 그 어느 것도 훼손하지 않는 방식으로 그렇게 해야 한다는 것에 유념합시다. 만약 왕들이 우리가 악한 일을 하거나 하나님의 순전한 가르침을 훼손하도록 이끌고 있다면, 하나님이 그들의 그런 노력이 무위로 돌아가게 해주시기를!

오늘날에는 너무 많은 사람들이 그런 광기에 사로잡혀 사사로운 이익을 얻기 위해 참된 신앙을 곡해하고, 또한 그것을 마치 왁스 크림처럼 이용하거나 자기들의 뜻에 맞도록 왜곡하고 있습니다. 그런데 도대체 그들은 어떤 사람들입니까? 그들은 최고의 통치권을 지니신 분과 맞서 반역하다가 그들의 모든 권위를 잃어버린 자들입니다.

마귀들조차 하나님과 우리 주 예수 그리스도 앞에서 무릎을 꿇을 수밖에 없습니다. 그런데 오늘 우리들 곁에는 하나님의 영광을 뒤엎고 그분에 대한 모든 신앙을 내던져버릴 수 있을 만큼 큰 힘을 갖고자 하는 자들이 있습니다. 그러므로 우리는 왕이나 부모들에게 순종하되, 하나님이 그분의 권리를 온전히 누리시도록, 그리고 우리가 그분에게 합당한 경배를 그분께 드릴 수 있도록 순종하는 법을 배워야 합니다. 그러나, 설령 우리보다 높은 권위를 지닌 자들이 그들의 의무를 이행하지 않을지라도, 우리는 그들에게 잘못 행동해서는 안 됩니다. 심지어 우리의 부모가 우리에게 너무 엄격하고 너무 많은 통제를 가할지라도, 우리는 부모에게 순종해야 합니다. 부모가 자녀들을 학대하거나 낙심시키지 말아야 한다는 것은 분명합니다. 그러나, 설령 부모가 적절한 교육을 받지 못해 자녀들을 부드럽게 다스리지 않을지라도, 자녀들은 인내하며 그 상황을 견뎌야 합니다. 간단히 말해, 우리는 우리보다 높은 권위를 지닌 자들 모두를 인내해야 합니다. 바로 그것이 하나님이 이 구절을 통해 우리에게 말씀하고자 하시는 내용입니다.

여호와께서 명령하신 대로

이제 하나님은 모세의 입을 통해 다음과 같은 약속의 말씀을 덧붙이십니다. "그리하면 네 하나님 여호와가 네게 준 땅에서 네 생명이 길고 복을 누리리라"(신 5:16b). 그러나 우리가 자신을 낮추는 것이 얼마나 어려운지 아시는 하나님은 그보다 앞서 다음과 같은 말씀으로 우리를 자극하셨습니다. "네 하나님 여호와께서 명령한 대로 네 부모를 공경하라"(신 5:16a). 그분이 그렇게 하신 것은 우리가 이미 논의한 바 있는 가르침을 확증하시기 위해서였습니다. 그 가르침이란, 우리가 우리보다 명예로운 자리를 차지하고 있는 자들이 과연 그 자리에 앉을 만한 자격이 있는지, 또한 그들이 그 자리에 오른 후 그들의 특권에 걸맞은 책임을 다하고 있는지에 대해 논쟁하는 것은 얄팍하고 헛된 핑계에 불과하다는 것이었습니다.

우리는 그런 논쟁을 모두 내던져야 합니다. 어째서 그렇습니까? 우리는 하나님이 명하신 것에 만족해야 하고 그분이 기뻐하시는 일을 온전하게 받아들여야 하기 때문입니다. 바로 그것이 모세가 여기에서 "네 하나님 여호와께서 명령한 대로"라는 말을 특별하게 덧붙이는 이유입니다. 이것은 마치 그가 다음과 같이 말하는 것과 같습니다. "사실 우리는 언제나 최대한 하나님께 저항한다. 설령 우리가 하나님께 복종하려 할지라도, 그것은 우리가 자진해서 하는 것이 아니다. 왜냐하면 우리의 마음속에는 언제나 자신을 높이려는 교만이 가득 차 있기 때문이다."

사실 우리 안에는 하나님이 원하시는 자발적인 순종이 존재하지 않습니다. 오히려 늘 우리는 다음과 같이 논쟁을 벌이면서 하나님께 반역하는 자가 되려고 합니다. "어째서 저 자가 나를 지배해야 하는가? 그가 나보다 나은 게 없는데 도대체 왜 내가 그에게 복종해야 하는가?" 만약 우리가 다른 이들에 대해 이런 식으로 질투하고 있다면, 우리는 하나님—그분은 우리가 진실로 자신을 섬기고자 하는지를 알고자 하십니다—과 맞서 싸우고 있는 셈입니다. 만약 우리가 그분이 우리에게 보내시는 그분의 대리자들을 받아들이지 않는다면, 그것은 우리가 그분이 우리에게 지우시는 멍에를 거부한다는 분명한 의사 표시이며, 그 결과 그분의 정의는 침해될 것이고 그분은 자신이 우리로 인해 모욕을 당하셨다고 느끼실 것입니다. 사실, 부모에게 반항하는 자녀들은 늘 아주 쉽게 이런저런 핑계를 대고, 윗사람들에게 맞서는 자들은 늘 수많은 변명거리들을 찾아냅니다. 그러나 그 모든 것은 아무 소용이 없습니다. 어째서 그렇습니까? 그것은 이 세상에 권위 있는 직책들을 세우신 분께서 그 직책들이 존중되기를 원하시기 때문입니다. 그분은 자신의 뜻은 철회될 수 없다고 선언하셨습니다. 하나님이 그분의 율령을 선포하신 이상, 우리가 그것에 대해 왈가왈부하는 것은 적절하지 않습니다. 오히려 우리는 입을 닫고 그분의 뜻에 순종해야 합니다.

권위에 대한 순종에 따르는 은혜

우리 주님은 이 계명을 통해서도 우리에게 큰 은혜를 약속하십니다. 그것은 우리를 보다 잘 이끌어 우리가 윗사람들에게 순종할 수 있게 하시기 위함입니다. 이 계명에 딸린 약속에 내포된 힘은 바로 그런 목적을 위한 것입니다. 바울이 말했듯이, 이것은 율법 중에서도 특별한 약속을 지니고 있는 첫 번째 계명입니다(엡 6:2). 이미 우리는 하나님이 자기를 사랑하는 자들에게는 그들의 후손들 천 대까지 은혜를 베푸시겠다고 약속하신 것에 대해 살펴본 바 있습니다(신 5:10). 그 약속은 우리가 하나님을 순전하게 예배하고 우상숭배와 미신에 빠지지 않게 하기 위해 주어진 계명에 덧붙여진 것이었습니다. 그러나 사실 그 약속은, 우리가 이미 보았듯이, 율법 전체에 해당되는 것이었습니다. 하지만 이 약속은 부모에게 순종하라는 계명에만 해당됩니다. 우리는 이것이 하나님을 기쁘게 해드리는 제사라는 것을 알고 있습니다. 그러므로 윗사람에게 순종해야 하는 이들은 자신들의 상황을 감내하면서 반항하거나 사나워지지 않도록 조심해야 합니다. 그런 이들은 윗사람들에게 순종하기 위해 고개를 숙여야 하고 자기들이 참으로 하나님께 순종하고자 한다는 것을 밝히 드러내야 합니다. 특히 그들은 하나님이 보내시고 그분의 이름으로 세우신 이들에게 순종해야 합니다. 그럴 때 그들은 이 약속이 주어진 목적을 이루게 될 것입니다.

우리가 다른 이에게 순종하기가 얼마나 어려운지 아시는 하나님은 우리의 마음이 상하지 않게 하시기 위해, 그리고 우리가 윗사람들에게 순종하는 일을 어려워하지 않게 하시기 위해 가능한 한 부드럽고 친절하게 우리를 이끌고자 하셨습니다. 우리가 그 중요한 문제를 여기에서 다 다룰 수는 없습니다. 그러므로 우선은 우리가 하나님을 잘 섬기기 위해서는 무엇보다도 우리 안에 있는 교만과 뻔뻔스러움을 제어해야 한다는 것만 기억하도록 합시다. 우리는 천성적으로 자신을 높이려는 악한 성향을 갖고 있습니다. 그것은 큰 자나 작은 자나 할 것 없이 우리 모두가 야심에 사로잡혀 있기 때문입니다. 그러나, 만약 우리가 참으로 하나님을 섬기고자 한다면, 우리는 반드시 그런 야심을 억눌러야 합니다. 어째서 그래야 합니까? 그것은 겸손이야말로 참된 순종에 이르기 위한 출발점이기 때문입니다.

만약 우리가 하나님이 어떤 직책과 위엄을 부여하신 자들에게 순종하지 않는다면, 그들을 하나님의 이름으로 받아들이지 않는다면, 그리고 그들 앞에서 자신을 낮추지 않는다면, 우리는 이 세상에서 평화와 조화를 이루며 살아갈 수 없을 것입니다. 그럴 경우 모든 것은 뒤틀릴 것이고 우리는 숲에서 사는 사나운 짐승보다 못한 존재가 될 것입니다. 그러므로 합법적인 권위를 지닌 자들에게 반항하는 모든 이들은 인류 전체의 적인 동시에 하나님과 자연에 대한 적이기도 합니다. 그런 자들은 모두가 혐오해야 할 괴물들입니다.

권위자들에게 요구되는 순종

만약 우리가 하나님이 우리 위에 세우신 자들의 지시를 따르면서 순종의 태도를 보였다면, 이제 또한 우리는 우리가 하나님 앞에서 자신을 낮추되 그분이 우리에게서 영광을 받으시는 방식으로 그렇게 해야 할 충분한 이유를 갖고 있다는 것을 알아야 합니다. 우리는 하나님께 그분에게 합당한 경배를 드려야 하는데, 단순히 의식적인 방법으로만이 아니라 참되고 순전한 마음으로 그렇게 해야 합니다. 그리고 무엇보다도 우리는 그분의 명예를 드높여야 합니다. 이 세상의 모든 시민적 질서는 하나님의 보좌가 가장 높은 하늘보다 더 높이 있어야 한다는 당위를 드러내야 합니다. 비록 자녀가 부모에게 순종하고, 백성이 행정관들에게 순종하고, 모든 가정이 하나님이 인정하시는 질서를 유지하고 있을지라도, 여전히 우리는 그 이상의 것에 유념해야 합니다. 그것은 우리가 최고의 주권을 지니신 하나님이 이 세상의 모든 피조물과 우리 모두의 삶 전체를 주관하시게 해야 한다는 것입니다. 그렇게 함으로써 우리는 우리가 사람들에게 바치는 모든 순종이 바로 그 목표, 즉 하나님이 순전하게 영광을 얻으시는 것을 향하게 해야 합니다.

그러므로 이제 우리는 어째서 우리가 사악한 교황제도를 증오해야 하는지를 더 잘 알 수 있습니다. 교황제도 안에서 우리는 이 세상에 한껏 자신을 드러내고 부풀리려는 인간의 교만과 마주하게 됩니다. 그 교만의 목적은 하나님에게서 그분의 보좌와 영광을 빼앗으려는 것 외에 달리 무엇이겠습니까? 교황은 우리 모두가 상관에게 복종하는 것이 필요하다고 주장합니다. 그런데 도대체 그 자신은 누구에게 복종하고 있습니까? 그가 하나님의 질서나 자연의 질서를 따르고 있습니까? 결코 아닙니다! 오히려 그는 성경에 기록된 모든 말씀을 의도적으로 조롱하면서 하나님이 우리에게 명하신 모든 질서와 시민 정부를 뒤집어엎고 있습니다. 그는 이른바 "예수 그리스도의 대리자"라고 불리고 있습니다. 그러나 우리는 그가 그리스도를 그분의 보좌에서 내쫓음으로써 그분이 더 이상 그분의 교회의 머리가 되시지 못하게 해왔다는 것을 알고 있습니다.

그러므로 우리는 그 마귀가 이 세상에 세워놓은 모든 것을 혐오해야 합니다. 그리고, 종종 우리가 세상의 일들이 그것에 마땅한 방식으로 이루어지지 않고 권세 있는 자들이 그들의 권력을 남용하는 것을 목격할지라도, 우리는 결코 그런 일들이 하나님이 이 세상의 나라들과 제국들 그리고 의의 언약들과 관련해 정해 놓으신 일들을 가로막지 못하리라는 것을 알아야 합니다. 그 모든 일들은 반드시 이루어질 것입니다. 왜냐하면 그런 일들은 그 토대를 하나님 안에 두고 있기 때문입니다. 그것들은 아무런 근거도 없는 사악한 교황제도와 같지 않기 때문입니다.

반면에 우리는 하나님이 이 세상에 왕들과 고관들과 재판관들을 두고자 하신다는 것을 알고 있습니다. 그러므로 우리는 그들이 이 세상에서 존속할 수 있게 해야 합니다. 그들이 자신들이 갖고 있는 힘에 걸맞게 행동하는 것을 그칠 때, 그리고 아비들이 자녀들에게 폭군처럼 행동할 때, 우리는 그런 일이 우리의 죄의 결과라는 것을 깨닫고 무릎을 꿇어야 합니다. 그리고, 하나님이 자신이 정하신 질서가 지켜지지 않고 모든 것이 엉망이 되도록 내버려 두실 때, 우리는 그분이 그런 상황을 제거해 주시도록 그분에게 달려가 간구해야 합니다. 또한 우리는 우리가 그분에 의해 다스림을 받는 것 외에는 아무것도 구하지 말아야 한다는 것을 알아야 합니다. 왜냐하면 바로 그것이 그분께서 우리의 구원을 이루시는 방법이기 때문입니다.

1555년 7월 1일 월요일

제8강

살인하지 말라

살인하지 말지니라 (신 5:17)

앞에서 우리는 사람들이 다른 이들과 더불어 평화롭게 살기 위해서는 윗사람들에게 순종하는 것이 필요하다는 것에 대해 살펴보았습니다. 바로 그것이 두 번째 돌판이 우리에게 명하는 첫 번째 사항이었습니다. 이것은 하나님을 섬기는 것 다음으로 중요한 것이 그분이 우리 위에 세우신 이들을 공경하는 것임을 알려 주기 위함이었습니다. 우리가 인간 일반에 관해 말할 때, 그것은 곧 인간 안에 있는 어떤 공통적인 특징에 대해 언급하는 것입니다. 왜냐하면 우리 모두는 아담의 후손이기 때문입니다. 우리 모두는 동일한 본성을 갖고 있는데, 그것은 모든 인간이 동등하다는 것을 의미합니다. 그럼에도 하나님은 우리 중에 있는 직책들 중 몇 가지를 구별하고자 하셨습니다.

그러므로 우리는 그런 사실에 유념하면서 탁월함이나 위엄을 지닌 자들에게 존경을 표해야 합니다. 우리는 "그가 나보다 나은 게 무엇인가?"라고 물으며 논쟁을 벌여서는 안 됩니다. 왜냐하면 윗사람을 공경하라는 하나님의 명령은 어떤 이가 우리보다 낫기 때문이 아니라 하나님이 자신이 탁월함을 부여하신 자들이 다른 이들로부터 존경 받기를 원하시기 때문에 지켜져야 하기 때문입니다.

그러나 자녀들이 부모를 공경하며 약간의 존경을 표하는 것만으로는 충분하지 않습니다. 오히려 그들은 자기들의 부모를 도와야 합니다. 그들은 최대한 부모를 위해 애써서 일해야 합니다. 우리 주 예수 그리스도께서 분명하게 밝히셨듯이, 자녀가 부모에게 예의만 차릴 뿐 정작 그들의 필요에 대해 나 몰라라 하는 것은 위선입니다(마 15:4-6). 그것은 그들이 자신들의 부모의 필요에 대해서는 물론이고 그들에 대한 자신들의 의무에 대해서도 관심이 없다는 것을 드러내는 것입니다. 그러므로 우리가 부모를 공경하라는 하나님의 명령을 형식적으로만 지키는 것은 부모에게서 그들의 것을 빼앗는 것일 뿐 아니라 하나님의 율법을 조롱하는 것이기도 합니다. 그 명령은 우리에게 완전한 순종을 요구합니다. 그러므로 우리는 윗사람들에게 단순히 공경의 표현만 해서는 안 되고 그들에게 적합한 것을 그들에게 제공해야 합니다. 그것도 기꺼운 마음으로 그렇게 해야 합니다.

사실 우리는, 앞에서 이미 상세하게 살핀 바 있듯이, 모든 예속의 상태에서 면제되기를 바랍니다. 그러나 하나님은 이 세상에 다양한 질서를 세우셨습니다. 그러므로 우리는 억지로가 아니라 기꺼운 마음으로 그 질서에 순종할 필요가 있습니다. 만약 우리가 하나님이 세우신 질서에 복종하기는 하는데 이를 갈면서 그리고 마음으로는 그분의 뜻과 반대되는 것을 갈망하면서 그렇게 한다면, 도대체 그것이 우리에게 무슨 유익이 되겠습니까? 그러므로 우리는 기꺼운 마음으로 복종할 필요가 있습니다. 또한 우리 주님이 명령하신 것은 그것이 무엇이든 모두 선하고 유익하다는 사실을 인식할 필요가 있습니다. 우리가 다른 이들과 좋은 관계를 맺고 유지하기 위한 첫걸음은 부모를 비롯해 모든 윗사람들이 우리보다 높은 지위를 갖고 있으며 우리가 그들을 공경해야 한다는 것을 인정하는 것입니다. 그렇지 않을 경우 그들 안에 계신 하나님이 우리에게서 모욕을 받으십니다. 그리고 그것은 마치 우리가 하나님께 공경을 표한 후 그분께 순종하기를 거부하는 것과 같습니다.

살인은 타인에 대한 모든 적의를 대표한다

이제 모세는 그 다섯 번째 계명을 전한 후 다음과 같이 덧붙입니다. "살인하지 말지니라"(신 5:17). 얼핏 보면 이것은 그동안 하나님이 그분의 백성을 완전하게 이끌지 못하셨던 것이 아닌가 하는 의문을 불러일으킬 수도 있습니다. 왜냐하면 그분이 살인을 금하시는 명령을 내리셔야 하셨으니 말입니다. 그러나 우리가 여기에서 주목해야 할 것은 하나님이 이 하나의 짧은 계명 안에 우리의 삶을 효과적으로 규제하는 데 필요한 모든 것을 포괄하려 하셨다는 점입니다. 중요한 것은 우리가 아무것도 잊거나 소홀히 하지 않는 것입니다.

이제 우리는 우리가 가장 훌륭하고 정의로운 삶을 영위하기 위해서는 남에게 상처와 해를 입히는 악한 일을 금해야 하며 또한 순결한 마음을 품고 정직하게 살면서 다른 이들을 해치지 말아야 한다는 것을 알아야 합니다. 더 나아가 우리는 우리의 불성실과 거짓말로 인해 다른 이들에게 상처를 주지 않기 위해 조심해야 합니다. 만약 우리가 하나님의 뜻과 의에 순종하고자 한다면, 우리 안에서 반드시 이러한 특성들이 나타나야 합니다. 그러므로 우리는 하나님이 여기에서 특별히 살인에 관해 말씀하시는 것에 놀라지 말아야 합니다. 왜냐하면 그분의 목적은 그런 식으로 우리를 제어하심으로써 우리가 우리의 이웃에게 폭력을 행사하거나 해를 입히려 하지 않게 하시려는 것이기 때문입니다.

그러나 여기에서 또한 우리는 우리가 앞에서 말했던 것, 즉 하나님은 자신의 뜻을 큰 자와 작은 자 그리고 총명한 자와 그렇지 못한 자 모두에게 알리시기 위해 조잡하고 세련되지 못한 방식으로 말씀하신다는 것을 다시 떠올릴 필요가 있습니다. 우리는 사람들이 종종 무지를 변명삼아 자신들을 변호한다는 것을 알고 있습니다. 어떤 일이 아주 모호하고 어렵게 보일 경우, 우리는 혹시 우리가 그 일에 실패하더라도 다음과 같이 변명할 수 있다고 여깁니다. "오, 그것은 내게는 너무 고상하고 심오한 것이었어. 사실 나는 그것을 이해할 수조차 없었어." 그러므로 하나님은 사람들이 더 이상 그런 변명을 하지 못하게 하시기 위해 자신의 뜻을 어린아이라도 알아들을 만한 방식으로 알리고자 하셨습니다. 바로 그것이 여기에서 그분이 "살인하지 말라"라고 말씀하시는 이유입니다.

더 나아가 우리는 우리를 올바른 삶으로 차근차근 이끌고자 하시는 하나님이 우리가 악을 행하지 않게 하시기 위해 우리 앞에 가장 혐오스러운 일을 제시하셨다는 것을 알아야 합니다. 사실 그분은 다음과 같이 말씀하실 수도 있었을 것입니다. "네 이웃에게 상처나 해를 입히지 않도록 조심하라." 그렇습니다. 분명히 그분은 그런 식으로 편안하게 말씀하실 수도 있었을 것입니다. 그러나 그분은 그렇게 하시지 않고 특별히 살인을 강조해서 말씀하셨습니다. 어째서 그런 것입니까? 그것은 한 인간이 다른 인간을 죽여 그에게서 하나님의 형상을 지워버리는 것은 자연의 순리를 거스르는 악한 짓이기 때문입니다. 그러므로, 만약 우리가 어리석은 것이 아니라면, 우리는 마땅히 살인을 혐오해야 합니다. 어쨌거나 이 계명은 우리에게 살인은 매우 극악한 짓이므로 우리가 그것을 천벌을 받아야 마땅한 것으로 간주해야 한다는 것을 가르쳐 줍니다. 하나님은 우리를 보다 잘 붙드시고 모든 악과 상처로부터 구해 주시기 위해 이 계명을 통해 우리에게 어떤 일이 있더라도 우리의 손을 이웃의 피로 더럽혀서는 안 된다는 것을 알려 주십니다.

그렇다면, 사람들이 살인을 금하기만 하면, 그것으로 족한 것입니까? 결코 아닙니다! 오히려 우리는 하나님이 다음과 같이 말씀하신다고 여겨야 합니다. "네 이웃에 대해 악한 생각을 품지 말라." 우리는 진실로 그렇게 생각해야 합니다. 하나님은 우리가 우리의 마음과 생각 모두를 자신에게 바치기를 원하십니다. 또한 그분은 우리에게서 순전하게 예배 받기를 원하십니다. 그렇다면 도대체 그분은 어째서 굳이 여기에서 살인에 대해 말씀하시는 것입니까? 이것은 마치 그분이 다음과 같이 말씀하시는 것과 같습니다. "만약 너희가 성문화된 법을 갖고 있지 않다면, 만약 너희가 이방인들과 같다면, 너희의 상황이 어찌되겠느냐? 아마 그 때에도 너희는 살인이 수치스럽고 혐오스러운 짓임을 분명히 알 수 있을 것이다. 하지만 이제 내가 너희에게 분명하게 선언한다. 나는 이웃에게 해를 끼치는 자, 이웃을 향해 악한 계획을 세우는 자, 그리고 이웃에 대해 증오와 원한을 품는 자 모두를 살인자로 간주하고 또한 책망할 것이다."

무엇보다도 이제 우리는 주님께서 살인을 금하는 명령을 내리신 것이 공연한 일이 아니라는 것을 알아야 합니다. 어째서 그렇습니까? 그것은 우리가 동료 인간에 대한 모든 위해와 폭력을 금하지 않고서는 다른 이들과 더불어 살 수 없기 때문입니다. 그런데 하나님은 단 하나의 명령을 통해 그 모든 악한 것을 금하셨습니다. 어째서 그런 것입니까? 그것은, 만약 그분이 그 문제에 대해 장황하게 설명하신다면, 사람들이 다음과 같이 말할 것이기 때문입니다. "나는 그 말들을 기억하지 못하겠어. 그것은 내게 너무 어려워." 그래서 하나님은 우리가 그분의 가르침을 즉각 이해하고 그분의 법을 쉽게 기억하게 하시기 위해 그것을 아주 간략하게 말씀하셨던 것입니다. 우리는 그분의 명령을 기억하려고 애쓸 필요가 없으며 두꺼운 책을 읽어야 할 필요도 없습니다.

하나님이 우리의 올바른 삶을 위한 지침을 열 개의 구절로 압축해서 제시하신 것은 참으로 적절한 일이었습니다. 도대체 우리 중 그 누가 "나는 그 항목을 잊었어. 이해할 수가 없었거든"이라고 말하며 변명할 수 있겠습니까? 우리 중 그 누가 열 개의 문장을 기억하지 못하겠습니까? 그러므로, 만약 우리가 자신이 무엇을 해야 하는지 알지 못했다고 변명할 경우, 분명히 하나님은 우리의 그런 뻔뻔스러움을 책망하실 것입니다. 왜냐하면 하나님은 바로 그런 목적으로 자신의 계명을 그토록 간결하게 말씀하셨기 때문입니다. 더 나아가 그분이 그토록 간결하고 분명하게 말씀하신 것은 우리가 그분께 순순히 복종하게 하시기 위함이며 또한 아무리 무지한 자라도 그분의 율법을 이해하기 위해 대단한 학자가 될 필요가 없다는 것을 알게 하시기 위함이었습니다. 그분은 우리를 위해 그 정도까지 자신을 낮추셨습니다. 그리고 우리 중 그분의 율법의 내용을 이해하지 못할 만큼 무지한 자는 없습니다. 바로 그것이 우리가 이 구절을 통해 알아야 할 핵심적인 내용입니다.

다른 사람 안에 있는 하나님의 형상

우리에게 살인하지 말라고 명령하시는 분은 하나님이십니다. 그리고 살인은 매우 수치스럽고 흉악한 짓입니다. 그러므로 무엇보다도 우리는 이웃을 살해하는 자는 이 세상에서 살 자격이 없다는 것을 알아야 합니다. 왜냐하면 그는 야만스러운 짐승보다도 못한 자이기 때문입니다. 우리는 곰이나 사자 혹은 다른 짐승들이 숲에서 서로 잘 어울려 살아가고 있다는 것을 압니다. 그 짐승들은 어떻게 그럴 수 있는 것입니까? 그것은, 비록 그들이 선악을 분별할 만한 이성이나 법이나 정의감을 갖고 있지 않을지라도, 그들에게 있는 생래적 지식만으로도 숲의 질서를 유지할 수 있기 때문입니다. 그러므로, 이처럼 짐승들조차 서로 싸우지 않고 숲에서 질서 있게 살아가고 있다면, 우리는 하나님이 우리에게 살인이 수치스러운 짓임을 분명하게 알려 주셨음을 기억하면서 더욱더 자신을 제어해야 하지 않겠습니까?

무엇보다도 우리는 다른 사람들 안에서 우리 모두에게 공통된 본성을 발견해야 합니다. 우리들 각자는 다른 이들 안에 들어 있는 하나님의 형상에 대해 생각해야 합니다. 그리고 그런 생각이 우리가 다른 이들에게 그 어떤 폭력도 행사하지 못하게 하는 제어장치 역할을 하게 해야 합니다. 그러므로 우리는, 설령 하나님이 그런 금지 명령을 내리지 않으셨을지라도, 만약 우리가 우리의 이웃을 해하려 한다면, 그것은 곧 자연의 질서를 조롱하는 것임을 분명하게 알아야 합니다. 그런 자들은 인간의 반열에 속할 자격이 없습니다.

이렇듯 하나님의 권위는 우리가 이미 이해하고 있는 것들과 결합되어 있습니다. 또한 그분은 만약 우리가 인간의 피를 흘린다면 반드시 그분 앞에서 죗값을 치르게 될 것이라고 말씀하셨습니다. 사정이 그러하므로, 이제 우리는 어느 누구에게도 해를 입히지 않고 사는 법을 배워야 합니다. 그렇지 않을 경우 하나님은 우리와 맞서시는 치명적인 적이 되실 것입니다. 왜냐하면 그분은 모든 인간이 자신의 보호하에 있다고 선언하시기 때문입니다.

이 계명과 관련해 위협의 말이 등장하지 않는 것은 사실입니다. 그러나 우리는 그분이 다른 구절에서 그것에 대해 말씀하신 것만으로 충분하다고 여겨야 합니다. 예컨대, 성경은 인간이 하나님의 형상을 따라 창조되었으므로 인간에 대한 그 어떤 공격도 옳지 않다고 선언합니다(창 9:6). 이것은 마치 우리 주님께서 다음과 같이 말씀하시는 것과 같습니다. "너희가 그런 식으로 서로를 해치고자 할 때, 너희는 나와 맞서 전쟁을 벌이는 셈이다. 왜냐하면 나는 너희 안에 내 형상을 심어놓았기 때문이다."

누군가 왕의 가슴팍을 슬쩍 찌르기만 해도 그것은 굉장한 죄가 될 것이고 그로 인해 그는 마치 살인자나 되는 양 벌을 받게 될 것입니다. 어째서 그렇습니까? 그것은 그런 일이 공적 질서를 어지럽히기 때문입니다. 그러므로, 만약 어떤 이가 하나님의 형상을 지닌 자들을 죽인다면, 그런 일은 두 배나 더 벌을 받아야 하지 않겠습니까? 그러기에 하나님은 우리가 다른 이들에게 상처를 주는 것은 곧 그분 자신을 공격하는 것이나 마찬가지라고 말씀하십니다. 또 그분은 우리가 마땅히 이 계명을 받아들여야 하며, 그렇지 않을 경우 우리는 분별력이 없거나 완전히 미친 것이라고 말씀하십니다.

더 나아가 우리 주님은 우리가 그 문제를 좀더 잘 이해할 수 있게 하시기 위해 살인은 땅을 피로 더럽히는 것이라고 설명하십니다. 성경은 우리가 인간의 피를 흘리는 것은 아주 큰 대가를 치르지 않고는 지워질 수 없는 점이나 흠을 만드는 것이나 마찬가지라고 강조하면서 이 주제를 보다 상세하게 다룹니다(민 35:33). 성경은 합법적인 살인— 가령, 승인된 전쟁에서 발생하는 살인 같은—을 저지른 사람조차 스스로를 더럽힌 자로 간주합니다(대상 22:8; 신 20:10-20). 어째서 그런 것입니까? 그것은 우리가 다른 이의 피를 흘리는 것을 두려워하도록 만들기 위해서입니다.

그러므로, 비록 어떤 이가 공개적인 전쟁에서 적을 살해하고 하나님이 그것을 용서하실지라도, 즉 사람을 죽인 자가 그럴 만한 정당하고도 합법적인 이유를 갖고 있고 어쩔 수 없는 필요에 의해 그렇게 했을지라도, 성경에서는 그런 일들이 여전히 흠으로 일컬어지고 그런 일을 한 자는 스스로를 더럽힌 자로 간주됩니다. 어째서 그런 것입니까? 그것은 하나님이 우리를 다른 이들과 더불어 평화롭게 살도록 창조하셨음을 가르쳐 주기 위해서입니다. 또한 우리가 사람을 죽인 후 제아무리 그럴 듯한 변명을 할지라도 그것은 하나님 앞에서 우리에게 흠을 남기고 우리를 더럽힐 뿐이라는 것을 가르쳐 주기 위해서입니다. 그러므로, 이제라도 우리가 성경이 이런 말씀을 하시는 까닭을 알게 되었다면, 마땅히 우리는 더욱더 조심함으로써 우리의 이웃

중 누구에게도 해를 끼치지 않으며 살아야 하지 않겠습니까?

모든 악의는 이미 살인이다

하나님은 이런 것들을 우리의 무지와 연약함에 맞추어 분명하게 설명해 주셨습니다. 그러므로 이제 우리는 단순히 우리가 이웃의 피를 흘리지 않는 것만으로는 충분하지 않으며 이웃에게 그 어떤 무례하거나 난폭한 행위도 해서는 안 된다는 것을 알아야 합니다. 우리가 그런 상태에 이르지 못한다면, 하나님은 우리를 살인자로 여기실 것입니다. 설령 어떤 이가 그의 이웃을 때리되 죽이지는 않았을지라도, 그는 하나님이 보시기에 이미 살인한 자입니다. 어째서 그런 것입니까? 그것은, 비록 우리가 말다툼이나 주먹다짐을 사소하고 심각하지 않은 일로 여길지라도, 하나님은 그렇게 생각하시지 않기 때문입니다. 그분은 어째서 그러시는 것입니다. 그것은 그분이 그런 일에는 이미 살인이 포함되어 있다고 여기시기 때문입니다.

그러므로 우리는 "살인하지 말라"는 명령은 곧 우리의 이웃에게 그 어떤 위해나 공격도 가하지 말라는 명령이라는 것을 알아야 합니다. 만약 우리가 누군가에게 분노해 손가락질을 하면서 그를 비난한다면, 그것은 하나님이 보시기에는 이미 살인이나 다름없습니다. 만약 우리가 이런 생각을 생각한다면, 우리는 지금보다 훨씬 더 겸손해지지 않겠습니까?

종종 우리는 우리 중 어떤 이들이 분노로 가득 차 있어서 누군가 그들에게 한마디라도 하면 즉각 그와 더불어 싸우려 드는 것을 보게 됩니다. 그 때 그들은 자기들이 피를 흘리지 않았으므로 그런 일이 별 것 아니라고 여깁니다. 그러나 하나님은 분쟁하는 자들은 이미 살인자라고 선언하십니다. 우리는 그분의 말씀이 헛된 것이 되지 않게 해야 합니다. 그러므로 우리는 제멋대로 상상력을 발휘해 잘못된 관점에서 판단하지 말아야 합니다. 오히려 우리는 하나님이 내리신 판단을 수용해야 합니다. 또한 우리는 이웃을 포악하게 공격하는 자들은 누구나 하나님의 눈에 이미 죄인이라는 것을 알아야 합니다. 바로 그것이 우리가 이 구절을 통해 배워야 할 내용입니다.

지금 여러분은 모든 옳지 않은 일을 금하고 있습니까? 혹시 동료 인간에게 해를 입힌 적은 없습니까? 우리는 문제의 핵심에 접근해야 합니다. 하나님은 우리가 정직하게 사는 것에 그치는 것이 아니라 그분의 본성에 맞추어 살아가게 하시기 위해 우리에게 율법을 주셨습니다. 우리가 아는 바와 같이 하나님은 영이시며 우리에게서 신령과 진정으로 예배 받기를 원하십니다. 그러므로 이제 우리는 하나님은 우리의 손과 발뿐 아니라 우리의 감정과 생각까지도 다스리고자 하신다는 것을 깨달아야 합니다.

사실 인간은 지나치게 육적입니다. 그래서 그들은 하나님의 율법에 대해 들은 후에도, 세상으로부터 비난만 받지 않는다면 자신들을 정당화할 수 있다고 생각합니다. 실제로 그들은 마치 자기들이 악을 행할 자유와 면허를 가진 것처럼 행동합니다. 바로 그것이 어린 시절부터 하나님의 율법 안에서 양육된 유대인들조차 "살인하지 말라"라는 이 계명을 문자적으로 해석하는 이유입니다. 그들은 만약 자기들이 이웃을 해치기 위해 공개적으로 그들을 공격하지만 않는다면 자기들이 하나님께 죄를 지은 것이 아니라고 여깁니다. 그들은 만약 어떤 일이 자기들이 보기에 명백한 잘못이 아니라면 자기들이 그 일 때문에 하나님께 책망을 받아서는 안 된다고 여깁니다.

그러나 우리 주 예수께서는 그런 태도를 책망하시면서 그것은 율법을 너무 안이하게 해석하는 것이라고 지적하십니다. 그분은 다음과 같이 말씀하십니다. "옛 사람에게 말한 바 살인하지 말라 누구든지 살인하면 심판을 받게 되리라 하였다는 것을 너희가 들었으나 나는 너희에게 이르노니 형제에게 노하는 자마다 심판을 받게 되고 형제를 대하여 라가라 하는 자는 공회에 잡혀가게 되고 미련한 놈이라 하는 자는 지옥 불에 들어가게 되리라"(마 5:21-22).

하늘의 법의 판결에 의하면, 다른 이를 해치는 자는 누구나 유죄입니다. 그런 자들은 하나님과 그분의 천사들 모두에게 맞서는 셈입니다. 자기 이웃에 대해 불퉁거리는 자는 누구나ㅡ그가 그 이웃에 대해 갖고 있는 불만이 무엇이든, 그리고 비록 그가 자신은 그 이웃에게 아무런 해도 끼치지 않았다고 주장할지라도ㅡ이미 유죄 판결을 받은 셈입니다.

하나님은 우리의 마음을 살피신다

우리 주님의 말씀의 의미는, 비록 우리가 자신은 아무 죄도 짓지 않았고, 남을 공격할 의도도 없었고, 이웃을 해치기 위해 칼을 뽑은 적도 없다고 공언할지라도, 그것만으로는 충분하지 않다는 것입니다. 오히려 하나님은 우리의 혀와 생각과 우리의 모든 감정들까지도 제어하고자 하십니다. 그리고 그것은 아주 정당한 일입니다. 상황이 그러하므로, 이웃을 비난하는 자는 누구나 자신이 살인한 자임을 분명하게 드러내는 셈입니다. 왜냐하면 사실 우리의 혀는 다른 이를 베는 칼이나 다름없기 때문입니다. 그러므로, 비록 우리가 남을 해치기 위해 칼을 뽑은 적이 없을지라도, 하나님은 우리가 이웃을 비난하는 행위 자체를 이미 살인의 한 형태로 여기십니다. 그러므로, 비록 우리가 누군가를 크고 분명한 소리로 비난하지 않았을지라도, 그것으로 인해 우리의 죄가 없어지는 것은 아닙니다. 설령 우리가 누군가에 대해 아무도 알아듣지 못할 만큼 작은 소리로 소곤거리며 비난했을지라도, 그런 행동은 하나님 앞에서 우리를 죄인으로 만들기에 충분합니다. 그럴 경우 우리는 비록 사람들과 세상의 재판관들 앞에서는 죄가 없는 것처럼 보일지라도 하늘의 보좌 앞에서는 분명하게 정죄될 것입니다.

이런 말씀을 들을 때 우리는 그 말씀을 하시는 분이 하나님에 의해 이 세상의 심판주로 임명되신 분임을 명심해야 합니다(벧전 4:5). 그러므로 우리는 교만한 마음으로 부풀어 오르지 말아야 합니다. 왜냐하면 우리가 그런 궤변과 교묘한 말로 얻을 수 있는 것은 아무것도 없기 때문입니다. 오히려 우리는 율법에 대한 올바르고 순전한 설명을 얻기 위해 하나님을 바라보아야 합니다. 그런 말씀을 하시는 분은 도대체 어떤 분이십니까? 그분은 우리의 마음과 생각을 모두 지배하시는 분입니다! 우리는 그분을 힐끗 쳐다보는 식으로 그분을 예배해서는 안 됩니다. 그분은 우리가 우리 눈에 악으로 보이는 일을 하지 않는 것만으로 만족하지 않으십니다. 그분은 우리가 신령과 진정으로 자신을 예배하기를 원하십니다. 그분은 우리의 양심이 순결하고 깨끗해지고 모든 적의로부터 정화되기를 원하십니다.

그러므로, 하나님의 본성을 고려한다면, 우리가 하나님의 율법을 외적 행위에만 국한하는 것은 더 이상 타당하지 않습니다. 오히려 우리는 하나님이 살인에 관해 말씀하시는 것은 곧 우리가 동료 인간에 대해 품을 수 있는 모든 악의와 분개와 분노와 원한에 관해 말씀하시는 것이라고 결론을 내려야 합니다. 바로 그것이 사도 요한이 마음으로 형제를 미워하는 자는 누구나 이미 살인자라고 말했던 이유입니다(요일 3:15). 이것은 마치 그가 다음과 같이 말하는 것과 같습니다. "너희가 원하는 모든 가면을 써보라. 비록 너희가 너희의 증오를 숨기고 그것에 대해 최소한의 표현조차 하지 않을지라도, 그래서 세상의 그 누구도 너희 안에 있는 악한 뜻을 감지하지 못할지라도, 하나님 역시 그것을 보시지 못할 것이라고 생각하지 말라." 사람들은 우리가 겉으로 드러내지 않는 것을 눈치 채지 못할 수 있습니다. 그러나, 설령 우리가 어떤 이를 아주 은밀하게 미워해서 아무도 그 사실을 알아차리지 못할지라도, 우리는 하나님 앞에서 이미 살인한 자입니다.

세상의 왕과 행정관들이 법을 만드는 목적은 하나님의 그것과 다릅니다. 그들의 목적은 우리가 외적인 시민적 질서를 유지하기 위해 자신을 다스리는 것과 관련되어 있습니다. 즉, 그것은 우리 중 아무도 다른 사람들로부터 해를 당하지 않고, 모두가 자신의 권리를 유지하면서 다른 이들과 더불어 평화와 일치를 이루게 하는 것입니다. 바로 그것이 인간들이 법을 만들 때 의도하는 것입니다. 어째서 그런 것입니까? 그것은 그들이 인간이기 때문입니다. 그들은 인간의 내면에 숨겨진 감정들을 개조할 수 없습니다(『강요』 II.viii.39). 그런 일은 하나님께 속한 일입니다. 더 나아가 그들은 인간의 마음도 이해하지 못합니다. 성경은 그것을 특별히 하나님께 속한 일로 여깁니다(시 7:10). 그럼에도, 일단 법이 제정되고 나면, 비록 단 한 방울의 피도 흘리지 않았을지라도, 어떤 이가 악한 뜻을 품었다는 사실이 밝혀지면, 그는 교수대로 보내야 할 사람으로 간주됩니다. 어떤 이가 악한 생각을 품었는데 사전에 그 계획이 폭로되어 칼 한 번 뽑아보지 못했을 뿐 아니라 주먹 한 번 휘둘러보지 못한 상태에서 체포되었다고 칩시다. 그럴 경우에도 법은— 심지어 이방인들의 법조차— 그 사람을 교수형에 처할 것이고, 그 사람은 그런 벌을 받아 마땅한 자로 간주됩니다. 어째서 그런 것입니까? 그것은 법이 문제 삼는 것은 발생한 일이 아니라 의도와 태도이기 때문입니다.

그런데, 만약 세상의 왕과 행정관들조차 어떤 악한 일을 도모한 자들을 (비록 우리가 사전에 그들을 제어함으로써 그들이 원래 의도했던 일을 이루지 못했을지라도) 벌한다면, 하나님은 어떻게 하실 것 같습니까? 그분이 지니신 권위가 인간의 그것보다 못합니까? 그러므로 우리는 하나님이 형제를 미워하는 모든 자들을 살인자로 정죄하시는 것을 지극히 정당한 것으로 여겨야 합니다. 어째서입니까? 그것은 무엇보다도 우리가 그분의 본성을 고려해야 하기 때문입니다.

계명을 지키고 싶으십니까? 그렇다면 살인에 관한 계명으로부터 시작하십시오. 어째서입니까? 하나님이 그 계명을 통해 우리에게 두려운 마음을 심어 주고자 하시기 때문입니다. 그분은 우리가 이웃을 침해하거나 착취하거나 상처를 주려고 할 때마다 그런 일이 자신의 눈에 혐오스럽고 끔찍하게 보이며 자신이 우리의 그런 짓을 용서하지 않으시리라는 것을 알려 주고자 하십니다. 그분은 어째서 그러시는 것입니까? 그것은 그분이 보시기에 그런 일은 살인과 다름없기 때문입니다. 바로 그것이 하나님이 처음부터 우리를 억제하시고자 하는 이유이며, 또한 우리가 거기에서부터 시작해야 하는 이유입니다.

하나님이 우리가 누군가의 뺨을 한 대 때리는 것을 살인과 동일하게 여기시는 것이 이상하게 느껴진다면, 혹은 그분이 우리가 남을 모욕하거나 남에게 샐쭉거리기는 하지만 실제로는 입술조차 열지 않은 경우에도 우리 내부에 은밀하게 숨어 있는 증오를 책망하시는 것이 이상하게 느껴진다면, 그 때 우리는 그분의 본성을 기억해야 합니다. 또한 그분이 우리가 사람들에게 하는 것보다 더 많은 것을 돌려드려야 할 분임을 기억해야 합니다. 어떤 악행이 드러날 경우 세상의 행정관들조차 그것을 벌한다면, 우리의 하나님의 경우에는 ─ 그분 앞에서는 세상의 그 어떤 일도 감춰질 수 없습니다 ─ 그 사정이 어찌되겠습니까?

그러므로 우리는 사도가 히브리서에서 한 말에 유념해야 합니다. "하나님의 말씀은 살아 있고 활력이 있어 좌우에 날선 어떤 검보다도 예리하여 혼과 영과 및 관절과 골수를 찔러 쪼개기까지 하며 또 마음의 생각과 뜻을 판단하나니 지으신 것이 하나도 그 앞에 나타나지 않음이 없고 우리의 결산을 받으실 이의 눈앞에 만물이 벌거벗은 것 같이 드러나느니라"(히 4:12-13). 하나님 앞에서 우리는 아무것도 감출 수 없습니다. 그분의 말씀은 우리의 마음 깊은 곳을 시험하고 간파하십니다. 그분 앞에서는 사람들에게 알려지지 않은 것들조차 모두 드러납니다. 그러므로 이 말씀을 통해 우리는 동료 인간들에 대해 그 어떤 적의나 악의도 품지 말라는 경고를 받게 됩니다.

서로에게 형제가 되라

그러나 여전히 우리는 그 이상으로 나아갈 필요가 있습니다. 우리가 악행을 금하는 것만으로는 충분하지 않습니다. 왜냐하면 우리는 서로 돕기 위해 그리고 서로를 지탱해 주기 위해 창조되었기 때문입니다(『강요』 II.viii.39). 하나님은 우리에게 살인을 금하라고 명하시면서 그것과 정반대되는 것을 요구하십니다. 그분의 요구는 우리가 우리 이웃의 생명을 귀하게 여겨야 하며, 할 수 있는 한 그것을 유지하고 보존하기 위해 애써야 한다는 것입니다.

그분은 우리에게 자신의 명령을 분명하게 알리는 것으로 시작하셨습니다. 어째서 그런 것입니까? 그것은 우리가 너무나 악하며 너무나 많은 헛된 생각을 하기 때문입니다. 참으로 우리는 수많은 감정들을 갖고 있습니다. 그러나 그것들은 거칠고 악할 뿐입니다. 그로 인해 하나님은 우리의 마음과 생각에서 악의와 약점들을 축출하고자 하셨습니다. 심지어 그분은 우리 안에 있는 모든 악하고 부패한 것들을 교정하려고까지 하셨습니다. 왜냐하면, 그렇게 하지 않는다면, 우리는 선을 행하기 위해 손가락 하나 들어 올릴 수 없을 뿐 아니라 고상한 일에 대해 생각할 수조차 없기 때문입니다. 바로 그것이 선지자가 다음과 같이 말하는 이유입니다. "너희 묵은 땅을 갈고 가시덤불에 파종하지 말라"(렘 4:3). 이것은 마치 그가 다음과 같이 말하는 것과 같습니다. "어떤 이가 너희에게 너희가 하나님께 죄를 지었다고 지적해 주면, 너희는 이런저런 태도를 취하고 마치 너희가 그런 잘못들을 시정한 것처럼 꾸민다. 그러나 너희는 실제로는 그동안 해왔던 방식 그대로 살아갈 뿐이다."

밭에 씨를 뿌리는 것만으로는 충분하지 않습니다. 씨를 뿌리기 전에 그 밭을 적절하게 가는 것이 필요합니다. 마찬가지로, 우리가 겉으로는 그럴 듯한 모습을 취할지라도, 우리 안에 여전히 가시와 덤불과 쐐기풀과 잡초들이 가득 차 있을 수 있습니다. 그런 잡초들은 아무런 가치도 없습니다. 그런 잡초들은 그 어떤 선한 열매도 맺지 못하기 때문입니다. 바로 그것이 우리 주님께서 단순히 "네 이웃의 생명을 보존하기 위해 애쓰라"가 아니라 "살인하지 말라"라고 말씀하시는 이유입니다.

경험을 통해 우리는 인간이 실제로는 자신들의 악과 부패를 유지하면서도 하나님 앞에서는 그럴 듯한 외형을 취함으로써 자신을 정당화하려 한다는 것을 알고 있습니다. 이것은 우리가 예레미야서에서 인용했던 말씀과 상통합니다. 만약 우리가 누군가로부터 이웃에게 정당하게 행동하라는 권고를 듣는다면, 분명히 우리는 그런 권고와 정반대되는 행동을 하지는 않습니다. 오히려 우리는 어떤 방식으로든 자신을 정당화하려고 합니다. 즉, 우리는 우리 안에 있는 더러운 것을 그대로 놔둔 채 그 위에 회칠을 하려고 합니다. 이것은 어떤 이의 집이 상당한 수리가 필요함에도 그가 집을 수리하는 일에 돈을 쓰고 싶어 하지 않는 것과 같습니다. 그러면 그는 무엇을 하려는 것입니까? 그는 집에 색을 칠하고 갈라진 틈을 메우려 할 뿐입니다. 그러나 그렇게 할지라도 그 집의 문제는 여전히 남아 있습니다. 같은 것이 우리에게도 해당됩니다. 우리 역시 자신을 덧칠하고 아무 생각 없이 자신을 합리화하고자 할 뿐입니다.

그러나 자연은 우리에게 정반대되는 것을 가르칩니다. 만약 우리가 열매를 얻기 위해 씨를 뿌리고자 한다면, 우리 중에 가시덤불 속으로 씨를 뿌릴 자가 있겠습니까? 결코 없을 것입니다! 만약 우리가 어느 밭이 덤불로 덮여 있는 것을 본다면, 우리는 그 밭을 갈아엎은 후에야 씨를 뿌릴 것입니다. 같은 것이 우리에게도 해당됩니다. 그러므로 우리는 하나님이 무엇보다도 먼저 우리의 악과 관련된 명령을 내리신 데에는 그럴 만한 이유가 있다는 것을 알아야 합니다. 그분은 우리의 악이 우리의 본성 안에 너무 깊이 뿌리를 내리고 있어서 그것들을 제거하기가 쉽지 않다는 것을 아주 잘 알고 계십니다. 사실 우리는 우리 안에 있는 그 사악한 뿌리를 제거하지 않고서는 그분이 원하시는 의로운 삶을 살아갈 수 없습니다. 바로 그것이 그분께서 "살인하지 말라"라고 말씀하시는 이유입니다.

이것은 마치 그분이 다음과 같이 말씀하시는 것과 같습니다. "너희가 서로 순결하게 그리고 부드러운 사랑 가운데서 살아가고자 하느냐? 그렇다면 너희 모두는 혹시라도 너희 안에 너희의 동료들에 대한 그 어떤 미움이나 적의나 악의가 없는지 알아보기 위해 너희 자신을 신중하게 살펴볼 필요가 있다. 너희는 어떤 분노나 열심 때문에 이웃을 위협하거나 공격하지 않도록 조심해야 한다. 너희는 반드시 이 모든 것을 이해해야 한다. 만약 너희가 너희 안에 있는 분노와 증오와 적의를 모두 제거하고자 한다면, 너희는 바로 여기에서, 즉 이웃에게 모욕이나 상처나 해를 입히지 않도록 조심하는 것만으로는, 이웃에게 불리한 무언가를 하려고 하지 않는 것만으로는, 이웃에 대해 혐오감이나 적의를 품지 않는 것만으로는 충분하지 않다는 사실에서 시작해야 한다. 너희가 나쁜 뜻을 품지 않는 것만으로는 충분하지 않다. 오히려 너희에게 필요한 것은 사랑 안에서 살아가는 것이다. 너희는 하나님을 너희의 아버지로 예배하면서 서로에게 형제가 되어야 한다." 바로 그것이 우리가 취해야 할 태도입니다.

그러므로 특히 우리가 하나님의 율법으로부터 유익을 얻고자 한다면, 우리는 우리 안에 있는 악과 불완전함을 기억하고, 그것들에 대해 불만을 갖고, 기꺼이 그것들을 제거하기 위해 애써야 합니다.

혹시 여러분은 그렇게 해 본 적이 있습니까? 설령 그런 적이 있을지라도, 그것이 전부는 아닙니다. 하나님은 우리가 이 세상에서 게으르게 지내는 것을 원하지 않으십니다. 그분은 단지 우리가 악을 행하지 않도록 창조하신 것이 아닙니다. 바위와 나무 그리고 의식이 없는 다른 것들도 그 정도는 합니다. 우리에게 그것보다 더 필요한 것은 선을 행하기 위해 헌신하는 것입니다. 주님이 우리가 동료 인간들의 생명을 귀하고 값진 것으로 여기기를 바라시는 것은 우리가 곤경에 처한 이웃을 돕는 데 실패할 때마다 그것이 곧 우리가 그를 죽이는 것이나 다름없기 때문입니다. 우리는 이웃에 대해 악한 생각을 품거나 은밀하게 그를 미워할 때만 살인자가 되는 것이 아닙니다. 만약 우리가 곤경에 처해 있는 이웃들을 돕지 않거나 그들이 우리의 도움을 필요로 할 때 그들을 위해 개입하려 하지 않는다면, 그 때 우리는 이미 하나님 앞에서 죄를 짓는 셈입니다.

그러므로 이제 우리에게 필요한 것은 자신을 합리화하는 것이 아닙니다. 우리는 율법이 우리에게 엄격한-과도한 것은 아닙니다-태도를 요구한다는 것을 알고 있습니다. 하나님이 우리를 그분의 형상을 따라 지으셨음을 아는 우리가 그분 앞에서 우리와 다른 사람들 사이의 공통점을 부인할 수 있겠습니까? 혹은 그분이 우리를 그런 끈으로 한데 묶고자 하신다는 것을 아는 우리가 그분이 우리의 아버지이심을 부정하고 다른 사람들이 우리의 형제라는 것을 부인할 수 있겠습니까? 하나님이 우리에게 평등과 정의를 요구하실 때, 과연 우리가 그분이 우리에게 너무 많은 것을 요구하시고 너무 무거운 짐을 지우신다고 불평할 수 있습니까? 우리는 어떤 상황에서든 자신을 합리화하지 않도록 조심해야 합니다. 우리 주님은 우리가 우리의 이웃의 생명이 그분에게처럼 우리에게도 소중한 것임을 깨닫고 서로 돕기를 바라십니다. 바로 그것이 "살인하지 말지니라"라는 계명의 핵심입니다.

악한 마음을 갈아엎으라

이제 남아 있는 문제는 하나님이 우리를 그분의 뜻에 순종하도록 이끌어 주시기를 기도하는 것입니다. 그분의 말씀이 모호하다는 주장은 근거가 없습니다. 그분의 계명이 너무 많아서 우리가 그것들을 다 기억할 수 없다는 주장 역시 마찬가지입니다. 왜냐하면 하나님은 우리가 그 어떤 변명도 할 수 없도록 아주 분명하고 간단하게 말씀하셨기 때문입니다. 심지어 그분은 우리가 어떻게 시작해야 할지 모르겠다는 변명조차 하지 못하게 하셨습니다. 왜냐하면 그분이 이미 우리에게 방법을 보여 주셨기 때문입니다. 언제나 그분은 우리로 하여금 그동안 우리에게 악을 행할 자격을 주었던, 그리고 우리가 행하는 일이 크거나 심각한 죄가 아니라고 믿게 해주었던 오래된 생각들 대신, 그것과는 정반대되는 것들을 생각하게 하십니다. 그로 인해 우리는 다음과 같은 결론에 이르게 됩니다. "만약 내가 내 이웃에게 최소한의 해라도 입힌다면, 하나님이 보시기에 나는 이미 살인한 자다."

우리가 악을 행하려 할 때 마귀는 우리의 눈을 멀게 합니다. 그로 인해 우리는 우리가 실제로 누군가를 죽일 때만 악을 행하는 것이라고 생각하게 됩니다. 이것은 아주 소름끼치는 상황입니다. 우리가 누군가에게 분개해 "죽여버리겠어!"라고 말하는 것은 자연스러운 것이 아닙니다. 그럼에도 우리는 누군가 우리를 괴롭히거나 우리가 누군가로 인해 분개할 때 그런 말을 하는 것을 별 것 아닌 것처럼 여깁니다. 그런 경우 우리는 얼마나 많은 분노를 느낍니까? 그리고 우리가 그렇게 했음에도 별다른 큰 일이 일어나지 않을 경우, 우리는 우리의 그런 말이 용서되어야 한다고 여깁니다. 그리고 그 다음에는 주먹다짐을 합니다. 그리고, 오, 그 일 역시 무사히 넘어갑니다! 사실 그런 일은 치명적인 것으로 보이지 않습니다. 바로 그것이 사람들이 그들의 시간을 낭비하는 방식입니다. 어째서 그렇습니까? 그것은 그들이 늘 자기들의 잘못을 별 것 아닌 것처럼 여기기 때문입니다.

그런데 이제 하나님은 우리가 그것과는 전혀 다른 질서를 따라야 한다는 것을 알려 주십니다. 우리가 남들과 다투거나 그들에게 상처를 주거나 혹은 그들에 대해 증오나 원한을 품을 때, 우리는 살인에 관한 계명을 떠올리며 다음과 같이 생각해야 합니다. "가련한 자여, 너는 자신이 어디로 가고 있는지 아는가? 너는 무슨 일을 하려는 것인가? 너는 하나님 앞에서 살인자로 판결될 것이다." 그러므로 이제 더 이상 우리는 무엇을 어떻게 시작해야 할지 모르겠다고 주장해서는 안 됩니다. 하나님이 이미 우리에게 방법을 보여 주셨음에도 우리가 그것을 의도적으로 무시하는 것은 그분을 조롱하는 것입니다. 그리고 결국에는 우리가 하나님이 우리에게 분명하게 알려 주신 것을 제대로 보기 위해 눈을 크게 뜨지 않았다는 사실이 밝혀지게 될 것입니다. 바로 그것이 우리가 이 본문을 통해 배워야 할 내용입니다.

더 나아가 우리는 하나님이 사랑이라는 주제를 다루시기 전에 우리에게 살인을 금하는 명령을 주신 데에는 그럴 만한 이유가 있음을 알아야 합니다. 그분은 우리가 서로에게 묶여 있으며, 필요가 발생할 때마다 서로를 도와야 한다는 것을 알려 주십니다. 어째서 그런 것입니까? 그것은 우리가 마땅히 근절되어야 하는 악한 애착들로 가득 차 있기 때문입니다. 우리의 마음은 가시덤불로 가득 찬 땅과 같아서 누군가 그 안에 씨를 뿌리려면 그 이전에 갈아엎어져야 합니다. 더 나아가 우리는 우리 안에 생래적으로 존재하는 악들을 정화할 필요가 있습니다. 그렇지 않을 경우 우리는 다른 이들과 더불어 순결하고 부드러운 사랑을 나누며 살아가려고 하지 않을 것입니다.

우리 안에 있는 거룩한 연대

이제 남아 있는 것은 우리가 무엇을 할 수 있는지에 대해 생각하는 것입니다. 만약 우리가 동료 인간들을 돕는 데 소용이 될 만한 것들을 갖고 있다면, 우리는 하나님이 우리에게 허락하신 그것이 우리 자신만을 위한 것이라고 여기지 말아야 합니다. 우리가 다른 이들에게 무관심할 정도로 자신을 사랑하는 것은 옳지 않습니다. 우리가 우리의 도움을 필요로 하는 이들을 지원할 수단을 갖고 있을 경우, 우리는 그들을 지원하는 일에 기꺼이 개입해야 합니다. 하나님은 사람들이 마치 그들이 개별적으로 창조되기라도 한 것처럼 따로 떨어져서 사는 것을 원하지 않으십니다. 오히려 그분은 우리 모두를 하나로 묶으셨습니다. 하나님이 우리를 연합시키셨으므로 우리가 그분이 우리 안에 세우신 공동체를 유지하고 그곳으로 돌아가는 것은 매우 중요합니다. 그러므로 우리가 우리의 혈육을 미워하는 것은 자연스러운 일이 아닙니다.

그러나 우리 믿는 자들은 그 이상을 생각해야 합니다. 우리는 우리가 하나님의 형상대로 지음 받았다는 것을 인정해야 할 뿐 아니라, 또한 우리가 우리 주 예수 그리스도의 몸의 지체이며 따라서 우리 안에는 모든 인류에게 공통적인 생래적 연대를 훨씬 넘어서는 보다 엄격하고 거룩한 연대가 존재한다는 것을 기억해야 합니다. 그러므로 우리는 하나님이 그분의 백성을 위해 세우신 이런 연합을 망각하는 자들을 더욱더 혐오해야 합니다. 하나님이 연합시키신 것을 파괴하고 그분의 몸을 흩어버리고자 하는 자들이 있습니다. 우리는 사탄의 하수인들이 그런 일을 하고 있다는 것을 압니다. 그들이 바라는 것은 철저한 혼란뿐입니다. 사실 그들은 교묘하게 하나님을 조롱하려고 합니다. 특히 그들은 사람들이 각자 자신들에게 묶이기를 바랍니다. 그들은 사람들을 그들에게 아무런 유익이 되지 않거나 그들의 환상을 깨뜨리는 이들로부터 분리시키고자 합니다. 그러므로 우리의 마음속으로 그런 야만스럽고 터무니없는 야심이 파고들어올 경우, 그것은 마귀가 우리를 사로잡고 있으며 하나님의 성령이 우리 안에 거하시지 않는다는 증거가 아니겠습니까?

그러므로 우리는 여기에서 언급된 내용에 우리 자신을 복속시켜야 합니다. 그래서 우리 안에 있는 모든 원한과 나쁜 의도를 제거하면서 동료 인간들을 섬기는 일에 개입하고, 또한 하나님이 우리에게 주신 수단을 이용해 우리의 의무를 다해야 합니다. 만약 우리의 악한 감정들조차 ― 그것들이 제 아무리 깊은 곳에 숨겨져 있을지라도 ― 하나님이 보시기에 살인과 다름없다면, 우리가 자신을 주체하지 못해 다른 이들을 때리거나 죽인다면, 그 결과가 어찌되겠습니까? 그런 자들은 이 세상의 모든 이교도들보다 훨씬 더 나쁜 자들이 아니겠습니까?

어쨌거나 우리는, 만약 우리가 우리의 손과 발이 악을 행하지 않도록 제어할 뿐 우리의 마음이 변화되지 않는다면, 우리가 하나님의 학교에서 얻을 것이 별로 없으리라는 경고에 유의해야 합니다. 그러므로, 만약 우리가 참된 기독교적 완전에 도달하고자 한다면, 은밀하게 악한 뜻을 품지 않기 위해 조심하는 것만으로는 충분하지 않습니다. 오히려 우리는 참된 형제의 입장이 되어 우리가 할 수 있는 한 곤경에 빠진 이웃들의 일에 개입해야 합니다.

만약 이웃에 대해 은밀한 악의를 갖는 것조차 죄가 된다면, 다른 이들을 때리거나 죽이거나 다른 형태의 폭력을 가하는 것은 더더욱 허용될 수 없습니다. 그런 일을 하는 자들은 미개한 짐승들이나 다름없습니다. 만약 이교도들 사이에서조차 그런 일들이 인간의 법을 따라 정죄된다면, 우리가 하나님의 율법에 의해 정죄될 경우에는 그 상황이 어찌되겠습니까? 그러므로 우리는 우리의 상상력이 아니라 그분의 본성을 따라서 그분께 복종하는 법을 배워야 합니다.

하나님은 영이시므로 우리에게서 순전한 예배를 받고자 하십니다(요 4:20). 그분은 우리가 우리의 손과 발을 제어할 뿐 아니라 우리의 마음 또한 그분에게 복속시키기를 원하십니다. 우리가 그렇게 그분에게 순종하고 복종하면서 소망할 수 있는 것은 우리가 그분의 참된 자녀임이 밝히 드러나는 것입니다. 그리고 그런 사실은 우리가 하나님이 부르셔서 우리와 연대하게 하신 모든 이들과 형제애를 나눌 때마다 분명하게 드러납니다.

1555년 7월 2일 화요일

제9강

간음하지 말라

간음하지 말지니라 (신 5:18)

그리스도인의 삶에 대해 말하던 중에 바울은 무엇보다도 그리스도인들이 하나님을 경외해야 할 것을 가르친 후 곧바로 그들에게 "신중함과 의로움과 경건함"을 지니고 살라고 권했습니다(딛 2:12). 의심할 바 없이 이것은 십계명의 두 번째 돌판에 관한 언급입니다. 만약 우리가 주님이 이 두 번째 돌판을 통해 명령하신 것을 이행하고자 한다면, 단순히 다른 이들에게 육체적으로나 물질적으로 해를 입히지 않는 것만으로는 충분하지 않습니다. 오히려 우리는 그런 의무의 이행을 넘어서 하나님이 다른 말씀을 통해 알려주시듯 절제하면서 그리고 정직하게 살아갈 필요가 있습니다. 바울이 우리가 인용한 디도서의 첫 구절을 통해 말하는 것처럼 우리 주 예수 그리스도께서 은혜로 우리를 구원하신 것은 무엇보다도 우리가 이 세상에서 하나님을 경외하면서 그리고 의로움과 경건함을 지니고 살아가게 하시기 위함이었습니다. 또한 디모데전서에서 바울은, 만약 법이 공정하고 행정관들이 그들의 의무를 다한다면, 우리가 경건하고 의롭고 바르게 살아가게 될 것이라고 말합니다(딤전 2:2).

이미 말씀드렸듯이, 하나님을 경외한다는 것은 우리가 그분께 영적인 예배 곧 순전한 예배를 드리는 것을 의미합니다. 그런 예배를 통해 우리는 그분을 신뢰하고, 그분의 이름을 부르고, 그분에게 합당한 존경을 그분께 바칩니다. 그러나 이웃과의 문제와 관련해서는 우리가 그들과 더불어 어떻게 사느냐 하는 것이 중요합니다. 이와 관련해 하나님이 제시하시는 두 가지 조항이 있습니다. 첫째는 정의롭게 사는 것입니다. 여기에는 우리가 다른 이들에게 폭력이나 착취를 행하거나 그들의 물건을 속여서 빼앗지 않는 것이 포함됩니다. 둘째는 방탕하지 않는 것, 악해지지 않는 것, 그리고 우리의 삶을 허비하지 않는 것입니다. 그것은 의롭고 경건하게 사는 자들에게서 나타나는 모습입니다. 앞에서 우리는 하나님이 살인을 금하셨던 것에 대해 설명하면서 그 계명이 단순히 우리가 다른 이에게 폭행을 가하거나 상처를 주는 행위를 금하는 것에 그치지 않고 동료 인간들과 평화롭게 그리고 그 누구도 괴롭히지 말고 살아갈 것을 명령한다는 것에 대해 살펴본 바 있습니다.

간음은 모든 더러운 행위를 대표한다

그런데 그것이 전부입니까? 이제 곧 우리는 남의 것을 훔치거나 이웃에 대해 거짓 증거하지 말라는 말씀을 듣게 될 것입니다(신 5:19, 20). 또한 정의와 공평에 대해서도 듣게 될 것입니다. 그것은 우리가 서로의 권리를 지켜주기 위해서는 그 누구에게도 해나 상처를 주어서는 안 되기 때문입니다. 그리고 다시 우리는, 또다시 재물과 관련해서, 그것이 무엇이든 다른 이의 것을 탐내지 말라는 말씀도 듣게 될 것입니다(21절). 그런데 오늘의 본문에서 하나님은 불쑥 "간음하지 말지니라"(18절)라고 말씀하십니다. 이 계명은 절제 혹은 경건과 관련되어 있습니다. 비록 우리가 남의 재산을 빼앗거나 살인을 하거나 말다툼을 하지 않을지라도, 만약 우리가 뻔뻔스럽거나 방탕하거나 야만스럽게 살아간다면, 우리는 하나님이 그런 우리에게 만족하시리라고 여겨서는 안 됩니다. 정의와 경건은 분리될 수 없습니다. 하나님이 그것들 모두를 그분의 율법과 연결시키셨기 때문입니다.

게다가 이미 우리는 하나님이 여기에서 아주 간략하게만 언급된 것을 훗날 그분의 사도를 통해 상술하심으로써 그것의 가치를 확증하셨던 것에 대해 살펴본 바 있습니다. 그러므로 우리가 이 구절(딛 2:12 – 역주)의 본래적 의미를 이해하기 위해서는 하나님이 이 구절을 통해 우리에게 정직하고 순결한 삶을 살아갈 것과 우리 안에 그 어떤 비열함이나 방종도 없게 할 것을 명령하고 계시다는 것을 알아야 합니다. 바로 그것이 이 명령의 핵심입니다(**강요** II.viii.41).

특별히 이 구절에서 하나님은 우리에게 간음하는 자가 되지 말라고 명하십니다. 즉, 다른 사람의 아내를 유혹해 그녀가 맺은 결혼서약을 깨뜨리게 하지 말라는 것입니다. 그러나 여기에서 우리는 우리가 이미 말했던 것, 즉 하나님은 하나의 조항이나 주제 아래 그와 관련된 모든 것을 포함시키신다는 것, 그리고 우리가 난잡한 생활을 극도로 두려워하게 하시기 위해 본질적으로 가장 혐오스러운 것을 우리 앞에 제시하신다는 것을 강조할 필요가 있습니다(『강요』 II.xiii.41-44).

어제 나는 우리 인간은 악한 일을 하도록 유혹을 받을 때 늘 그런 잘못이 하찮은 것에 불과하다며 자신을 속이지만 사실은 언제나 보다 작은 것에서 보다 큰 것이 나오는 법이라고 말씀드린 바 있습니다. 하나님은 우리를 제어하시기 위해 우리 앞에 가장 혐오스러운 죄를 제시하십니다. 그것은 우리를 두려움으로 가득 채워 우리가 쉽게 잘못을 저지르지 않게 하시기 위함입니다. 이것은 마치 그분이 다음과 같이 말씀하시는 것과 같습니다. "넘어지지 않도록 조심하라. 넘어질 경우 너희의 목이 부러질 것이다. 그저 미끄러졌을 뿐이라고 생각하지 말라. 왜냐하면 넘어짐은 너희에게 치명적인 것이 될 수 있기 때문이다. 그러므로 조심하라!" 바로 그것이 하나님이 그분의 율법 안에 이런 질서를 세우신 이유입니다. 그리고 이제 여기에서 그분은 난잡한 생활 전반에 대해서가 아니라 거룩한 결혼생활을 깨뜨리는 간음에 대해서만 말씀하십니다.

인간의 삶에서 가장 신성한 것으로 간주될 필요가 있는 것을 하나만 꼽으라면, 아마도 그것은 남편이 자기 아내에 대해 그리고 아내가 자기 남편에 대해 갖고 있는 믿음일 것입니다. 사실 우리는 우리가 맺은 모든 계약과 약속들을 신실하게 지켜야 합니다. 그러나, 만약 우리가 굳이 결혼과 관련해 어떤 비교를 해야 한다면, 우리는 그것을 "하나님의 언약"(잠 2:17)이라고 불러도 좋을 것입니다. 솔로몬이 이 말로써 의미하고자 했던 것은 인간의 결혼을 주관하시는 분이 하나님이시라는 것입니다. 그리고 바로 그런 이유 때문에, 어느 남편이 자신의 아내와 맺은 약속을 파기할 경우, 그는 그녀만이 아니라 하나님께도 위증을 하는 셈이 됩니다. 동일한 것이 아내에게도 해당됩니다. 그녀는 자기 남편만이 아니라 살아 계신 하나님께도 잘못을 저지르는 셈이 됩니다. 왜냐하면 그녀는 그분에 대해서도 감당해야 할 의무가 있기 때문입니다.

더 특별한 것은 하나님이 인간의 결혼생활이 순결하게 지켜지는 것을 원하신다는 것입니다. 그것은 그분이 그 제도를 정하셨고 그것의 주인이시기 때문입니다. 그러므로 "간음"이라는 말을 들을 때 우리는 그것을 아주 혐오스럽게 여겨야 합니다 — 비록 많은 이들이 하나님을 조롱하면서 마치 사나운 짐승들처럼 그분이 결혼을 통해 세우신 거룩한 연대를 깨뜨리려 하고 있을지라도 말입니다.

우리는 이 계명을 통해 하나님이 우리의 순결한 삶을 얼마나 귀하게 여기시는지를 분명하게 알아야 합니다. 그분은 우리가 건전하고 순결하고 신중하기를 바라면서 다음과 같이 말씀하십니다. "만약 너희가 고결하고 건전하지 않다면, 너희는 간음한 자들이나 다름없다. 너희가 사람들 앞에서 어떤 변명을 하든, 그리고 너희가 저지른 잘못이 얼마나 하찮은지와 상관없이, 나는 너희를 미워할 것이다. 너희는 내게 악취를 풍기게 될 것이다. 내 앞에서 너희의 삶 전체가 더러운 것이 될 것이다."

간음은 창조질서를 해치는 죄다

그러므로 우리는 이것이 우리를 정직하고 신중하게 만들기 위해 고안된 엄격한 계명임을 알 수 있습니다. 또한 이것을 통해 우리는 매일 쾌락에 탐닉하고 충격적일 만큼 악한 일을 밥 먹듯 하는 자들이 자기는 다른 이들을 해친 적이 없다고 변명하는 것이 얼마나 천박한 짓인지를 알 수 있습니다. 우리 주님이 그런 말씀을 하신 것은 그분이 말더듬이어서도 아니고 옳고 그름을 분별하시지 못해서도 아닙니다. 오히려 그것은 우리에게 방탕함에는 - 비록 사람들이 그것을 아주 사소한 것으로 만들려 할지라도 - 또 다른 심각한 측면이 있음을 알려 주시기 위함이었습니다. 그 측면이란 주님은 모든 간음자들, 즉 수치스럽고 불결한 일을 행하는 모든 이들을 정죄하고 저주하신다는 사실입니다. 그러므로 우리는 그분이 "간음하지 말라"라고 말씀하실 때 그 말씀을 아주 무겁게 받아들여야 합니다.

어쨌거나 우리는 이 명령에 내포된 요소들을 상세하게 살펴볼 필요가 있습니다. 먼저 우리는 하나님은 우리의 결혼생활이 성결하게 유지되기를 바라신다는 것을 알아야 합니다. 그분은 우리의 삶과 인격을 귀하게 여기시기에 남편과 아내 사이에 있어야 하는 믿음과 상호간의 충성이 적절하게 존중되기를, 그리고 결혼처럼 거룩한 일이 흉악하고 수치스러운 일에 노출되지 않기를 바라십니다. 바로 그것이 우리가 이웃의 아내를 욕망어린 눈길로 바라보지 말아야 하는 이유입니다. 어째서 그렇습니까? 그것은 우리 주님이 이미 그녀를 그녀의 남편과 결합시키셨고, 그녀의 남편이 그녀를 그의 그늘 아래에 두기를 바라시기 때문입니다. 그분은 우리가 악하고 수치스러운 욕망을 느낄 때마다 우리에게 공표된 사실, 즉 하나님은 자신의 이름으로 허락하신 거룩한 친밀함을 해치는 모든 자들에게 복수하신다는 사실을 두려워하는 마음으로 숙고하기를 바라십니다.

동일한 것이 아내가 남편을 대하는 문제에도 해당됩니다. 다시 말해, 아내들은 다른 여자와 결혼한 남자를 도발적인 생각을 품고 바라보아서는 안 됩니다. 어째서입니까? 그것은 하나님이 이미 그를 그의 아내에게 주셨기 때문입니다. 그러므로, 만약 우리가 창조주와 맞서 싸우려는 것이 아니라면, 우리 모두는 각자의 집에서 자신의 배우자와 함께 살아야 합니다. 그리고 아무도 그 질서를 해쳐서는 안 됩니다. 왜냐하면 하나님이 그 질서의 주인이시기 때문입니다. 이것이 하나의 요점입니다.

더 나아가 우리는 계속해서 하나님의 본성에 대해 생각해야 합니다. 그분은 우리의 외적 행위만 금할 뿐 악한 감정에 빠져드는 것은 나 몰라라 하는 이 세상의 입법자들과 같지 않으십니다. 그러므로 우리는 하나님을 겉으로만 섬겨서는 안 됩니다. 그분은 우리와 같은 분이 아니십니다. 사람들은 다른 이들의 잘못을 인식하지만 않는다면 그럭저럭 만족할 수 있습니다. 그러나 우리의 마음을 지으신 하나님은, 예레미야의 말처럼, 진리를 찾으십니다(렘 5:3). 그분은 율법으로 우리의 육체만 제어하기를 바라지 않으십니다. 오히려 그분은 무엇보다도 우리의 영혼에 대해 깊은 관심을 보이십니다. 하나님은 우리가 실제로 누군가의 결혼생활을 해치거나 깨뜨리는 것만을 금하셨던 것이 아니라 우리의 모든 음탕하고 사악한 의도들까지 금하셨습니다. 바로 그것이 우리 주 예수 그리스도께서 이웃의 아내를 음탕한 눈으로 바라보는 자는 하나님이 보시기에 이미 간음한 자나 다름없다고 말씀하셨던 이유입니다(마 5:28). 그런 자들은, 비록 인간의 법에 의하면 죄지은 것이 없고 따라서 난잡하게 행동했다는 비난을 받을 이유가 없을지라도, 하나님이 보시기에는 "간음하지 말라"라는 계명을 어긴 자로 정죄될 수밖에 없습니다.

그러므로 우리는 성경에서 "간음"이 그 정도로 심각하게 정죄되는 것을 보면서 우리의 모든 난잡함을 억제할 뿐 아니라 우리의 모든 감각을 순결하게 유지하는 법을 배워야 합니다. 바로 그것이 바울이 참된 순결을 정의했던 방식입니다. 그는 결혼하지 않은 사람은 자신의 몸과 마음을 순결하고 깨끗하게 유지하면서 어떻게 하나님께 복종할까 하는 문제에 관심을 집중해야 한다고 말했습니다(고전 7:34). 그는 간음으로 몸을 더럽히지 않은 자들을 순결한 자들이라고 부르지 않습니다. 오히려 그는 자신의 몸과 마음 모두를 더러운 것으로부터 보존하기 위해 애쓰는 자들이야말로 순결한 자들이라고 말합니다.

성령의 전과 그리스도의 지체

지금까지 우리는 하나님이 간음을 얼마나 저주하고 혐오하시는지에 대해 살펴보았습니다. 그러나 이제 우리는 이 문제를 모든 난잡한 행위에 적용하고 확대할 필요가 있습니다. 사실, 이미 말씀드렸듯이, 결혼 서약을 어기는 자는 누구나 이중의 죄를 저지르는 것이며 분명하게 유죄입니다. 하지만 우리는 다시 이 문제로 돌아와 하나님은 우리가 결혼생활을 해치는 악한 행동을 하지 않기를 바라실 뿐 아니라 또한 우리가 짐승이나 다름없을 만큼 방종한 삶을 살아가지 않기를 바라신다는 것을 강조할 필요가 있습니다.

하나님은 우리들 가운데에서 간음이 기승을 부리지 않기를 바라십니다. 그분은 결혼하지 않은 자들이라도 말 못하는 짐승들처럼 시도 때도 없이 아무하고나 음행하지 않기를 바라십니다. 왜냐하면 성경은 우리의 영혼뿐 아니라 우리의 몸 역시 "성령의 전"(고전 6:19)이라고 말씀하기 때문입니다. 사도 바울이 고린도 교인들에게 음행에 빠지는 것이 매우 수치스럽고 불명예스러운 짓이라고 비난했을 때 그가 말하고자 했던 것이 바로 그것이었습니다. 그는 말합니다. "너희 몸은 너희가 하나님께로부터 받은 바 너희 가운데 계신 성령의 전인 줄을 알지 못하느냐 너희는 너희 자신의 것이 아니라."

우리에게 그런 명예를 주신 분은 하나님이십니다. 그분은 부서지기 쉬운 그릇 같을 뿐 아니라 더럽고 부패해서 악취가 나는 고깃덩어리와도 같은 우리의 가련한 몸을 택하셔서 그것에 영광을 주시되 그것을 성령이 거하시는 전으로 삼아 주기까지 하셨습니다. 그럼에도 여전히 우리는 우리의 육체를 온갖 더러운 것들 속에 뒹굴리고 있습니다. 다시 말해 우리는 성령의 전을 더러운 돼지우리로 만들고 있습니다. 이 얼마나 무서운 신성 모독입니까!

그러나 그것이 전부가 아닙니다. 바울이 우리를 어디까지 이끌어 가는지 주목해 보십시오. 우리의 몸은 "그리스도의 지체"입니다(고전 6:15). 그러므로 우리의 음행은 곧 예수 그리스도의 몸에 대한 강간이나 다름없습니다. 우리는 모든 순결함의 원천이신 하나님의 아드님을 우리의 더럽고 혐오스러운 것들과 뒤섞지 말아야 합니다. 우리의 간음은 곧 우리 주 예수 그리스도의 몸을 갈기갈기 찢는 것과 다름없습니다. 물론 우리가 실제로 그렇게 할 수는 없습니다. 왜냐하면 하나님의 아드님은 우리에 의해서 그런 식으로 수치를 당하실 수 없기 때문입니다. 그럼에도 우리가 음행을 한다면 훗날 우리는 우리가 저지른 그런 신성 모독으로 인해 유죄로 판결될 것입니다.

그러므로 이런 사정을 감안하면서 우리는 하나님은 우리가 결혼생활에서 배우자에 대한 믿음과 충성을 유지할 뿐 아니라 순결하고 깨끗한 삶을 살아감으로써 모든 부도덕한 행위를 제어하기를 바라신다는 것을 알아야 합니다. 그런데 도대체 그분은 어째서 그러시는 것입니까? 아마도 그 질문에 대해서는 우리가 지금까지 말했던 것만으로 충분한 답이 될 것입니다. 그러나 우리는 간음과 관련해 지금까지 논의했던 내용을 다음과 같은 식으로 적용해야 합니다. 즉, 우리는 우리의 감각을 신중하게 통제함으로써 마귀가 우리 안에 어떤 도발적인 생각을 불러일으킬 때마다 자제력을 발휘해 그런 생각을 격퇴하고 그것이 우리 안으로 틈입할 수 있는 모든 길을 차단해야 합니다.

부끄럽고 혐오스러운 죄

어느 이교도(아테네의 장군이자 정치가였던 페리클레스Pericles[495-429 B.C.] – 역자 주)가 잘 말했듯이, 우리가 자신의 손을 제어하는 것만으로는 충분하지 않습니다. 오히려 우리는 순결한 눈을 가져야 할 필요가 있습니다. 즉, 우리는 우리의 부도덕한 눈짓을 제어해야 합니다. 만약 무지하고 눈이 먼 이교도조차 그런 진리를 알았다면, 하나님이 우리에게 우리의 영혼만이 아니라 몸까지도 – 비록 그것이 부패한 것들로 가득 차 있을지라도 – 변화시켜 주시는 명예를 베풀어 주셨음을 알고 있는 우리는 어떻게 해야 하겠습니까? 하나님이 우리의 몸을 그분의 것으로 삼으시고 그 안에 거하기를 바라신다는 것을 고려한다면, 마땅히 우리는 신중하게 살아가는 법을 배워야 하지 않겠습니까? 우리는 우리 안에서 하나님을 몰아내는 모든 더럽고 불결한 것을 멀리하면서 그분의 온전한 거처와 성전이 되어야 하지 않겠습니까?

참으로 우리는 바울이 한 말, 즉 다른 모든 죄는 우리의 몸 밖에서 이루어지나 음행은 우리의 몸 안에서 이루어진다는 말을 기억할 필요가 있습니다(고전 6:18). 도둑질이나 강도짓이 우리의 손을 해친다는 주장에 대해서는 의심할 여지가 없습니다. 성경이 그렇게 증언하고 있기 때문입니다. 또한 선지자 이사야가 말하듯이, 우리가 누군가를 해칠 때마다 우리의 손에는 피가 가득하게 됩니다(사 1:15; 59:3). 그러나 바울은 음행이 그런 악행들보다 훨씬 더 부끄러운 짓이며 따라서 그것을 더 경계해야 한다고 여겼습니다. 그는 음행은 우리의 몸 전체에 낙인을 남기므로 우리의 몸 전체를 수치스럽게 만든다고 말했습니다(고전 6:16).

우리가 자신의 명예를 보존하고자 하는데 누군가 우리를 비방하거나 우리에 대해 뒷말을 할 경우 우리는 짜증을 냅니다. 그렇다면 도대체 어째서 우리는 그 일이 하나님과 천사들과 사람들 앞에서 우리에게 불명예스러운 딱지와 인상을 줄 것이 분명함에도 여전히 음행을 하려고 하는 것입니까? 그러므로 우리는 이 계명에 신중하게 유념하면서 자신을 억제해야 합니다. 더 나아가 우리는 육체적 순결뿐 아니라 정신적이고 영적인 순결을 유지하기 위해 자신을 억제하는 고삐를 늦추지 말아야 합니다. 왜냐하면 우리는 자신이 얼마나 연약한지 그리고 마귀가 우리를 유혹하기 위해 얼마나 애쓰고 있는지 알기 때문입니다.

또한 우리는 "누구든지 헛된 말로 너희를 속이지 못하게 하라 이로 말미암아 하나님의 진노가 불순종의 아들들에게 임하나니"(엡 5:6)라는 말씀에 유념해야 합니다. 오늘날 수많은 사람들이 자신의 행동을 합리화하면서 음행은 심각하고 치명적인 죄가 아니라고 주장합니다. 심지어 그들은 음행은 자연스러운 것이며 따라서 별 것 아니라고 말하면서 하나님을 조롱하기까지 합니다. 실제로 우리 중에는 그런 말을 지껄이며 살아가고 있는 수치를 모르는 돼지와 같은 자들이 있습니다.

그런 이유 때문에 사도 바울은 아무도 우리를 속이지 못하게 하라고 말합니다. 바울이 살았던 시절에도 하나님을 조롱하는 자들의 입술에서는 그런 더러운 말들이 튀어나왔습니다. 그리고 많은 사람들이 그런 말들로 인해 분별력을 잃어버렸습니다. 우리는 세상이 그런 헛소리에 쉽게 귀를 기울인다는 것을 알고 있습니다. "미혹을 받지 말라"(고전 6:9). 어째서 그래야 하는 것입니까? 그것은 음행은 하나님이 보시기에 혐오스러운 짓이기 때문입니다.

하나님은 자신이 음행을 혐오하신다는 사실을 자신이 그런 죄에 대해 내리시는 벌을 통해, 그리고 사도 바울이 고린도전서에서 열거하는 죄의 목록들 중 하나를 통해 알려 주십니다(고전 10:6-11). 그것을 입증하기 위해 바울은 큰 군대가 음행으로 인해 멸망했던 사건을 예로 듭니다(민 25:1-18). 그 사건을 통해 우리는 하나님이 성적 부도덕을 용납하지 않으신다는 것을 배울 수 있습니다. 어제 말씀드렸듯이, 하나님은 인간의 생명을 귀하게 여기십니다. 그것은 인간이 그분의 형상을 따라 지음 받았기 때문입니다. 그럼에도 그분은 이만사천 명의 사람이 죄를 범했을 때 그토록 많은 자신의 형상들을 파멸시키셨습니다. 그렇다면 이것은 당시에 그분의 진노의 불길이 얼마나 강렬했는지를 말해 주는 것 아니겠습니까?

그러므로 우리는 음행은 단순히 자신을 속이는 문제이거나 쉽게 용서받을 수 있는 사소한 죄가 아니라는 결론을 내려야 할 것입니다. 왜냐하면 좀처럼 쉽게 화내지 않으시는 우리 주님이 그 죄를 그토록 심하게 벌하셨기 때문입니다. 오히려 우리는 언젠가 우리가 하늘의 심판관 앞에서 그 죄에 대해 해명해야 한다는 것을 알아야 합니다. 비록 사람들은 우리의 음행을 쉽게 용서하고 우리 역시 그것을 그저 약간 더럽고 추잡한 오락정도로 여길지라도, 하나님은 우리에게 그 죄에 대해 하실 말씀을 갖고 계십니다. 그러므로 우리는 그분을 바라보아야 합니다. 그리고 그분이 우리가 그분을 두려워하고 모든 더러운 것들로부터 우리 자신을 지키게 하기 위해 보여 주신 예들에 유념해야 합니다. 바로 그것이 우리가 "간음하지 말라"라는 이 계명을 통해 배워야 할 내용입니다. 즉, 이 계명은 우리가 불결함이나 무절제함으로 우리를 더럽히지 않게 하기 위해 주어진 것입니다.

음행으로 이어질 수 있는 모든 일을 피하라

만약 우리가 우리의 몸과 마음 모두를 더럽히지 않기를 바란다면, 마땅히 우리는 우리를 부도덕한 상태로 이끌어 갈 만한 모든 일들을 피해야 하지 않겠습니까? 물론입니다! 온갖 방종한 삶에 빠져 있는 자들은 자신을 사탄의 올무 속으로 내던지도록 유혹 받고 있는 셈입니다. 그리고, 비록 그들이 이 세상에서는 그런 일들로 인해 비난 받지 않을지라도, 하나님이 보시기에 그들은 이미 간음한 자와 다름없습니다. 이제 우리는 이런 사실을 신중하게 고려하면서 오늘날 이 세상이 과도하게 허용하고 있는 천박한 옷차림이나 몸짓이나 말을 더 이상 용납하지 말아야 합니다. 남자와 여자가 서로 유혹해 간음에 빠지게 만큼 야한 옷차림을 할 경우, 그들은 이미 간음을 하고 있는 것 아니겠습니까?

물론 그들은 다음과 같이 말합니다. "오, 나는 결코 간음한 적이 없어." 그러나 그렇게 야한 옷차림을 하는 이들은 이미 사탄의 먹잇감이 된 것이며, 또한 가능한 한 다른 이들을 사탄의 손아귀 속으로 이끌고 있는 것입니다. 결과적으로 그들은 하나님이 보시기에 이미 간음한 자이며, 그들의 방종하고 과도한 옷차림은 다른 이들을 사탄의 올무 속으로 이끌기 위한 수단인 것입니다.

몸짓과 말 역시 마찬가지입니다. 남자와 여자가 사탄에게 틈을 주는 방식으로 교제할 때, 그리고 수치심을 잃어버리고 사탄의 덫에 빠져들어 그를 섬기는 일에 매진할 때, 그런 일은 하나님이 보시기에 이미 간음이나 다름없습니다. 결과적으로는 그들 사이에 아무 일도 없을지라도, 즉 그들이 아무런 결정적인 행동도 하지 않을지라도, 하나님은 그들의 그런 태도를 결코 용서하지 않으십니다. 왜냐하면 이미 그들은 아주 뻔뻔스러운 방식으로 그런 일을 시도한 셈이기 때문입니다. 이로써 우리는 사람들이 자기들은 본래 의도했던 일을 하지 않았으므로 잘못한 것이 없다고 둘러대는 것이 얼마나 천박하고 어리석은 짓인지 알 수 있습니다.

오늘날 춤과 외설적인 행동을 즐기는 어떤 이들은 자기들이 음행한 적이 없음에도 자신들의 그런 행동이 나쁜 것이냐고 묻습니다. 이것은 그들이 하나님을 공공연하게 조롱하고 모욕하기 위해 자신들의 눈을 가린 채 도대체 자기들이 무슨 잘못을 했느냐고 따지는 것이나 다름없습니다. 그러나, 우리 모두가 알다시피, 춤은 음행의 전단계에 불과합니다. 왜냐하면 그것은 사탄을 위해 문을 열고 그를 향해 자기 안으로 들어오라고 소리치는 것이나 다름없기 때문입니다. 춤은 언제나 그런 결과를 낳습니다. 만약 당신이 "나는 악한 욕망을 가진 적이 없어"라고 말한다면, 당신은 하나님을 거짓말하시는 분으로 만드는 셈입니다. 하지만 바울은 나쁜 교제가 선한 행실을 더럽힌다고 선언합니다(고전 15:33). 바울이 이 구절을 어느 이교도(그리스의 희곡작가 메난드로스Menander[342-291 BC] – 역자 주)에게서 빌려와 표현한 것은 우리를 더욱 부끄럽게 합니다. 그러므로, 만약 우리가 바울의 이 가르침을 받아들이지 못한다면, 우리는 가련한 불신자와 우상숭배자들을 위한 학교에라도 가야 합니다. 적어도 그들은 나쁜 교제가 선한 행실을 더럽힌다고 단언할 수라도 있었으니 말입니다.

만약 우리의 혀가 나쁜 말로 오염되어 있다면, 그것은 우리 안에 있는 지극히 더러운 것들에 대한 표시나 증거인 셈입니다. 만약 사람들이 자기들은 그 어떤 악한 목적도 갖고 있지 않다고 주장한다면, 그 때 그들은 공개적으로 성령을 논박하는 셈입니다. 그러므로 우리는 하나님이 우리에게 온갖 형태의 성적 부도덕을 금하시는 목적이 우리 안에 간음으로 이어질 만한 아무런 부도덕함도 없게 하시기 위함이라는 것을 알아야 합니다.

순결한 양심을 지닌 사람에게는 모든 것이 깨끗합니다(딛 1:15). 그러므로 우리는 사탄이 우리의 마음을 빼앗아 우리 안에 그 어떤 흠도 만들어 내지 못하도록 조심해야 합니다. 바로 그것이 "간음하지 말라"라는 계명이 우리에게 그토록 중요한 이유입니다. 이 계명은 단순히 우리에게 음행만을 금하는 것이 아니라, 그것과 관련된 모든 것들, 그것에 따르는 모든 것들, 그것과 유사한 모든 것들, 그리고 우리를 그것으로 이끌 수 있는 모든 것들을 금하는 것입니다. 그러므로 이제 우리는 앞에서 우리가 인용했던 바울의 말(딛 2:2)로 되돌아갈 필요가 있습니다. 그것은 우리가 다른 이의 인격이나 재산에 해를 끼치지 말아야 할 뿐 아니라, 온전하게 순결한 삶을 살아야 하며, 더 나아가 모든 천박하고 경박한 일들을 멀리해야 한다는 것입니다. 더러운 말과 춤 그리고 천박하고 부도덕한 행위는 모두 하나님 앞에서 간음이나 다름없는 것으로 정죄됩니다. 그러므로 이제 우리는 온갖 형태의 무절제 역시 그러하리라는 것을 알아야 합니다.

우리는 사나운 짐승처럼 폭음을 하는 주정뱅이들을 알고 있습니다. 그런데 과연 그들은 다른 이들보다 봐줄만 한 사람들입니까? 주정은 온갖 타락을 향해 돌진하기 위한 전단계입니다. 주정뱅이들은 온갖 타락을 대표하는 자들이며 수치를 모르는 자들입니다. 주정뱅이나 폭식가들은 짐승이나 다름없는 삶을 살아가며, 그런 까닭에 그들의 몸은 늘 온갖 더러움에 노출됩니다. 우리는 그들이 실제로 음행을 한 적이 없기 때문에 하나님의 심판을 벗어나 간음한 자로 정죄되지 않으리라고 생각해서는 안 됩니다. 바로 그것이 바울이 말하는 절제의 의미입니다. 만약 우리가 하나님 앞에서 순결하고 깨끗해지고자 한다면, 우리는 성적 부도덕을 금해야 할 뿐 아니라, 먹고 마시는 것까지도 절제해야 합니다. 물론 우리는 우리의 육신을 유지하기 위해 먹고 마셔야 합니다. 그러나 그 일을 자신을 제어하지 못할 만큼 극단적으로 해서는 안 됩니다.

여기에서 어떤 이들은 다음과 같은 주장을 할 수도 있을 것입니다. "우리는 우리의 육체가 얼마나 연약한지 알고 있다. 그런 우리가 어떻게 그 모든 부정한 것들을 멀리할 수 있겠는가?" 정직하게 말하자면, 우리 모두는 우리 안에 음란함이 깃들어 있다는 것을 알고 있습니다. 그리고 다른 무엇보다도 그것으로 인해 우리의 본성이 얼마나 악한지가 드러납니다. 사실 인간은 순결해질 수 없습니다. 왜냐하면 우리 주님은 우리가 어떤 특별한 은사를 얻지 못할 경우 – 사실 그런 은사는 누구에게나 동일하게 주어지는 것이 아닙니다(고전 7:7) – 우리가 우리의 육신의 그런 방종함을 통해 아담의 죄로 인한 저주를 인식하기를 바라시기 때문입니다(『강요』 II.viii.42).

결혼이라는 신성한 장치

물론 우리 모두는 하나님이 우리에게 주신 것을 고려하면서, 또한 자신이 하나님께 큰 의무를 지고 있음을 의식하면서 우리가 하나님으로부터 받은 은사를 사용해야 합니다. 그러나 하나님은 자신을 제어하지 못하는 사람들을 위해 결혼생활이라는 치유책을 마련해 두셨습니다(고전 7:9). 하나님은 우리 안에 연약함의 표시를 남겨두고자 하셨지만, 그럼에도 여전히 우리에게 그 연약함에 적합한 치유책을 제공해 주셨습니다. 그러므로 우리는 그것에 관한 논의로 되돌아가야 합니다. 남자의 육신이 약합니까? 여자의 육신 역시 그러합니까? 분명히 그런 문제의 원인은 악입니다. 그리고, 비록 그것이 자연으로부터 유래된 성향처럼 보일지라도, 사실 그것은 우리가 아담에게서 물려받은 타락한 본성으로부터 온 것입니다. 그러므로 그것은 그 자체로 이미 정죄되어 있는 셈입니다. 왜냐하면 그와 같은 모든 방종은 하나님이 인간 안에 심어 놓으신, 그리고 우리가 그것에 대한 징표를 지녀야 하고 또한 그것으로 인해 천사들처럼 되어야 하는 탁월한 위엄과는 거리가 멀어도 한참이나 멀기 때문입니다(『강요』 II.viii.44).

육체의 모든 무절제는 잘못입니다. 그러나 언제나 우리를 옹호해 주시는 우리 주님은 우리의 그런 연약함이 악으로 간주되지 않을 한 가지 방법을 찾으셨습니다. 그분은 그 자체로는 악한 것으로 간주되고 저주 받아야 마땅한 육신의 무절제가 결혼생활이라는 망토를 쓸 경우 그것을 악으로 여기지 않기로 작정하셨습니다. 그래서 어떤 이가 하나님께 기도를 드리고 그분에게 자신의 삶을 맡긴 후에도 여전히 자신을 억제할 수 없을 경우, 그는 부도덕한 삶을 살지 않기 위해, 혹은 개나 소나 다른 야생 짐승처럼 행동하지 않기 위해 아내를 취할 수 있게 하셨습니다. 그러므로, 만약 그가 하나님이 정하신 바에 따라 결혼을 한다면, 그것은 그의 악을 덮고 감출 뿐 아니라 그가 심판을 받지 않을 방법이 될 수 있습니다.

여기에서 우리는 하나님의 측량할 수 없는 선하심을 발견하게 됩니다. 왜냐하면 그분은 우리가 수치를 알게 하시기 위해 우리 안에 그런 악을 남겨 놓으셨으나, 그럼에도 또한 우리를 위해 그 악을 극복하는 데 도움이 되는 수단을 마련해 주셨기 때문입니다. 그러므로, 비록 사람들이 무절제하게 될지라도, 만약 그들이 결혼생활이라는 영역 안에서 그렇게 한다면, 그들은 하나님과 그분의 심판대 앞에서 비난을 받지 않을 것입니다.

사실 모든 무절제는 불법입니다. 예컨대, 어떤 사람이 지나치게 많은 자유를 누리고자 하고 그의 아내 역시 그러할 경우, 그것이 곧 그들이 그들의 집을 매음굴로 만들어도 좋은 이유가 되지는 않습니다(『강요』 II.viii.44). 그러나, 만약 한 남자가 하나님을 두려워하면서 자기 아내와 더불어 명예롭게 살아간다면, 비록 그들의 적법한 부부관계가 면목 없는 짓이기는 하나, 그들의 그런 관계가 하나님이나 그분의 천사들 앞에서 수치스러운 것이 되지는 않습니다. 어째서 그렇습니까? 그들에게는 더럽고 불결한 것을 신성하게 만들어 주는 결혼생활이라는 망토가 있기 때문입니다. 그것은 더럽혀진 것과 그 자체로 이미 더러운 것을 깨끗하게 해주는 역할을 합니다.

그러므로, 만약 우리가 우리 주님이 얼마나 인자하신지 그리고 그분이 우리를 위해 어떤 치유책을 마련해 주셨는지 알면서도 그것을 사용하지 않거나 사람들이 내세우는 온갖 변명들을 되풀이한다면, 그 때 우리는 그런 사실을 알지 못하는 이들보다 훨씬 더 악하고 배은망덕한 것 아니겠습니까? 참으로 하나님은 우리의 필요를 채워 주셨고 우리의 잘못을 치유하기 위해 훌륭한 의사를 보내주셨습니다. 즉, 그분은 우리보다 앞서 가셨습니다. 그러므로 우리는 우리의 연약한 본성을 들먹이며 핑계를 대서는 안 됩니다. 우리 주님께서는 우리를 그런 문제로부터 구해 주고자 하셨고, 실제로 절제의 은사를 갖지 못한 자들이 간음에 빠지지 않게 하시기 위해 결혼이라는 신성한 제도를 마련해 주셨기 때문입니다.

이 주제와 관련해 사도가 "침소"에 대해 하는 말에 주목합시다(히 13:4). 남자와 여자가 하나님을 두려워하고 온전히 정숙하게 살아갈 경우 그들의 침소는 명예로운 것입니다. 사실 그것은 수치스러운 것이지만, 우리 주님은 그것을 명예로운 것으로 바꿔주십니다. 사도가 그것을 하나님이 보시기에 명예로운 것이라고 부르는 것은 단순한 농담이 아닙니다. 왜냐하면 하나님은 사람의 눈에 수치스러운 것조차 용서해 주시기 때문입니다. 하지만 그분은 간음한 자들에게는 저주와 복수를 선언하십니다. 우리는 그런 통지를 받았습니다. 그러므로, 만약 그렇게 해야 할 필요가 있다면, 우리는 그 명예로운 망토로 우리를 덮어서 우리의 부끄러운 일이 하나님과 그분의 천사들 앞에서 저주 받고 정죄되지 않도록 해야 합니다. 그와 동시에 우리는 모든 간음자와 행음자들에게 내려지는 심판을 두려워해야 합니다. 그러므로, 결혼하지 않고 지낼 수 있는 사람들이라도, 만약 그들이 하나님이 자신들을 제어하고 계심을 확신하지 못한다면, 하나님이 그들을 위해 마련하신 치유책을 거부하지 말아야 합니다. 그러므로 지금 결혼하지 않고 지내는 이들이라도 하나님이 그들을 결혼생활로 이끄실 경우 기꺼이 그분의 부르심에 순종해야 합니다.

독신생활을 칭송하는 자들의 오만함

이 문제와 관련해 우리는 사탄이 모든 질서를 얼마나 크게 뒤집어 놓았는지 알 수 있습니다. 왜냐하면 오늘날 우리는 거룩이라는 그림자 아래에서 얼마나 많은 혐오스러운 일들이 벌어지고 있는지 알기 때문입니다. 예컨대, 교황제도 안에서 가장 거룩한 덕은 결혼을 하지 않는 것처럼 보입니다. 수도승들은 인간의 가장 거룩한 상태가 결혼하지 않고 사는 것이라고 주장합니다. 사제들은 자기들이 하나님을 위해 성별된 존재라고 말합니다. "우리는 교회의 꽃이며, 따라서 세상의 보편적 오염으로부터 분리되어야 한다." 그로 인해 교황제도 안에서 그들은 낙원의 천사들처럼 되는 것, 즉 결혼하지 않고 지내는 것을 가장 귀하게 여깁니다.

하지만 우리는 그들의 그런 악마적인 오만함 때문에 하나님이 얼마나 조롱을 당하시는지 알고 있습니다. 왜냐하면 사제들은 하나님이 정하신 결혼 제도를 추잡하고 혐오스러운 것으로, 아니 그보다도 훨씬 더 나쁜 것으로 여기며 비웃기 때문입니다. 사제와 수도승과 수녀들은 하나님께 도전하면서 그분이 그들을 위해 마련하신, 즉 혹시라도 그들 안에 어떤 연약함이 있을 경우 결혼할 수 있게 하신 선한 계획을 거부하고 있기 때문입니다. 그러나 그것은 자연에도 어긋나는 일입니다.

그러므로, 우리가 하나님이 우리에게 주신 치유책을 경멸할 경우, 하나님이 우리의 그런 젠체함에 대해 복수하시는 것은 당연한 일 아니겠습니까? 어느 환자가 의사를 업신여기면서 그 의사가 자기를 위해 처방한 약을 복용하지 않고 땅바닥에 내던진다면, 그의 병은 더 악화되지 않겠습니까? 오늘날 교황제도라는 지옥에 속한 천사들이 하는 짓이 정확하게 그것입니다. 신성한 결혼을 거부하는 사제와 수도승과 수녀들이라는 해충들이 바로 그런 짓을 하고 있습니다. 그렇게 하면서 그들은 공개적으로 하나님과 전쟁을 벌이고 있습니다.

게다가 그들은 그런 것만으로 만족하지 않고 더 멀리 달려 나갑니다. 그들은 모든 이의 머리카락을 쭈뼛거리게 할 만한 불경한 짓을 하고 있습니다. 그것만으로도 우리는 마귀가 그들을 완전히 제압하고 있다는 것을 알 수 있습니다. 그들은 육신을 가진 인간은 결코 하나님을 기쁘게 해드릴 수 없으며, 따라서 우리는 모든 부패로부터 분리되어야 하며, 특히 사제들은 결혼해서는 안 된다고 주장하는데, 그것은 적그리스도의 자리 곧 로마의 배교자의 자리에서 선포된 말입니다. 그 말은 일개 교황(시리키우스-역자 주)이 한 말임에도 마치 하늘로부터 내려온 신탁인 양 기록되고 선포되었습니다(『강요』 IV.vii.22-28). 설령 마귀가 완전히 힘을 얻어 이 세상에서 성육신한다고 한들, 그가 육체를 지닌 자들은 하나님을 기쁘게 해드릴 수 없다고 말하는 것 이상으로 하나님과 신성한 결혼을 조롱할 수 있겠습니까? 사실 그것은 인류 전체를 정죄하는 것이나 다름없습니다. 왜냐하면 그런 선언을 함으로써 그는 지금 살아 있는 사람들뿐 아니라 율법 아래에서 살았던 거룩한 믿음의 조상들과 모든 족장들과 사도들과 순교자들을 정죄한 셈이기 때문입니다. 그러므로 오늘 우리는 로마 교황청 안에 하늘의 왕국으로부터 사도들과 순교자들과 모든 믿음의 조상들을 내쫓고 싶어 하는 마귀 하나를 모시고 있는 셈입니다. 그러므로 교황의 낙원에 있고자 하는 자는 누구나 지옥의 마귀의 동료인 셈입니다.

비록 그 비루한 교황 시리키우스가 그런 불경한 발언을 한 것이 끔찍한 일이기는 하나 - 그는 지금까지 살았던 거룩한 사람들 중 태반을 하늘의 거룩한 왕국에서 내쫓고자 했기 때문입니다 - 하나님이 그런 끔찍하고 불경한 발언이 선포되도록 허락하신 것은 로마의 교황 직을 혐오스러운 것으로 만드시기 위함이었습니다. 그래서 그분은 일부러 마귀들이 거룩함이라는 그늘 아래에서 결혼을 거부하도록, 또한 그로 인해 사악하고 부도덕한 행위를 제어하지 못할 만큼 방탕해지도록 허락하셨던 것입니다. 그로 인해 그들은 이교도들조차 두려워할 만큼 혐오스러운 남색男色을 통해 세상을 더럽히게 되었습니다.

결과적으로 여기에서 우리는 하나님의 선물을 거부하지 말고 온전한 정신으로 그것들을 활용하라는 교훈을 얻게 됩니다. 자신을 통제할 수 없는 이들은 고개를 숙여 주님이 지우시는 멍에를 메고 그것에 굴복하는 문제를 고려해 볼 필요가 있습니다. 그런 이들은 남편이 아내를 지지하고 아내가 남편과 더불어 온전한 평화 속에서 살아가기 위해 노력하는 것이 하나님이 받으실 만한 제사가 된다는 것을 깨달아야 합니다. 또한, 만약 그들에게 책임을 져야 할 자녀들이 있다면, 그들은 자기들이 부유하건 가난하건 그 자녀들을 부양해야 한다는 것과 하나님이 그들의 그런 일을 자신을 섬기는 일로 여기신다는 것을 알아야 합니다. 아내들은 가사를 수행해야 하며 그 일 역시 하나님이 받으실 만한 제사라는 것을 알아야 합니다.

그러므로 하나님을 조롱하는 마귀들이 천사와 같은 완전함은 결혼하지 않는 것을 통해서만 가능하다고 주장하며 결혼 생활을 조롱할지라도, 지금 결혼 생활을 하고 있는 모든 이들은 하나님이 자신들을 용납하신다는 것과 그분이 자기들을 받으실 뿐 아니라 심지어 그들의 가정을 주관하기까지 하신다는 것을 알아야 합니다. 그분은 자신이 결혼 제도를 만드신 분이라고 말씀하십니다. 따라서 우리가 그분의 뜻을 따라 결혼할 경우 그분은 그 결혼 생활에 복을 내리십니다. 그리고 아직 결혼하지 않은 자들은 하나님을 두려워하며 살아야 하고, 다른 이들의 결혼생활을 마치 자기들이 그 생활을 하고 있는 것처럼 소중히 여기고 존중해야 합니다.

그리고 결혼한 자나 하지 않은 자 모두가, 바울이 고린도전서에서 말하듯이, 온전한 순결을 지키도록 서로 권면해야 합니다(고전 7:32-34). 거기에서 그는 과부들이나 결혼하지 않고 지내는 다른 이들을 정죄하지 않고 오히려 그들에게 마땅히 해야 할 일을 하라고 권합니다. 과부들, 처녀들, 그리고 어떤 이유로든 결혼하지 않고 지내는 이들은 더욱더 하나님께 매달려야 하고 자신의 삶을 온전히 그분께 바치며 살아야 합니다. 어째서 그래야 하는 것입니까? 그들에게는 그들의 관심을 흩뜨리는 것들이 많지 않기 때문입니다. 결혼한 자들에게는 많은 방해물이 있습니다. 그럼에도 그들은 고삐를 늦추지 말고 늘 하나님에 대한 두려움과 갈망을 지니고 살아야 합니다.

그러므로 우리는 어떤 상황에서든 절제와 경건함을 잃지 말아야 합니다. 우리는 우리 안에 있는 도덕성과 거룩함의 징표들을 드러내야 할 뿐 아니라, 또한 우리의 몸과 마음 모두를 하나님이 받으실 만한 제물로 드려야 합니다. 왜냐하면 하나님은 우리 주 예수 그리스도를 통해 우리의 몸과 마음을 비싼 값을 치르고 구속하셨을 뿐 아니라, 또한 우리가 우리의 몸과 마음 모두를 마치 그분이 자신의 성전 안에 거하듯이 그것들 안에 거하실 수 있도록 자신에게 바치기를 원하시기 때문입니다.

1555년 7월 3일 수요일

제10강

도둑질하지 말라

도둑질하지 말지니라 (신 5:19)

만약 우리가 하나님이 주시는 간단한 말씀만으로 그분의 뜻을 이해할 수 있다면, 우리는 자신을 잘 제어하기 위해 그리고 성결하고 의로운 삶을 사는 방법을 알기 위해 오랜 시간을 들여 연구할 필요가 없을 것입니다. 속담이 말해주듯이, 이해하려고 하지 않는 자보다 어리석은 자는 없으며, 들으려고 하지 않는 자보다 가망 없는 자는 없습니다. 그런데 바로 우리가 그런 짓을 합니다. 그리고 바로 그런 이유 때문에 우리는 주님이 우리의 눈앞에 그분의 영광을 드러내시더라도 그것을 알아보지 못합니다.

우리는 이런 사실을 율법의 다른 계명들에서처럼 이 계명을 통해서도 분명하게 알 수 있습니다. 만약 우리가 자신의 양심을 찬찬히 살펴본다면, 우리는 - 우리가 그것에 대해 어떤 핑계를 댈지라도 - 이웃을 속이고 그의 재산을 강탈하는 짓은 반드시 하나님 앞에서 도둑질로 간주되어 유죄 판결을 받으리라는 것을 알 수 있을 것입니다. 그런데 실제로는 어떻습니까? 우리는 자신이 이 세상에서 그 부끄러운 짓을 숨길 수 있다는 것에 만족하는 듯 보입니다. 하나님의 심판이 턱밑까지 와 있음에도 우리는 그것에 대해 생각조차 하지 않습니다. 심지어 그 누구도 하늘의 심판을 피할 수 없다고 알려 주는 성경 구절들조차 소용이 없습니다.

그러나 머지않아 우리는 하나님이 선지자 스가랴를 통해 하신 말씀, 즉 도둑질하는 자들과 거짓말하는 자들에게 그분의 저주가 미치리라고 하신 말씀이 공연한 소리가 아님을 알게 될 것입니다(슥 5:3-4). 우리가 무슨 잘못을 했든 혹은 율법의 어느 조항을 어겼든 간에, 분명히 하나님은 그것으로 인해 우리에게 복수하실 것입니다. 사람들이 제아무리 자신을 정당화하고 자신에게 유리한 말을 할지라도, 하나님은 거짓말하는 자들과 도둑질하는 자들에게 진노하실 것입니다.

도둑질은 온갖 형태의 탈취를 대표한다

하나님의 뜻을 보다 분명하게 헤아리고자 한다면, 우리는 여기에서 그분이 "도둑질"이라는 단어를 앞에서 "살인"과 "간음"이라는 단어를 사용하셨던 것과 같은 방식으로 사용하신다는 것에 주목해야 합니다. 그분이 그렇게 하시는 것은 우리가 사기나 부정한 이득이나 이웃에게 행할 수 있는 온갖 잘못된 일들을 혐오하게 하시기 위함입니다.

만약 우리가 어떤 이를 "도둑"이라고 부른다면, 그 말을 들은 사람은 틀림없이 화를 낼 것입니다. 왜냐하면 그 말은 아주 공격적인 것이어서 누구라도 세상에서 그런 식으로 수치를 당하는 것을 견디지 못하기 때문입니다. 그러므로 여기에서 하나님은 우리가 모든 사기와 침해 그리고 다른 이의 재산에 대한 온갖 형태의 탈취를 혐오하게 하시기 위해 "도둑질"이라는 단어를 강조하시는 것입니다(『강요』 II.viii.10).

그분은 얼마든 다른 표현을 사용하실 수도 있었을 것입니다. 예컨대, 그분은 다음과 같이 말씀하실 수도 있었을 것입니다. "네 이웃에게 속한 것을 취하지 않도록 조심하라. 너희의 동료가 치른 값으로 이득을 얻지 않도록 유의하라. 이익을 얻기 위해 그 어떤 폭력에도 가담하지 말라." 하지만 그분은 그 모든 것을 다음과 같은 한 마디 말씀으로 요약하셨습니다. "도둑질하지 말지니라"(신 5:19). 어째서 그러신 것입니까? 그것은 우리가 모든 기만적인 행위, 강도짓, 부당한 이득, 그리고 온갖 잘못된 일들을 크게 혐오하고, 누군가를 속이는 일을 수치스럽게 여기고, 그런 일을 할 경우 우리가 하나님 앞에서 도둑질을 했다는 판결을 받으리라는 것을 의식하면서 두려워하게 하시기 위함이었습니다.

더 나아가 우리는 도둑질에는 여러 종류가 있다는 것을 알아야 합니다. 어떤 이가 간교한 수단과 술책을 써서 다른 이의 재물을 자신의 것으로 만들 때, 사실 그는 아주 은밀하게 "사기"를 치는 것입니다. 어떤 이들은 힘을 사용하는데, 그것은 흔히 "강도짓"이라고 불립니다. 다른 이들은 "약탈"이나 "좀도둑질"을 합니다. 또 다른 이들은 "은닉"이라는 방법을 사용하는데, 그럴 경우 겉보기에 그들은 아무것도 취하지 않는 것처럼 보이기 때문에 우리는 그런 이들을 고발할 수 없습니다. 하지만 그들은 거짓 없이 의롭게 살지 않기 때문에 하나님이 보시기에는 이미 도둑이나 다름없습니다. 그러므로, 만약 우리가 이 구절이 금지하고 있는 도둑질이 무엇인지 이해하고자 한다면, 우리로서는 이미 도둑질을 정의하는 데 필요한 여러 가지 기준들을 갖고 있는 셈입니다.

그럼에도 우리는 하나님은 도둑질을 사람들의 방식으로 판단하지 않으신다는 것에 유의해야 합니다. 제 아무리 큰 명성과 영향력을 지닌 사람일지라도, 하나님은 그의 도둑질을 정죄하실 것입니다. 비록 아무도 그를 고발하지 않을지라도, 만약 그로 인해 굶주리며 복수를 다짐하는 가난한 이들이 있다면, 설령 그들이 그것에 대해 한 마디도 하지 않을지라도, 그들이 당하는 고난이 하나님 앞에서 크고 분명한 소리를 낼 것이고(출 22:23; 신 24:15) 그로 인해 그 명성과 영향력을 지닌 자는 심판대 앞으로 끌려갈 것입니다.

그러므로 여기에서 우리가 도둑질의 여러 측면과 관련해 멋대로 상상하며 이런저런 판단을 하는 것은 적절하지 않습니다. 또한 그런 도둑질을 한 자들이 이 세상에서 사람들이나 법정의 심판을 피하듯 하나님의 심판도 피할 수 있으리라고 상상하는 것 역시 옳지 않습니다. 왜냐하면 하나님은 우리보다 훨씬 더 멀리 그리고 더 깊이 보시기 때문입니다. 그러므로 우리는 자신의 것이 아닌 것을 갖고 싶어 할 때마다 하나님이 온갖 형태의 잘못된 일들을 도둑질로 여기신다는 것을 기억해야 합니다.

실제로 하나님은 선지자 이사야를 통해 남을 학대하고 속이는 자들은 누구나 자기들이 한 것과 동일한 일을 겪게 되리라고 말씀하셨습니다(사 33:1). 그리고 그 때 그분은 교수대로 끌려갈 좀도둑들에 대해서가 아니라 온 세상이 흠모하는 왕과 고관들에 대해 말씀하고 계셨던 것입니다. 또한 이사야 1장에서 그분은 자신의 교회를 이루는 성도들을 향해 다음과 같이 말씀하셨습니다. "네 고관들은 패역하여 도둑과 짝하며 다 뇌물을 사랑하며 예물을 구하며…"(사 1:23). 사실 아무도 그들을 고발하지 않았고 그들끼리도 그렇게 하지 않았습니다. 그럼에도 그들은 하나님에 의해 정죄되었습니다. 이 세상에서 제아무리 큰 명예를 얻은 도둑들일지라도, 틀림없이 그들은 하나님의 율법에 의해 유죄 판결을 받게 될 것입니다. 왜냐하면 하나님이 이 구절을 통해 그런 죄에 대해 심판을 선포하시기 때문입니다.

그러므로 우리는 이 세상에서는 우리의 도둑질이 용서될지 모르나 결국에는 그 실상이 밝혀져 심판을 받게 되리라는 것을 의식하면서 깊이 고개를 숙여야 합니다. 하나님의 율법은 이행될 것이고 그것도 아주 신랄하게 이행될 것입니다. 하나님이 금하신 일들 중 책임을 묻지 않고 넘어갈 수 있는 것은 아무것도 없습니다. 바로 그것이 우리가 이 구절에서 유념해야 할 내용입니다.

세상이 뭐라 하든 하나님은 심판하신다

이제 이 문제를 좀더 명확하게 하기 위해 앞에서 간단하게 논의했던 문제를 좀더 충분히 살펴보는 것이 도움이 될 것입니다. 또 그렇게 해야 우리가 이 문제와 관련해 좀더 강한 인상을 얻게 될 것입니다. 이미 말씀드렸듯이, 만약 우리가 하나님이 우리를 위해 말씀해 주신 것에 관심을 기울일 준비가 되어 있다면, 우리에게는 굳이 이런 장황한 설명이 필요하지 않을 것입니다. 그러나 우리의 실상은 어떻습니까? 우리는 그저 말장난을 하고 싶어 할 뿐입니다. 우리 앞에 무언가 구체적인 것이 제시될 경우, 우리는 그것을 의심을 위한 기회로 삼을 뿐입니다. 바로 그것이 우리에게 좀더 상세한 설명이 필요한 이유입니다.

이미 나는 여러분에게 도둑질에는 한 가지 종류만 있는 것이 아니라고 말씀드렸습니다. 어떤 이는 다른 이의 물건을 훔침으로써 도둑질을 합니다. 그럴 때 우리는 그가 말이나, 돈이나, 침구나, 항아리나, 접시나, 그와 유사한 다른 것들을 훔쳤다고 말합니다. 참으로 그런 유형의 도둑질은 이 세상에서도 적절하게 심판을 받습니다.

그러나 어느 상인이 자신의 상품에 부당한 가격을 매길 때, 혹은 아무도 그 사실을 알지 못하리라고 생각해 "오, 이 친구는 시세를 모르는군. 제대로 걸렸어"라고 말하면서 그 상품을 공정하지 않은 가격으로 판매할 때, 사람들은 그런 일을 도둑질로 간주하지 않습니다. 그러나 그런 짓을 하는 사람은, 누군가 그를 정죄하든 하지 않든 간에, 비양심적으로 행동했다는 이유만으로도 이미 도둑인 셈입니다 (『강요』 II.viii.45). 사실, 그런 도둑질에 대해서는 누구라도 관심을 갖기만 한다면 훌륭하고 유능한 재판관이 될 수 있습니다. 그리고, 만약 우리가 그런 일에 속임수가 개입되었음을 알게 된다면, 우리는 "내가 속았군"이라고 말할 것입니다. 우리는 자신이 속았는지 여부를 알아보기 위해 대단한 학자를 찾아갈 필요가 없습니다. 그런 사실은 누구라도 쉽게 알 수 있기 때문입니다. 그럼에도 여전히 우리는 그런 일을 도둑질의 한 형태로 여기거나 인정하지 않습니다. 그러나 어떤 경우이든 하나님은 자기가 판단력이 부족한 이들을 속일 수 있다고 생각하면서 순진한 사람들을 속이거나 물건을 공정하지 않게 판매하는 모든 자들을 도둑으로 간주하십니다.

더 나아가, 만약 어느 장인匠人이 흠이 있는 물건을 만들었는데 그 물건의 구매자가 그 결함을 알아차리지 못하는 것을 알고 그 물건을 아무 문제도 없는 양 제값을 받고 팔거나, 혹은 어떤 이가 자기의 것이 아닌 물건을 팔면서 "이 자는 돈이 많으니까 괜찮아"라고 말한다면, 그것 역시 도둑질인 셈입니다. 그런 짓을 하는 사람은, 비록 이 세상에서는 무사할지 모르나, 틀림없이 하나님의 심판을 받게 될 것입니다. 비록 세상의 모든 이들이 한결같이 "우리는 그것을 도둑질로 여기지 않는다"라고 말할지라도, 하나님은 우리의 그런 환상을 용납하지 않으실 것입니다.

그러므로 도둑질한 자들은, 비록 지금 우리가 그들을 용서할지라도, 훗날 하나님 앞에서 반드시 심판을 받을 것입니다. 그분은 그런 일을 하면서 양심을 팔아먹는 자들을 옹호하지 않으실 것입니다. 그들의 죄는 용서받지 못할 것입니다. 지금 여러분은 어떤 생각을 하고 계십니까? 이미 나는 여러분에게 하나님의 율법은 결코 변경되지 않는다고 말씀드렸습니다. 나중에 살펴보겠지만, 하나님의 율법은 우리에게 실천을 요구합니다.

도둑질은 자연의 순리에도 어긋난다

더 나아가 우리는 기교를 부리기보다는 자연의 순리를 따라야 합니다. 우리는 다른 이들이 우리에게 해주기를 바라는 대로 그들에게 해주어야 합니다(미 7:12). 그런 순리를 따른다면, 우리는 굳이 두꺼운 책을 읽지 않더라도 우리가 도둑질을 해서는 안 된다는 것을 알 수 있을 것입니다. 왜냐하면 우리 모두는 우리가 다른 이들과 더불어 살아야 하며, 따라서 이웃에 대해 악한 마음을 품거나, 이웃이 치른 비용으로 자신을 살찌우거나, 혹은 자신의 것이 아닌 재물을 얻으려 해서는 안 된다는 것을 알기 때문입니다. 만약 우리가 자연의 순리를 따른다면, 우리로서는 그것만으로도 충분할 것이고, 따라서 그 어떤 변명이나 핑계도 대지 않게 될 것입니다.

대개 우리는 다른 이들을 속일 때 자기가 하나님까지 속였다고 생각합니다. 예를 하나 들어봅시다. 법원을 통해 다른 이의 재산을 물려받은 사람은 자기가 세상에서 가장 정당한 재물의 소유자라고 생각합니다. 어째서 그런 것입니까? 그것이 적법하기 때문입니다. 그러나 나는 이런 적법함조차 부패하지 말아야 한다고 감히 말씀드립니다. 왜냐하면 이 세상에는 적법한 일을 통해 산적 행위나 다름없는 짓을 하는 자들과 불법적인 일을 통해 모든 공정함과 관례를 뒤집어엎는 자들이 아주 많기 때문입니다.

종종 적법함은 어떤 이가 다른 이의 권리를 구매하거나 모든 정의를 왜곡하는 시장터 같은 것이 될 수도 있습니다. 그러나, 꼭 그런 경우가 아니더라도, 만약 어떤 이가 기민한 술책을 써서 다른 이의 재산을 차지한 후 "오, 법원이 내 편을 들어주었어. 세상에서 이보다 더 더 공정한 것은 없어"라고 말한다면, 그 사람은 이중으로 도둑질을 하는 셈입니다. 그는 그런 식으로 법원을 통해 부당하게 다른 이의 것을 취하느니 이웃의 집을 털거나 강도짓을 하는 편이 더 나았을 것입니다. 어째서입니까? 그것은 그런 일에는 직접적인 도둑질과 간접적인 도둑질이 모두 들어 있기 때문입니다. 그런 일은 겉으로는 그럴듯해 보이지만, 사실은 하나님이 용납하실 수 없는 신성 모독입니다.

어떤 이가 자기 집에서 도둑질을 할지라도 그는 무거운 벌을 받습니다. 그러니, 만약 우리가 남의 것을 훔쳐서 모든 것을 왜곡하고 혼란스럽게 한 후에 하나님이 그분의 위엄을 위해 마련하신 자리 앞으로 끌려 나간다면, 그 때 우리는 강도짓보다 더 나쁜 일을 한 자로 간주되어 심판을 받게 되지 않겠습니까? 우리가 다른 이에게 제아무리 교묘한 술책을 쓸지라도, 하나님의 율법은 어김없이 이행될 것입니다. 우리가 누군가를 기만하거나, 그에 대해 악의를 품거나, 그의 것을 탈취하거나, 그에게 폭력을 가한다면, 우리는 하나님 앞에서 도둑으로 정죄될 것입니다.

어떤 이가 자신의 권위를 이용해 가난한 이웃에게 나쁜 짓을 하고 그를 억압한다면 그는 이미 도둑이며 살인자인 셈입니다. 그런 행동은 단순한 도둑질이 아니라 살인입니다. 그럼에도 오늘날 우리 주변에서는 그런 일들이 쉽게 일어나고 쉽게 용서됩니다. 간혹 어떤 이들이 그런 일에 대해 불평하기는 하지만 그저 데면데면하게 그럴 뿐입니다. 그러는 사이에 죄를 지은 자들은 칭송을 받고 상황은 더욱더 악화됩니다. 그런 자들은 큰 도둑이라는 이유로 더 큰 명예를 얻습니다. 어떤 이의 재산이 늘어나면 날수록 사람들은 더욱더 그에게 알랑거리고 그는 더욱더 존경을 받기 때문입니다.

종종 사람들은 도둑질을 통해 큰 명예를 얻습니다. 그러나 우리는 우리의 눈에 가리개를 씌워서는 안 됩니다. 오히려 우리는 성경이 말씀하는 내용을 이해하려고 해야 합니다. 성경은, 만약 우리가 다른 이들이 우리에게 해주기를 원하는 대로 다른 이들에게 해주지 않는다면, 다시 말해, 우리가 모든 이에게 의롭게 행하지 않는다면, 우리는 도둑이나 다름없는 자라고 말씀합니다. 어떤 악을 그것과 반대되는

덕을 사용해 정의하는 것은 적절한 일입니다(『강요』 II.viii.8-9). 그러므로, 만약 우리가 도둑질이 무엇인지 알고자 한다면, 역으로 우리는 우리가 동료 인간들에게 옳은 일을 하는 것이 무엇인지를 생각해 보아야 합니다. 만약 우리가 남의 물건을 빼앗거나 모든 수단을 사용해 그의 것을 우리의 것으로 만들고자 한다면, 그 때 우리는 그에게 의롭게 행하는 것이 아닙니다. 간단히 말해, 우리가 우리의 이웃에 대해 적의를 품거나 폭력을 행사할 경우, 마땅히 우리는 도둑이라고 불려야 할 것입니다.

그러므로 이제 우리는 도둑질이 단순히 우리가 손으로 저지르는 어떤 일 - 예컨대, 다른 이의 돈을 훔치는 것 같은 - 만이 아니라는 것을 알 수 있습니다. 도둑질은 우리가 우리의 것이 아닌 것을 갖고자 할 때, 그리고 하나님이 다른 이의 손에 쥐어주신 것을 지켜주려고 하지 않을 때 발생합니다. 하나님은 모든 이들이 각자 그들의 것을 갖기를 원하십니다. 그러므로, 만약 어느 종이 자기 주인의 물건을 낭비한다면, 그는 도둑인 셈입니다. 또한 만약 어떤 일꾼이 품삯이나 바라면서 하는 일 없이 빈둥거린다면, 누구라도 그렇게 말하겠지만, 분명히 그는 도둑인 셈입니다(『강요』 II.viii.45). 그러나 우리는 또 다른 형태의 도둑질에 대해 생각해 볼 수 있습니다. 만약 우리가 적법하게 다른 이에게 속해 있는 것을 그에게 돌려주지 않는다면, 하나님은 분명히 그것을 도둑질로 간주하실 것입니다.

이웃을 사랑하라

이제 어떻게 해야 우리가 하나님이 우리를 도둑이라고 비난하시지 않을 만큼 살 수 있는가 하는 문제가 남아 있습니다. 무엇보다도 그런 삶은, 바울이 로마서에서 말하듯이, 우리가 우리의 이웃을 사랑하는 법을 배울 때 가능합니다(롬 13:8-10). 사실 우리가 다른 이들의 재산이 강탈당하는 일에 그토록 무관심한 것은 놀라울 정도입니다. 우리가 우리에게 요구되는 방식으로 이웃을 사랑하는 것이 그토록 불가능한 일입니까? 우리는 그렇지 않다고 말해야 합니다. 왜냐하면 하나님은 우리 모두를 그분의 형상을 따라 지으셨기 때문입니다. 그러므로 우리는 다른 이를 사랑하는 문제에 대해 완고함이나 불쾌감을 드러내지 말아야 합니다. 만약 우리에게 바울이 말하는 "사랑"(롬 13:10)이 있다면, 우리는 절대로 도둑이 될 수 없습니다(『강요』 II.viii.51). 또한, 만약 우리가 자신이 다른 이들에게 무엇을 빚지고 있는지 그리고 그들에 대해 얼마나 많은 의무를 갖고 있는지를 고려한다면, 우리가 지금까지 논의했던 모든 계명들 - 도둑질하지 말라, 간음하지 말라, 살인하지 말라 - 은 불필요해질 것입니다. 그 모든 것은, 바울의 설명처럼, 쓸데없는 말이 될 것입니다(롬 13:9).

그러나 실상은 어떻습니까? 우리 중에는 그런 생각을 하는 이가 거의 없습니다. 오히려 우리는, 이미 말씀드렸듯이, 다른 이의 물건을 훔치거나, 사기를 치거나, 악한 계략을 쓰거나, 착취를 하면서도 온갖 구차한 변명을 늘어놓을 뿐입니다. 우리는 늘 변명거리를 준비하고 있습니다. 그러나 그렇게 함으로써 우리는 우리에게 사랑이 부족하며 우리가 야만스러운 짐승이나 다름없음을 분명하게 드러낼 뿐입니다. 다시 말해, 그런 행동은 우리가 하나님이 아담의 모든 후손들을 한데 묶기 위해 마련하신 연대의 끈을 잘라버렸기에 더 이상 인간으로 간주되어서는 안 된다는 것을 보여 줄 뿐입니다. 이 문제에 대해서는 이만큼 해두도록 합시다. 중요한 것은, 우리가 도둑이 되지 않으려면, 사랑의 교훈에 대해 연구해야 한다는 것입니다.

부자가 되려는 욕망을 포기하라

또 다른 요점은 부자가 되려고 하지 말아야 한다는 것입니다. 부자가 되려는 욕망에 사로잡히는 순간 우리는 틀림없이 도둑이 되고 맙니다. 달리 될 수가 없습니다. 얼핏 이런 말은 이상하게 보일지 모릅니다. 그러나 부자가 되려는 생각을 할 때마다 우리는 부자가 되려고 갈망하지 않거나 어떻게든 탐욕을 채우려 하지 않거나 할 수가 없게 됩니다. 도둑질로부터 자유롭기를 원하십니까? 그렇다면 반드시 탐욕, 즉 부자가 되려는 욕망을 포기해야 합니다.

우리가 이 문제와 관련해 "어떻게 해야 그럴 수 있는가?"라고 물으며 발뺌하지 않으려면, 무엇보다도 우리는 자신의 처지에 만족하는 법을 배워야 합니다. 삶을 위한 특정한 패턴이나 규칙을 갖고 있지 않은 사람은 늘 탐욕에 의해 흔들릴 수밖에 없습니다. 그럴 경우 그의 감정이 그를 이리저리 몰아갈 것이고, 그로 인해 그는 아무런 평안도 얻지 못할 것이고, 절대로 "충분해"라고 말하지 못할 것입니다. 우리는 하나님이 우리에게 주신 각각의 상황을 마치 그것이 최종적인 것처럼 존중해야 합니다(『강요』 II.viii.45). 그리고 자신을 향해 다음과 같이 말해야 합니다. "너의 하나님은 네가 그분이 너에게 주신 것에 만족하기를 바라신다. 그러니 현재에 만족하라. 그렇지 않을 경우, 너는 인간의 질서를 어지럽힐 뿐 아니라, 마치 하나님과 맞서 전쟁이라도 벌이려는 듯 그분에게 도전하게 될 것이다."

그러므로, 우리가 사랑의 원리를 삶의 지침으로 삼았다면, 이제 우리는 자신의 상황에 만족하는 것을 배워야 합니다. 어째서 그렇습니까? 그것은 바로 그것이 하나님의 뜻이며, 그분은 그것을 통해 우리의 순종을 시험하고자 하시기 때문입니다. 그러나 그런 일은, 만약 우리가 바울처럼 "비천에 처할 줄도 알고 풍부에 처할 줄도 알아 모든 일 곧 배부름과 배고픔과 풍부와 궁핍에도 처할 줄 아는 일체의 비결을"(빌 4:12) 배우지 않는다면, 결코 이루어질 수 없습니다. 바울은 우리가 가난 속에서 인내해야 한다고 말했고, 자신이 그런 일을 경험했다고 주장했고, 더 나아가 그런 일에 대한 예를 제공했을 뿐 아니라 그렇게 하기 위한 방법까지 알려 주었습니다.

그런데 바울은 그보다 더 나아갑니다. 그는 우리가 부유해지고 풍부해지는 법을 배워야 한다고 말합니다. 하지만 바울이 한 그 말은 도대체 무슨 뜻입니까? 사실 그런 조언은 우리에게 별 도움이 되는 것처럼 보이지 않습니다. 가난할 때 인내하라는 권면은 누구라도 할 수 있습니다. 어째서입니까? 그런 경우에 우리는 쉽사리 유혹을 받기 때문입니다. 어떤 이가 안락과 평안을 바라는데 먹을 음식이 없거나 고작해야 검은 빵 한 조각만 갖고 있다면, 그 때 그의 상황은 아주 힘들고 불쾌한 것이 될 수밖에 없습니다. 그리고 그런 경우에는 누구라도 우리를 위로하고 우리더러 하나님을 향해 불평하거나 악한 일을 하지 말라고 권면할 필요가 있습니다. 우리는 그것을 쉽게 인정할 수 있습니다.

그러나, 바울이 우리에게 부유해지는 법을 배우라고 말할 때, 우리는 마치 아주 터무니없는 말을 들은 것처럼 코웃음을 치게 됩니다. 그러나 바로 그것이 이 두 번째 가르침이 첫 번째 것보다 더 필요한 이유입니다. 어째서 그렇습니까? 부자가 어떤 사람인지 생각해 봅시다. 그는 만족할 줄 모르는 사람입니다. 사실 그는 가난한 자들보다도 만족하기가 훨씬 더 어렵습니다. 다음으로, 부자와 가난한 자를 비교해 봅시다. 가난한 이들 중에는 고통을 당하고 슬퍼하면서 도둑질을 하거나 이런저런 악한 일을 하는 사람들이 있습니다. 그러나 그들 중 대다수는 하나님이 그들에게 주신 것을 받아들이고 자신들의 삶을 이어나가는 것에 만족합니다. 그러나 왕이나 고관 같은 부자들의 경우에는 사정이 다릅니다. 그들은 이 세상의 재물을 지나치게 탐하고 그것을 얻기 위해 지나치게 쉽게 흥분합니다. 우리는 결코 그들을 만족시킬 수 없습니다. 그들은 가난한 자들에게 한줄기 빛이 비추는 것조차 애통해 합니다. 부자들 중 대다수는 하나님이 그들에게 온 세상을 주실지라도 만족하지 않습니다. 왜냐하면, 이미 말씀드렸듯이, 그들은 가난한 자들이 빛 한 줄기를 쪼이고 물 한 모금을 마시는 것은 물론이고 그들이 열심히 일해서 자기들보다 성공하는 것조차 못마땅하게 여기기 때문입니다. 그런 경우에 부자들은 가난한 자들에 대해 분노를 느낍니다. 부자는 자신이 가난한 이들의 피와 땀을 빨아먹고 있으면서도, 간혹 그들이 자신의 비용으로 음식을 먹을라치면, 마치 자신의 창자와 내장을 뽑히기라도 하는 것처럼 고통스러워합니다.

불행하게도 오늘날 부자들의 이런 인색함과 야만스러운 잔인함은 아주 보편적인 현상이 되었습니다. 그러므로 우리가 부자가 되는 법을 배운다면, 즉 재물을 얻기 위해 안달하지 않는 법을 배운다면 우리에게 큰 유익이 있으리라는 바울의 말은 정당하다고 할 수 있습니다. 혹시 하나님이 우리를 부유하게 해주셨다면, 우리는 "오, 나는 갖고 싶은 것이 더 있어. 나는 이것도 그리고 저것도 갖고 싶어"라고 말하면서 탐욕을 부리는 대신 현재의 상태에 만족하며 살아가야 합니다.

부하든 가난하든 죄짓지 말라

그러나 부자가 되기 위해 수입을 증대시키려 하지 않는 것보다 더 중요한 것이 있습니다. 그것은 우리의 마음을 가난하게 만드는 것입니다. 우리는 자신의 재산에 대해 긍지나 확신을 가져서는 안 되며, 또한 그것들을 사용해 가난한 사람들을 억압해서도 안 됩니다. 무엇보다도 우리는 하나님이 원하실 경우 기꺼이 가난해질 준비를 하고 있어야 합니다. 지금 부자로 사는 자들, 즉 포도주 저장실과 곡물 창고를 채우고, 지갑에 돈을 두툼하게 채워 넣고, 토지와 온갖 재물을 소유하고 있는 자들은, 설령 하나님이 그것들을 빼앗아 가실지라도, 놀라지 말아야 합니다(『강요』 III.xix.9). 오히려 그들은 욥의 인내를 본받아 다음과 같이 말해야 합니다. "주신 이도 여호와시요 거두신 이도 여호와시오니 여호와의 이름이 찬송을 받으실지니이다"(욥 1:21).

바로 그것이 우리가 부자가 되는 법을 배우는 것이 어려운 이유입니다. 만약 우리가 하나님의 뜻에 복종해 그분이 우리에게 주신 모든 것을 담담하게 받아들이는 상태, 즉 그분이 우리에게 지우신 가난이라는 짐을 인내하며 받아들이고 그분이 우리의 손에 쥐어주신 것만으로 만족하는 상태에까지 이르지 못한다면, 우리는 틀림없이 도둑이 될 것입니다. 가난한 자들은 악을 행하려는 유혹을 받기가 쉽습니다. 사실 그들의 입장에서는 하나님이 자기들에게 그런 유혹을 보내시는 것처럼 보일 수도 있습니다. 그래서 때로 그들은 다음과 같은 변명을 하기도 합니다. "오, 저자는 내 등가죽을 벗기려 하고 있어. 그는 나를 파멸시키려 하고 있어. 이런 상황에서 왜 내가 그에게 복수해서는 안 되는 것인가?" 사실 오늘날에는 모든 이들이 그렇게 말하면서 자기의 손으로 만족을 얻고자 합니다. 그러나 그렇게 해서는 안 됩니다. 그리고, 설령 어떤 이가 부정한 이득이나 술책이나 속임수로 부자가 되었을지라도, 우리는 그가 훔친 것을 빼앗으려 하지 말아야 합니다. 물론 그 부자는 언젠가 그 모든 것에 대해 하나님 앞에서 해명해야 할 것입니다.

가난한 자들이 남의 것을 훔치려는 마음을 먹거나 다음과 같이 말하는 것은 충분히 이해할 만한 일입니다. "오, 주님은 나를 괴롭히고 싶어 하셔. 내가 이 세상에서 가난하게 사는 것은 바로 그것 때문이야. 지금 나는 내가 갖고 싶은 것을 하나도 갖고 있지 않아. 이것은 하나님이 의도적으로 나를 낮추려 하시는 것이나 다름없어." 물론 우리는 그렇게 말할 수 있습니다. 그럼에도 우리는 그런 유혹을 극복해야 합니다. 사실 솔로몬 같은 사람조차 도둑질하려는 유혹을 받을까 두려워 가난해지지 않기를 원했습니다(잠 30:7-9). 그러니, 즉 그런 사람조차 두려워하며 하나님께 탄원했을 정도니, 우리는 그런 일에 얼마나 더 조심해야 하겠습니까?

그러므로 가난한 자들, 먹을 것과 마실 것이 필요한 자들, 의지할 사람이 없는 자들, 초라한 삶을 이어나가는 자들, 그리고 종종 아주 힘들게 일해야 겨우 먹고살 정도의 식량을 얻을 수 있는 자들은, 부유하기는 하나 자기들이 원하는 만큼의 안락을 누리지 못하는 자들과 마찬가지로, 하나님의 손을 의지해야 합니다. 그리고 자기로서는 어쩔 수 없었다는 핑계를 대면서 다른 이들을 해치지 않기 위해 그분의 은혜를 간구해야 합니다.

반면에 지갑에 돈을 가득 채우고 유행을 즐기며 사는 자들은 특별히 가난한 자들을 억압하지 않도록 조심해야 합니다. 사실 부자들은 늘 그런 짓을 합니다. 그들은 가난한 자가 쇠약해져 가는 것을 보면 사냥꾼처럼 달려가 그를 덮칩니다. 그리고 그를 이리저리 휘둘러 결국 자신들의 덫에 걸리게 합니다. 그러므로 재산을 가진 자들은 과도하게 부유해지려고 하지 말아야 합니다. 오히려 그들은 자신들의 부를 남용하지 않기 위해 자신에게 보다 엄격해져야 합니다. 아주 많은 재물을 가진 자들은 거의 아무것도 가지지 못한 자들을 압박할 만큼 자신을 높이려 하지 말아야 합니다. 바로 그것이 우리가 이 문제와 관련해 지녀야 할 태도입니다.

우리는 설령 그럴 기회가 생기더라도 악한 일을 하려는 마음을 버려야 합니다. 우리는 부자들이 그렇게 많은 재물을 얻은 것은 다른 이들의 희생이 있었기에 가능했다는 것을 떠올리면서 그들의 행태를 따르려 하지 말아야 합니다. 우리는 그동안 부자들이 가난한 이들의 목을 따고 수많은 과부와 고아들을 만들어냈다는 것을 인정해야 합니다(물론 그들 자신은 그렇게 생각하지 않습니다만). 종종 우리는 호기심에 가득 차 부자들이 재산을 모은 방법을 알고 싶어 합니다. 그럴 경우 우리는 하나님이 우리를 시험하고자 하신다는 것을 기억해야 합니다. 설령 우리의 손에 검이 들려 있을지라도, 우리는 그 어떤 잘못도 저지르지 않도록 조심해야 합니다.

남의 것을 훔치지 않으려면, 무엇보다도 우리 자신이 늑대나 여우 같은 자가 되지 않도록 조심해야 합니다. 남에게 사기를 쳐서 부를 얻는 사람들은 여우나 다름없습니다. 그리고 가난한 자들이ㅡ그들이 무엇을 결여하고 있든 – 악한 일을 하고 불법적인 수단으로 다른 이의 재산을 탈취하려는 유혹을 받을 때, 그들은 그렇게 함으로써 자기들이 더 이상 인간이 아님을 드러내는 셈입니다. 폭력을 사용해 남의 것을 **빼앗는** 자들은 눈에 보이는 모든 것을 먹어치우고자 하는 야만스러운 짐승이나 다름없습니다. 그러므로 도둑이 되지 않으려면 무엇보다도 다른 사람들에게 잔인해지지 말아야 합니다.

하나님의 은총을 기다리라

그러나 무엇보다도 우리는 이 세상에서 필요한 모든 것을 얻기 위해 하나님의 은총을 기다리는 것을 배워야 합니다. 우리가 그런 원칙을 갖고 산다면, 이 세상의 모든 탐욕, 강도짓, 사기, 그리고 그와 유사한 모든 것들은 즉각 사라지게 될 것입니다. 바로 그것이 이 세상의 온갖 악을 치유하는 데 필요한 유일한 약입니다. 그것을 배울 때 우리는 눈을 들어 하늘을 바라보며 다음과 같이 말하게 될 것입니다. "하나님은 우리의 아버지이시다. 그러므로 그분이 우리에게 필요한 모든 것을 제공해 주실 것이다. 우리가 이 세상에서 살아가는 데 필요한 모든 것을 얻기 위해 소망해야 할 대상은 오직 그분뿐이다. 한 마디로, 우리의 모든 부의 근원은 그분의 은총이다." 만약 우리가 진심으로 그렇게 믿는다면, 그 때 우리에게는 도둑질하지 말라는 이 계명은 물론이고 그 외의 여러 가지 다른 권면이나 경고들도 필요하지 않을 것입니다.

그러나 실제로는 어떻습니까? 우리는 하나님의 임무가 우리를 지탱해 주시는 것이라고 주장하면서 매일 그분께 일용할 양식을 요구합니다. 그러면서도 여전히 우리는 강도짓과 사기 그리고 각종 나쁜 짓을 계속합니다. 그런 태도는 하나님을 조롱하는 것 아닙니까? 우리는 입을 벌려 "오늘도 우리에게 일용할 양식을 주옵소서"라고 말한 후 곧장 마귀를 찾아 나섭니다. 만약 우리가 불법적인 수단을 사용해 다른 이를 속이거나 그의 재산을 빼앗는다면, 도대체 우리는 누구에게서 우리의 안녕을 얻어내려 하는 것입니까? 하나님으로부터입니까? 오히려 그런 경우에 우리는 도둑과 강도의 친구가 되려 하는 것 아닙니까? 한 가지 분명하게 알아야 할 것이 있습니다. 만약 우리가 그런 식으로 기만적인 행동이나 술책에 빠진다면, 그것은 마치 우리가 마귀를 향해 우리를 부유하게 만들어달라고 간청하는 것이나 다름없습니다. 더 나아가 그것은 우리의 불신앙에 대한, 그리고 우리가 하나님의 은총으로부터 기대하는 것이 아무것도 없으며 그분이 우리를 지탱해 주기에 충분할 만큼 부요하시다고 생각하지 않는다는 것을 드러내는 명백한 증거가 될 것입니다.

그러므로 우리 주님께서 도둑질을 저주하시면서 자신이 그 일을 아주 혐오한다고 말씀하실 때, 마땅히 우리는 그 일을 두려워해야 합니다. 하나님은 모든 일을 우리의 망상을 따라 판단하지 않으십니다. 그분은 세상의 모든 사람들이 각자 자신의 권리를 누리고 아무도 각자의 재산과 관련된 문제로 고통을 당하거나 방해를 받지 않을 만큼 서로에 대해 정직하게 살아가기를 바라십니다. 사실 우리는 너무 쉽게 악한 일에 빠져듭니다. 그러므로 우리는 언제나 우리를 하나님께 순종하도록 만들어 주는, 그래서 다른 사람의 것을 강탈하지 못하게 해주는 수단들을 의식해야 합니다. 즉, 우리는 그분이 우리를 하나로 묶으셨음을 기억하면서 사랑의 원칙과 평등의 원리를 지켜나가야 합니다.

더 나아가 우리는 부자가 되려고 애쓰지 말아야 합니다. 우리는 이 가르침, 즉 가난을 인내하며 견디라는, 그리고 탐욕으로 불타올라 지금보다 더 부유해지기 위해 애쓰지 말라는 가르침을 실천해야 합니다. 만약 이제 우리가 다른 이들에 대한 모든 잔인함과 속임수를 혐오해야 한다는 것을 알게 되었다면, 이제부터 우리는 혹시라도 어떤 기회를 잡기만 한다면 우리 역시 남들 못지않은 부자가 될 수 있다고 생각하면서 짐승처럼 살아가지 않기 위해 조심해야 합니다. 우리는 그런 생각에 속아서는 안 됩니다. 어째서입니까? 그것은, 이미 말씀드렸듯이, 모든 참된 부의 원천은 하나님의 은총이기 때문입니다. 그러므로, 만약 우리가 모든 형태의 도둑질로부터 자유롭고자 한다면, 우리는 바로 그 원천에서 물을 마시고 그것으로 만족하는 것을 배워야 합니다.

도둑질하는 자들을 향한 하나님의 경고

이제 우리는 하나님이 우리에게 주신 경고들에 주목합시다. 그분은 이미 우리에게 이 계명은 정당한 계명 이상의 의미를 갖고 있으며, 자신이 우리에게 아무도 공격하거나 해치지 않고 의롭게 살아가는 데 필요한 모든 수단을 제공해 주셨다는 것을 충분히 알려 주셨습니다. 그럼에도 그분은, 우리가 여전히 완악하며 늘 악한 생각에 사로잡혀 있음을 아시기에, 우리에게 시험거리가 될 수 있는 경고들을 덧붙이셨습니다. 그분이 도둑과 강도들은 하나님의 나라에 들어갈 수 없다고 말씀하시는 것(고전 6:10; 엡 5:5)이 사소한 일입니까? 과연 이생의 삶이라는 것이 우리가 얼마간의 재물을 얻기 위해 하나님의 진노라도 불러일으킬 만큼 중요한 것입니까? 하나님은 도둑질하는 자들은 자신의 나라에서 추방될 것이라고 말씀하십니다. 만약 우리가 한 움큼의 믿음이라도 갖고 있다면, 우리는 그분의 이런 경고를 듣고 크게 동요해야 하지 않겠습니까?

그러나 우리 주님은 이보다 더 나아가십니다. 그분은 우리가 얼마나 육적이고 세속적인지 아시기에 자신이 이 세상에서도 우리를 망하게 하실 수 있다는 것을 우리에게 알려 주십니다. 악한 술책이나 강도짓이나 사기 행각을 통해 부자가 될 수 있다고 여기는 자들은 이 세상에서 소멸될 것입니다. 은밀한 저주가 그들을 파멸시킬 것입니다. 예컨대, 스가랴 선지자는 하나님의 저주가 도둑질하는 자들의 집에 내려 그들을 살라버릴 때까지 그 집에 머물 것이라고 말했습니다 (슥 5:3-4). 또한 우리는 그분이 이 문제와 관련해 다른 선지자를 통해 하셨던 다른 말씀에 대해서도 알고 있습니다. 우리 주님은 사람들이 부자가 되기를 소망하며 큰일을 이루려는 마음을 품을 때 자신이 그들을 쳐서 모든 것이 허사가 되게 하실 것이고, 그것도 사람들이 그런 파멸을 예상조차 하지 못할 만큼 갑작스럽게 그렇게 하실 것이라고 말씀하셨습니다(미 6:9-16).

그러나 하나님은 이보다도 더 나아가십니다. 우리 주님은 자신이 큰 재물을 모으기 위해 애쓰는 자들을 조롱하신다고 말씀하십니다. 또한 그들의 재물이 졸지에 흩어지고 물처럼 쏟아질 것이라고 알려주십니다. 그러나 그분은 또한 우리에게 부가 그것 때문에 명성을 누리는 자들에게 패망의 원인이 되리라는 것도 알려 주십니다. 어느 부유한 아비의 경우를 예로 들어 봅시다. 그는 일생동안 약탈과 강도짓으로 재물을 모으고 그로 인해 하나님의 진노를 불러일으켜 왔습니다. 사실 그는 살인자나 다름없습니다. 어째서 그렇습니까? 그는 자기의 자식들이 작은 왕들이 되리라고 기대합니다. 만약 그 자식들이 아비로부터 물려받은 재산이 없다면, 그들은 장사를 하거나 정직하게 일하는 법을 배워야 할 것입니다. 그럴 경우 그들은 작은 재물로도 충분히 만족할 것입니다. 그런데 부유한 아비를 둔 자식들의 사정은 그렇지 않습니다. 그들은 자기들의 아비가 불법으로 획득한 재물을 의지합니다. 그리고 그로 인해 그 아비는 자기의 자식들을 교수대로 보내거나 다른 끔찍한 방법으로 망하게 하는 셈이 되고 맙니다. 그의 집은 틀림없이 저주를 받을 것입니다. 왜냐하면 하나님은 도둑이나 그분의 거룩한 위엄을 조롱하는 모든 자들에게 자신을 공정한 재판관으로 드러내실 것이기 때문입니다.

만약 여러분이 하나님을 조롱하는 자들에게 이런 말을 한다면, 여러분이 듣게 될 대답은 뻔합니다. "좋아, 좋아, 그런데 지금은 더 많은 돈을 벌어야 할 때야." 사실 그들에게 그런 말은 아무 의미도 없습니다. 그들은 어느 가난한 사람이 자기들과 맞설 만한 힘이나 영향력을 갖고 있지 않음을 알아차리는 즉시 그에게 온갖 악한 짓을 해댑니다. 그러나 어떻습니까? 만약 하나님이 어떤 이들이 너무나 무감각해서 자신이 그들을 천국으로 이끄실 수 없을 뿐 아니라 그들에게는 천국에서 추방되는 것조차 의미가 없다는 것을 알게 되신다면, 아마도 그분은 그들을 향해 다음과 같이 말씀하실 것입니다. "보라, 나는 이미 너희의 심판 날을 정해 놓았다. 나는 너희에 대한 나의 심판을 이행할 것이다. 나는 불법적으로 취득한 재물에 저주를 내릴 것이고, 잠시 그것을 소유했던 자들은 그것을 빼앗기게 될 것이다.

그들과 그들의 재물 모두가 살라서 없어질 것이다." 만약 우리가 이 모든 것을 안다면, 그리고 마귀가 우리를 완전히 꼬드겨 놓은 것이 아니라면, 우리는 마땅히 자극을 받아야 하지 않겠습니까?

선한 양심을 지니라

이제 우리에게 필요한 것은 무엇입니까? 그것은 하나님이 그분의 자녀들에게 요구하시는 선한 양심을 유지하는 것입니다. 평화롭게 일하고 다른 이에게 짐을 지우지 않는 것입니다. 이 세상에서 하나님과 맞서지 않으면서 삶을 영위하는 법을 알기 위해 애쓰는 것입니다. 그리고 우리에게 큰 재산이나 충분한 돈이 없을 경우, 두 배로 절제하는 것입니다. 바로 그것이 우리가 취해야 할 적절한 태도입니다.

그런데 사소한 도둑질이 하나님에 의해 이토록 정죄된다면, 우리가 그분의 명예를 빼앗을 경우에는 그 형편이 어찌되겠습니까? 이 질문은 도둑질을 신성 모독과 비교하기 위한 것입니다. 하나님은 우리가 도둑이 되는 것을 금하셨습니다. 어째서 그러신 것입니까? 그것은 그분이 우리가 서로에게 의롭게 행하기를 바라시기 때문입니다. 그분은 자신이 우리에게 허락하신 재물이 우리에게 도움이 되기를 바라십니다. 그러나 또한 그분은 우리가 그 재물을 부적절한 방식으로 얻지 않기를 바라십니다. 많은 재물을 가진 자는 누구나 소유자가 아닌 관리자의 입장에서 그것을 분배해야 합니다(『강요』 III.xix.7-9). 그리고, 이미 말씀드렸듯이, 적게 가진 자는 자신의 처지에 만족할 줄 알아야 합니다.

만약 하나님이 우리가 이웃에게 정의를 행하고 그들의 손에 들려 있는 것을 지켜 주기를 바라신다면(『강요』 IV.xx.3), 또한 그분이 자신이 지으신 모든 것들을 그토록 아끼실 뿐 아니라 우리가 사기나 폭력이나 그와 유사한 행위로 그것들을 더럽히지 않기를 바라신다면, 그분은 보다 높은 가치를 지닌 것들에 대해서는 어떤 태도를 보이시겠습니까? 그러므로 우리는 동료 인간들과 더불어 흠 없이 살아야 합니다. 우리는 각 사람에게 그에게 합당한 것을 돌려주기 위해 애써야 합니다. 그리고 우리의 하나님께도 그분에게 합당한 것을 돌려드려야 합니다. 다시 말해 우리는 더 이상 그분이 금하신 것을 탈취하지 않음으로써 그분께 영광을 돌려야 하고 그분의 위엄을 지켜드려야 합니다. 우리는 사람들이 얼마나 무모한지 알고 있습니다. 그들은 분노에 가득 차 동료 인간들을 압제할 뿐 아니라 감히 하나님과 맞서기도 합니다. 그들은 이웃의 재물을 빼앗은 후 하나님마저 자기들에게 굴복시키려 합니다. 그리고 오직 자신에게 유리할 때만 그분에게 복종합니다. 그러므로 우리가 이런 문제와 관련해 경고를 받는 것은 매우 적절한 일입니다.

결론적으로, 우리는 온갖 해롭고 잘못된 행동을 하지 않도록 조심해야 할 뿐 아니라, 가능한 한 우리의 이웃들 중 그 누구도 잘못된 일을 당하거나 해를 입지 않도록 해야 합니다. 하나님이 우리에게 요구하시는 것이 두 가지가 있는데, 하나는 정의이고, 다른 하나는 판단입니다. 그분이 우리에게 정의를 요구하시는 것은 우리가 서로에게 합당한 일을 행하게 하시기 위함입니다. 그리고 판단을 요구하시는 것은 우리가 악한 일에 동의하지 않게, 그리고 자신을 지킬 만한 수단을 갖고 있지 않은 가난한 자들을 우롱하지 않게 하시기 위함입니다. 만약 우리가 어떤 이가 나쁜 일을 당하는 것을 보고도 그를 돕기 위해 아무 노력도 하지 않는다면, 그 때 우리는 도둑질에 동조하는 셈입니다. 시편은 우리의 그런 태도를 두고 "도둑을 본즉 그와 연합하고"(시 50:18)라고 비난합니다. 우리가 그런 일을 억제하지 않거나, 그런 일에 대해 눈을 감거나, 혹은 그런 일이 일어나도록 허용할 경우, 그 때 우리는 도둑질하는 자들의 친구가 되는 것이나 다름없지 않겠습니까? 그렇습니다. 그 때 우리는 이미 행해진 도둑질에 동조하고 있는 것입니다. 그리고, 비록 사람들은 그렇게 여기지 않을지라도, 우리는 하나님 앞에서 도둑질한 자로 판정될 것입니다.

그러므로 우리는 자신이 갖고 있는 것만 지키면 된다고 생각해서는 안 됩니다. 오히려 우리는 사랑의 원리의 권면을 받아 이웃의 재물을 우리의 것인 양 소중히 여기고 보존해야 합니다. 바로 그것이 우리가 하나님 앞에서 도둑이 되지 않는 방법입니다. 우리가 그렇게 할 때, 하나님은 우리의 손에 맡기신 재물을 축복하시고 우리를 번성케 하실 것입니다. 그 때 우리는 만족을 경험할 것이고, 훗날 천국에서 모든 좋은 것들을 온전하고 충만하게 얻게 될 것을 기대하면서 이 세상에서 천상의 유업을 갈망하게 될 것입니다.

1555년 7월 5일 목요일

제11강

거짓 증거하지 말라

네 이웃에 대하여 거짓 증거하지 말지니라 (신 5:20)

앞에서 우리는 이웃에게 육체적 해를 입히거나 그들의 재산에 손실을 초래하는 것은 율법에 어긋난다는 것에 대해 살펴보았습니다. 그럼에도 오늘의 본문을 통해 우리는 하나님이 특별히 우리의 말에 대해 언급하시는 것을 보게 되는데, 그것은 우리의 혀 역시 이웃에게 상처를 줄 수 있기 때문입니다. 앞에서 그분은 우리가 어떤 방식으로도 동료 인간들에게 해를 입히거나, 폐를 끼치거나, 그들의 재산을 빼앗아서는 안 된다는 것을 알려주셨습니다. 마찬가지로 여기에서 그분은 우리가 어떤 상황에서도 동료 인간들에 대해 나쁘게 말하거나 그들의 신용을 떨어뜨릴 만한 말을 하지 말아야 한다는 것을 알려주십니다(『강요』 II.viii.47).

하나님이 여기에서 특별히 "거짓 증거"에 대해 말씀하시는 것은 사실입니다. 하지만 그것은 우리가 이미 살펴본 바 있는 원칙을 따르고 있습니다. 그 원칙이란, 그분은 늘 우리에게 가장 혐오스러운 죄 하나를 제시하심으로써 우리로 하여금 그 죄는 물론이고 그와 유사한 모든 죄들까지 혐오하게 하신다는 것입니다(『강요』 II.viii.10). 만약 우리가 우리의 이웃에 대해 나쁘게 말하거나 그들을 중상한다면, 비록 세상의 눈에는 그런 죄가 그다지 심각하게 보이지 않을지라도, 하나님은 그것을 거짓 증거로 간주하시며 우리를 비난하실 것입니다.

그러나 이쯤에서 한 가지 의문이 제기될 수 있습니다. "어째서 하나님은 여기에서 굳이 거짓 증거와 거짓말을 다시 언급하시는 것일까? 그분은 이미 '너는 네 하나님 여호와의 이름을 망령되이 일컫지 말라'[신 5:9]라고 말씀하시지 않았는가?" 그렇습니다. 얼핏 이것은 쓸데없는 반복처럼 보일 수 있습니다. 사실 단지 열 개의 문장으로 이루어진 간략한 십계명 안에서 한 가지 문제를 두 번 되풀이해서 말하는 것은 납득하기 어려울 수도 있습니다.

그러나 우리는 하나님의 이름을 망령되이 일컫지 말라는 계명이 첫 번째 돌판에 들어 있었고 거기에서 하나님이 관심을 두셨던 것이 그분의 이름의 위엄이 존중되는 것이었음에 주목할 필요가 있습니다. 우리는 하나님에 대해 말할 때마다 늘 그분에 대한 존경심과 겸비를 드러내기 위해 그분 안에 있는 무한한 영광을 의식할 필요가 있습니다. 우리가 어떤 식으로든 하나님에 대해 판단하거나 말해야 할 경우, 우리는 그분의 이름이 우리에게서 존경을 받아야 하며 우리가 함부로 그분의 이름을 거론해서는 안 된다는 것을 기억해야 합니다. 그러나 이미 논의했던 그 주제에 대해서는 이만큼 해둡시다.

거짓 증거는 이웃에 대한
모든 험담을 대표한다

이제 하나님은 다른 문제에 관해 말씀하십니다. 그것은 우리가 우리의 사악한 혀를 통해 동료 인간들에게 상처를 주거나 해를 초래해서는 안 된다는 것입니다. 율법의 목적은 이중적이므로(하나는 하나님과 그리고 다른 하나는 인간과 관련되어 있다는 의미다 – 역자 주), 우리는 그 두 문장이 서로 다른 것을 목표로 하고 있으며, 따라서 과도하지 않다는 것을 알 수 있습니다. 그러므로 우리는 여기에서 다뤄지는 주제 곧 우리가 사랑과 공의 안에서 함께 살아가는 법에 관해 신중하게 주목해야 합니다. 율법이 우리에게 "네 이웃에 대하여 거짓 증거하지 말지니라"라고 말씀하는 것은 결코 쓸데없는 소리가 아닙니다.

여기에서 하나님은 우리가 행하는 모든 비방, 모든 거짓 보고, 모든 비난, 그리고 그와 유사한 모든 것을 정죄하십니다. 이 문제는 특별히 성경의 다른 구절을 통해서도 언급된 적이 있습니다. "너는 네 백성 중에 돌아다니며 사람을 비방하지 말며 네 이웃의 피를 흘려 이익을 도모하지 말라"(레 19:16). 만약 하나님의 율법이 올바른 생활을 위한 모든 완벽한 규정들을 포함하고 있다면, 우리가 방금 언급한 계명 역시 그래야 할 것입니다. 그러므로 우리는, 비록 하나님이 특별히 "거짓 증거하지 말라"라고 말씀하셨을지라도, 그분은 그 가르침을 우리의 모든 비방, 거짓 보고, 그리고 동료 인간들을 헐뜯거나 그들의 명성을 더럽힐 목적으로 행하는 모든 부정한 말들에 적용하려 하셨다고 여겨야 합니다. 그러므로 이 본문을 통해 우리는 하나님이 우리에게 동료 인간들과의 책임 있는 사귐을 요구하신다는 것을 알 수 있습니다. 사실 그분은 그 누구도 다른 이의 명성이나 재산을 공격하는 것을 용인하지 않으십니다. 그러므로 자기 이웃의 명성을 떨어뜨리거나 어떤 식으로든 그들을 중상하는 자들은 공연한 분란을 일으키는 것이고 사람들 사이에 존재하는 사랑의 유대를 깨뜨리는 것입니다.

만약 우리가 그런 일들을 철저하게 살펴본다면, 우리는 거짓 보고, 비방, 그리고 중상 같은 것들이 도둑질 이상으로 사람을 해친다는 것을 분명하게 알 수 있습니다. 그러므로, 만약 우리가 하나님께 복종하고자 한다면, 우리는 할 수 있는 한 이웃의 명예를 지켜주어야 합니다. 왜냐하면 그분은 우리에게 그 누구의 명예도 더럽히지 말라고 명령하셨을 뿐 아니라, 또한 우리가 모든 이의 명예를 지키기 위해 애쓰기를 바라시기 때문입니다(『강요』 II.viii.8-9). 그러므로 단지 악을 행하지 않는 것만으로는 충분하지 않습니다. 오히려 우리는 선을 행하려고 해야 합니다.

이제 우리는 하나님이 우리에게 바라시는 것, 즉 우리가 "거짓 증거"와 관련해 이해하기를 바라시는 것들을 차근차근 살펴볼 필요가 있습니다. 우선 우리는 우리가 어떤 판단을 해야 할 경우 거짓 진술이나 거짓말이나 위증을 통해 다른 이들에게 상처를 주지 말아야 한다는 것을 기억해야 합니다. 왜냐하면 이웃에 대해 거짓 증거하는 자들은 그 이웃을 죽이는 것이고, 본질적으로 그를 강탈하는 것이며, 자기의 거짓으로 인해 발생하는 모든 악에 대해 책임을 져야 하기 때문입니다. 대개 우리는 그렇게까지 생각하지 않지만 그것은 사실입니다. 바로 그것이 하나님이 특별히 율법을 통해 이스라엘 백성 중에서 죽을죄를 지은 이를 처벌할 경우 그를 고발한 증인이 가장 먼저 그에게 돌을 던져야 한다고 말씀하셨던 이유입니다(신 17:7 참고). 이것은 그 죄인이 죽는 것이 바로 그 증인의 말과 고발 때문임을 알게 함으로써 각 사람이 누군가에게 불리한 증언을 하는 일에 좀더 신중해질 뿐 아니라 언젠가 자신이 하나님 앞에서 그 일에 대해 설명해야 하리라는 것을 인식하게 하기 위함입니다. 그러므로 우리가 어떤 증언을 해야 할 경우 반드시 우리는 그 증언이 우리의 양심에 어긋나지 않는지 신중하게 살펴야 하며, 또한 자신이 하나님 앞에서 참되다고 알고 있는 것만을 명확하게 말해야 합니다. 그러므로 문제가 되는 것은 단순히 어떤 사람의 생명과 관련된 차원만이 아니라 그의 모든 명예와 재산까지 포함하는 차원에서의 거짓 증거입니다. 우리는 증인의 역할을 해야 할 경우 무엇보다도 우리의 이웃의 명예와 유익을 초래하기 위해 애써야 합니다.

그러나 그와 동시에 우리는 어떤 이가 저지른 죄를 덮거나 그의 재산을 지켜주려 하다가 하나님께 거짓말을 해서는 안 됩니다. 만약 우리가 사람의 명예를 소중히 여긴다면, 하나님의 명예는 그보다 얼마나 더 소중히 여겨야 하겠습니까? 우리가 우리의 이웃에 대해 거짓 증언을 하지 말아야 하는 이유는 하나님이 사람들 사이에 우정이 지속되고 아무도 그의 명예 및 재산과 관련해 고통을 당하지 않기를 바라시기 때문입니다. 그런데 하나님이 우리처럼 형편없는 존재들의 명예를 그토록 고려하신다면, 과연 우리가 그분이 그분 자신의 명예를 잊으시리라고 생각할 수 있겠습니까?

만약 우리가 거짓 증언을 통해 잘못된 행동을 한 이를 돕거나 그의 죄를 덮거나 감추고자 한다면, 그 때 우리는 아주 확실하게 하나님을 모독하는 셈이 될 것입니다. 어째서입니까? 그럴 경우 우리는 진실을 말하겠다고 엄숙하게 선언한 후 거짓말을 하는 셈이기 때문입니다. 그것은 하나님의 이름을 모욕하고 그분의 영광을 깎아내리는 것 아닙니까? 그러므로 우리는 하나님이 "네 이웃에 대하여 거짓 증거하지 말지니라"라고 말씀하시는 것을 그분이 우리의 악한 행동에 대해 은총을 베풀거나 부정한 일들을 감추려 하시는 것으로 해석해서는 안 됩니다. 다만 그분은 우리가 이웃의 명예를 지키기 위해 최선을 다해야 한다는 것을 알려 주고자 하셨을 뿐입니다.

더 나아가 이 구절을 통해 우리는 하나님이 관심을 가지시는 것이 행위 그 자체보다도 복수심과 원한으로부터 나오는 악한 의도라는 것에 주목해야 합니다. 나는 이미 여러분께 하나님이 여기에서 단순히 법정에서나 엄중한 맹세를 하는 경우에 발생할 수 있는 거짓 증언이 아니라 온갖 종류의 비방과 중상에 대해 말씀하고 계시다고 말씀드린 바 있습니다. 우리가 이웃을 중상하는 형식이 어떠하든, 그것은 늘 하나님 앞에서 거짓 증언으로 간주됩니다. 만약 우리가 우리의 이웃 중 한 사람을 중상하기 위해 누군가에게 다가가 오직 그의 귀에만 속삭일지라도, 그것은 거짓 증언입니다. 그런 경우에 우리는 심판관 앞으로 불려가거나, 증인 선서를 하거나, 일련의 심판 절차를 밟지는 않을 것입니다. 그러나 하나님은 그 문제에 대해 깊이 생각하실 것이고, 결국 우리는 유죄로 판결될 것입니다.

허물을 덮는 것과 거짓 증거의 차이

이제 우리는 다음과 같은 질문을 해볼 필요가 있습니다. "만약 우리가 아무런 나쁜 의도도 품지 않고서 사람들에게 누군가가 갖고 있는 악한 생각에 대해 경고한다면, 그럴 경우 우리는 하나님과 사람 앞에서 거짓 증거를 했다고 비난받아야 하는가?" 결코 아닙니다! 왜냐하면 하나님은 사람들의 악의와 적의를 특별히 심각하게 고려하시기 때문입니다. 만약 내가 어떤 이에 대해 나쁜 감정을 품고 그를 미워하거나 중상한다면, 그것은 거짓 증거라는 측면에서 정죄될 것입니다. 만약 우리가 다른 사람들의 눈을 흐리게 하려는 악한 생각을 품고서 누군가를 중상한다면, 그것 역시 거짓 증거입니다. 바로 그것이 성경이 "미움은 다툼을 일으켜도 사랑은 모든 허물을 가리느니라"(잠 10:12. 참고 벧전 4:8)라고 말씀하는 이유입니다. 솔로몬은 하나님이 금하시고 율법에 의해 정죄되는 거짓 증거의 뿌리를 그렇게 해석했습니다. 즉, 그는 우리가 거짓 증거를 하는 이유를 미움이라고 적시했던 것입니다. 어째서 그런 것입니까? 그것은, 만약 우리가 서로 사랑한다면, 분명히 우리는 서로를 지원하려고 할 것이기 때문입니다.

누군가를 중상할 때 우리 안에서는 강렬한 불길이 솟구칩니다. 그런 경우에, 만약 우리의 중상을 받은 이가 자신의 명예를 지키고자 한다면, 틀림없이 그는 우리와 싸우려 들 것이고, 그로 인해 우리의 모든 인간관계는 깨지고 말 것입니다. 그러나 우리가 사랑을 행하기 위해 애쓸 때, 우리는 가능한 한 다른 이들의 잘못을 덮으려 합니다. 하지만 우리 안에서 악의가 발생할 때, 대개 우리는 우리의 혀를 사용해 남들을 비난하기 시작합니다. 마음이 독기를 품으면, 그것은 분노를 토해냅니다. 그럴 경우 우리는 우리 안에 감추어져 있던 악을 다른 이들을 향해 쏟아냅니다.

그러므로, 우리가 누군가를 미워하고 그가 넘어지기를 바랄 때, 우리는 하나님이 이 구절을 통해 악의와 적의로부터 나오는 모든 험담을 정죄하신다는 것에 유의해야 합니다. 우리가 누군가를 육체적으로 해칠 수 없거나, 그들의 재산을 통해 그들을 파멸에 이르게 할 수 없거나, 그들의 재물을 빼앗을 수 없을 때, 대개 우리는 그들을 조롱하거나 중상하려고 합니다. 우리의 사정이 그러하다면, 그것은 유사한 열매를 맺을 수밖에 없는 악한 뿌리를 반영하고 있는 것입니다. 바로 그것이 우리가 하나님이 주신 이 계명을 이해하기 위해 유념해야 할 사항입니다.

하지만 그와 동시에 우리는 "사랑은 허다한 죄를 덮느니라"(벧전 4:8)라는 말씀이 우리가 서로에게 아첨하거나 거짓말을 통해 악을 부추기라는 의미가 아니라는 것을 알아야 합니다. 오히려 그것은 우리가 용기를 잃어버린 자들을 중상함으로써 자신의 악을 드러내거나, 혹시라도 가망 없는 자들이 하듯이 부끄러운 방법에 의지해서는 안 된다는 의미입니다.

성령께서 우리에게 원하시는 것은 우리가 아첨이나 거짓말이나 이웃의 악을 조장하는 일에 개입하지 않고 오히려 가능한 한 그런 잘못들을 시정하는 것, 그리고 잘못을 범한 자들을 낙담시키지 않으면서 그들을 돕기 위해 애쓰는 것입니다. 어떤 이가 다른 이들이 자기를 중상하는데 그것도 악의에 차서 그렇게 하는 것을 볼 때, 그는 자신을 경멸하고 악에 빠지고 점차 강퍅해지게 됩니다.

그러므로 우리가 이미 절망에 빠져 있는 이들의 잘못을 드러내고 아무런 사랑의 감정 없이 그들을 질책할 경우 우리는 그들이 점차 자기를 경멸하도록 만드는 원인이 될 수 있습니다. 그러므로 우리는 악을 비난할 때도 부드러움을 갖고서 해야 합니다. 그렇게 함으로써 이미 자신들의 잘못을 확신하고 있는 자들에게 우리가 원하는 것이 오직 그들을 파멸의 길에서 구하는 것뿐임을 알려 주어야 합니다.

친절하고 부드러운 책망은 사랑이다

같은 이유로 야고보는 솔로몬의 이 진술(잠 10:12 – 역자 주)을 친절하고 부드럽고 우호적인 충고를 통해 이웃을 하나님께 이끌고자 하는 자들에게 적용합니다. "너희가 알 것은 죄인을 미혹된 길에서 돌아서게 하는 자가 그의 영혼을 사망에서 구원할 것이며 허다한 죄를 덮을 것임이라"(약 5:20). 그러므로, 만약 우리가 어떤 이가 방황하고 있을 때 그의 잘못을 지적하고 그 과정을 통해 그를 옳은 길로 돌이킬 수 있다면, 우리는 그것이야말로 사랑이 허다한 죄를 덮는 방식이라고 말할 수 있을 것입니다.

사실 솔로몬이 이런 진술을 한 것은 다른 목적 때문이었습니다. 그러나 그렇다고 해서 야고보가 이 가르침을 잘못 적용한 것은 아닙니다. 야고보의 요점은, 우리가 누군가의 죄를 덮고자 할 때, 그런 일이 우리가 하나님이 공격을 당하시는 것에 대해 눈을 감거나 입을 다무는 방식으로 이루어져서는 안 된다는 것입니다. 우리 주변의 사람들이 파멸의 길로 치닫고 있을 때 우리가 해야 할 일은 그런 일을 감추거나 그들의 악을 사랑으로 덮는 것이 아닙니다. 그것은 야고보의 가르침을 잘못 적용하는 것입니다.

오히려 그런 경우에 우리에게 필요한 것은 친절하게 그리고 형제답게 그들을 책망하는 것이고, 또한 그들의 악이 하나님 앞에서 (상징적으로) 매장된 것처럼 사람들에게도 기억되지 않도록 유의하는 것입니다. 그러므로 우리는 우리의 이웃을 변화시키는 일에 개입해야 하되, 늘 이 방법에 유의하면서 그렇게 해야 합니다. 그들의 악이 교정되었을 경우, 우리는 더 이상 그들을 중상하지 말아야 합니다. 할 수만 있다면 우리는 수치스러운 일을 한 사람들이 회개에 이를 수 있도록 그 일을 드러내야 합니다. 하지만 또한 우리는 그런 이들이 절망에 빠지지 않도록 주의해야 합니다.

오늘날 우리는 그 일을 그다지 잘 수행하고 있지 않습니다. 우리는 아주 많은 이들이 그 일의 처음과 끝에서 실패하는 것을 보고 있습니다. 오늘날 이 방법, 즉 어떤 이를 변화시키되 그가 다른 이들로부터 험담을 듣지 않도록 그의 악을 덮어주면서 부드럽게 그가 갖고 있는 악을 교정하는 방법은 거의 사용되지 않고 있습니다. 어째서 그런 것입니까? 그것은 오늘날 우리가 다른 이들과 교제하기를 원할 때 대개 그들을 향해 아첨을 하기 때문입니다. 우리는 그들이 이런저런 방식으로 하나님을 불쾌하게 하고 있음을 알면서도 그들을 관용합니다. 우리는 그들도 우리의 잘못을 용서해 주기를 바라면서 그들의 악을 묵인합니다.

하지만 그런 식의 은폐는 비난 받아야 마땅합니다. 왜냐하면 사탄은 늘 그런 식으로 우리를 이용해 가련한 죄인들의 눈을 멀게 하기 때문입니다. 그렇게 눈이 먼 우리는 늘 우리가 마땅히 지적해야 할 그들의 잘못을 덮어주려고 합니다. 그러나 그것이 전부가 아닙니다. 오늘날 세상은 만약 우리가 우리와 교제하는 자들의 잘못을 묵인해 주지 않으면 우리를 좋은 혹은 신실한 친구가 아니라고 여기는 지경에 이르러 있습니다. 그들이 죄를 지었기에 우리가 그들에게 그 죄를 상기시키고 그들을 비난하는 것이 마땅함에도 오히려 우리는 그럴듯한 말로 그들을 옹호합니다. 우리는 이렇게 말합니다. "내가 내 이웃을 비난해야 한다고? 나는 그에게 신세를 지고 있어. 그런 내가 그에게 불리한 말을 해야 한다고? 도대체 그게 말이 돼?"

바로 그것이 오늘 우리가 하나님의 진리를 대하는 태도입니다. 바로 그것이 우리가 그 진리를 거짓으로 바꾸는 방식입니다. 바로 그것이 우리가 이웃을 중상하지 말라는 계명을 남용하는 방식입니다. 그러므로, 어떤 악을 지지하고 찬양하려는 마음이 들 때, 우리는 그렇게 하려는 우리의 목적이 악하다는 것을 인식해야 합니다. 무엇보다도 법원에 소환되어 증언하라는 요구를 받을 경우 우리는 마땅히 시정되어야 악을 옳은 것으로 주장해서는 안 됩니다. 만약 그렇게 한다면, 우리는 가장 심각한 죄를 짓거나 죄에 가담하는 셈이 될 것입니다. 만약 우리가 어떤 이의 살인이나 도둑질이나 악한 행동이나 부패나 반역적 행위를 숨겨 줄 경우, 분명히 우리는 (하나님의 눈으로는 물론이고 사람의 눈으로 보아서도) 그런 죄에 개입하는 셈이 될 것입니다. 그러므로 우리는 앞에서 언급한 성경 말씀 – 이웃의 죄를 사랑으로 덮어주라는 말씀(약 5:20) – 이 우리가 꼭 그래야 하거나 그렇게 하기를 요구받을 경우 진실을 말하는 것을 가로막게 해서는 안 됩니다. 왜냐하면 그런 경우에는 진실을 말하는 것이 옳기 때문입니다.

이웃의 악에 대해
떠벌리는 것은 악한 짓이다

그런데 우리가 큰 소리를 내지 않고 교정해야 하는 이웃의 악에 대해 떠벌리도록 만드는 요소가 있습니다. 그것은 때로는 악한 의도로부터, 때로는 야망으로부터, 그리고 때로는 자기를 과시하고자 하는 어리석은 오만함으로부터 나옵니다. 악한 의도를 예로 들어봅시다. 때로 우리는 자신이 악을 징벌하기 원하며 하나님에 대한 공격을 관용할 수 없다는 구실을 대면서 자신이 미워하거나 못마땅하게 여기는 이들을 공격합니다. 그리고 그들을 비난하고 책망할 기회를 발견하자마자 그들을 고발합니다. 그러나 그런 경우에 우리는 하나님의 이름을 부적절하게 남용하는 것입니다. 그 때 우리는 겉으로는 하나님에 대한 열심을 내세우지만 실제로는 자신의 적을 곤란에 빠뜨리고 싶어 할 뿐입니다.

그러나 사람들은 우리의 그런 악의를 즉각 알아차립니다. 그것은 우리가 자신이 미워하는 사람의 악을 찾아낸 후 모든 사람들에게 그것을 떠벌리고 할 수 있는 한 온갖 비정상적인 수단을 동원해 그것을 강조하기 때문입니다. 그런 경우에 우리가 그 사람에 대해 애정을 갖고 있지 않으며 우리의 싸움의 대상이 그 사람의 악이나 죄가 아니라 그 사람 자신이라는 것을 누군들 알아채지 못하겠습니까? 그런 사실은 아주 쉽게 드러날 수 있습니다. 그러므로 우리가 누군가의 악이나 죄를 드러내고자 할 때, 우리는 우리의 마음을 악한 뜻으로부터 순전하고 깨끗하게 보존해야 합니다. 그리고 하나님 앞에서 우리가 고발하는 사람의 건강과 안녕을 진심으로 바란다고 고백할 수 있어야 합니다. 그것이 한 가지 요점입니다.

다음으로 우리는 모든 어리석은 야망에 대해 경계해야 합니다. 이미 언급했듯이, 우리는 사람들 앞에서 자신을 그럴 듯하게 보이려고 하지 말아야 합니다. 우리 중에는 다른 이들을 비난함으로써 자신을 그럴 듯하게 보이려고 하는 이들이 있습니다. 그들은 다른 이들에게서 무언가 좋지 않은 것을 발견하자마자 그것에 대해 비난을 퍼붓습니다.

그들은 사람들이 자기를 향해 다음과 같이 말해 주기를 바라는 비정상적인 욕구를 갖고 있습니다. "오! 이 얼마나 대단한 사람인가!" 하지만 그런 이들은 단지 자신들의 어리석은 오만함을 드러낼 뿐입니다. 하나님은 자주 그런 오만함을 비난하십니다. 그들은 자기들이 다른 이들을 휘어잡기만 하면 자기들이 성인으로, 그리고 천사나 다름없는 자로 인정되리라고 여깁니다.

반면에 그들은 자신들에게는 굉장한 선택의 여지를 허락합니다. 그리고 자기들이 그동안 자기들이 비난했던 자들보다 훨씬 더 나쁜 죄를 저지를 경우, 사람들이 자기들의 그런 일을 잊어주기를 바랍니다. 어째서 그런 것입니까? 그것은 그동안 그들이 다른 이들을 아주 모질게 비난해 왔기 때문입니다. 참으로 그들 중 어떤 이들은 다음과 같이 말하는 것을 부끄러워하지도 않습니다. "전에 내가 다른 이들의 죄를 꾸짖은 게 그렇게 큰 잘못이란 말인가? 내가 올바르게 사는 동안 어떻게 내가 다른 이들의 악을 참을 수 있겠는가?" 아, 만약 당신이 다른 이들의 악을 참아 줄 수 없다면, 어떻게 당신은 다른 이들이 당신 안에 있는 악을 참아 주기를 바라는 것입니까?

그러므로, 우리가 우리의 이웃을 비난하며 그들에 대해 불만을 터뜨릴 경우, 우리는 그 어떤 야망도 갖지 않도록 조심해야 합니다. 만약 우리가 어떤 이의 악을 폭로하고자 한다면, 우리는 먼저 자신의 문제로부터 시작해야 합니다. 만약 이웃의 악을 책망하고자 한다면, 우리는 먼저 자신을 잘 살피고 자신부터 비난한 후에 그 이웃에게 다가가야 합니다. 바로 그것이 우리가 우리의 일을 하나님이 인정하시는 방식으로 하기 위해 취해야 하는 순서입니다.

여기에서 우리는 하나님은 모든 형태의 학대와 중상을 정죄하신다는 것에 유념해야 합니다. 우리가 이웃을 헐뜯기 위해 입을 열기만 할지라도, 하나님은 우리를 거짓 증인이라고 판정하실 것입니다. 그러나 이것은 우리가 분명하게 인식된 악을 덮어야 한다는 의미가 아닙니다. 우리는 죄를 덮는다는 핑계로 아첨이나 거짓말을 관용해서는 안 됩니다. 또한 우리는 아무에게도 해를 끼치지 말아야 한다는 핑계를 대면서 검은 것을 희다고 주장해서도 안 됩니다. 오늘날 그런 일은 아주 쉽게 목격됩니다. 왜냐하면 오늘 우리 중에는 아무것도 정죄하지 않기를 바라는, 그래서 기꺼이 자신들의 말까지도 위장하려고 하는 이들이 많기 때문입니다. 예컨대, 그들은 도둑을 다른 명칭으로 부르고, 죄를 그것에 적절한 이름을 사용해 책망하지 않습니다.

우리 주변에 하나님을 모욕할 뿐 아니라 모든 것을 타락시키거나 오염시키는 전염병을 퍼뜨리는 자들이 있을 수 있습니다. 그런 경우에 우리가 그들에게 유죄를 선고하고 그들의 문제를 처리하려고 하면, 즉각 몇몇 까다로운 사람들이 화를 냅니다. 아! 그로 인해 우리는 어떤 죄를 고발하려 할 때마다 늘 최고 법정에까지 올라가야 합니다. 오늘날 신성 모독은 손을 쓸 수 없을 만큼 만연해 있습니다. 오늘날 하나님과 그분의 말씀에 대한 모독은 기승을 부리고 있습니다. 우리는 그보다 더 수치스러울 수 없는 반역들에 대해 알고 있습니다. 우리는 너무나 흉측해서 (만약 우리가 하나님을 배신하려는 것이 아니라면) 더 이상 봐줄 수 없는 추문들에 대해 알고 있습니다.

그런데 우리가 그런 것들에 대해 강력하게 항의할 경우 우리는 사람들로부터 어떤 대답을 듣습니까? 십중팔구 그 대답은 다음과 같습니다. "복음은 온 세상이 부드럽게 하나님께 인도되어야 한다고 가르친다. 예수 그리스도께서는 죄인들의 잘못을 용서하시면서 그들을 친절하게 자신에게 이끌지 않으셨는가? 그러므로 복음을 선포하는 자들 역시 그분의 방식을 따라야 하지 않는가?" 바로 그것이 세상이 대답하는 방식입니다! 그들의 말에 따르면, 예수 그리스도께서는 마치 사탄이 그의 왕국을 세우고, 악이 유행하고, 사람들이 악을 감추고, 또한 악이 정죄되지 않을 만큼 우리가 그분의 은총을 남용하기를 바라시는 것처럼 보입니다. 그러나 그와 반대입니다. 예수 그리스도께서는 복음을 통해 이 세상에 대해 자신의 관할권을 행사하심으로써 세상을 정죄하십니다. 더 나아가 그분은 수치심을 통해 우리를 철저히 혼란스럽게 하시는데, 그것은 우리가 그분의 순전한 은혜 외에는 아무런 피난처도 얻지 못할 만큼 우리를 낮추시기 위함입니다.

사랑어린 질책은
질책의 대상을 망치지 않는다

그러므로 우리는 증오 때문이든 악의 때문이든 이웃을 중상하지 말라는 명령을 받고 있을 뿐 아니라, 또한 그와 동시에 악을 비난하라는, 그리고 할 수 있는 한 모든 방법을 동원해 죄를 지은 자들에게 그들의 잘못을 인식시킴으로써 그들을 선한 길로 돌이키라는, 그리고 다른 이들에게 그 옳지 않은 예를 보임으로써 그들의 타락을 미연에 방지하라는 명령도 받고 있는 셈입니다. 이런 사실은 우리가 한편으로는 우리 주 예수 그리스도께서 하신 말씀 곧 "형제에게 노하는 자마다 심판을 받게 되고 형제를 대하여 라가라 하는 자는 공회에 잡혀가게 되고 미련한 놈이라 하는 자는 지옥 불에 들어가게 되리라"(마 5:22)라는 말씀을 기억하고, 다른 한편으로는 "열매 없는 어둠의 일에 참여하지 말고 도리어 책망하라"(엡 5:11)라는 성경 말씀을 기억할 때 보다 분명하게 드러날 것입니다.

바울은 고린도 교인들에게 편지하면서 말하기를, 복음이 그것에 합당한 방식으로 선포된다면, 그것을 들은 자들이 "그 마음의 숨은 일들이 드러나게 되므로 엎드리어 하나님께 경배"(고전 14:25)할 것이라고 했습니다. 어째서 그렇습니까? 그것은 일단 복음이 전파되면 이전에 그들이 숨어 있었던 곳에 빛이 비추기 때문입니다. 이전에 그들의 악은 알려지지 않았습니다. 그러나 이제 그들은 자기들이 하나님을 모독해 왔다는 것과 이제 더 이상 자기들이 숨을 곳이 없게 되었다는 것을 알게 됩니다.

우리가 어느 이웃에 대해 나쁜 뜻을 품고 으르렁거릴 경우, 사람들은 비록 우리가 그를 고집불통이나 바보라고 부를지라도 그것을 이유로 우리를 고발하지는 못합니다. 그러나, 우리가 그를 향해 그저 고개를 좌우로 흔들거나 그를 만날 때마다 눈썹을 치켜뜨기만 할지라도, 하나님은 우리를 거짓 증인으로 여기십니다. 왜냐하면 그 때 우리는 그 이웃을 멸시하면서 그를 중상하고 있는 것이기 때문입니다. 그런데 도대체 우리는 무엇 때문에 그런 일을 하는 것입니까? 그것은 우리가 그에 대해 품고 있는 나쁜 뜻 때문입니다.

반대로, 만약 우리가 어느 이웃의 안녕을 위해 그에게 조언하고자 한다면, 또한 그에게 우리가 어떤 나쁜 뜻 때문이 아니라 오직 우리의 힘이 닿는 대로 그의 구원을 초래하고자 하는 마음 때문에 그런 일을 하고 있음을 알려 주고자 한다면, 그 때 우리는 그를 향해 이렇게 말할 수 있을 것입니다. "가련한 친구여, 당신의 모습을 살펴보시오. 당신은 사탄에게 자신을 팔아넘기려 하는 것처럼 보이오. 그 저주

받은 굴레에 묶이는 것이 진정으로 당신이 원하는 것이오? 지금 당신은 당신이 제정신이 아니고 그 어떤 훈계도 수용할 수 없을 만큼 분노하고 있소. 그런데 정말로 당신은 그렇게 형편없는 방식으로 망하려는 것이오? 가련한 친구여, 당신이 계속해서 그렇게 한다면, 모든 사람이 당신의 얼굴에 침을 뱉을 것이오."

우리가 그 이웃에게 이렇게 말할지라도, 그 때 우리는 그를 해치는 것이 아닙니다. 어째서 그렇습니까? 그것은 그런 말이 우리가 그를 새로운 방향으로 이끌기 위한 유일한 방법이기 때문입니다. 만약 우리가 사탄이 그를 너무나 강퍅하게 만들었기에 오직 큰 망치만이 그를 깨우칠 수 있다고 여긴다면, 우리는 계속해서 그에게 격렬한 말로 그의 잘못을 열거해도 괜찮습니다. 왜냐하면 우리가 그에게 그런 잘못들을 열거하는 이유는 그가 그런 잘못과 관련해 하나님의 용서를 얻고 더 이상 그런 것으로 인해 세상 사람들로부터 중상을 받지 않게 하려는 것이기 때문입니다.

사람들이 그에게 손가락질을 하고, 그가 모든 사람들로부터 수치를 당하고, 마치 교수대에 선 사람처럼 온갖 굴욕에 노출되는 것을 보는 것은 우리의 마음을 아프게 할 것입니다. 그런 일은 우리를 고통스럽게 할 것입니다. 그럼에도 우리는 그를 옳은 길로 되돌리기 위해 계속해서 노력해야 합니다. 우리의 그런 행동은 절대로 그에게 해를 초래하지 않습니다.

그러나, 아무리 그렇다고 할지라도, 우리가 누군가를 지나칠 만큼 과도하게 비난하는 것은 옳지 않습니다. 왜냐하면, 비록 우리가 선량한 마음으로 그리고 아무런 나쁜 뜻 없이 그렇게 하는 것일지라도, 만약 우리가 누군가의 잘못을 찾아내는 일에 지나치게 열심을 낸다면,

우리는 그런 열정 때문에 아주 쉽게 넘어질 수 있기 때문입니다. 바로 그것이 바울이 우리에게 넘어진 자들을 바로잡을 때는 "온유한 심령으로"(갈 6:1) 그렇게 해야 한다고 말했던 이유입니다. 그러므로 우리는 우리의 이웃들이 비슷한 상황에서 우리에게 해주기를 바라는 대로 그들에게 친절과 관용을 베풀어야 합니다.

그러나 상황이 어떠하든 우리는 악에 대해서는 아무것도 숨김없이 말해야 합니다. 또한 우리의 이웃들을 옳은 길로 돌이키기 위해 그들이 견딜 수 있는 한도 내에서 그리고 우리가 보기에 그들에게 적합한 방식으로 진지하게 노력해야 합니다. 무엇보다도 우리는 사랑과 형제애에 이끌려 그렇게 해야 합니다. 왜냐하면, 만약 우리가 하나님의 성령에 이끌려 그런 일을 하면서 하나님이 우리를 인도하고 다스려 주시기를 기도한다면, 사람들은 우리가 사랑의 마음을 품고 공개적으로 말한 것들을 더 이상 비난하지 못할 것이기 때문입니다. 바로 그것이 우리가 이 계명을 지키는 방식이 되어야 합니다. 즉, 우리는 악의 때문에 경멸적인 말을 쏟아내는 것이 아니라, 오히려 비슷한 상황에서 다른 이들이 우리에게 해주기를 바라는 방식으로 죄를 지은 자들을 책망해야 합니다. 이런 평등의 원칙을 지킨다면, 우리는 우리의 이웃에 대해 거짓 증거를 하지 않게 될 것입니다.

사소한 왜곡도 거짓 증거다

더 나아가 우리는 불성실한 말에 주목할 필요가 있습니다. 불성실한 말을 하지 말라는 것은 단순히 거짓을 말하거나 지어내지 말라는, 즉 우리가 하는 말에 그 어떤 가식도 없게 하라는 것만을 의미하지 않습니다. 만약 우리가 악하지 않은 무언가를 악의적으로 왜곡한다면, 그것은 곧 거짓 증언입니다.

그런 말을 하는 자들은 우리 주 예수 그리스도에 대해 불리한 발언을 했던 이들과 같습니다. 그들을 이렇게 말했습니다. "이 사람의 말이 내가 하나님의 성전을 헐고 사흘 동안에 지을 수 있다 하더라"(마 26:61). 설령 예수 그리스도께서 실제로 그런 말씀을 하셨다 할지라도, 이 때 그들은 거짓 증언을 한 셈입니다. 어째서입니까? 예수께서 하신 말씀을 그대로 옮긴 그들이 어째서 위증자라고 불려야 하는 것입니까? 그 이유는 그들이 하나님의 아드님이 하신 말씀의 의미를 그분이 의도했던 것과 상관없는 것으로 바꾸고, 그분이 미쳤다고 고발하고, 마치 그분이 실제로 예루살렘 성전에 대해 말씀하기라도 하셨던 것처럼 그분을 무섭게 중상했기 때문입니다. 사실 그분은 신성의 충만함이 거하시는 참된 성전(골 2:9)인 자신의 몸에 대해 말씀하셨던 것입니다. 왜냐하면 그분은 육체로 나타나신 하나님이셨기 때문입니다.

그러므로 우리는 하나님이 이 계명을 통해 정죄하시는 것이 단순히 우리가 어떤 거짓말을 하거나, 아무도 행하거나 말하지 않았던 무언가를 지어내거나, 꾸며낸 이야기를 퍼뜨리는 것이 아니라는 것을 알 수 있습니다. 우리는 원래는 아무런 해도 없는 어떤 진술을 악의적으로 왜곡해 그것을 무언가 매우 악한 것으로 만들 경우에도 거짓 증거를 했다는 판결을 받게 됩니다. 예컨대, 성질이 아주 까다로운 사람이 있다고 쳐봅시다. 그는 자신의 심기를 불편하게 하는 것을 인식할 때마다, 그것이 실제로는 나쁜 것도 아니고 하나님께 맞서는 것도 아님에도 서슴없이 다음과 같이 비난합니다. "오, 아무개가 여차여차한 짓을 했어!" 그럴 경우 우리는 아무개가 한 일이 무엇인지에 관심이 없습니다. 그러나 그의 그런 말 한 마디 때문에 한 때 미덕이었던 것이 악으로 변합니다.

우리가 어떤 이가 한 말의 뜻을 조금이라도 왜곡할 경우, 그는 그로 인해 다른 사람들로부터 공격을 받을 수 있습니다. 그리고 그런 왜곡은 그 사람과 그의 명성을 해칠 수도 있습니다. 그러므로 우리는 아무도 말하거나 하지 않은 것을 지어낼 때만이 아니라 교묘한 궤변이나 사악하고 부정한 방식을 사용해 원래는 순수했던 무언가를 악한 것으로 바꿀 때도 거짓 증거를 하는 셈입니다. 이미 말씀드렸듯이, 그런 일은 우리가 다른 이들을 비난하는 데 너무 열심을 내거나 남들에게 지나치게 까다로워질 때 나타나는데, 그럴 경우 우리는 모든 것을 나쁘게 변질시키고 맙니다.

바울에 따르면, 사랑은 무례하게 행하지 않습니다(고전 13:5). 그러므로 우리는 어떤 악을 정죄하기에 앞서 그 악에 대해 분명하게 알아야 합니다. 물론 때로 우리는 선과 악에 대해 잘못된 판단을 할 수 있습니다. 그러나 어떤 일이 그렇게 된 사정이 아주 분명함에도 우리가 굳이 "저런, 저것은 아주 잘못 되었어!"라고 말한다면, 그것은 우리가 악을 찾아내는 데 지나치게 몰두하고 있음을 보여 줄 뿐입니다. 무엇보다도, 만약 우리가 그렇게 하는 것이 정당하지 않은 경우에도 무언가에 대해 늘 나쁘게 말하는 것을 즐기는 악한 본성을 갖고 있다면, 분명히 우리는 하나님 앞에서 거짓 증거하는 자로 간주되어 정죄될 것입니다.

만약 어떤 이들이 그들이 갖고 있는 지나치게 엄격한 성격 때문에 그렇게 할지라도 정죄된다면, 자신의 증오를 공공연하게 드러내는 자들이나 실제로는 아무 문제도 없는 것을 악의적으로 왜곡하는 자들은 어찌되겠습니까? 만약 그들이 악한 진술을 통해 무언가를 왜곡하거나 그것의 품위를 떨어뜨린다면, 하나님은 그들을 거짓 증거하는 자들로 여기시지 않겠습니까? 그러므로 우리는 이웃의 명예와 안녕을 지켜주는 법을 배워야 합니다. 그리고 우리가 이웃을 책망하거나 그들을 악으로부터 정화시키기 위해 그들의 악과 맞서야 할 경우, 이 문제에 대한 관심이 계속해서 우리의 말을 이끌어가게 하게 해야 합니다. 또한 우리는 그들의 나쁜 예로 인해 유혹을 당한 자들을 책망해야 합니다. 하지만 우리는 가능한 한 그들의 구원과 안녕을 확보하기 위해 애써야 하며 그 누구도 우리의 말 때문에 낙심하게 해서는 안 됩니다. 오히려 할 수 있는 한 우리는 하나님과 사람들 앞에서 자신들의 죄를 줄이고자 노력하는 이들과 자신들의 삶이 온갖 악으로 가득 차 있음을 부끄러워하는 이들의 악이 겉으로 드러나지 않도록 애써야 합니다.

하나님이 우리에게 말과 혀를 주신 이유

만약 오늘의 본문이 우리에게 명령하는 내용을 지키고자 한다면, 우리는 보다 높은 차원의 문제, 즉 어째서 하나님이 우리의 혀를 창조하시고 우리에게 말을 주셨는지에 대해 생각해 볼 필요가 있습니다. 그것은 우리가 서로 소통할 수 있게 하시기 위함이었습니다(『강요』 II.viii.47–48). 우리가 서로 소통하는 목적이 사랑 안에서 서로를 지탱해 주는 것이 아니라면 달리 무엇이겠습니까? 그러므로 우리는 하나님이 우리에게 명하신 인간들 사이의 화합을 지속하기 위해 자신의 혀를 제어하는 법을 배울 필요가 있습니다. 바로 그것이 야고보가 악한 말에 대해 그토록 과격하게 말했던 이유입니다. "이와 같이 혀도 작은 지체로되 큰 것을 자랑하도다 보라 얼마나 작은 불이 얼마나 많은 나무를 태우는가 혀는 곧 불이요 불의의 세계라 혀는 우리 지체 중에서 온 몸을 더럽히고 삶의 수레바퀴를 불사르나니 그 사르는 것이 지옥 불에서 나느니라"(약 3:5-6).

이제 우리는 우리의 원칙으로 되돌아가 봅시다. 우리는 하나님이 우리에게 서로 소통하는 데 필요한 수단을 주신 것은 우리를 위한 그분의 특별한 선물이라는 것을 알아야 합니다. 인간의 감정은 숨겨져 있습니다. 그러나 우리의 감정을 드러내기 위해 혀가 존재합니다. 그러므로 우리는 하나님이 주신 그 선물을 사용해야 하며 우리의 악으로 그것을 더럽히지 말아야 합니다. 하나님이 우리에게 그것을 선물로 주신 것은 우리가 서로에게 부드러운 사랑과 형제애를 보이게 하시기 위함이었습니다. 그러므로 우리는 그것을 남용해 남의 뒷말을 하거나 여기저기 헛소문을 퍼뜨려 우리의 말이 서로에게 독이 되지 않도록 해야 합니다. 바로 그것이 우리가 우리의 말과 관련해 되새겨야 할 원칙입니다.

이제 우리는 거짓 증거라는 죄를 피하는 방법을 이해하게 되었습니다. 하지만 우리가 자신의 혀를 제어하는 것은 여전히 어려운 일입니다. 그러므로 우리는 더욱더 부지런히 그 방법을 실천하려고 해야 합니다. 우리는 우리의 입에서 이런저런 통탄스러운 말들이 얼마나 쉽게 빠져나가는지 알고 있습니다. 또한 우리는 그런 일에 너무 익숙해 있기에 별 생각 없이 말하는 것이 하나님 앞에서 악이라는 것을 의식하지도 못할 정도입니다.

본래 우리에게는 이웃에 대해 경솔하게 말하고 비난과 추문을 퍼뜨리려는 경향이 있습니다. 그러므로 우리는 더욱더 우리의 혀를 제어하기 위해 애써야 할 필요가 있습니다. 설령 우리가 우리의 본성 때문에 그런 죄에 빠진다고 할지라도, 그것은 하나님 앞에서 우리를 변명해 주지 못할 것입니다. 자신이 어떤 특정한 죄를 지었음을 알게 될 경우, 우리는 그것에 대해 변명하기보다는 슬퍼하고 탄식하면서 다음과 같이 말해야 합니다. "아, 지금 나는 내가 이런 악에 지배되고 있다는 것을 안다. 그러므로 이제 나는 그것과 맞서 더욱더 절개 있게 싸워야 하고, 또한 하나님의 은혜를 힘입어 그분이 정죄하시는 일을 스스로 제어하는 수준에 이르기 위해 애써야 한다."

무엇보다도 우리는 성경이 이 문제와 관련해 우리에게 제공하는 경고를 기억해야 합니다. 바울은 불경한 자, 술주정뱅이, 도둑, 살인자 등은 하나님의 나라를 유업으로 얻지 못하리라고 말하면서 중상하는 자들 역시 그런 부류에 포함시켰습니다(고전 6:10 참고). 바울은 그런 자들에게서 생명과 구원에 대한 모든 소망을 박탈했습니다. 우리가 그런 말씀을 듣고도 이웃을 중상하는 것이 잘못이라는 것을 모르는 체하면서 나뭇잎으로 부끄러운 곳이나 가리려고 해서야 되겠습니까?

혹시 여러분은 하나님이 바울의 입을 통해 주신 경고가 그저 어린 아이들이나 가르치기 위한 것일 뿐 실제로 그분을 조롱한 자들에게 시행되지는 않으리라고 생각하십니까? 결코 그렇지 않을 것입니다! 그러므로 우리는 일생동안 이 가르침에 유념해야 합니다. 그리고 더 나아가 다음과 같이 생각해야 합니다. "만약 하나님이 우리가 우리의 이웃의 선한 명성을 지켜주기를 바라신다면, 또한 우리가 이웃의 잘못을 지나치게 엄격하게 찾아내거나 그의 명예를 훼손하지 않기를 바라신다면, 그분 자신의 명예와 관련해서는 우리가 어떻게 해야 하겠는가?" 우리는 하나님의 명예를 지켜드리기 위해 백배는 더 노력해야 하지 않겠습니까?

그러므로 우리는 하나님에 대해 거짓 증거하지 않도록 조심해야 합니다. 바울은 복음의 순수성을 해치는 자들은 사람들이 아니라 하나님에 대해서 거짓 증거하는 자들이라고 말합니다(고전 15:15 참고). 그렇다면 우리는 어떻게 해야 합니까? 하나님의 진리가 유지되도록 해야 합니다. 선한 가르침을 받을 때 우리는 공개적으로 그것을 취하고 지지해야 합니다. 그럴 경우 하나님은 우리를 그분의 진리를 세상에 전하는 자로 삼으실 것입니다.

또한 하나님의 진리가 압박당하는 것을 볼 때 우리는 그런 상태를 용납하지 않기 위해 최선을 다해야 합니다. 어째서입니까? 하나님이 우리에게 모든 거짓을 그분의 이름으로 짓누를 것을 명령하시기 때문입니다. 무엇보다도 이것은 구원의 교리와 관련해 적용되어야 합니다. 그 교리가 왜곡되거나 사람들이 거짓말로 다른 이들을 억압하기 위해 그 교리에 누룩을 섞어 넣는 것을 볼 때, 우리는 — 만약 우리가 그들의 동조자나 공범자가 되려는 것이 아니라면 — 하나님에 대해 거짓을 증거하는 그런 자들이 사람들로부터 인기를 얻지 못하게 하기 위해 목숨을 걸고 싸워야 합니다.

마지막으로 우리는 사람들이 우리가 비방이나 거짓말이나 중상을 통해 누군가를 모함하려 한다는 비난을 하지 못하게 할 만큼 다른 이들과 더불어 단순하게 살아야 합니다. 또한 우리는 하나님과 관련해서도 그와 동일한 열정을 지니고 살아야 합니다. 그래서 그분의 진리가 우리 안에 충만하게 거하고 또한 우리 안에서 그분의 통치가 유효해지도록 해야 합니다. 바로 그것이 거짓 증거하지 말라는 이 계명에서 우리가 유념해야 할 내용입니다.

1555년 7월 5일 금요일

제12강

이웃의 것을 탐내지 말라

네 이웃의 아내를 탐내지 말지니라 네 이웃의 집이나 그의 밭이나 그의 남종이나 그의 여종이나 그의 소나 그의 나귀나 네 이웃의 모든 소유를 탐내지 말지니라 (신 5:21)

얼핏 이 계명은 불필요한 것처럼 보일 수도 있습니다. 왜냐하면 앞에서 하나님은 도둑질과 간음을 정죄하시면서 인간의 모든 악한 감정들을 이미 제어하셨기 때문입니다. 그러나 나는 우리가 계명들을 하나님의 본성에 비추어 해석할 필요가 있다고 말씀드린 바 있습니다 (『강요』 II.viii.6-7). 또한 우리는 하나님이 우리의 가장 깊고 가장 은밀하게 감춰져 있는 생각들을 알아내시기 위해 우리의 마음을 꿰뚫어 보실 수 있다는 것을 알고 있습니다. 그러므로, 하나님이 그럼에도 우리에게 도둑질과 간음을 금하시는 것은 곧 그분이 우리의 감정과 호기심에 재갈을 물리려 하시는 것이라 할 수 있습니다. 그리고, 만약 실제 사정이 그렇지 않다면, 하나님은 법을 제정하시는 문제와 관련해 사람들보다 강력한 힘을 갖고 계시지 않은 셈입니다. 세상 사람들이 간음을 정죄할 때, 사실 그들은 그와 유사한 것들 중 가장 심각한 것을 정죄하는 것입니다. 어떤 이의 악한 의도가 드러나면 그는 벌을 받습니다. 그러므로, 만약 하나님의 율법이 그 정도에도 미치지 못한다면, 그것은 아무런 의미도 갖지 못할 것입니다. 왜냐하면 그 정도라면 우리가 정직한 정부를 유지하기 위해 필요한 법조차 구성하지 못할 것이기 때문입니다.

더 나아가 우리는 바울이 한 말을 알고 있습니다. 그는 율법은 순전한 양심과 참된 믿음이 없다면 지켜질 수 없다고 말했습니다(딤 1:15). 하나님의 율법을 신실하게 지키기 위해 그런 성실함이 요구된다면, 우리는 "간음"이라는 단어가 그와 유사한 모든 사악한 감정들을 금하는 것이며 "도둑질"이라는 단어 역시 마찬가지라고 믿어야 할 것입니다. 또한 우리는 율법의 충실한 해설자이신 우리 주 예수 그리스도의 권위를 인용할 수도 있습니다. 왜냐하면 모세와 모든 선지자들은 그분의 성령을 힘입어 말했던 것이기 때문입니다.

탐심은 우리의 모든 애착을 대표한다

그렇다면 어째서 하나님은 여기에서 남의 것을 탐하지 말라는 말씀을 덧붙이시는 것입니까? 만약 성령께서 이미 모든 사악한 욕망들에 관해 말씀하셨다면, 어째서 여기에서 그 말씀이 다시 되풀이되어야 하는 것입니까? 여기에서 우리가 알아야 할 것은, 하나님은 이 구절을 통해 우리가 인정하지 않을 수 없는 아주 고약한 애착들만이 아니라, 비록 우리가 그것들에 집착하거나 동의하지는 않을지라도 계속해서 우리를 자극하는 모든 애착들을 제어하고자 하셨다는 것입니다. 이에 대해서는 좀더 상세하고 명확한 설명이 필요합니다. 때로 탐욕은 우리가 이웃의 재산을 보면서 그것을 갖고자 하는 욕심의 유혹을 받고 우리 안에 있는 그런 유혹 때문에 자신에 대한 경계를 늦출 때 나타납니다. 그런 죄가 우리를 강력하게 지배할 경우, 우리는 이웃의 것을 우리의 것으로 만들려는 결심을 하게 됩니다. 그런 종류의 탐욕에는 우리의 의지가 포함되어 있습니다. 왜냐하면 그런 경우에 우리는 단순히 죄에 동의하는 것에 그치지 않고, 만약 우리에게 그렇게 할 수 있는 수단이 있다면 즉시 그 악한 생각을 실천에 옮기기 때문입니다.

그런데 그런 사악한 욕망들은 "도둑질하지 말라"와 "간음하지 말라" 같은 계명들을 통해 이미 금지되었습니다. 왜냐하면 하나님은 그런 계명들로 단지 도둑질과 간음만이 아니라 다른 사람의 아내나 재산이나 재물을 탐내는 것까지 금하셨기 때문입니다. 그러나 우리가 집착하거나 동의하지는 않을지라도 여전히 우리를 자극하고 유혹하는, 그리고 하나님과 맞서고 율법이 명령하는 의에 어긋나는 우리 안에 있는 악한 성향을 의식하도록 만드는 다른 형태의 욕망들이 있습니다. 오늘 우리의 본문은 바로 그런 욕망들을 금하고 있습니다. 즉, 그동안 모든 악한 뜻과 애착들을 정죄하신 하나님은 이 계명을 통해 우리가 그것만으로는 그분이 우리에게 요구하시는 완전을 이룰 수 없으며, 오히려 우리는 우리를 악으로 이끄는 ― 비록 우리가 실제로 무언가를 하려고 결심하지는 않을지라도 ― 모든 애착들에 대해 분명한 인식을 지닐 필요가 있다고 덧붙여 말씀하고 계시는 것입니다.

그렇습니다. 우리는 거기에서 멈춰서는 안 됩니다. 만약 우리에게 용기가 부족해서 우리 안에서 어떤 욕망이 분출된다면, 우리는 그로 인해 이미 죄를 저지른 셈이며, 따라서 하나님 앞에서 유죄 판결을 받게 될 것입니다. 그러므로 우리는 이 구절이 우리에게 완전함을 요구하고 있다는 것을 알아야 합니다. 여기에서 우리 주님은 우리의 모든 악한 의도를 금하신 후, 우리가 우리의 마음과 의식을 그분에 대한 두려움으로 채워야 하며 또한 경건하게 사는 것을 사랑하고 갈망함으로써 다른 이들의 재산이나 아내를 탐하는 악한 열정에 휘둘리지 말아야 한다고 말씀하고 계시는 것입니다.

탐심은 인간 본성의 한계를 깨닫게 한다

일단 우리가 하나님의 의도를 이해했다면, 이제 우리는 그분이 우리에게 무엇을 기대하고 계시는지에 대해서도 알아야 합니다. 왜냐하면 우리는 율법을 우리를 비추는 거울로 삼아 그것을 통해 우리의 빈곤함에 대해 숙고해야 하기 때문입니다(『강요』 II.vii.7). 일단 우리가 우리의 의무가 무엇인지 알았다면, 또한 우리는 우리가 하나님이 우리에게 요구하시는 완전에 이르지 못할 경우 그분으로부터 정죄되리라는 것도 알아야 합니다. 바로 그것이 우리가 십계명의 이 마지막 조항에서 얻어내야 할 교훈입니다.

우리는 바울의 경우를 통해 이것이 우리가 더욱 주의를 기울이고 깊이 연구할 만한 가치가 있는 가르침이라는 것을 알 수 있습니다. 어릴 적부터 하나님의 율법 안에서 양육된 바울은 당대의 위대하고 현명한 신학자로서 명성을 누리고 있었지만 실제로는 장님이나 다름 없었습니다. 왜냐하면 그는 인간으로 하여금 그들의 빈곤을 인식하게 하는 것이 율법의 역할의 일부라는 사실을 회심한 후에야 그리고 우리 주 예수 그리스도께서 그분의 복음을 통해 그에게 하나님의 율법이 우리를 어디로 인도해 가는지를 알려 주신 후에야 깨달을 수 있었기 때문입니다(롬 7:7, 9; 행 22:3; 갈 1:13; 빌 3:5-6 참고).

바울은 유대인들 사이에서 굉장한 명성을 얻은 사람이었습니다. 그는 자신이 흠 없는 삶을 살았다고 주장할 수 있었습니다(빌 3:6). 그는 일반적인 기준을 따른다면 성결하고 현명한 사람이었습니다. 하지만 하나님의 율법에 비추어 본다면 그 역시 가련한 짐승이나 다름없었습니다. 어째서입니까? 그는 자신이 사람들로부터 존경 받는 삶을 살고 있고 하나님이 보시기에도 의로울 것이라고 여겼으나 자신에게도 하나님이 모든 죄인들에게 베푸시는 은혜가 필요하다는 사실을 알지 못했기 때문입니다. 그는 간음한 적이 없었고 도둑질이나 그와 유사한 다른 나쁜 짓을 한 적도 없었습니다. 게다가 그는 사람들이 인식할 만한 그 어떤 악한 성향도 드러낸 적이 없었습니다. 따라서 그는 스스로도 자신이 의롭다고 여길 수 있었습니다. 그러나 하나님이 그를 불쌍히 여기셔서 그의 눈을 열어 주시고 "탐내지 말지니라"라는 이 마지막 계명의 의미를 깨닫게 해주셨을 때, 그는 예전에 자신이 그것의 선생 노릇을 했던 율법을 새롭게 깨닫게 되었습니다. 자신이 어릴 적부터 배웠던 율법을 가르치는 일을 직업으로 삼고 있던 그는 이 계명을 진지하게 숙고하기 전까지는 그것이 갖고 있던 충격적인 의미를 알지 못한 채 마치 앵무새처럼 그것을 되풀이해서 읽었을 뿐입니다. 그는 그것의 힘과 가치에 대해 알지 못했습니다. 또한 그것이 우리가 우리의 모든 구원의 소망을 그곳에 두어야 하고 또한 그곳에서 찾아야 하는 하나님의 자비 안에서 우리를 위한 피난처를 발견하게 하기 위해 하나님 앞에서 우리를 정죄하는 죄를 가리킨다는 것도 알지 못했습니다(롬 7:7-9 참고).

바울은 그것이 율법의 의미이며 그것과 분리해서는 율법을 정확하게 이해할 수 없다는 것을 알지 못했습니다. 그러므로 우리는 이 말을 우리 자신에게 더욱 철저하게 적용해야 합니다. 바울조차 눈이 먼 상태로 살았기에 회심하기 전까지는 이 말의 의미를 이해하지 못했습니다. 그러니 우리 같은 이들은 도대체 이 말씀에 얼마나 더 주의를 기울여야 하겠습니까? 우리는 바울보다 예민하지 않으니 말입니다. 그러기에 하나님이 성령을 통해 이 구절이 정죄하고 있는 탐욕의 본성을 우리에게 알려 주실 필요가 있습니다.

교황주의자들의 치명적인 오류

더 나아가 여기에서 우리는 우리가 귀담아 들어야 할 또 다른 교훈과 마주하게 됩니다. 마귀는 사람들이 하나님의 의도를 알아차리지 못하게 할 뿐 아니라 우리를 혼란스럽게 하는 온갖 사악한 탐욕에 만족하게 하기 위해 이 원칙을 아주 모호하게 만들어버립니다. 흔히 사람들은 "탐욕"이라는 단어를 단호한 의지를 수반하는 악한 감정들에 국한시키는데, 이것은 모세가 말하는 의미와 어긋납니다.

오늘날 교황제도하에서 어떤 일이 벌어지고 있는지 살펴보십시오. 교황주의자들은 우리가 악한 욕망에 의해 부추김과 꼬드김을 당하는 것이 아담으로부터 물려받은 원죄와 부패로부터 오는 저주 받아 마땅한 악임을 부정하지 않습니다. 그러나 그들은 우리가 세례를 받으면 그 악이 더 이상 죄로 남아 있지 않게 된다는 헛된 주장을 합니다(1546년 트렌트 공의회 다섯 번째 회기에서 채택된 "원죄에 관한 교령"에 대한 언급이다 - 편집자 주). 교황주의자들은 어떤 이가 유혹에 빠져 하나님의 약속을 의심하거나 그분을 향해 불평과 조롱을 할지라도, 또한 시련에 처한 어떤 이가 하나님이 부당하고 잔인하다고 비난할지라도, 그것은 죄가 아니라고 주장합니다. 그리고 이것은 교황제도에 속한 몇몇 편협한 지도들만의 견해가 아니라 그들의 모든 사악한 성당들에서 회자되고 있는 일반적인 결론입니다.

교황제도에 속한 모든 성당들은 설령 어떤 이가 사악한 욕망에 의해 유혹을 당할지라도 그것이 곧 죄를 짓는 것은 아니라는 주장을 용인하고 있습니다. 즉, 그가 살인이나 간음 혹은 세상의 온갖 범죄와 무서운 일을 저지르려는 유혹을 받을지라도, 만약 그가 실제로 그런 일에 동의하거나 굴복하지만 않는다면, 다시 말해, 그가 그 사악한 의도를 수행하려고 결심하거나 실제로 그 일을 함으로써 쾌락을 얻지만 않는다면, 그것은 죄가 아니라는 것입니다. 그것은 그저 그의 마음 안에서 벌어지는 도덕적 싸움에 불과하다는 것입니다. 그리고 그렇게 함으로써 그들은 자기들이 용맹한 투사이며 따라서 죄가 자신들을 지배하지 못한다는 것을 과시하려고 합니다.

물론 어떤 신자들이 그런 유혹을 거부하고 스스로를 제어할 때, 또한 그들이 그런 유혹이 하나님의 뜻에 어긋나며 그분께서 그것을 정죄하신다는 것을 알기에 그것과 맞설 때, 분명히 그들은 자신들이 성령의 지배를 받고 있음을 드러내는 셈입니다. 분명히 그것은 하나님이 그들에게 죄에 대한 승리를 주셨다는 것, 그들 안에 그분의 덕이

거하고 있다는 것, 그리고 그들이 사탄과 맞서 싸울 수 있을 만큼 용맹한 투사라는 것을 알려 줍니다. 그러나 그것이 곧 그들이 마치 아무런 흠이나 결을 갖고 있지 않은 것처럼 자기들의 죄의 뿌리를 뽑아내고 스스로를 구원할 수 있다는 것을 의미하지는 않습니다. 아, 사실은 정반대입니다! 한편으로 우리는 하나님을 찬양해야 합니다. 왜냐하면 그분이 그분의 성령을 통해 우리가 우리의 모든 악한 애착들을 극복하는 데 필요한 은총을 제공하시기 때문입니다. 그러나 다른 한편으로 우리는 자신이 매우 연약하다는 것, 따라서 만약 하나님이 우리를 불쌍히 여기시지 않는다면 우리 안에 있는 악한 생각 때문에 그분의 진노를 불러일으킬 수밖에 없으며 그분에 의해 철저히 파멸되어야 마땅하다는 것을 인식하면서 철저하게 자신을 낮춰야 합니다.

그러나 하나님은 이 세상에 교황제도의 어리석음을 드러내시고 그 제도에 속한 최고의 성직자들이 사실은 성경에 대해 전혀 들어본 적이 없는 가련한 불신자들보다도 못한 멍청이들에 불과하다는 것을 알려 주실 필요가 있었습니다. 교황주의자들은 어째서 그런 평가를 받아야 하는 것입니까? 그것은 성경이 율법을 다음과 같은 말씀으로 요약하고 있기 때문입니다. "너는 마음을 다하고 뜻을 다하고 힘을 다하여 네 하나님 여호와를 사랑하라"(신 6:5; 막 12:29-30. 참고 『**강요**』 II.viii.51).

만약 성경이 "너는 마음을 다해 네 하나님을 사랑하라"고만 말씀했다면, 우리는 우리가 실제로 무언가를 하려고 할 때만 죄가 있다고 주장할 수도 있을 것입니다. 왜냐하면 성경에서 "마음"은 (때로 "지성"을 가리키는 경우도 있기는 하나) 대개는 인간의 "의지"를 가리키기 때문입니다. 그러므로 우리는 만약 우리의 의지가 선과 어긋나지 않는다면 우리가 하나님을 마음을 다해 사랑하고 있는 것이라는 궤변을 늘어놓을 수 있을 것이고, 또한 그것만으로도 하나님 앞에서 우리 자신을 정당화할 수 있을 것입니다. 우리는 악한 집착을 의지로 대체할 수 있으며, 그럴 경우 우리를 자극하고 흥분시키기는 하지만 우리를 지배하지는 못하는 사악한 욕망들은 죄에 포함되지 않는 것처럼 보일 수 있습니다.

그러나 우리가 "마음을 다해"라는 말에 "생각과 힘을 다해"라는 의미까지 포함되어 있다고 여길 경우, 만약 우리가 간음이나 도둑질 같은 사악한 욕망을 품는다면, 설령 우리가 실제로는 어떤 식으로도 그런 일에 개입하지 않았다 할지라도, 우리의 지성의 일부는 이미 타락한 셈이 되지 않겠습니까? 만약 우리의 지성의 일부가 하나님과 맞서고 있다면, 과연 그 때 우리가 마음을 다해 하나님을 사랑하고 있는 것입니까? 이미 말씀드린 것처럼, 이것은 마음의 문제가 아니라, 개념화하는 능력 곧 인간의 마음속에 있는 능력과 관련된 문제입니다. 만약 우리가 허영심에 빠져 우리 안에 하나님에 대한 그 어떤 두려움이나 경외감도 존재하지 않음을 드러낸다면, 결국 우리는 하나님을 사랑하라는 계명을 이루지 못한 것으로 인해 책망과 유죄 판결을 받게 될 것입니다. 실제로 지금 우리의 마음 어느 한 구석이 그런 상태에 있지 않습니까? 우리 안에는 처음에는 이것에 그리고 다음에는 저것에 몰입하는, 그래서 하나님과 그분의 공의에 맞서는 마음이 있지 않습니까?

그러므로 이제 우리는 우리가 하나님의 징벌을 피할 수 있으리라고 생각하는 것은 변명의 여지가 없는 잘못이라는 것을 알 수 있습니다. 만약 하나님이 우리를 엄하게 심판하기로 작정하신다면, 어떤 확고한 의지를 갖고서 악에 동의한 적이 없는 이들조차 그분 앞에서 책망을 피할 수 없을 것입니다.

그러므로 이제 우리는 이 구절의 참된 의미를 알게 되었고, 또한 우리가 이 문제와 관련해 유혹을 받지 않으려면 계속해서 조심해야 한다는 것도 알게 되었습니다. 그러므로 우리는 바울의 경우를 통해 더욱더 자극을 받아야 합니다. 그는 자신이 하나님의 율법의 참된 의미를 깨달은 것은 우리 주 예수 그리스도께서 성령을 통해 자신을 깨우치셔서 "탐심"이라는 말에 내포된 의미를 이해할 수 있게 해주신 후에야 가능했다고 고백한 바 있습니다(롬 7:7-9).

모든 욕망은 악하다

이제 앞에서 논의했던 내용을 우리에게 적용해 봅시다. 먼저 우리는 우리가 하나님을 잘 섬기기 위해서 필요한 것은 선을 행하고 그것으로부터 유익을 얻고자 하는 우리의 바람만이 아니라는 것을 알아야 합니다. 오히려 우리는 우리 안에 있는 모든 것이 우리를 하나님께 대한 온전한 순종이라는 목표점으로 이끌어가도록 모든 악한 집착과 부패한 생각으로부터 깨끗하게 될 필요가 있습니다. 우리는 혼란에 빠져 이리저리 헤매서는 안 됩니다. 오히려 우리는 자신을 온전히 제어하고 하나님이 우리에게 보여 주시는 방향으로 지체 없이 그리고 중단 없이 달려 나가야 합니다.

이런 사실을 적절하게 이해했다면, 우리는 자신에 대해 더욱더 조심할 필요가 있습니다. 사실 우리는 너무 자주 길을 잃어버리고 너무 쉽게 자신의 에너지를 흩어버립니다. 그런데 사정이 그렇게 된 원인이 무엇입니까? 그것은 우리가 주님 없이 만족하려고 하기 때문입니다. 흔한 말로, 우리는 율법을 제멋대로 해석합니다. 그래서 자신이 악한 뜻을 품지만 않는다면, 그리고 그 뜻을 실행에 옮기지만 않는다면, 그것으로 충분하다고 여깁니다. 하나님이 그 모든 것을 죄로 여기시지는 않는다고 말합니다. 그러면서 계속해서 사악한 욕망을 품고 자신의 숨겨진 미망迷妄을 의식하지 않기 위해 두터운 눈가리개를 착용합니다. 하지만 그럴 경우 우리는 하늘의 심판을 면할 길이 없습니다. 그러므로 우리는 자신의 욕망을 제어할 필요가 있습니다. 하나님은 단순히 우리의 악한 뜻만이 아니라 우리를 유혹해 악을 행하게 하고 또한 계속해서 그 일을 하도록 자극하는 모든 욕망들을 동일하게 정죄하시기 때문입니다.

그러므로 우리는 보다 큰 두려움을 지니고 살아야 합니다. 특히 우리의 존재 중 어느 부분도 죄에 오염되지 않은 곳이 없다는 사실에 유념하면서 더욱더 자신을 제어해야 합니다. 만약 우리의 영혼의 모든 기능들을 살펴본다면, 우리는 죄가 우리의 영혼 전체에 퍼져 있음을 알게 될 것입니다. 어떤 이의 몸에 독이 침투하면 그의 몸 전체에 독이 퍼지는 것과 마찬가지로, 우리의 뼈와 골수와 생각과 감정과 다른 모든 것에 보편적인 타락이 퍼져 있습니다. 우리의 본성이 그토록 타락했기에, 특히 하나님이 그분의 율법을 통해 우리를 악으로 이끄는 모든 사악한 생각들을 정죄하셨기에, 마땅히 우리는 더욱더 정신을 차리고 자신을 제어해야 합니다. 이것은 우리를 일깨우고 우리의 뜻을 자극하는 모든 것에 해당됩니다― 설령 우리가 그 모든 자극에 굴복하지 않을지라도 말입니다.

일단 이런 사실을 이해했다면, 우리로서는 하나님의 인도를 받으며 조심스럽게 살아가기 위해 자신을 회복해야 할 보다 분명한 이유를 발견한 것 아니겠습니까? 이 계명을 통해 우리는 그런 깨우침을 얻어야 합니다. 우리는 잠에 빠지거나, 무관심하거나, 하나님 앞에서 너무 쉽게 자신을 정당화하지 말아야 합니다. 그런 식의 회피가 아무 소용이 없음을 깨닫는 것이 중요합니다. 어째서입니까? 하나님은 모든 사악한 의지를 정죄하실 뿐 아니라 모든 사악한 욕망들 역시 정죄하시기 때문입니다.

자신의 무능에 대한 자각과 판단의 유보

우리는 이것을 통해 이중의 교훈을 얻어야 합니다. 한편으로 우리는 하나님이 그분의 성령을 통해 우리를 더욱더 세밀하게 다스려 주시고 또한 우리에게서 모든 악과 부패를 제거해 주시기를 기도해야 합니다. 그리고 그렇게 기도한 후에는 우리가 우리의 모든 감각과 열망들로 인해 난폭해지지 않기 위해 자신을 더욱더 제어해야 합니다. 왜냐하면 우리 안에는 하나님의 율법에 맞서는 반역 외에는 아무것도 없기 때문입니다. 바울은 인간의 왜곡된 본성이 하나님의 적이라고 말했는데, 그 때 그는 우리의 의지만이 아니라 우리의 모든 감정과 생각들에 대해 언급했던 것입니다(롬 8:7). 거기에서 바울은 우리가 갖고 있는 생각들까지 포함하는 단어를 사용했습니다. 그는 말하기를, 우리의 모든 것이 하나님의 율법과 적대적인 관계에 있다고 했습니다. 그러므로 우리는 비록 우리가 수많은 사악한 욕망들이 여전히 우리를 괴롭힘에도 자신을 하나님의 통제하에 견고하게 묶어 두기 위해 온갖 노력을 기울일지라도 여전히 우리가 하나님 앞에서 그것들로 인해 탄식하게 되리라는 것을 알아야 합니다. 바로 그것이 우리가 이 계명을 통해 얻어야 하는 첫 번째 교훈입니다.

우리는 하나님이 그분의 성령을 통해 우리를 다스려 주시기를 그분께 호소해야 합니다. 또한 우리는 사탄이 틈입하지 못하도록, 그리고 그가 우리의 마음에 어떤 틈을 만들어 우리를 사로잡지 못하도록 자신을 제어해야 합니다. 우리는 그를 멀리 격퇴해야 합니다. 그리고 우리 안에서 어떤 좋지 않은 생각이 꿈틀거리는 것을 느낄 때마다 그것을 단호히 잘라내고, 마음의 빗장을 걸어 잠그고, 자신을 향해 다음과 같이 말해야 합니다. "너의 하나님이 너를 완전히 지배하시게 하라. 그분이 너의 마음뿐 아니라 너의 모든 감각들까지도 소유하시게 하라."

이제 우리가 얻어야 할 두 번째 교훈에 대해 살펴봅시다. 우리는 하나님께 영광을 돌리기 위해 자신의 판단을 유보하는 법을 배워야 합니다. 우리는 우리가 전적으로 죄에 물들어 있다는 것, 따라서 하나님이 우리를 엄격하게 다루면서 책임을 추궁하신다면 우리 모두가 멸망해 없어지리라는 것을 알아야 합니다. 바로 그것이 우리의 출발점이 되어야 합니다. 그렇지 않을 경우 우리는 하나님의 율법을 통해 얻을 수 있는 유익을 얻지 못할 것입니다.

그러나 여기에서 우리는 다음과 같이 물을 수 있습니다. "하나님은 우리의 연약함을 그토록 잘 아시면서 어째서 우리를 좀더 강건하게 만들어 주시지 않는가? 어째서 그분은 그토록 엄격한 율법을 재가하시는가?" 사실 하나님이 우리가 우리의 모든 악한 의지를 굴복시키는 것에 만족하지 않으시고 이 마지막 계명을 덧붙이심으로써 우리의 악한 욕망까지 금하시는 것을 볼 때, 우리는 그분이 우리를 완전히 압도하려 하신다는 느낌을 받게 됩니다. 그리고 바로 그것이 하나님을 조롱하는 자들이 하나님이 그분의 율법을 통해 인간을 조롱하신다고, 또한 인간의 몸을 가렵게 하신 후에 몸을 긁지 말라고 명하신다고 주장하는 이유입니다.

하지만 우리는 혹시라도 우리의 생각과 감정이 하나님의 의에 맞서 반역을 일으키지 않게 하기 위해 우리 자신의 안타까운 상황을 살펴볼 필요가 있습니다. 그리고 우리는 하나님의 율법과 인간의 욕망 사이의 갈등을 발견하더라도 놀라지 말아야 합니다. 어째서입니까? 만약 우리가 자신이 누구인지를 신중하게 살핀다면, 우리는 우리 안에서 완전한 부패와 저주 받아 마땅한 악 외에는 아무것도 발견하지 못할 것이기 때문입니다. 우리는 우리 안에서 악을 향해 기울어지지 않은 생각을 단 하나도 찾아내지 못할 것이기 때문입니다.

하나님은 그와 같은 사실을 너무나 잘 아시기에 우리에게 완전하고 적절한 법칙을 제공해 주셨습니다. 그렇다면 그 법칙은 우리에게 천둥소리처럼 들리지 않겠습니까? 왜냐하면 인간의 본성과 하나님의 의는 물과 불보다도 훨씬 더 조화를 이루지 못하기 때문입니다. 그러므로 우리는 하나님이 우리의 모든 열망을 억누르시는 것을 이상하게 여기지 말아야 합니다. 또한 우리는 불평분자들이 불경스러운 말들을 쏟아낼 때 그들을 괴물을 보듯 혐오해야 합니다. 그들은 의로우신 하나님께 영광을 돌리는 대신 사납게 날뛰는 짐승처럼 그분을 공격하려 듭니다. 우리의 연약함과 관련된 문제에 대해서는 이쯤 해둡시다.

우리의 연약함이 어떤 모습을 지니고 있든, 우리는 하나님이 그분의 율법을 통해 그것을 정죄하신다는 것에 놀라지 말아야 합니다.

어째서입니까? 하나님이 우리의 삶을 위한 법을 정하시고 우리가 어떻게 살아야 할지를 보이실 때, 그분은 우리가 무엇을 할 수 있으며 우리의 능력이 어느 정도인지를 고려하시기보다는, 우리가 그분께 무엇을 빚지고 있는지를 고려하시기 때문입니다. 그분의 관심은 우리 안에서 의가 발견되는가 그렇지 않은가에 있습니다. 우리는 하나님의 피조물입니다. 그러므로 우리는 마땅히 우리 자신을 바쳐 그분을 섬겨야 합니다. 그리고, 비록 우리가 어쩔 수 없이 그런 일에 대해 불만을 터뜨릴지라도, 우리는 늘 우리가 그분께 우리의 모든 생각과 감정 그리고 우리의 몸과 마음을 이루는 모든 것을 바쳐야 한다는 것을 의식하지 않을 수 없습니다. 왜냐하면 우리는 처음부터 그분에게 속해 있기 때문입니다.

어쨌거나 우리는 우리가 자신을 정당화할 수 없다는 것에 유념해야 합니다. 그것은 우리가 갖고 있는 악의 때문입니다. 혹자는 우리가 그런 악의를 아담에게서 물려받았다고 말할지도 모르겠습니다. 하지만 꼭 그렇지는 않습니다. 왜냐하면, 비록 우리가 원죄라는 비참한 노예 상태로 인해 죄의 포로가 되어 있고, 그로 인해 선을 행하는 데 방해를 받고, 모든 일에서 악을 행하도록 강제되고 있기는 하나, 그럼에도 그 모든 일의 뿌리는 우리 자신 안에 있기 때문입니다. 우리 모두는 자신의 죄책을 의식해야 합니다. 우리는 우리가 벌을 받아서 억지로 그런 일을 하고 있다고 말해서는 안 됩니다. 왜냐하면 우리 모두는 우리 자신의 탐욕 때문에 그런 일로 이끌리고 자극을 받기 때문입니다. 그러므로 우리는 더 이상 변명할 수 없습니다. 우리가 율법을 우리의 힘과 능력을 따라 헤아리는 것은 더 이상 중요하지 않습니다. 어째서입니까? 그것은 하나님은 우리가 무엇을 할 수 있는지 그리고 우리의 능력이 얼마나 되는지를 헤아리시지 않기 때문입니다. 오히려 그분은 우리가 그분에게 얼마나 많은 의무를 지고 있는지에 유념하십니다. 또한 그분은 우리의 한계 너머에 있는 보다 큰 고결함을 고려하십니다. 바로 그것이 우리가 주목해야 할 요소입니다.

율법은 우리를 정죄한다

그러나 오늘날 교황주의자들은 이런 진리를 남용하고 있습니다. 그들은 인간이 하나님의 율법을 지키는 것이 불가능하지 않다고 주장합니다(『강요』 II.vii.5). 그들이 그런 식으로 마귀의 꾐에 넘어간 것은 놀라운 일입니다. 왜냐하면 인간은 율법에 의해 영원토록 정죄될 뿐이므로 하나님의 순전한 자비 안에서 피난처를 찾아야 한다는 것은 성경 전체에서도 아주 분명하게 그리고 널리 알려진 가르침이기 때문입니다. 바울이 죄인인 인간은 저주를 받았고 그들 중 아무도 정당하지 않다는 것을 입증하고자 했을 때 그가 사용했던 논거는 무엇이었습니까? 그는 모세의 구절을 인용했습니다. "이 율법의 말씀을 실행하지 아니하는 자는 저주를 받을 것이라"(신 27:26. 참고 갈 3:10).

얼핏 보면 바울의 논거는 취약하고 그가 인용한 구절은 부적절하게 보입니다. 왜냐하면 그가 인용한 구절은 모든 인간이 저주를 받는 것이 아니라 "이 율법의 말씀을 실행하지 아니하는 자"가 저주를 받는다고 말씀하기 때문입니다. 그러므로, 만약 어떤 이가 율법을 지키고 그것을 완수한다면, 그는 이 정죄의 선고에서 면제될 것입니다. 따라서, 만약 어떤 이들이 율법을 지킨다면, 모든 인간이 저주를 받지는 않게 될 것입니다. 그러나 여기에서 바울은 인간이 율법을 지키는 것은 불가능하다는 것을 전제하고 있습니다. 만약 그런 것을 전제하지 않았다면, 그의 말은 감각과 이성을 결여한 사람의 말처럼 들렸을 것입니다.

그러므로 우리는 교황주의자들이 하나님의 성령과 정반대되는 주장을 하고 있음을 알 수 있습니다. 그로 인해 성령께서는 그들을 완전히 무감각하게 만들어 그들이 신앙과 기독교의 기본을 이해하지 못하게 하셨습니다. 그러므로 우리는 하나님의 율법을 우리의 능력을 따라 헤아리거나 우리가 할 수 있는 일의 관점에서 검토해서는 안 됩니다. 오히려 우리는 우리가 하나님께 어떤 은혜를 입고 있는가를 생각해야 합니다. 그러나 종종 우리는 "그렇다면 우리가 할 수 있는 것이 무엇인가"라고 묻습니다. 사실, 만약 우리가 예수 그리스도 안에서 우리의 구원을 찾지 않는다면, 우리는 저주를 면하지 못할 것입니다. 만약 우리가 하나님의 은혜의 필요성을 느끼지 못한다면, 그런 우리가 어떻게 그분에게 은혜를 구할 수 있겠습니까? 인간은 무언가를 자진해서 구하는 경우가 없습니다. 만약 우리가 자신에게 어떤 의가 있다고 여긴다면, 그 때 우리는 그 의를 우리 자신이 아닌 다른 곳에서 찾으려 하지 않을 것입니다. 그러므로 우리는 우리에게서 모든 의를 완전하게 제거하고, 하나님의 진노를 의식하고, 죽음이 우리를 엄습하고 있다는 사실을 의식할 필요가 있습니다. 왜냐하면, 그런 의식이 없다면, 우리는 결코 하나님의 자비를 얻기 위해 그분께 순종하려 하지 않을 것이기 때문입니다. 그러나 이 문제에 대해서는 좀더 폭넓은 고찰이 필요합니다.

무엇보다도 우리는 우리 안에서 어떤 악한 생각이 꿈틀거리는 것을 의식할 때마다, 그리고 우리의 욕망이 자극을 받아 악을 행하기 위해 일어서는 것을 의식할 때마다, 우리가 하나님 앞에서 죄인이라는 사실을 기억해야 합니다. 분명히 우리에게는 우리가 그렇게 해야 하는 이유를 물을 권리가 있습니다. 우리가 어떤 좋지 않은 생각, 즉 우리가 지지하지도 않을 뿐 아니라 그것이 우리를 괴롭히기 이전부터 혐오하고 있는 어떤 생각을 하게 될 경우, 과연 우리가 그것을 죄로 여겨야 하는 것일까요? 어떤 식으로도 우리의 마음을 움직이지 못하고 감동시키지도 않는, 그리고 우리가 그것과 관련해 아무런 욕망도 느끼지 않는 생각들이 존재합니다. 어떤 생각은 우리가 잠자는 동안에 찾아와 그 후로 계속 우리를 따라다니기도 합니다. 그럴 경우 우리의 마음이 움직일 수도 있지만, 그것이 곧 우리가 욕망의 유혹을 받았다는 것을 의미하는 것일까요? 아닙니다. 그런 상황이 발생할 경우, 우리는 하나님 앞에서 슬퍼해야 합니다. 또한 우리는 하나님이 우리를 그분의 은혜로 굳게 지탱해 주시지 않는다면 사탄이 우리 안으로 틈입할 문이 열릴 것이고 그가 즉시 우리 안으로 들어와 우리를 지배하게 되리라는 것을 알아야 합니다. 그런 상황에서 우리는 마땅히 슬퍼해야 합니다. 그러나 하나님은 그것을 죄로 여기지는 않으실 것입니다.

두 번째 단계는 우리가 무언가 악한 것을 상상하는 것에 그치지 않고 실제로 무언가와 대면할 때 나타납니다. 그 때 우리는 그것에 의해 자극을 받아 사탄이 우리를 선동하고 있음을 알면서도 죄를 지을 생각을 하게 됩니다. 그럴 경우, 비록 우리 안에 어떤 행동에 대한 동의나 계획적인 의도가 있었던 것은 아닐지라도, 하나님이 보시기에 우리는 이미 저주 받아 마땅한 죄를 지은 셈입니다.

이 단계를 설명하려면 특별한 예가 필요합니다. 자기 이웃의 집이나 다른 소유물을 탐하는 어떤 이가 그것을 훔치는 상상을 하지만 실제로는 그렇게 할 작정을 하거나 입을 열어 "그것을 갖고 싶어"라고 말하지 않는 것은 가능합니다. 그럴 경우, 그의 생각은 계속해서 움직이지만, 그는 그것이 헛된 일이라는 것을 알고 있습니다. 그가 그런 생각을 그칠 수는 없습니다. 그러나, 설령 우리가 그 어떤 악한 애착도 의도하지 않았을지라도, 하나님은 우리의 연약함 때문에 우리를 비난하십니다. 그러므로 우리는 자신을 낮춰야 하며, 또한 우리 안에 우리가 그것으로 인해 정죄되어야 하는 악이 여전히 존재한다는 사실을 인식해야 합니다.

혹시 낙원의 천사들 사이에도 그런 악이 존재하는지에 대해 생각해 봅시다. 분명히 그렇지는 않을 것입니다! 천사들은 어떻게 해서든 하나님의 율법을 지킬 것이기 때문입니다. 확실히, 우리가 욥의 경우를 통해 알 수 있듯이(욥 4:18), 율법을 초월하는 하나님의 의가 존재합니다. 그러나, 만약 낙원의 천사들조차 하나님의 율법을 지키기 위해 애를 쓴다면, 우리가 할 수 있는 모든 일은 우리에게 주어진 율법을 따르는 것입니다. 이런 사실에 비추어 우리는 우리가 악한 생각을 즐거워하지 않을 때조차 여전히 우리에게 악이 남아 있는 이유를 알 수 있습니다. 그것은 우리가 그것을 통해 정죄 당하게 하기 위함입니다. 그러므로, 우리 안에 어떤 욕망이 존재할 때마다, 그리고 우리의 입에서 "저것을 갖고 싶어"라는 말이 튀어나올 때마다, 설령 우리가 즉시 그런 욕망을 거부하고 그것에 굴복하지 않을지라도, 우리는 여기에서 언급된 탐욕으로 인해 하나님 앞에서 이미 유죄입니다.

사정이 그러하므로, 우리는 모든 일에서 자신에 대해 비판적이 되어야 합니다. 더 나아가 우리가 악을 행하도록 자극하는 욕망을 품을 때만이 아니라 어떤 좋지 않은 감정에 오래도록 집착할 때도, 그리고 마치 임산부가 아이를 낳기 전까지 그 아이를 뱃속에 품고 기르는 것처럼 어떤 욕망을 키워나갈 때도, 우리는 자신에 대해 이중으로 비판적이 되어야 합니다. 우리가 사악한 열망들에 대한 경계를 늦춤으로써 자신의 선한 의지를 꺾고 악한 일을 하기로 동의할 경우, 우리는 그로 인해 이중으로 정죄될 것입니다.

우리의 죄보다 큰 하나님의 은혜

아무튼 이제는 이 문제에 대한 치유책을 살펴볼 때입니다. 만약 우리가 우리를 지탱해 주시는 하나님의 은혜를 얻지 못한다면, 우리는 완전한 절망과 혼란에 빠지게 될 것입니다(『강요』 II.vii.1-9). 우리 모두가 아는 바와 같이, 우리는 모든 면에서 철저하게 죄인입니다. 그러나 하나님은 우리에게 다음과 같은 사실을 환기하시고 지적해 주십니다. 그것은, 비록 우리의 악한 욕망들이 본질적으로 죄인 것은 분명하나, 하나님은 그것들을 우리에게 불리한 죄로 여기기를 원하지 않으신다는 것입니다.

그렇다면 우리는 그것에 대해 어떻게 말해야 합니까? 악한 욕망이 신자들에게 불리한 죄로 간주되지 않는다는 것입니까? 결코 아닙니다. 이 때 우리는 서로 다른 두 가지 문제를 다루고 있는 셈입니다. 악의 본성을 고려한다면, 그것은 마땅히 죄로 간주되어야 합니다. 그러나 하나님은 그 죄를 용서해 주십니다. 바로 그것이 모든 악한 욕망이 신자들에게 불리하게 작용하지 않는 이유입니다. 신자들은 하나님의 선하심 때문에 그런 것들에 대해 용서를 받습니다. 더 나아가 우리는 우리 주 예수 그리스도의 보혈로 인해 우리의 모든 오점들이 지워진다는 것을 알고 있습니다. 우리는 그것에 대한 강력한 증거를 세례에서 발견합니다. 세례를 통해 우리는 모든 불결함과 오염으로부터 우리를 정화시켜 주는 영적 청소를 경험하며 하나님 앞에서 순결하고 깨끗하게 보이게 됩니다. 그렇게 해서 우리의 악한 욕망은 우리에게 불리하게 작용하지 않게 됩니다.

더 나아가, 설령 우리가 치명적인 죄를 저질렀을지라도, 우리는 그로 인해 고발당하지 않을 것입니다. 왜냐하면 하나님은 그것에 관심을 갖지 않으시기 때문입니다. 그럼에도 그분은 우리가 여전히 그것에 대해 관심을 갖기를 바라십니다. 만약 우리가 자신을 속이고 자신이 그 어떤 악한 열망도 품지 않았다고 믿는다면, 그것은 하나님이 우리에게 책임을 물으실 충분한 이유가 될 것입니다. 어째서 그렇습니까? 인간이 그런 식으로 자만할 때, 그들은 정죄되어야 마땅하기 때문입니다. 바로 그것이 마귀가 우리의 눈을 멀게 하기 위해 그토록 열심히 음모를 꾸미는 이유입니다. 마귀는 우리가 그 모든 일을 죄가 아니라고 믿도록 만들려 하고 있습니다. 심지어 오늘날 교황주의자들은 가장 통탄할 만한 죄조차 십자가 표시를 통해 혹은 성수를 뿌리는 행위를 통해 지워질 수 있다고 가르칩니다. 그들은 그런 죄를 아무것도 아닌 것처럼 여기며, 마치 아이들과 놀듯이 하나님을 희롱하려고 합니다.

그러나 우리가 지나치게 무지해질 때마다, 또한 자신의 악에 대해 자만할 때마다 우리는 이 모든 것을 생각해야 합니다. 우리는 이 거울(이 마지막 계명 – 역자 주)을 손에 들고 거기에 우리 자신을 면밀하게 비춰보아야 합니다. 자신에게 속지 맙시다. 인간은 더러워질 수 있습니다. 그리고 모든 사람들이 우리를 보고 웃고 있음에도 정작 우리 자신은 아무것도 보지 못할 수도 있습니다. 그럴 때 이 거울을 들여다보면, 우리는 자신의 얼굴이 얼마나 더러운지 알 수 있고 그로 인해 그 더러운 것을 가리거나 닦아낼 수 있습니다. 우리에게는 그와 같은 것이 필요합니다. 본질적으로 하나님의 모든 율법은 우리의 더러움을 비추는 거울과 같으며, 그것의 목적은 우리를 난처하게 하고 부끄럽게 하는 데 있습니다.

그러나, 이미 설명 드렸듯이, 우리는 올바른 거울을 얻기 위해 이 계명 앞에 서야 할 필요가 있습니다. 만약 우리가 하나님의 율법에서 단지 "도둑질 하지 말라," "살인하지 말라," "간음하지 말라" 같은 계명들만 발견한다면, 어쩌면 우리는 자신이 무죄하다고 여길 수도 있을 것입니다. 하지만 우리가 "탐내지 말라"라는 이 계명 앞에 설 때, 그것은 마치 우리가 하나님께 그분이 우리의 마음만이 아니라 우리의 모든 생각과 상상의 밑바닥까지 살피시는 데 필요한 날카로운 채혈침採血針을 내어드리는 것과 같습니다. 그럴 경우 우리 안에 있는 모든 것이 밖으로 드러나고 우리는 그것들을 의식하게 됩니다. 그리고 그럴 경우 하나님은 우리가 죄로 여기지 않는 것조차 심판하고 정죄하실 수밖에 없습니다.

그러므로 이제 우리는 하나님의 자비하심을 찬양해야 합니다. 왜냐하면 그분은 우리가 온갖 더러운 죄를 지었음에도 여전히 우리를 의로운 자로 여기시기 때문입니다. 우리가 믿음을 통해 얻은 의와 우리 위에 내려진 저주를 비교해 봅시다. 저주와 관련된 우리의 운명은 어떤 것이었습니까? 우리가 하나님 앞에서 지은 죄가 한 가지입니까, 세 가지입니까, 아니면 여럿입니까? 우리는 너무 깊은 죄의 수렁에 빠져 있기에, 만약 우리가 자신의 죄를 헤아리기 시작한다면, 우리는 완전히 혼란스러워지고 말 것입니다. 왜냐하면 우리가 헤아리는 만 가지의 죄조차 우리가 실제로 하나님께 지은 죄의 백분의 일에도 미치지 못하기 때문입니다. 우리가 지은 죄는 너무 많아서 헤아릴 수조차 없습니다. 그럼에도 하나님은 큰 자비로 우리를 받아 주셨습니다. 그로 인해 우리는 그분 앞에서 의롭게 보일 정도입니다. 하나님은 마치 우리가 그분의 율법 전체를 지키기라도 한 것처럼 우리를 모든 고결함과 완전함을 지닌 존재로 여기십니다.

하나님은 우리 주 예수 그리스도의 고난과 죽으심을 통해 우리를 용서하셨습니다. 그러므로 우리는 믿음을 통해 우리에게 주어진 은혜를 헤아려 보아야 합니다. 그리고 "주님, 우리의 구원은 주님의 순전한 선하심과 은혜 때문입니다"라고 고백하면서 그분께 영광을 돌려야 합니다. 하나님이 우리가 지은 무수히 많은 죄를 용서하시고 우리에게 그분의 의라는 옷을 입혀 주시는 것은 그분이 우리를 얼마나 많이 지지해 주시는지를 보여 주는 증거가 아니겠습니까?

그러므로 하나님의 율법이 우리를 좌절시킬 때마다— 그것은 우리의 욕망이 끝없이 많아서만이 아닙니다. 오히려 그것은, 만약 하나님이 우리를 거칠게 다루신다면, 우리가 마치 거대한 산에 의해 뒤덮이듯 그 욕망들 밑에 묻혀버릴 수밖에 없기 때문입니다— 우리는 하나님이 우리를 절망 가운데 내버려 두기를 원치 않으실 뿐 아니라 우리가 넘어지자마자 우리를 일으켜 세워주려 하신다는 것을 알아야 합니다. 그분은 우리의 연약함을 보실 때 우리에게 자신의 손을 내미시고 우리를 자신에게 이끄시고 위로해 주십니다. 그것은 그분의 자애慈愛

때문에 우리의 죄가 그분 앞에서 우리에게 불리하게 작용하지 않기 때문입니다. 바로 그것이 신자들이 그분을 찬양하는 일을 그쳐서는 안 되는 이유입니다. 그러므로 우리는 이 마지막 결론에서 시작할 필요가 있습니다. 즉, 우리가 율법에 의해 완전히 압도당하는 것은 우리 주님이 우리를 죽음의 심연에서 구해내시기 위함이며, 또한 그로 인해 우리가 우리의 구원이 그분의 순전한 은혜로 이루어진다는 것을 깨닫게 하기 위함입니다.

그럼에도 우리는 조심하며 살아야 합니다. 우리는 경계를 늦추지 말아야 합니다. 만약 우리가 하나님을 섬기고자 한다면, 그리고 한편으로는 우리를 유혹하는 것들을 물리치면서 우리의 감정과 욕망을 다스리고 다른 한편으로는 우리의 모든 무가치한 생각들을 억누르고자 한다면, 우리는 우리 자신에 대한 비판을 그치지 말아야 합니다. 그리고 늘 두려움 가운데 살아야 합니다. 왜냐하면, 비록 우리가 하나님의 은혜로 승리를 얻어서 더 이상 죄가 우리를 지배하지는 못할지라도, 그것은 여전히 몇 가지 더러움과 얼룩을 동반한 채 늘 우리 곁에 존재하기 때문입니다. 그러므로 우리는 죄에 대해 한탄하고 못마땅해 하는 것을 우리의 지속적인 의무로 삼아야 합니다.

우리는 이 문제와 관련해 바울이 했던 말을 알고 있습니다. 그는 끝까지 견딤으로써 천사와 같은 거룩함에 이르는 문제에 대해 말하면서 다음과 같이 한탄했습니다. "오호라 나는 곤고한 사람이로다 이 사망의 몸에서 누가 나를 건져내랴"(롬 7:24). 만약 그가 본 것이 죄가 아니라면, 어째서 그가 자신을 죽은 것으로 여겼겠습니까?

더 나아가, 비록 우리가 매일 우리 안에서 수백만 가지의 죄를 의식한다고 할지라도, 우리는 그로 인해 낙심하지 말아야 합니다.

오히려 우리는 계속해서 그런 낙심을 넘어서야 합니다. 바로 그것이 바울이 신자들에게 악을 피하라고 권고하면서 "결코 죄짓지 말라"라고 하지 않고 "죄가 너희 죽을 몸을 지배하지 못하게 하라"(롬 6:12)라고 말했던 이유입니다. 분명히 그는 죄가 우리 안 어느 곳에도 머물러 있지 않기를 바랐습니다. 그럼에도 죄는 우리 안에 머물러 있습니다. 그렇다면 우리는 죄로 인해 압도되지 말아야 합니다. 성경이 우리 안에 죄가 거한다고 말씀할 때, 그것의 첫 번째 목적은 우리에게 우리의 불행한 상황을 상기시키는 것입니다. 그리고 두 번째 목적은 우리가 우리의 모든 날이 싸움의 날이 되어야 한다는 것을 깨닫고 더욱더 열심히 하나님께 달려가 그분의 도움을 요청하고, 그분이 그분의 능력으로 또한 그분이 우리 주 예수 그리스도의 이름으로 우리에게 주신 성령의 은혜로 우리를 강건하게 해주시기를 간구하게 하려는 것입니다.

1555년 7월 16일 화요일

제13강

계명을 돌판에 기록하시다

> 여호와께서 이 모든 말씀을 산 위 불 가운데, 구름 가운데, 흑암 가운데에서 큰 음성으로 너희 총회에 이르신 후에 더 말씀하지 아니하시고 그것을 두 돌판에 써서 내게 주셨느니라 (신 5:22)

우리가 자신의 비겁함에 대해 그리고 하나님에 대한 반역에 대해 변명할 경우, "나는 그런 줄 몰랐다"라는 주장보다 더 좋은 핑계거리는 없습니다. 그러므로 하나님이 우리에게 하시는 말씀을 듣지 못했다거나, 그분이 그 말씀을 우리에게 하신 것이 아니라거나, 그분의 음성이 너무 희미해 분명하게 듣지 못했다거나 하면서 핑계를 대는 것이야말로 우리가 끊임없이 마주하는 시험입니다. 그러나 우리의 그런 악한 생각을 아시는 하나님은 우리가 더 이상 그런 핑계를 대지 못하게 하시기 위해 우리가 생각해 낼 수 있는 모든 핑계거리를 없애기로 결심하셨습니다. 바로 그것이 그분이 율법을 공표하시면서 그 안에 내포된 계명들을 큰소리로 그리고 분명하게 선포하셨던 이유입니다. 그분은 그것을 그저 서너 번에 걸쳐 몇 사람들에게 선포하신 것이 아니라 큰 자와 작은 자 할 것 없이 "온 이스라엘"(신 5:1)에게 선포하셨습니다. 그리고 이제 그분은 더 나아가 그 율법이 단순히 한 세대에만 유용한 것이 아니라 세상 끝날까지 그 생기와 권위를 유지하도록 하시기 위해 그것을 기록해 보존하기로 결심하셨습니다. 바로 그것이 우리의 본문이 하나님이 "큰 음성으로"(신 5:22) 말씀하셨다고 전하는 이유입니다.

이로써 모세는 율법이 숨겨진 가르침이 아니라는 것과, 우리에게는 그것을 이해할 만한 지식이 없다고 주장하는 것이 적절하지 않다는 것을 보여 주었습니다. 왜냐하면 하나님이 인간의 삶을 위한 규례를 세우시면서 목소리를 높이신 것은 공연한 일이 아니기 때문입니다. 특히 본문에서 모세는 "너희 총회에 이르신 후에"라고 말하는데, 이것은 마치 그가 다음과 같이 말하는 것과 같습니다. "하나님이 너희 중 어떤 이들을 택해 너희를 다스리게 하시고 그들에게 지혜를 주신 것은 사실이다. 그럼에도 그분은 자신의 율법이 너희 중 가장 무식하고 무지한 자들에게조차 이해되어 그것이 우리 모두를 위한 공통의 지혜의 역할을 하게 되기를 바라신다." 바로 이것이 내가 여기에서 강조하고자 하는 첫 번째 요점입니다.

두 번째 요점은 하나님이 열 가지 계명을 선포하신 후 "더 말씀하지 않으셨다"는 것입니다. 우리는 하나님이 이스라엘 백성을 가르치며 보여 주신 간결함을 통해 그분이 우리에게 말씀하시는 것을 받을 용기를 얻어야 합니다. 만약 그분이 우리 앞에 수많은 책들을 펼쳐

놓으셨다면, 우리는 우리가 그것을 공부하려면 일생을 다 써도 모자랄 것이라며 투덜거릴 수 있을 것입니다. 그러나 하나님은 자신의 뜻을 아주 간결하게 알려 주셨습니다. 그분은 단지 열 개의 문장만을 사용하셨습니다. 그로 인해 우리는 우리의 삶에 필요한 모든 교훈을 열 손가락으로 꼽을 수 있게 되었습니다. 더 나아가 우리는 하나님이 우리에게 특별한 법전을 주신 후 자신이 말씀하신 것에 아무것도 덧붙이지 않으셨다는 사실에 주목해야 합니다. 이것은 우리가 그분이 우리에게 주신 것에 더욱 굳게 매달려야 한다는 것을 의미합니다. 그것에 무언가를 덧붙이는 것은 불법입니다. 이것이 내가 강조하고자 하는 두 번째 요점입니다.

세 번째 요점은 모세가 자신이 앞에서 한 말을 되풀이한다는 점입니다. 그는 "여호와께서 이 모든 말씀을 산 위 불 가운데, 구름 가운데, 흑암 가운데에서" 하셨다고 말합니다. 그가 이렇게 말하는 이유가 무엇일까요? 그것은 이 모든 교훈이 보다 큰 위엄을 얻고, 사람들이 하나님께 온전한 존경을 바치며 그분 앞에서 겸손해지고, 또한 그들이 그 말씀에 온전히 순종하도록 만들기 위해서입니다. 바로 이것들이 모세가 이스라엘 백성에게 나머지 말들을 하기에 앞서 확언하고자 했던 세 가지 중요한 요점들입니다.

율법의 명확성과 보편성

첫 번째 요점과 관련해 우리는 우리가 이미 언급했던 내용, 즉 하나님은 크고 분명하게 말씀하셨을 뿐 아니라 또한 모든 백성을 향해 말씀하셨다는 사실을 강조할 필요가 있습니다. 하나님이 그렇게 하신 이유는 우리로 하여금 (우리가 일부러 귀를 틀어막지만 않는다면) 그분의 말씀은 늘 분명하고 뚜렷하다는 것을 깨닫게 하시기 위함이었습니다. 사실 우리의 감각은 너무나 연약하기 때문에, 만약 우리가 성령을 통해 조명을 받지 않는다면, 우리는 그분이 우리에게 말씀하시는 것을 한 마디도 이해하지 못할 것입니다. 왜냐하면 육체를 지닌 인간은 하늘의 일들을 이해할 수 없기 때문입니다. 하늘의 일들은 우리가 이해하기에는 너무나 신비롭습니다. 그러나 우리의 모든 죄와 악의 근원은 우리의 그와 같은 눈 멈에 있습니다. 아무튼 하나님의 진리는 그 자체와 그것의 본성 모두에서 충분할 만큼 분명하며 누구라도 알 수 있을 만큼 명확합니다. 그러므로 우리는 그것이 모호하다고 주장해서는 안 됩니다.

우리가 하나님의 말씀을 통해 유익을 얻기 위해서는 어떻게 해야 하겠습니까? 무엇보다도 우리는 겸손하고 온유해져야 합니다. 왜냐하면 그분이 겸손한 자들을 인도하시겠노라고 약속하신 것은 공연한 말씀이 아니기 때문입니다. 그러므로 우리는 자신의 능력을 과신하면서 무례하고 오만하게 그분 앞으로 나아가려 하거나, 우리에게 선포된 심판을 능히 피해갈 수 있다고 생각하지 말아야 합니다. 오히려 우리는 만약 하나님이 그런 일을 가능하게 해주시지 않는다면 우리가 그분의 학교에서 유익을 얻어낼 방법이 없다는 것을 알아야 합니다. 그러나 하나님이 그런 일이 일어나도록 허락하실 경우, 그분의 말씀의 의미가 우리에게 분명하게 드러날 것입니다. 우리는 이 세상 속으로 빈곤이 틈입했으며 그로 인해 우리 모두가 성경의 가르침을 받을 수는 없게 되었다는 것을 압니다. 그래서 그동안 우리는 그런 가르침들은 수도승이나 사제들만을 위해 존재한다고 여겼습니다. 하지만 그것은 얼마나 어리석은 생각입니까! 그동안 우리는 신학은 학자들의 서재에서나 이루어지는 것으로 여겨 왔습니다. 그러나 하나님이 큰소리로 말씀하셨고 자신을 숨기지 않으셨고 어느 한 구석으로 물러가지도 않으셨다는 이 증언은 지금까지 계속되어 왔던 것처럼 앞으로도 계속되어야 합니다. 우리가 하나님의 말씀을 아무런 가치도 없는 양 함부로 취급한다면, 그것은 아주 파렴치한 배은망덕이 될 것입니다. 그러므로 우리는 하나님이 그분의 뜻을 몇 사람의 신학자들이 아니라 가장 무지한 자들까지 포함해 그분의 온 백성에게 알리셨다고 전하는 이 구절에 보다 신중하게 주목할 필요가 있습니다.

그와 동시에 우리는 하나님이 우리에게 세상 사람들 대부분이 적의와 무관심 때문에 잃어버린 선을 회복시켜 주신 것으로 인해 그분을 찬양해야 합니다. 그 선이란 오늘 우리 가운데서 하나님의 말씀이 울려 퍼지고 있는 것, 우리가 그것을 읽고, 출판하고, 특히 그것에 참여할 수 있는 것, 그 보물이 우리에게 설명되고 있는 것, 그리고 우리가 그것을 우리의 귀로 들을 수 있는 것을 의미합니다. 바로 그것이 우리가 찬양해야 할 측량할 수 없는 은혜입니다.

그러므로 우리는 하나님의 말씀에 더욱더 세심하게 귀를 기울여야 합니다. 우리 중 그 누구도 이런저런 핑계를 대면서 자기가 그 말씀을 듣지 못했다고 우겨서는 안 됩니다. 하나님은 모든 신자들에게, 즉 우리 주 예수 그리스도의 이름으로 세례를 받은 모든 이들에게 자신의 뜻을 알리셨습니다. 그러므로 우리 모두는 그 말씀으로부터 유익을 얻기 위해 각자의 처지와 능력을 따라 그 말씀을 연구해야 합니다. 또한 우리 모두는 하나님을 우리의 "초등교사"(갈 3:24)로 모시고 그분이 우리에게 말씀하실 때마다 그분의 말씀에 귀 기울일 준비를 해야 합니다. 바로 그것이 하나님이 "너희 총회"를 향해 말씀하셨다고 전하는 이 구절에서 우리가 주목해야 할 첫 번째 요점입니다.

율법의 간결성

이제 두 번째 요점, 즉 "더 말씀하지 아니하시고"라는 표현에 담긴 의미에 주목해 봅시다. 이 표현은 우리가 그것을 통해 더욱더 용기를 얻어 율법의 요구를 받아들이게 하기 위한 것입니다. 모세가 기록한 모든 것이 율법에 속해 있음은 분명합니다(『강요』 II.vii.1). 마찬가지로 선지자들이 우리에게 전해 준 것과 복음에 덧붙여진 것들 역시 율법을 이룹니다. 성경은 부피가 상당히 큽니다. 그러나 하나님은 우리가 그로 인해 오도되거나 당황하지 않도록, 또한 우리가 무엇을 알아야 하는지에 대해 과도하게 질문하지 않도록 그것에 특정한 한계를 정하셨습니다. 어째서입니까? 그것은 성경의 모든 내용은 이 열 개의 계명을 돌쩌귀로 삼아 움직이고 있기 때문입니다. 우리가 해야 할 모든 것은 우리의 손가락을 꼽는 것입니다. 우리에게는 십계명이 있습니다. 즉, 우리는 하나님의 착한 학생이 되는 데 필요한 모든 내용을 잘 요약하고 있는 문건 하나를 갖고 있는 셈입니다. 하나님의 율법에는 그런 간결함이 존재합니다. 그러므로, 만약 사람들이 그런 가르침을 거부하고 하나님의 말씀을 통해 유익을 얻기 위해 시간을 내려고 하지 않는다면, 그 때 그들은 뻔뻔스럽게 고집을 부리고 있는 것 아니겠습니까? 그러므로 우리는 "어쩌란 말이냐? 성경은 깊고 깊은 바다와 같다. 그것은 바닥을 헤아릴 수 없는 심연과도 같다. 그래서 일단 그 속으로 빨려 들어가면, 빠져 나올 길이 없다"라고 말하면서 속이 빤히 보이는 핑계를 대서는 안 됩니다.

하나님이 성경을 통해 우리에게 천사들조차 경배하는 비밀들을 보여 주시는 것은 사실입니다. 또한 우리가 그런 비밀들 중 일부만 이해할 수 있다는 것 역시 사실입니다. 지금 우리는 이 세상에서 살고 있기에 그런 비밀을 부분적으로, 그리고 마치 얼굴을 마주하고 볼 수 없는 것을 거울을 통해서 보듯 희미하게 보는 수밖에 없습니다(고전 13:12). 이 모든 것은 사실입니다. 하지만 우리가 여전히 알아야 할 것은, 하나님은 우리가 그런 비밀들을 쉽게 이해하도록 혹은 적어도 우리의 구원에 필요한 것들만큼은 제대로 이해하도록 하시기 위해 우리의 작음에 자신을 맞추시고 우리를 향해 허리를 굽히셨다는 것입니다. 그러므로, 만약 우리가 확신할 수 없는 어떤 문제들이 있다면, 우리는 무턱대고 그 문제를 해결하려 들지 말고 우리가 완전한 상태와 얼마나 멀리 떨어져 있는지를 의식하면서 그 문제에 대해 침착하게 하나님께 여쭈어야 합니다.

어쨌거나 우리는 주님이 우리를 의심과 무지의 상태에 남겨 두지 않으시고 오히려 우리에게 제공된 지혜의 분량을 따라 완전한 안전을 누리며 살아가게 하시기 위해 우리에게 확신을 주신 것으로 인해 그분을 찬양할 수 있습니다. 또한 우리는 그분이 우리를 자신에게 이끄신 것이 공연한 일이 아니라는 것, 그분이 우리를 이끌어 들이신 길이 우리를 방황하게 하지 않으리라는 것, 그리고 우리에게는 (우리가 그것을 굳게 붙들기만 한다면) 혹시라도 그것이 우리를 안전하게 이끌어 가지 못할까 걱정할 필요가 없는 분명한 삶의 목표가 있다는 것을 알 수 있습니다.

그러므로 우리는 주님이 우리에게 그분의 본성을 따라 말씀하지 않으셨다는 것에 유념할 필요가 있습니다. 만약 그분이 그분 자신의 언어로 말씀하고자 하셨다면, 죽을 수밖에 없는 피조물인 우리가 과연 그 말씀을 들을 수 있었겠습니까? 아마도 그럴 수 없었을 것입니다. 그런데 그분은 우리에게 어떻게 말씀하셨습니까? 그분은 천천히 그리고 쉽게 말씀하셨습니다. 바울은 자신이 복음을 선포할 때 마치 어린아이를 돌보는 유모처럼 말했다고 했습니다(고전 3:1-2). 바울이 자신에 대해 이와 같이 말했을 때, 의심할 여지없이 그는 그 말로써 그동안 성령을 통해 자신을 이끌어 주셨던 하나님의 선하심을 드러내고 있었던 것입니다. 우리는 바울에게서 발견하는 것과 동일한 것을 모세와 선지자들에게서도 발견할 수 있습니다.

그러므로 우리는 하나님이 우리에게 유모처럼 말씀하신다는 것에 주목해야 합니다. 그분은 어린아이에게 말씀하실 때 어른에게 말씀하듯 하시지 않고 어린아이의 수준을 고려하십니다. 그로 인해 하나님은 자신을 낮추십니다. 왜냐하면, 만약 그분이 우리를 향해 허리를 굽히지 않으신다면, 우리는 그분이 하시는 말씀을 이해하지 못할 것이기 때문입니다. 바로 그것이 우리가 성경에서 그분을 유모와 같은 분으로 만나게 되는 이유입니다. 그렇지 않다면 우리는 우리가 도달할 수도 접근할 수도 없는 그분의 높고도 무한하신 위엄을 결코 이해하지 못할 것입니다. 하나님은 그런 식으로 우리에게 자신을 접근 가능한 분으로 알려 주셨습니다. 그러므로, 만약 우리가 이미 잘 씹혀 있는, 그래서 우리가 할 일이라고는 그것을 삼켜서 소화하는 것밖에 없는 이 가르침을 통해 유익을 얻으려 하지 않는다면, 우리는 우리의 머리 위로 통탄스러운 저주를 불러오게 될 것입니다.

더 나아가 우리는 여기에서 모세가 "더 말씀하지 아니하시고"라고 말했던 의도에 주목할 필요가 있습니다. 그것은 우리가 그런 간결성을 통해 하나님이 우리를 끝없이 방황하게 하실 의도가 없으시기에 우리 앞에 단지 열 개의 계명만 제시하셨음을 깨닫고 더욱더 용기를 얻게 하려는 것이었습니다. 그분이 이 열 개의 계명을 모세를 통해 그리고 이어서 선지자들을 통해 설명하시는 것은 사실입니다. 그러나 결국 그것에 대한 최종적인 설명은 우리 주 예수 그리스도 안에서 이루어졌고 오늘날까지 복음서를 통해 우리에게 전해지고 있습니다. 그러므로, 만약 우리가 하나님의 그런 은혜를 비웃고 그분에게 나아가지 않는다면, 특히 그분이 우리를 그렇게 친절하게 대해 주신 것을 알면서도 그렇게 한다면, 우리는 완전히 사악한 자들이 아니겠습니까? 바로 그것이 모세가 여기에서 말하는 하나님의 말씀의 접근 가능성과 관련해 우리가 유념해야 할 내용입니다.

그러나 또한 우리는 그분이 우리가 율법의 단순함에 만족하도록 하시기 위해, 다시 말해, 우리가 그분의 말씀에 무언가를 덧붙임으로써 그분에 대한 검열관이 되지 않게 하시기 위해 우리를 제한하고자 하셨다는 것에 주목해야 합니다. 그분이 말씀하실 때, 그 말씀은 유일회적인 말씀입니다. 그리고 그분이 바라시는 것은, 이제 곧 살펴보게 되겠지만(15번째 설교 – 역자 주), 우리가 그분이 말씀하신 것을 고수하는 것입니다(신 5:32). 그분은 우리가 좌로나 우로나 치우치는 것을, 더 나아가 그분의 가르침에 무언가를 덧붙이는 것을 엄격하게 금하셨습니다. 하나님 자신이 그것에 아무것도 덧붙이지 않으셨는데, 감히 우리가 누구이기에 그분이 하신 것 이상의 일을 하려 하겠습니까? 여러분은 하나님이 우리에게 율법을 주신 후 그것을 잊으셨고 따라서 이제 그분은 더 이상 무엇이 우리에게 유익한지 알지 못하신다고 여기십니까? 도대체 우리 중 그 누가 하나님조차 모르시는 문제에 대해 조언할 수 있겠습니까? 더구나, 우리 주님이 자신을 우리에게 그토록 철저하게 맞추셨음에도, 감히 우리가 그분이 우리를 절반 정도만 가르치고자 하셨고 우리를 길 한가운데 내버려 두셨다고 주장할 수 있는 것입니까? 그러므로 우리는 하나님 자신이 그 열 가지 계명들 외에 아무것도 덧붙이지 않으셨음을 기억하면서 우리 역시 율법에 내포된 단순한 가르침에 아무것도 덧붙이지 말아야 합니다.

만약 우리가 이런 사실에 신중하게 유념한다면, 우리는 오늘날 세상을 지배하고 있는 부패를 쉽게 일소할 수 있을 것입니다. 오늘날 종교와 하나님에 대한 예배의 타락의 원흉은 교황제도가 아니면 달리 무엇이겠습니까? 교황주의자들은 그들이 고안해 낸 헛된 제의와 의례 그리고 심지어 무가치한 미사를 수행하면서 자신들에 대해 뿌듯한 마음을 품습니다. 어째서입니까? 그들은 자기들이 하나님의 말씀에 무언가 덧붙였다고 여기기 때문입니다. 그들은 하나님이 그분 자신의 뜻을 따라 예배 받으시는 것만으로는 충분하지 않다고 여깁니다. 오히려 그들은 자기들이 최상의 것을 고안해 내야 한다고 여깁니다. 그러나 교황제도가 "하나님에 대한 예배"라고 부르는 모든 것은 인간이 고안해 낸 어리석은 것에 불과합니다.

그뿐만이 아닙니다. 그로 인해 선지가가 했던 다음과 같은 말이 교황제도 안에서 성취됩니다. "주께서 이르시되 이 백성이 입으로는 나를 가까이 하며 입술로는 나를 공경하나 그들의 마음은 내게서 멀리 떠났나니 그들이 나를 경외함은 사람의 계명으로 가르침을 받았을 뿐이라"(사 29:13). 우리는 사람들이 그들의 거짓말과 헛된 생각으로 하나님의 말씀을 변경하려 할 때마다 악마적인 오만함으로부터 나오는 악과 대면하게 됩니다. 그러므로 우리는 하나님이 한번 말씀하신 후에 그것에 아무것도 덧붙이지 않으셨다고 전하는 이 구절에 더욱더 주목해야 합니다.

사실, 이미 언급했듯이, 인간이 하나님의 율법에 들어 있는 것보다 더 좋은 무언가를― 저는 그게 무엇인지 알지 못합니다― 찾으려 하는 것은 무서운 신성 모독입니다. 결과적으로 그들은 하나님을 거짓말쟁이로 만들거나, 그분이 뭘 제대로 알지 못하셨다거나, 아니면 마땅히 하셨어야 할 명령을 깜빡 잊으셨다고 주장하는 셈입니다. 그러나, 그것이 사실이라면, 도대체 우리가 그런 분으로부터 무엇을 기대할 수 있겠습니까? 그러므로 우리는 우리 자신을 하나님께 맡기고 이 말씀을 우리의 가슴에 새겨두어야 합니다. 그리고 하나님이 그분의 율법을 말씀하신 후 우리를 위해 다음과 같은 결론을 내리셨다고 여겨야 합니다. "이것들을 굳게 붙들라. 이것들이 내가 너희를 위해 정한 한계와 경계다. 그러므로 이것들을 넘어서려고 하는 자는 누구라도 목이 부러질 것이다." 우리가 하나님이 제공하시고 정밀하게 표를 해놓으신 길을 따르지 않을 경우, 우리에게는 파멸만 있을 뿐입니다.

물론 오늘날 하나님은 과거처럼 가시적인 방식으로 말씀하시지는 않습니다. 그럼에도 우리는 율법에 포함된 이 교훈을 자주 상기할 필요가 있습니다. 사실 하나님은 두 번 말씀하지 않으시고 유일회적으로 말씀하십니다. 그러나 우리로서는, 시편 62편이 진술하듯이, 그 말씀을 자주 들어야 할 필요가 있습니다. "하나님이 한 번 말씀하셨으나 나는 두 번으로 들었으니"(시 62:11, 『현대인의 성경』― 역자 주).

이제 이 본문을 통해 우리는 우리가 주님이 그분의 이름으로 선포하신 것에 하루만 주의를 기울이는 것으로는 충분하지 않으며 오히려 계속해서 그것에 대해 묵상해야 한다는 교훈을 얻어야 합니다. 그러므로 우리 모두는 주님이 우리에게 알려 주시고 설명해 주신 것을 아침저녁으로 계속해서 상기해야 합니다. 그럴 경우 우리는 우리의 삶의 여행을 마치는 데 필요한 모든 것을 얻게 될 것입니다.

앞에서 이미 언급했듯이, 주님은 우리의 구원에 필요한 모든 것을 우리에게 가르쳐 주실 것입니다. 그럼에도 우리는 하나님의 말씀을 통해 유익을 얻는 일에 매진할 필요가 있습니다. 우리는 하나님의 말씀을 깨닫기 위해 부지런히 노력해야 하며, 말씀을 연구하는 것을 헛일로 여기지 말아야 하며, 주님이 우리에게 가르쳐 주시는 교훈을 찾고 묻는 일을 그치지 말아야 하며, 오히려 매일 계속해서 그것을 연구해야 합니다. 우리는 "더 말씀하지 아니하시고"라는 이 말씀을 바로 그런 식으로 우리의 삶에 적용해야 합니다.

하나님은 율법의 위엄을 드러내고자 하셨다

이제 세 번째 요점으로 넘어가봅시다. 우리의 본문은 "여호와께서 이 모든 말씀을 산 위 불 가운데, 구름 가운데, 흑암 가운데에서" 하셨다고 전합니다. 사실 앞에서 우리는 이것에 대해 이미 설명한 바 있습니다. 그러나 모세가 우리를 위해 이 말을 되풀이하고 있으므로 우리 역시 그것을 불필요한 것이라고 여기지 말아야 합니다. 사실 하나님의 말씀이 우리에게 위엄 있게 다가오는 이유가 우리의 모든 감각을 낮춰 우리를 그 말씀의 포로가 되게 하기 위함이라는 것은 아무리 강조해도 지나치지 않습니다. 어째서 그렇습니까? 무엇보다도 우리는 우리가 얼마나 오만한지 잘 알고 있기 때문입니다. 우리는 결코 고개를 숙이지 않습니다. 사실 우리는 드러내 놓고 자신이 하나님과 맞서겠다거나 그분과 전쟁을 벌이겠다고 말하지는 않습니다. 그러나 오늘날 우리가 그분에 대해 우리에게 마땅한 만큼 온순하고 겸손한 태도를 보이고 있습니까? 결코 아닙니다!

더 나아가 우리에게는 우리의 어리석음이라는 문제가 있습니다. 우리는 세상의 일들로 인해 당황하기도 하고 때로 그것에 현혹되기도 합니다. 우리는 우리의 지성을 하나님의 말씀을 듣는 데 사용할 수 있을 만큼 높일 수 없습니다. 우리는 이 세상의 문제와 근심들에 지나치게 매달리기 때문에 그런 영적 지혜를 얻을 수 없습니다. 우리의 생각을 사로잡는 데에는 그렇게 대단한 것이 필요하지 않습니다. 그러므로 우리가 하나님의 말씀에 합당한 존경을 표기 위해서는, 그리고 그 말씀이 (부분적으로는 우리의 반역 때문에 또한 부분적으로는 우리의 어리석음 때문에) 우리에게 죽은 것처럼 되지 않게 하기 위해서는, 다시 말해, 우리가 멍청해지고 야비해지고 세속적이 되거나 부패할 수밖에 없는 헛된 일들에 사로잡혀 이 세상에 묶여 있지 않기 위해서는, 우리 주님이 우리의 골수까지 어루만져 주실 필요가 있습니다.

그러므로 자신의 율법을 선포하기로 결심하신 하나님이 "불 가운데, 구름 가운데, 흑암 가운데에서" 말씀하신 것은 공연한 것이 아니었습니다. 그것은 사람들이 자신에 대해 두려움을 지니고 다음과 같이 말하도록 만드시기 위해서였습니다. "지금 하나님은 우리와 장난을 하시려는 것이 아니다. 그분이 우리에게 이토록 무서운 위엄을 보이시는 것은 우리가 그분을 두려워하고 또한 그분이 우리를 양처럼 다스리실 수 있도록 그분께 순종하게 하시기 위함이다. 그러므로 우리 모두는 그분께 순종하자. 그리고 그분께 고개 숙여 절함으로써 그분이 우리를 그분의 뜻에 굴복시키시게 하자. 그분이 말씀하실 때 그 말씀을 듣고 떨자. 그리고 모든 것을 그분의 인도하심에 맡기고, 그분께 영광을 돌리고, 그분을 섬기는 것 외에는 그 어떤 다른 열망도 품지 말자."

바로 그것이 하나님이 그분의 율법을 그처럼 웅장하게 공표하신 이유입니다. 그분은 타오르는 불꽃 없이도, 연기를 뿜어내는 산 없이도, 그리고 두텁고 우중충한 구름 없이도 말씀하실 수 있었을 것입니다. 그러나 하나님은 그런 기적들을 더하심으로써 사람들을 두려움에 떨게 하셨습니다. 더 나아가 우리는 그분이 우리에게 선지자 이사야가 말했던 것, 즉 우리가 그분의 말씀 앞에서 떨지 않는다면 그분의 성령이 우리 위에 머무를 수 없다는 것을 알려 주고자 하신 것에 주목해야 합니다(사 66:2 참고).

하나님은 자신의 말씀에 대한 우리의 순종을 시험하고자 하십니다. 그분은 자신이 말씀하실 때 과연 우리가 그 말씀을 사랑하는지, 그 말씀에 토를 달지 않고 그것을 받아들이려 하는지, 입술만이 아니라 마음으로 "아멘"을 외치며 그 말씀의 선함을 인정하고 그것을 따르려 하는지, 그리고 남은 생애 동안 그분을 순전하게 섬기려 하는지를 알고 싶어 하십니다. 하나님이 우리에게 이런 섬김을 요구하시는 것은 그것을 통해 자신이 영광을 받으시기 위함이며 또한 우리가 그분의 말씀에 바쳐야 할 순종이 어떤 것인지를 알려 주시기 위함입니다. 그러나 우리는 너무 완고하고, 둔하고, 엇나가려 하고, 그분의 멍에를 지기 위해 순순히 고개를 숙이지 않기 때문에, 여기에서 언급된 것과 같은 수단들의 도움을 받을 필요가 있습니다.

그러므로 이제 우리는 그 날 그 불꽃이 직접 그것을 목격한 자들에게만 나타난 것이 아니라는 것에 유의해야 합니다. 오히려 그것은 오늘날에도 하나님의 율법이 증거를 얻게 하기 위해 – 비록 그것이 그 자체만으로도 우리에게 권위를 지녀야 하고, 또한 우리 안에서 늘 새롭게 기억되어야 마땅할지라도 – 오늘 우리에게도 제시되고 있습니다. 하나님이 그 때 일어난 일들을 오늘 우리에게 상기시켜 주시는 것은 우리가 그분의 위엄 아래 우리 자신을 낮추게 하시기 위함입니다. 그러므로, 혹시라도 우리가 자만과 오만으로 인해 자신을 높이고자 하는 유혹에 빠질 경우, 우리는 그 날 이스라엘 백성을 놀라게 했던 격렬한 불꽃과 그들이 연기가 피어오르는 산을 바라보았을 때 그들 앞으로 다가 왔던 짙은 어둠을 떠올리면서 두려워하는 마음을 지니고 우리의 모든 오만함을 억눌러야 합니다. 참으로 우리는 자신을 강력하게 일깨워야 하고, 하나님이 우리를 다스리실 수 있도록 우리 자신을 그분께 바쳐야 하며, 그분이 우리를 어디로든 이끄실 수 있도록 그분이 부르시는 어느 곳으로든 기꺼이 발걸음을 내디뎌야 합니다. 바로 그것이 우리가 "불 가운데, 구름 가운데, 흑암 가운데에서"라는 구절을 통해 강조해야 할 내용입니다.

그러나 또한 우리는 하나님이 불과 구름과 흑암 가운데서 나타나신 것은 인간의 호기심을 억누르시기 위함이었다는 것을 알아야 합니다. 사실, 이미 언급했듯이, 하나님이 우리에게 어떤 말씀을 하시는 것은 우리에게 무언가를 깨닫게 하시기 위함입니다. 따라서 그분은 그 어떤 말씀도 모호하게 하시지 않습니다. 그분은 자신의 말씀을 얼버무리시는 적이 없습니다. 오히려 그분은 늘 자신의 뜻을 아주 분명하게 밝히십니다. 그러므로, 만약 우리가 그분의 말씀에 귀를 기울이려고만 한다면, 우리는 분명히 그 말씀을 통해 적절한 교훈을 얻을 수 있습니다.

그러므로 우리가 어리석은 호기심을 발동하거나 우리에게 합당해 보이는 것 이상의 질문을 하는 것은 적절한 일이 아닙니다. 우리에게는 그런 성향이 너무 많기 때문에 늘 우리는 귀를 쫑긋거리며 다음과 같이 말합니다. "그게 무슨 소리야? 내가 좀 알아봐야 겠어!" 그러나 우리 주님은 정반대로 말씀하십니다. "알고 싶으냐? 그렇다면 이 두터운 구름을 보아라! 그것이 얼마나 짙은지 보아라!" 그러므로 우리는 마땅히 숨겨져 있어야 하는 것을 억지로 알아보기 위해 우리의 상상력의 고삐를 풀어놓는 것이 적절하지 않다는 것을 깨닫고 하나님의 착한 학생이 되기 위해 노력해야 합니다. 우리는 하나님이 우리에게 말씀해 주시는 것을 아는 것만으로 만족해야 합니다. 그리고 지금 이해할 수 없는 것들을 알게 될 온전한 계시의 날을 기다려야 합니다. 우리는 하나님이 설명해 주시지 않는 것에 대해 알려고 해서는 안 됩니다. 우리의 그런 무지는 세상의 모든 지혜보다 낫습니다. 주님이 허락하신 것 이상을 알려고 하지 맙시다!

율법을 두 개의 돌판에 쓰신 이유

이제 모세가 덧붙인 다음과 같은 말을 살펴볼 차례입니다. "그것을 두 돌판에 써서 내게 주셨느니라." 우리는 이 "두 돌판"이라는 말을 통해 우리가 앞에서 이미 다뤘던 문제, 즉 하나님은 그분의 율법 전체를 하나의 돌판에 쓰실 수도 있었다는 것을 상기할 필요가 있습니다. 그럼에도 그분은 그것을 두 개의 돌판에 쓰기로 작정하셨는데, 그것은 우리가 그런 구별을 통해 율법에 포함된 계명들을 보다 잘 이해하게 하시기 위함이었습니다. 이미 우리는 주님이 어째서 율법의 계명들을 그토록 단순화하셨는지 알고 있습니다. 그것은 우리가 그분이 너무 어렵게 말씀하셨다는 얄팍한 핑계를 대지 못하게 하시기 위함이었습니다. 우리의 삶에 두 가지 중요한 요소가 있는 것과 마찬가지로, 주님은 그분의 율법을 두 개의 돌판에 나누어 기록하셨습니다. 그것은 우리에게 우리가 그분을 위해 어떻게 우리 자신을 다스려야 하는지, 그리고 어떻게 우리의 이웃과 더불어 살아야 하는지를 알려 주시기 위함이었습니다(『강요』 II.viii.11-12).

참으로 우리가 우리의 삶을 온전하게 다스리고자 한다면, 무엇보다도 우리는 하나님이 우리에게 무엇을 요구하시고 승인하시는지를 깨달아 그분을 섬기는 일에 헌신해야 하며, 다음으로는 우리가 그분의 참된 자녀임을 알리기 위해 우리의 이웃과 더불어 의롭고 평등하게 살아야 합니다. 그러므로 첫 번째 돌판은 우리에게 하나님이 우리를 통해 영광 받기를 원하신다는 것을 인식할 것을 요구합니다. 그리고 두 번째 돌판은 우리에게 우리가 우리의 이웃에게 속한 것들을 그들에게 돌려주고 또한 다른 이들이 우리에게 해주기를 바라는 대로 그들에게 해줄 것을 요구합니다(마 7:12).

첫 번째 돌판에서 하나님은 자신이 사람들에게서 어떤 방식으로 섬김을 받고자 하시는지를 설명하셨습니다. 그분은 자신에게 특정한 범주를 제공하심으로써 사람들이 자기들을 위해 새로운 신들을 만들지 못하게 하셨습니다. 이어서 그분은 자신이 이런저런 형상이나 기괴한 조각들을 통해 표현되는 것을 원치 않으신다는 것을 알려 주셨습니다. 그분은 영이시므로 우리에게서 영적인 예배를 받고자 하셨습니다. 그러므로 우리는 그분을 위해 그 어떤 형상도 만들어서는 안 됩니다. 하나님은 우리에게서 영적으로 예배 받기를 원하십니다. 또한 그분은 자신의 이름이 높임 받기를 원하십니다. 그분은 우리가 그분의 일을 행하기를, 그리고 무엇보다도 우리 자신을 제어함으로써, 즉 하나님이 우리를 다스리실 수 있을 만큼 모든 일을 실제로 그침으로써 우리의 모든 생각과 감정을 부인하기를 바라십니다. 바로 그것이 십계명의 첫 번째 돌판에 들어 있는 내용입니다. 두 번째 돌판에서 우리는 그분이 우리에게 부모를 공경하고 살인과 간음과 도둑질과 탐욕을 그치라고 명령하시는 것을 보았습니다. 바로 그것이 하나님이 그분의 계명을 두 개의 돌판으로 나누신 이유입니다.

그러므로, 만약 우리가 진실로 우리의 삶을 제어하고자 한다면, 우리는 먼저 우리의 하나님께 영광을 돌려야 하고, 다음으로 우리의 이웃과 더불어 완전히 정의롭고 평등하게 살려는 뜻을 품어야 합니다. 이 세상에는 악을 잘 제어하기는 하지만 하나님에 대해 아무런 생각도 하지 않는 자들도 있고, 다른 이들이 불만을 제기하지만 않는다면 자신들이 자유로우며 모든 의무에서 제외되어 있다고 여기는 자들도 있습니다. 이것은 무엇을 의미합니까? 우리가 도둑이 아닌데도 불경한 자로 비난을 받는 것이 옳은 일입니까? 하지만 우리가 어떤 이의 물건을 강탈하거나 그의 주머니를 털거나 그의 가슴에 달려 있는 자물쇠를 낚아채는 것보다 하나님의 명예를 더럽히는 것이 훨씬 더 가증스러운 죄 아닙니까? 그러므로 우리는 다른 이들이 우리를 고소하거나 직접 우리에게 불만을 털어놓지 않는다는 이유만으로 우리가 할 일을 다 했다고 여겨서는 안 됩니다. 왜냐하면 우리는 하나님께 그분의 정당한 몫만이 아니라 그분이 우리에게 요구하는 것까지도 돌려드려야 하기 때문입니다. 우리에게 부과된 의무는 십계명의 첫 번째 돌판의 내용을 준수하는 일에 집중하는 것입니다. 그렇게 함으로써, 마치 이교도들처럼 철학적인 삶을 영위하면서 다른 이들과 더불어 정직하게 살기 위해 노력하는 것이 아니라, 하나님의 영광을 우리의 가장 큰 관심사와 출발점으로 삼는 것입니다.

그러나 우리 중에는 겉보기에는 선을 행하고 하나님께 헌신하고 그분을 섬기고 그분께 영광을 돌리는 일에 큰 열정을 보이지만 다른 이들과 더불어 사는 문제와 관련해서는 남의 것을 약탈하고 훔치고 남들과 싸우며 사는 이들이 있습니다. 그들은 잔인함과 질투심과 적대감으로 가득 차 있습니다. 그러나 우리는 하나님이 십계명의 두 돌판을 분리하지 않으신 것에 주목해야 합니다. 그분은 그 두 돌판을 구별하셨으나, 그것이 곧 그분이 첫 번째 돌판은 이 사람들에게 그리고 두 번째 돌판은 저 사람들에게 주셨다는 것을 의미하지는 않습니다(『강요』 II.viii.11). 이것은 마치 그분이 다음과 같이 말씀하시는 것과 같습니다. "이것이 내 계명이다. 그리고 내가 결합시켜 놓은 것은 분리되지 말아야 한다. 너희가 내 계명을 따르고자 한다면, 분명히 너희는 너희가 이웃에게 보여야 할 사랑에 대해 알아야 할 필요가 있다. 너희가 그 두 돌판 중 어느 한쪽의 계명을 이행했다 할지라도, 여전히 너희는 다른 쪽의 계명도 지켜야 한다. 너희가 나를 섬기고 예배하려는 큰 신앙심을 보였다는 이유로 다른 이들과 더불어 정의롭고 평등하게 살아가는 문제에 조심하지 않는 것은 옳지 않다."

오늘날 많은 이들이 그런 식으로 하나님을 섬기려 하고 있습니다. 예컨대 교황주의자들과 그들의 경건한 무리들이 그렇게 하고 있습니다. 그러나 우리 주님은 우리에게 첫 번째 돌판을 주시면서 우리를 제어하고자 하셨습니다. 그것은 우리가 그분을 그분이 명령하신 방식대로 섬기고 그분이 승인하시는 것 외에는 그 어떤 선한 것도 구하지 않는 것을 배우게 하시기 위함이었습니다. 바로 그것이 "그것을 두 돌판에 써서 내게 주셨느니라"라는 말씀 배후에 있는 내용입니다.

돌판은 십계명의 영속적 가치를 보여준다

특히 그분은 자신의 계명이 오래 지속되게 하시기 위해 그것을 두 개의 돌판 위에 쓰기로 하셨습니다. 왜냐하면 그 계명은 일시적인 것으로서 짧은 기간에만 소용이 되도록 주어진 것이 아니었기 때문입니다. 사실, 종교적 의식儀式들의 효용은 끝났습니다. 바로 그것이 율법이 일시적이라고 불리는 이유입니다. 우리는 이제 그런 의식들이 폐지되었고 - 그것들은 고대 이스라엘 백성이 우리 주 예수 그리스도께서 오시기 전까지 지키도록 주어졌던 것입니다 - 그것들과 관련된 모든 일들이 완료되었다는 것을 알아야 합니다. 그러므로 이제 우리는 더 이상 옛날에 유효했던 의식들의 그림자 아래에서 살고 있지 않습니다. 그러나 십계명의 진리와 내용은 한 세대에 국한되지 않습니다. 그것들은 영원토록 남아 있을 불변하는 무언가를 구성합니다(『강요』 IV.xx.15).

우리가 알다시피, 하나님은 이스라엘 백성이 애굽을 떠날 때 자신의 뜻을 분명하게 밝히셨고 시내 산에서도 그들에게 말씀을 하셨습니다. 그리고 그 때마다 그분은 자신의 가르침이 계속해서 생기를 유지할 수 있도록 그 백성에게 그 가르침과 관련된 명령과 규례들을 주셨습니다. 그리고 바로 그런 이유로 그분은 자신의 율법을 두 개의 돌판

위에 새기셨습니다. 그분은 그 율법을 당시의 사람들이 하듯이 나무껍질 위에 쓰시지 않았고, 오늘 우리가 하듯이 종이나 양피지 위에 쓰시지도 않았습니다. 하나님은 그것을 돌 위에 새기셨습니다. 이것은 그것이 하나의 기념물로서 오래도록 남아서 우리가 그것을 통해 그분이 말씀하시는 내용을 보다 잘 확인할 수 있게 하시기 위함이었습니다. 그분은 그것을 단 한 번 말씀하시는 것에 만족하지 않으셨습니다. 오히려 그분은 그것을 돌 위에 새겨 넣으셨는데, 그것은 우리가 일평생 우리의 눈으로 그분이 우리에게 계시해 주신 것을 직접 볼 수 있게 하시기 위함이었습니다.

그럼에도, 만약 하나님의 율법이 돌 위에 새겨진 것으로 그친다면, 그것은 별다른 효력을 발휘하지 못할 것이 분명합니다. 그러므로 그것은 우리의 마음에 새겨질 필요가 있습니다. 그렇다면 우리는 어떻게 해야 합니까? 우리는 하나님이 우리에게 주신 가르침이 우리에게 유익할 뿐 아니라 필요하기도 하다는 것을 알아야 합니다. 그러나, 만약 하나님이 우리에게 또 다른 은혜를 베풀어 주시지 않는다면, 즉 그분이 선포하신 것을 우리의 마음과 힘줄 위에 새겨주시지 않는다면, 그것은 우리에게 아무런 유익도 주지 못할 것입니다.

그러므로 우리로서는 하나님이 그 옛날에 그분의 손가락으로 두 개의 돌판 위에 율법을 새겨주셨던 것처럼 오늘도 그분의 성령을 통해 돌처럼 굳은 우리의 마음 위에 그것을 새겨 주실 필요가 있습니다. 바로 그것이 선지자 에스겔이 하나님이 우리에게 부드러운 살 같은 마음을 주시기를 간구했던 이유입니다(겔 36:26 이하). 하나님은 사람들이 율법을 쉽게 이해할 수 있도록 그것을 기록하는 수고를 감당하셨습니다. 그러므로 우리는 우리가 그 율법을 간직할 수 있도록, 그리고 마귀가 그의 온갖 노력에도 불구하고 우리에게서 그것에 대한 기억을 지워버리지 못하도록, 하나님이 그분의 성령의 능력으로 그것을 우리 안에 기록해 주시기를 간구해야 합니다.

돌판을 모세에게 맡기신 이유

이제 모세는 자신이 그것을 보존하고 보호하도록, 이스라엘 백성을 위해 그것의 사역자와 청지기가 되도록, 그리고 온 백성이 자신을 선지자로 인정하도록 하기 위해 율법이 자신에게 위임되었다고 말합니다. "그것을 두 돌판에 써서 내게 주셨느니라." 만약 이스라엘 백성이 그에게 그런 임무가 맡겨진 것을 인정하지 않는다면, 아마도 그는 그의 직무를 수행할 수도 하나님의 교회를 교화할 수도 없었을 것입니다. 이것은 오늘날에도 마찬가지입니다. 만약 우리가 하나님이 그분의 복음이 사람들을 통해 선포되게 하셨다는 것을 믿지 않는다면, 혹은 목회자의 직무가 말씀을 선포하는 것임을 믿지 않는다면, 도대체 그 누가 말씀을 듣기 위해 한데 모이려 하겠습니까? 이 문제에 관해서라면, 나도 그리고 다른 그 어떤 이들도 사람들을 설득해 한데 모여 자신이 하는 말을 듣고 수용하라고 설득할 수 없습니다.

그러나 어떤 이가 하나님의 이름으로 말씀을 전할 때, 그리고 사람들이 그 말씀에 귀를 기울이고 순종하고 경배하려는 마음을 품을 때, 그 말씀은 황제나 왕들이 선포하는 법이나 칙령들보다 훨씬 더 중요한 것이 됩니다. 지금까지 그런 일을 할 수 있었던 이가 있습니까? 아무도 없습니다! 우리는 교회 안에 이런 질서를 세우시고, 우리가 그것을 깨뜨리지 않고, 목사들이 그분의 전령으로서 그분의 말씀을 전하고, 우리 주 예수 그리스도의 이름으로 신자들에게 용서를 선포하고, 그들을 꾸짖고, 타이르고, 위로하고, 훈계하도록 하신 분이 하나님 자신이라는 것을 알고 있습니다. 또한 우리는 하나님의 교회 안에 그런 제도가 존속하게 하신 분이 하나님 자신이라는 것도 알고 있습니다. 그러므로 우리는 우리를 지으신 분이 세우신 그런 질서에 저항하는 것을 부끄러워해야 합니다. 바로 그것이 모세가 이 구절에서 하나님이 율법을 "내게 주셨느니라"라고 말하는 이유입니다.

하나님이 그에게 율법을 주신 것이 온 백성을 위해서라는 것은 분명한 사실입니다. 그런데 도대체 어째서 모세가 그것의 소유자로 간주되는 것일까요? 표면적으로 본다면, 하나님은 그분의 백성 모두에게서 그것을 빼앗아 오직 모세만 그것의 소유자가 되는 특권을 누리게 하시려는 것처럼, 다시 말해, 율법을 모세에게만 열어놓으시고 다른 모든 이들에게는 닫으시려는 것처럼 보입니다.

물론 실제 상황은 그렇지 않습니다. 사실 율법은 이스라엘 온 백성에게 주어진 것이고 모세는 그것의 보호자로 임명되었을 뿐입니다. 오늘 우리는 하나님이 모세에 관해 말씀하셨던 내용을 보다 더 확대해야 합니다. 우리는 선지자들이 유사한 임무를 맡았다는 것을 알고 있습니다. 즉, 그들 역시 이 구원의 보화의, 그리고 하나님의 언약의 청지기들이었습니다(렘 1:5, 7). 그들의 직무는 하나님의 뜻을 지속적으로 선포하고 그것을 그분의 이름으로 우리에게 전하는 것이었습니다. 바울 역시 동일한 주장을 했습니다. 그는 사람들이 우리를 "그리스도의 일꾼이요 하나님의 비밀을 맡은 자로"(고전 4:1) 여겨야 한다고 강조했습니다. 바울이 그렇게 말한 것은 우리가 성경을 소유하고 각자의 집에서 그것을 읽는 것만으로는 충분하지 않다는 것을 알려주기 위함이었습니다. 우리에게 필요한 것은 율법이 우리에게 선포되고, 우리가 우리의 동료 인간들에 의해 가르침을 받는 질서를 유지하고, 우리 안에 하나님을 섬기는 목회자들을 둠으로써 우리가 그들의 말에 귀를 기울일 때 그들이 선포한 구원의 교리를 통해 유익을 얻는 것입니다. 바로 이것이 바울이 또 다른 구절에서 교회를 "진리의 기둥과 터"(딤전 3:15)라고 말했던 이유입니다(『강요』 IV.ii.1, 10; viii.12).

그러나 교황주의자들은 어리석게도 이 본문을 인용하면서 자신들에게 제멋대로 신조들을 지어내고 율법을 만들어내는 자격을 부여하고 있습니다. 그러나 바울이 한 말은 그것과는 정반대였습니다. 그는 교회가 하나님의 진리의 버팀목이라고 말했습니다. 하나님은 인간을 위한 진리를 율법과 선지자와 사도들을 통해 공표하심으로써 교회 안에 그분의 말씀을 설명하고 교회를 교화하는 직무를 맡은 이들이 존재하도록 하셨습니다(『강요』 IV.i.5-6; iii.1-3). 그러므로 우리는 이런 사실에 유념하면서 하나님의 진리가 온전하게 유지되는 것은 교회를 통해서라는 것을 알아야 합니다. 하나님은 우리를 신앙 안에서 굳건하게 하시고, 우리를 일깨우시고, 또한 우리에게 올바른 길을 알려 주시기 위해 그분의 성령의 능력을 입은 자들을 우리에게 보내 주십니다. 바로 그것이 이 세상에서 하나님의 진리가 보존되는 방식이며, 또한 그것이 부패하거나 소멸되지 않는 이유입니다.

그러므로 우리는 이 때 모세가 자신을 하나님의 율법의 유일한 소유자로 만들어 백성들을 거부하고 그들에게 문을 닫아걸려 했던 것이 아님을 알아야 합니다. 오히려 이 때 그는 특별히 자신의 역할에 대해 다음과 같이 설명하고 있었던 것입니다. "친구들이여, 율법이 우리 모두에게 공통적으로 주어진 것은 사실이다. 우리 모두는 하나님의 자녀들이다. 나는 내가 너희보다 율법에 대해 더 많은 권리를 갖고 있다고 여기지 않는다. 그러나 나는 하나님이 내게 맡기신 의무를 이행하고자 한다. 즉, 나는 너희가 율법을 짓밟지 않게 하기 위해, 혹은 내가 매일 그것을 너희에게 상기시키지 않아 너희가 그것을 잊어버리지 않게 하기 위해 율법에 대한 충실한 설명자와 수호자가 되어 너희를 섬기고자 한다."

사정이 이러하므로, 하나님의 말씀의 사역자로 세움을 받은 모든 이들은 제의祭衣를 입지 않은 자들을 섬길 준비를 해야 하고 또한 그 일에 필요한 모든 것을 구비해야 합니다. 그리고 우리 모두는 우리가 성경을 읽는 것만으로는 충분하지 않으며, 오히려 우리에게 필요한 것은 부지런히 그것을 통해 유익을 얻는 것, 그리고 우리에게 그것을 설명하고 이해시키는 일을 맡은 사역자로 임명된 자들의 말에 겸손하게 귀를 기울이는 것임을 기억해야 합니다. 바로 그것이 우리가 이 구절을 통해 배워야 할 내용입니다.

1555년 7월 17일 수요일

제14강

당신이 우리에게 전하소서

²³산이 불에 타며 캄캄한 가운데에서 나오는 그 소리를 너희가 듣고 너희 지파의 수령과 장로들이 내게 나아와 ²⁴말하되 우리 하나님 여호와께서 그의 영광과 위엄을 우리에게 보이시매 불 가운데에서 나오는 음성을 우리가 들었고 하나님이 사람과 말씀하시되 그 사람이 생존하는 것을 오늘 우리가 보았나이다 ²⁵이제 우리가 죽을 까닭이 무엇이니이까 이 큰 불이 우리를 삼킬 것이요 만일 우리가 우리 하나님 여호와의 음성을 다시 들으면 죽을 것이라 ²⁶육신을 가진 자로서 우리처럼 살아 계시는 하나님의 음성이 불 가운데에서 발함을 듣고 생존한 자가 누구니이까 ²⁷당신은 가까이 나아가서 우리 하나님 여호와께서 하시는 말씀을 다 듣고 우리 하나님 여호와께서 당신에게 이르시는 것을 다 우리에게 전하소서 우리가 듣고 행하겠나이다 하였느니라(신 5:23-27)

만약 하나님이 그분의 말씀을 우리와 같은 사람들을 통해 전하지 않고 직접 위엄을 드러내며 말씀하시거나 천사들을 보내어 말씀을 전하신다면, 우리는 지금보다 훨씬 더 효과적으로 감명을 받아 즉시 회개하고 아무 저항이나 반역 없이 그 말씀에 순종할 것처럼 보입니다. 그러나 사실 우리는 우리에게 무엇이 적합하고 유용한지 알지 못합니다. 우리 자신의 연약한 본성을 감안한다면, 하나님이 우리에게 그분의 권능을 드러내실 때 우리가 멸망하지 않는 것은 불가능합니다. 그러므로 우리가 하나님이 가시적인 표식을 통해 자신을 드러내시거나 하늘에서 내려와 주시기를 바랄 때, 우리는 자신이 어떤 존재인지 혹은 자신의 상태가 얼마나 일시적인지를 제대로 이해하지 못하고 있는 것입니다. 왜냐하면, 만약 우리가 그런 문제들에 대해 충분히 숙고한다면, 우리는 자신이 하나님의 무한한 영광을 감당할 수 없음을 깨닫고 크게 두려워할 것이기 때문입니다.

그러므로 우리는 하나님이 그분의 뜻을 우리와 같은 인간이라는 도구를 사용해 선포하시는 것이 우리의 안녕과 구원을 위함이라는 것을 알아야 합니다. 하나님이 자신의 말씀의 사역자들을 임명하고 세우시는 것은 그분이 아시는 바 우리에게 적합한 메시지를 우리에게 전하시기 위함입니다(『강요』 IV.i.5). 그러나 그분이 우리가 하늘로부터 들려오는 천둥 같은 그분의 음성을 직접 듣는 것이 결코 유익하지 않다는 것을 알려 주려 하셨던 적이 적어도 한 번은 있었습니다. 그 때 그분은 그분의 율법을 모세를 통하지 않고 자신이 직접 하늘에서 내려와 말씀하시는 방식으로 선포하셨습니다. 어제 우리는 출애굽기 19장과 20장에 실려 있는 우레, 번개, 빽빽한 구름, 연기, 그리고 불꽃 등에 대한 언급들을 살펴보았습니다(출 19:18-19; 20:18). 그리고, 다시 말씀드리지만, 그 모든 것은 이스라엘 백성이 하나님의 말씀을 경외하도록 하기 위함이었습니다(『강요』 IV.iii.1).

우리에게 인간 사역자가 필요한 이유

이 가르침은 우리에게도 해당됩니다. 하나님은 우리가 그런 일을 기억함으로써 유익을 얻기를 바라십니다. 하나님이 그 특별한 경우에 자신의 영광스러운 위엄을 드러내신 까닭은 이스라엘 백성이 그분의 말씀을 온전하게 경외하고 겸손하게 받아들이게 하시기 위함이었습니다. 또 그분은 그 백성이 스스로를 제어하면서 다음과 같이 말하기를 바라셨습니다. "하나님이 다시 우리에게 직접 말씀하시는 것은 좋지 않다. 우리에게는 하나님이 우리에게 주고자 하시는 교훈을 대신 선포해 줄 사람이 필요하다"(신 5:25-27 참고).

그러나 그분이 이런 규칙을 만드신 의도는 혹시라도 우리가 그 백성들처럼 말하지 않을 경우 우리를 정죄하시기 위함입니다. 만약 우리가 이스라엘 백성이 했던 그 말은 오늘 우리에게는 해당되지 않는다고 주장한다면, 그것에 대한 대답은 아주 간단합니다. 그것은, 만약 하나님이 오늘도 같은 일을 하신다면, 즉 그분이 오늘 우리가 사람들의 선포를 통해 듣는 말씀을 직접 선포하신다면, 우리가 그분의 영광을 감당하는 것은 불가능하리라는 것입니다. 우리는 그 말씀으로 인해 완전히 멸절될 것입니다.

그러므로 우리는 이 본문이 여기에서 되풀이 되는 까닭이 우리가 이스라엘 백성의 경험을 통해 하나님이 우리의 낮음과 연약함에 자신을 맞추셨음을 알게 하기 위함이라는 것을 알아야 합니다. 하나님이 우리에게 선포하고자 하시는 말씀을 우리와 다른 것이 없는 사람들을 자신의 전령으로 삼아 보내실 때, 그분은 그렇게 하심으로써 우리에게 적합하고 유용한 것에 대한 자신의 관심을 드러내시는 셈입니다. 그러므로, 만약 우리가 그분이 하늘로부터 나타나시거나 우리를 위해 어떤 가시적인 기적을 보여 주시기를 요구한다면, 그것은 정신 나간 그리고 무모한 갈망에 불과합니다. 왜냐하면 우리는 그분의 영광과 위엄을 감당할 수 없기 때문입니다.

더 나아가, 비록 우리를 위협하는 것이 율법의 독특한 본성일지라도, 그런 사정은 복음의 경우에도 마찬가지입니다. 우리는 하나님의 임재를 느끼자마자 혼란에 빠질 것입니다. 우리는 천사들조차 하나님의 영광을 감당하지 못해 눈을 가린 채 피조물인 자신들의 연약함을 고백해야 했던 것을 알고 있습니다(사 6:2-3). 천사들이 그래야 했다면, 우리의 형편은 어떠하겠습니까? 우리는 천사들보다 열등하며 우리의 고결한 본성을 유지하지 못하고 있으니 말입니다. 사실 오늘의 우리는 하나님이 지으셨던 본래의 우리 – 우리의 조상 아담의 맨 처음 상태 – 와 같은 존재가 아닙니다. 우리는 완전히 부패했으며 우리 안에는 죄 외에는 아무것도 없습니다. 따라서 하나님은 우리의 적이 되실 수밖에 없고, 우리는 마치 악당들이 가능한 한 재판관들로부터 도망치려 하는 것처럼 그분의 보좌로부터 도망칠 수밖에 없습니다. 즉, 우리는 가련한 해충 혹은 더러운 육체에 불과할 뿐입니다(『강요』 I.xv.4; II.i.8; ii.12). 그러므로 하나님이 우리에게 다가오실 때, 우리는 놀랄 수밖에 없고, 완전히 압도당할 수밖에 없습니다. 그러므로, 이미 언급했듯이, 하나님이 그분의 뜻을 우리에게 그런 식으로, 즉 인간이라는 수단을 통해, 다시 말해, 마치 그분이 직접 말씀하시는 것처럼 그분을 대신하는 이들을 세우심으로써 알리시는 것은 우리의 유익을 위한 것입니다. 그리고 하나님은 그렇게 하심으로써 우리가 그분의 말씀을 하늘의 우렛소리를 듣듯이 큰 경외감을 갖고 받아들이게 하십니다.

율법과 복음의 차이

이제 우리가 그동안 아주 간략하게 언급했던 문제, 즉 율법은 복음을 희생하면서 또한 복음과 대조적으로 우리를 위협한다는 문제를 보다 충분하게 살펴보는 것이 좋을 것 같습니다. 사정이 그렇게 된 이유가 무엇입니까? 그것은 하나님이 율법을 통해 사람들에게 자신에게 합당한 것을 요구하시기 때문입니다. 그러나 과연 우리가 그분 앞에서 자신을 정당화하는 것이 가능한지 살펴봅시다. 사실 우리는 땡전 한 푼 없는 가련한 채무자와 같습니다. 우리는 완전히 압도당해 있습니다. 그러나, 우리의 사정이 어떻든 간에, 하나님은 우리의 의무를 면제하지 않으시고, 오히려 우리에게 우리가 그분으로부터 비난과 저주를 받아야 마땅하다는 것을 알려 주십니다. 바로 그것이 그분이 인간의 삶이 어떻게 규제되어야 하는지 알려 주신 후 곧바로 우리를 압도하시기 위해 율법이 요구하는 모든 것을 이행하지 않는 자들 누구나 저주 받은 자들이라는 말씀을 덧붙이시는 이유입니다(갈 3:10 참고).

이것은 마치 그분이 다음과 같이 말씀하시는 것과 같습니다. "인간은 가장 큰 자로부터 가장 작은 자에 이르기까지 모두 정죄되어야 한다. 그들은 자기들이 나에게 빚을 지고 있으며 내가 그들을 지옥의 심연 속으로 내던질 수 있다는 것을 알아야 한다. 나는 이미 그런 선고를 내렸고 아무도 나를 막을 수 없다. 그러므로 너희는 모두 망한 것이고 저주를 받은 셈이다." 이것이 율법의 언어입니다. 그렇다면 우리 모두는 마땅히 그분 앞에서 두려워해야 하지 않겠습니까? 그러므로 율법이 우리를 놀라게 한다는 말은 공연한 말이 아닙니다. 그리고 하나님이 우리에게 자신에게 진 빚을 갚으라고 엄격하게 요구하시는 것은 우리가 망해야 마땅한 존재라는 사실을 알려 주시기 위함입니다.

그러나 복음의 경우에는 상황이 다릅니다. 복음에서 하나님은 우리를 지원하시고 우리의 죄를 용서하실 뿐 아니라 우리의 마음에 자신의 뜻을 새겨 넣으십니다. 더 나아가 그분은 오늘 우리가 그분을 건성으로 섬기고 있을 뿐임에도 우리의 약함을 용서하시고 마치 자기의 자녀를 너무 심하게 압박하지 않으려는 아버지처럼 눈을 감아 주십니다. 또한 하나님은 우리가 그분께 나아가는 것을 두려워하지 않게 하시기 위해 우리에게 아버지다운 부드러움을 보여 주십니다(『강요』 II.viii.4).

바로 그것이 사도가 히브리인들에게 보낸 편지에서 우리가 도달한 곳이 연기가 피어오르는 시내 산이 아니라 시온 산이라고 말했던 이유입니다(히 12:22). 우리가 그 산에 이른 것은 우리를 놀라게 하는 불꽃이나 번개나 그와 유사한 다른 것들을 보기 위해서가 아닙니다. 오히려 우리는 그 산에서 은혜롭고 즐거운 음악 소리를 듣습니다. 그곳에서 우리는 하늘의 천사들과 거룩한 믿음의 족장들 그리고 비록 어두운 그림자밖에 갖고 있지 않았음에도 소망 가운데서 살았던 믿음의 선배들의 영혼들과 더불어 그 소리를 듣습니다. 하나님은 우리를 오래 전부터 우리 주 예수 그리스도의 오심을 기다려 왔던 이들과 연합시키십니다. 그러므로 우리는 물러서지 말아야 합니다. 오히려 우리는 계속 전진해야 합니다. 하나님은 우리에게 그토록 인간적인 방식으로, 그리고 자녀들을 놀라게 하기보다는 달래려 하는 아버지의 언어로 말씀하십니다. 그러므로 우리는 즐거운 마음으로 그분 앞으로 나아가 그분의 음성을 들어야 합니다.

우리가 복음과 율법의 이런 차이에 주목하는 것은 가치 있는 일입니다. 그러나 일반적인 원리의 문제로 되돌아가 보면, 우리의 입장에서는 하나님의 말씀이 하늘로부터 천둥소리처럼 들려오기보다는 우리와 같은 사람들의 입을 통해 선포되는 편이 훨씬 더 좋을 것입니다. 어째서입니까? 자연의 천둥소리를 들어보십시오. 천둥이 칠 때 우리는 두려움에 사로잡히지만, 사실 그 소리를 통해서는 아무것도 말해지지 않습니다. 그 때 하나님은 무언가 뚜렷하지 않은 소리를 내실 뿐입니다.

사정이 그러하므로, 만약 그분이 직접 우리에게 말씀하시고 그분의 영광을 드러내신다면, 그 때 우리의 상황은 어떠하겠습니까? 우리는 부패할 수 없는 피조물인 태양을 바라보는 것이 불가능하다는 것을 경험을 통해 알고 있습니다. 그렇다면, 설령 하나님의 위엄이 우리에게 온전하게 계시된다 할지라도, 도대체 어떻게 우리가 그것을 바라볼 수 있겠습니까? 그러기에 성경은 인간이 하나님을 보면 죽거나 소멸된다고 말씀하는 것입니다(출 33:20).

하나님이 모세에게 자신의 모습을 분명하게 – 그분이 선지자들에게 나타나셨던 방식과는 다르게 – 보이셨던 것은 사실입니다. 출애굽기에 따르면, 하나님은 모세에게 그런 특권을 허락하셨습니다(출

33:11). 그분은 마치 친구들끼리 하듯이 모세와 대면하여 말씀하셨습니다. 그것은 꿈이나 환상을 통해 말씀하신 것이 아니었습니다. 하나님과 모세 사이의 친밀함은 아주 컸기에 모세는 인간의 무리에서 제외되어 하나님과 더욱 친밀해질 수 있었습니다. 그러나, 그 사정이 어떻든, 하나님은 모세에게 오직 부분적으로만 자신을 드러내셨을 뿐입니다. 왜냐하면, 만약 그분이 그분의 무한한 본질을 다 드러내셨다면, 모세는 (그가 성령의 은혜를 얼마나 많이 받았건 간에) 완전히 압도당했을 것이기 때문입니다. 언젠가 하나님이 모세에게 그분의 영광을 이전의 그 어느 때보다도 훨씬 더 많이 보여 주신 적이 있는데, 사실 그 때에도 그는 겨우 그분의 등만 볼 수 있었을 뿐입니다(출 33:23).

우리가 어떤 이의 등을 볼 때 우리는 그의 가장 중요한 모습, 즉 그의 얼굴을 보지 못합니다. 그러므로, 비록 모세가 하나님의 말씀을 직접 들을 기회를 얻었다 할지라도, 그가 죽을 수밖에 없는 인간의 조건에서 면제되었다 할지라도, 그래서 그가 낙원의 천사들 중 하나처럼 되었다 할지라도, 여전히 그는 하나님을 부분적으로만 – 마치 어떤 이가 다른 이의 등을 보는 것처럼 – 보았을 뿐입니다.

그러므로 우리는 하나님이 우리와 같은 사람들을 통해 우리에게 말씀을 전하실 때 그분이 세우신 그런 질서에 동의하는 것을 배워야 합니다. 우리는 그 질서를 마치 우리가 그분의 위엄을 직접 대면하는 것처럼 받아들여야 합니다. 어째서 그렇습니까? 그것은 우리 가운데 하나님의 말씀의 사역자로 세움을 받은 목회자가 존재하는 것이 우리에게 유익하기 때문입니다. 만약 하나님의 영광이 우리에게 온전하게 드러난다면, 우리는 완전히 소멸되고 말 것입니다.

인간을 통해 전해지는 하나님의 말씀

아무도 하나님의 가르침이 충분히 입증되지 못했다며 불평하지 않게 하시기 위해, 또한 그 누구도 과연 그 가르침이 그분으로부터 온 것인지 아닌지 의심하지 않게 하시기 위해, 하나님은 율법을 공표하시면서 자신을 특별하게 드러내셨습니다. 우리는 그 당시 사람들이 다음과 같이 말했으리라고 생각할 수 있습니다. "저분은 여호와시다. 오늘 그분이 우리에게 그분의 영광을 드러내셨다. 이제 우리는 우리에게 말씀하시는 분이 그분이시라는 것을 알게 되었다[신 5:24]. 또한 우리는 그분이 그분과 우리 사이에 아무도 세우지 않으시고 우리로 하여금 직접 그분의 음성을 듣게 하셨다는 것을 알게 되었다."

그 사건은 단 한 번 일어났습니다. 그럼에도 우리는 여기에서 이야기되는 내용을 모세가 그 계명들을 제멋대로 말한 것이 아니라는, 즉 우리가 그를 통해 받은 가르침들을 그가 고안해 낸 것이 아니라는 증거로 여겨야 합니다. 모세는 그를 인정해 주셨던, 그리고 그가 가르친 내용을 기적을 통해 승인하셨을 뿐 아니라(『강요』 I.viii.5 이하) 자신이 그 가르침의 실제 주인이심을 설명해 주셨던 하나님의 신실한 청지기였습니다.

유사한 이유로 복음은 율법만큼이나 참됩니다. 우리는 복음이 인간의 가르침이 아니라 하나님으로부터 온 것이라는 하늘의 증거를 갖고 있습니다. 베드로는 그의 두 번째 편지에서 이에 대해 논합니다. 그와 그의 동료들은 성부 하나님이 자신의 아들이야말로 온 세상의 주인이며 의사라고 설명하시는 하늘로부터 온 음성을 들었습니다(벧후 1:17-18). "이는 내 사랑하는 아들이요 내 기뻐하는 자니 너희는 그의 말을 들으라"(마 17:1-8; 막 9:8; 눅 9:28-36. 참고 『강요』 II.xv.2). 하늘에서 이런 음성이 들려온 것은 우리가 복음을 이 세상에서 만들어진 교훈으로 여겨서는 안 되고, 늘 그것의 위엄에 관심을 가져야 한다는 것을 알려 주기 위함이었습니다.

그러므로, 만약 우리가 하나님의 참된 제자가 되고자 한다면, 우리는 설교를 들을 때마다 모세가 율법을 선포하며 했던 말, 즉 그것을 말씀하신 분이 하나님이시라는 것을 기억해야 합니다. 다음으로 우리는 하나님이 우리 주 예수 그리스도야말로 우리가 그분의 말씀에 귀를 기울여야 할 분이라고 말씀하실 때 그 선포에 귀를 기울이면서 우리가 방금 언급했던 증언을 덧붙여야 합니다. 그 선포는 우리에게 하나님의 말씀이 - 비록 그것이 우리와 같은 인간을 통해 선포될지라도 - 우리를 위한 충분하고도 완전한 권위를 지니고 있음을 확인시켜 주는 적법한 증표입니다.

더 나아가 우리 주 예수 그리스도께서는 그 누구도 자기가 주님의 말씀을 직접 들어야 한다고 생각하지 않게 하시기 위해 다음과 같이 말씀하셨습니다. "너희 말을 듣는 자는 곧 내 말을 듣는 것이요 너희를 저버리는 자는 곧 나를 저버리는 것이요 나를 저버리는 자는 나 보내신 이를 저버리는 것이라"(눅 10:16. 참고 마 10:40; 갈 4:14; 요 13:20). 물론 교황과 그의 도당들은 불경하게도 이 말씀을 자신들의 폭정을 정당화하는 데 유용했습니다. 하지만 이 말씀은 지옥의 마귀에게만큼이나 그들에게도 해당됩니다. 어째서 그렇습니까? 그것은 무엇보다도 우리에게는 우리 주 예수 그리스도의 순전한 가르침을 드러내야 할 의무가 있기 때문입니다. 하나님의 아드님이 자신의 직무를 사람들에게 넘기신 것은 그분이 그 직무를 사람들에게 빼앗기셨음을 의미하지 않습니다. 그분의 의도는 그 후로 우리가 사람들의 변덕에 좌우되게 하시려는 것이 아니었습니다. 오히려 그분은 자신이 계속해서 우리에 대해 탁월한 지위를 누리시고 우리에 대한 통치권을 행사하고자 하십니다.

그분은 우리가 자신이 보낸 이들의 말을 듣는 것이 곧 자신의 말을 듣는 것이라고 말씀하십니다. 이것은 마치 그분이 다음과 같이 말씀하시는 것과 같습니다. "나의 복음이 사람들을 통해 선포될 때 너희가 그것을 경멸하지 않고 순종한다면, 그 때 너희는 내 자신의 말을 듣는 것이나 다름없다. 그러므로 너희는 사람의 외모 때문에 말씀을 듣는 일을 포기해서는 안 된다." 또한 이것은 사도 바울이 확언했던 내용이기도 합니다. 비록 우리는 아무 가치도 없고 부서지기 쉬운 토기에 불과할지라도, 우리에게는 헤아릴 수 없을 만큼 귀한 보물이 위탁되어 있습니다. 그리고 그것의 가치는 어떤 식으로도 훼손되지 않습니다(고후 4:7).

사실 우리가 하나님의 말씀을 전하기에 충분한 만큼의 존경을 얻을 수는 없습니다. 어째서입니까? 우리 안에는 우리를 하나님을 찬양하기에 합당하도록 만들어 줄만한 것이 아무것도 없기 때문입니다. 그럼에도 우리는 그분의 말씀을 마치 하나님 자신이 말씀하시는 것처럼 힘 있게 선포함으로써 그 시험에 순종하며 응해야 합니다. 그렇게 할 때 우리의 모든 교만은 교정될 수 있습니다. 또한 그럴 때 우리 모두는 어째서 우리가 다른 사람들에게 순종해야 하는지에 대해 논란을 벌이지 않고 복음의 가르침을 단순하게 받아들일 수 있습니다. 만약 우리가 하나님이 그분의 전령으로 보내신 이들의 말을 듣지 않는다면, 우리는 하나님의 아드님 곧 성부 하나님이 이 세상 최고의 의사로 임명하신 분을 조롱하는 셈이 됩니다. 그러므로 우리는 이 질서에 순종해야 합니다. 우리는 복음의 가르침을, 비록 그것이 우리와 같은 사람들에 의해 선포될지라도, 겸손하게 받아들이면서 하나님의 아드님이 우리에게 지우시는 멍에를 지기 위해 고개를 숙이는 것을 배워야 합니다.

이미 말씀드렸듯이, 우리는 그런 일에 따르는 시험을 기억해야 합니다. 그 시험은 우리가 율법이 하나님 자신에 의해 제공된 것임을 인정하려면 반드시 거쳐야 하는 것입니다. 또 우리는 복음은 그 자체의 기원을 갖고 있으며 하늘의 재가를 받았다는 것 — 하나님은 우리가 자신의 아들의 말을 듣기를 원한다고 선포하셨습니다(눅 9:35) — 을 기억해야 합니다. 바로 그것이 내가 이 구절을 통해 강조하고자 하는 내용입니다. 그러므로 이제 우리는 지금까지 논의된 내용 곧 우리가 우리의 만족을 위해 하나님이 하늘로부터 내려와 주시기를 간구해서는 안 된다는 것에 유념해야 합니다. 하나님이 우리에게 말씀을 주실 때마다 우리는 그분이 정하신 말씀 전달 방식에 만족해야 합니다.

이스라엘 백성의 깨달음

얼핏 보면 오늘의 본문에는 모순이 있는 것처럼 보입니다. 그것은 이스라엘 백성이 처음에는 "하나님이 사람과 말씀하시되 그 사람이 생존하는 것을 오늘 우리가 보았나이다"(신 5:24)라고 말한 후, 곧이어서 "만일 우리가 우리 하나님 여호와의 음성을 다시 들으면 죽을 것이라"(25절)라고 말하기 때문입니다. 일단 우리가 하나님을 우리와 말씀하시면서도 우리를 삼키시지 않는 분으로 경험했다면, 그 경험은 우리를 담대하게 만들 것입니다. 어째서입니까? 우리가 하나님의 음성을 들었음에도 여전히 살아 있기 때문입니다. 만약 우리가 한 번 그럴 수 있다면, 두 번이나 세 번은 왜 안 되겠습니까? 그런데 이스라엘 백성은 그런 생각을 품지 않고 다음과 같이 말했습니다. "우리는 하나님의 음성을 들었다. 그러나 만약 그분이 우리에게 다시 말씀하신다면, 우리는 죽을 것이다." 즉, 만약 그분이 다시 자기들에게 직접 말씀하신다면, 자기들이 망하리라는 것이었습니다. 얼핏 보면 이 때 그들은 하나님의 선하심을 신뢰하지 않는 것처럼 보입니다. 사실 그들은 배은망덕한 자들처럼 보입니다. 왜냐하면 그들은 하나님이 그들을 위해 이루신 선한 일을 인정하지 않는 것처럼 보이기 때문입니다. 그러나 여기에서 우리는 그들이 하는 말이 자기들이 더 이상 하나님을 시험하기를 원하지 않는다는 의미라는 것에 주목해야 합니다. 그들로서는 그 한 번의 경우를 통해 율법이 사람에 의해 고안된 것이 아니라 하나님 자신에 의해 제정된 것임을 깨달은 것으로 충분했던 것입니다.

그러므로 이 구절은 다음과 같이 이해되어야 합니다. "오늘 하나님이 우리에게 말씀하셨으나 우리는 아직 살아 있다. 그것으로 충분하다. 우리는 하나님의 인내심을 악용할 생각이 없다. 그분은 오늘 우리를 용서하셨다. 그러나 이것이 곧 그분이 늘 그렇게 하신다는 것을 의미하지는 않는다. 그분은 우리의 악의와 완고함 때문에 한 번 우리를 깨우치셨던 것이다. 과연 우리가 그분이 오늘처럼 영광 가운데 나타나시는 것을 감당할 수 있는가? 그러나 그분은, 만약 자신이 그렇게 가시적인 영광 가운데 나타나시지 않는다면, 그래서 우리가 혼란스러워질 만큼 두려움을 느끼지 않는다면, 우리가 그분의 말씀에 완전히 지배되거나 순종하지 않으리라는 것을 알고 계셨다. 또한 그분은 만약 자신이 그런 식으로 강력하게 우리를 제어하시지 않는다면 우리가 계속해서 사나운 짐승처럼 살아가리라는 것을 너무나 잘 알고 계셨다. 그러나 그분은 우리가 지은 죄를 용서하기로 작정하시고 오늘날까지 우리를 지탱해 주셨다. 그러므로 이제 우리는 더 이상 이 문제에 대해 아쉬워하지 말자. 그것으로 충분하다. 만약 우리가 그것에 대해 계속해서 아쉬워한다면, 그것은 하나님의 인내를 조롱하는 셈이 될 것이다. 그러므로 우리와 우리 자녀들의 삶을 위해서는 세상 끝날까지 이 증거 하나만으로 충분하다. 그리고 우리 뒤에 오는 이들은 마치 하나님이 반드시 우리와 동등한 존재가 되셔야만 하는 것처럼 그분을 설득해 하늘에서 내려오시게 하려고 해서는 안 된다는 것을 알아야 한다." 바로 그것이 오늘의 본문의 두 구절(24절과 25절 – 역자 주)에 대한 가장 조화로운 해석이 될 것입니다.

하나님의 말씀은 우리에게 생명을 가져다준다

이제 우리가 오늘의 본문을 통해 유념해야 할 것은 다음과 같습니다. 그것은, 비록 하나님의 말씀은 우리 모두를 아무것도 아닌 것으로 만들지라도, 하나님은 여전히 우리에게 자애를 베푸심으로써 우리를 소멸시키시기는커녕 오히려 우리에게 생명을 초래하신다는 것입니다. 방금 나는 하나님의 말씀이 우리를 아무것도 아닌 것으로 만들 수 있다고 말씀드렸는데, 그것은 단순히 모세가 여기에서 개략적으로 하는 말을 가리키는 것이 아닙니다. 내 말의 의미는, 만약 우리 주님이 우리에게 자신의 말씀의 권능을 인식시키고자 하신다면, 비록 그것이 우리와 같은 사람들에 의해 선포될지라도 우리는 완전히 망하고 말리라는 것입니다.

그러나 우리는 우리 주님이 우리에게 말씀하심으로 우리에게 생명을 주신다는 것, 그리고 무엇보다도 우리에게 복음이 선포된 오늘날에 그렇게 하고 계시다는 것을 잘 알고 있습니다. 실제로 오늘날에는 요한복음 5장 21절 이하에 실려 있는 말씀이 매일 성취되고 있습니다. 즉, "사람의 아들"의 말씀을 듣는 모든 이가 생명을 얻고 있습니다. 우리는 날 때부터 하나님으로부터 소외되어 있고 그분의 나라에서 추방되어 있습니다. 사실 우리는 무덤에 있는 것이나 다름없습니다. 그러나 우리 주 예수 그리스도께서 우리의 죄를 용서해 주셨습니다. 그리고 그분의 아버지이신 하나님이 우리를 자신의 자녀로 삼아 주셨습니다.

바로 그것이 그분이 우리에게 보여 주시는 구원의 영광입니다. 그리고 우리는 복음의 능력을 통해 그 영광으로 인해 생기를 얻었습니다. 그로 인해 우리는 우리의 하나님께 영광을 돌릴 이유를 갖게 되었습니다. 그분이 그분의 말씀을 통해 우리를 죽음에서 구원하시고 생명을 회복시켜 주셨기 때문입니다. 하나님의 말씀은 우리를 소멸시킬 수 있는 능력을 갖고 있습니다. 그러나 그분은 오히려 그것을 사용해 정반대의 목적을 이루셨습니다.

반면에 우리는 우리 주님이 우리에게 한 번 그런 기회를 허락해 주셨을지라도 그것이 곧 우리가 계속해서 그분을 시험하거나 그분이 늘 우리의 바람에 응답해 주시기를 기대해도 좋다는 의미가 아니라는 것을 알아야 합니다. 주지하다시피, 교황주의자들은 오늘날 복음에

뒤따르는 기적을 볼 수 없다는 이유로 복음을 받아들이려 하지 않습니다. 그러나 그렇다면 우리 주 예수 그리스도께서 생전에 행하신 기적들과 그분이 그분의 제자들에게 위임하신 기적들은 도대체 무엇이었습니까?(『강요』I.viii.5-6; xiii.13). 그것들은 오늘 우리에게는 쓸모없는 것이 되어야 합니까? 하나님이 복음의 시작 단계에서 굉장한 일들을 하셨던 것을 기억해 보십시오. 그 때 하늘과 땅 모두가 움직였습니다. 하나님이 복음을 적합한 것으로 만드시기 위해 자신의 위엄에 대한 징표를 드러내지 않으신 곳은 아무데도 없습니다. 우리 주 예수 그리스도가 태어나셨을 때 천사들이 그분의 탄생을 증언하기 위해 하늘에서 내려왔습니다(눅 2:13f.). 그분이 돌아가셨을 때 해가 빛을 잃었던 것을 기억하십니까?(마 27:45). 성소가 개방된 것과 하나님이 전보다 더 우리에게 가까이 계신 것을 알리기 위해 성전의 휘장이 둘로 찢어진 사건은 어떻습니까?(마 27:51). 바다가 잔잔해졌습니다(막 4:39). 마귀마저 그분을 통해 드러난 하나님의 영광에 경의를 표했습니다(막 1:23f.).

요약하자면, 이상에서 살펴본 바와 같이, 처음부터 끝까지 하나님은 복음이 자신으로부터 온 것임을 알려 주셨습니다. 수많은 병자들이 치유되었습니다. 수많은 다른 징표들이 나타났습니다. 그것들은 단지 그 때만을 위해서 나타난 것이 아닙니다. 그 이야기들은 오늘도 우리의 마음에 굳건하게 자리 잡고 있습니다. 그러므로 우리는 우리의 믿음을 확증하기 위해 이 증언을 받아들여야 합니다. 그리고 주님이 오늘날에도 그분의 복음을 마치 그분이 그것을 최초로 계시하셨을 때처럼 유효한 것으로 만들어 주신다는 사실을 의심하지 말아야 합니다.

자신의 한계를 깨닫는 것이
믿음의 출발점이다

　무엇이든 기적을 보기만 한다면 회심하겠노라고 떠벌리는 불신자들이 있습니다. 그러나 그들은 기적을 보더라도 여전히 마찬가지일 것이고, 오히려 그것을 이전보다 훨씬 더 완고하게 하나님과 맞서기 위한 기회로 삼을 것입니다. 그렇다면 우리는 어떻게 해야 합니까? 이미 말씀드렸듯이, 우리는 만족하는 것을 배워야 합니다. 만약 하나님이 우리에게 합당한 것 이상을 우리에게 허락하신다면, 우리는 그것을 감사함으로 받아들여야 합니다. 그리고 그 이상의 것을 요구해 그분의 화를 돋우거나 그분의 인내를 시험하려 하지 말아야 합니다. 바로 그것이 우리가 이 구절, 즉 이스라엘 백성이 여호와께서 더 이상 자기들에게 직접 말씀하시지 않기를 바라며 했던 말, 다시 말해, 자기들은 그분의 음성을 듣고서도 살아남아 있는 것으로 충분하다고 했던 말을 통해 배워야 할 내용입니다.

　방금 설명했던 내용을 보다 확실하게 하기 위해, 우리는 그 다음에 나오는 말씀을 단단히 붙들어야 합니다. "육신을 가진 자로서 우리처럼 살아 계시는 하나님의 음성이 불 가운데에서 발함을 듣고 생존한 자가 누구니이까"(신 5:26). 이 때 이스라엘 백성은 그들 자신의 이름으로가 아니라 온 인류를 대신해 말했던 셈입니다. 그들은 단순히 "우리"가 아니라 "육신을 가진 자"에 대해 말했습니다.

　사실 인간은 스스로 낮추지 않으면 자신에게 도취될 수밖에 없습니다. 그리고 우리가 자신을 낮추는 것은 자신의 상황을 직시하고 "나는 누구인가"라고 물을 때만 가능합니다. 설령 우리가 처음 창조된 상태로 남아 있었지라도, 우리 안에는 철저한 연약함만 존재할 뿐입니다. 그러니 우리처럼 타락한 존재는 쏟아진 물이나 흩어진 연기가 아니면 달리 무엇이겠습니까? 그러나 더 나쁜 것은 우리가 하나님이 맞서실 수밖에 없는 그분의 대적이라는 점입니다. 그분은 우리 안에서 죄와 악 외에는 아무것도 발견하실 수 없습니다. 그러므로 우리가 우리의 지각없는 욕망을 만족시키기 위해 하나님이 우리를 위해 무언가 기적을 행하시거나 천사를 통해 말씀하시기를 원할 때, 우리는 이 본문을 통해 제시된 내용, 즉 우리가 "육신을 가진 자"라는 사실을 상기해야 합니다. 우리는 자신이 누구인지를 진지하게 생각해 보아야 합니다. 그러면 자신의 한계를 의식하고 하나님께 찬양을 드리게 될 것입니다. 왜냐하면 그분이 우리에게 자신의 임재를 의식하게 하신 것은 우리를 소멸시키고 혼란케 하시기 위함이 아니라, 우리가 우리와 같은 사람들이나 우리의 형제들이 마치 그분 자신인 것처럼 말하는 소리에 귀를 기울일 때 상냥한 부드러움으로 우리를 자신에게 이끄시기 위함이기 때문입니다.

이스라엘 백성은 "육신을 가진 자로서 우리처럼 살아 계시는 하나님의 음성이 불 가운데에서 발함을 듣고 생존한 자가 누구니이까"(신 5:26)라고 말했습니다. 이것은 하나님이 그것이 결론이 되기를 바라지 않으셨음을 보여 주는 말입니다. 그러므로 우리는 다음과 같이 불평해서는 안 됩니다. "어째서 하나님은 오늘 우리에게 그분이 시내 산에서 하셨던 것처럼 가시적인 모습으로 말씀하시지 않는가?" 그것은 오직 그분이 그렇게 하기를 기뻐하시기 때문입니다.

우리가 해야 할 일은 그분에게 어떤 법을 부과하거나 전에 하셨던 일을 계속하시라고 요구하는 것이 아닙니다. 우리는 하나님의 은총을 남용하지 말아야 합니다. 우리는 그분을 조롱하면서 다음과 같이 말해서는 안 됩니다. "어째서 그분은 그 때는 그런 수단을 사용하시고 오늘날에는 그와 동일한 수단을 사용하지 않으시는가?" 사람들이 이처럼 오만해지는 것은 괘씸하고 악마적인 기만에 불과합니다. 그러므로 우리는 하나님이 우리에게 그분 자신을 그분이 기뻐하시는 방식으로 그리고 그분이 보시기에 우리에게 가장 적합한 방식으로 계시하실 자유를 보장해 드려야 합니다. 우리는 하나님이 과거에 우리에게 은혜를 베푸시기 위해 어느 한 방식을 사용하셨다는 것을 이유로 그분이 다른 방식을 사용하시지 못하도록 그분을 구속해서는 안 됩니다. 오히려 우리는 그분의 온전한 뜻에 만족하는 것을 배워야 합니다.

목회자의 권위

마지막으로 오늘의 본문은 다음과 같이 말씀합니다. "당신은 가까이 나아가서 우리 하나님 여호와께서 하시는 말씀을 다 듣고 우리 하나님 여호와께서 당신에게 이르시는 것을 다 우리에게 전하소서 우리가 듣고 행하겠나이다"(신 5:27). 먼저 여기에서 우리는 이스라엘 백성이 모세에게 자신들의 전령이 되어 자기들에게 하나님으로부터 받은 메시지를 전해 달라고 부탁하는 소리를 듣게 됩니다. 이 말씀은 우리를 위해, 즉 우리 모두가 하나님이 그분의 교회 안에 세우신 질서에 순종하게 하기 위해 기록된 것입니다. 이미 말씀드렸듯이, 하나님은 우리와 동일한 사람들의 입을 통해 우리에게 말씀하고자 하셨습니다. 바로 그것이 그분이 인간 사역자들을 원하셨던 이유입니다. 그 제도는 사람들이 고안한 것이 아닙니다. 자신의 교회 안에 그런 제도가 존재하기를 바라신 것은 우리 주 예수 그리스도 자신이셨습니다. 그러므로 교회 안에 우리가 구원을 얻기 위해 받아야 할 그분의 가르침을 선포하는 목회자들이 존재하는 것은 하나님 자신으로부터 온 침해되어서는 안 되는 질서인 것입니다.

사정이 그러하므로, 우리는 그런 질서에 맞서 반항해서는 안 됩니다. 오히려 우리는 하나님이 어떤 이들을 일으켜 우리를 위한 구원의 대사로 일하게 하실 때 그 상황을 인내하며 견뎌야 합니다. 우리는 자신이 그런 특권을 얻지 못한 것에 대해 투덜거리지 말아야 합니다. 자신의 교회가 그런 식으로 다스려지게 하시는 것이 그분의 뜻이기 때문입니다. 바로 그것이 우리가 이 구절을 통해 배워야 할 내용입니다. 즉, 우리는 하나님 자신이 그분의 말씀을 위한 사역자들을 세우셨음을 인식하면서 그들의 말에 순적하게 귀를 기울이고 그들에 대해 그 어떤 질투심이나 악한 뜻도 품지 말아야 합니다. 왜냐하면 우리 모두가 의사가 될 수는 없으며 하나님은 그런 직무를 우리 모두에게 맡기시지 않기 때문입니다. 그러므로 우리는 그분이 기뻐하시는 일에 순종해야 합니다.

목회자의 의무

그러나 그와 동시에 우리는 우리에게 목회자가 필요한 이유가 무엇인지에 주목해야 합니다. 이 구절은 우리가 아무 이유도 목적도 없이 자신들에게 고위 성직자의 칭호를 부여하고 하나님의 이름을 허투루 사용하는 사기꾼들을 참된 선지자들, 하나님의 참된 종들, 그리고 복음의 참된 사역자들과 구별할 수 있게 해줍니다.『강요』

Ⅳ.iv-xi). 교황과 그의 모든 해충들은 사람들이 자기들의 말을 듣고 자신들의 가르침을 아무 반대 없이 받아들여야 한다고 주장합니다. 어째서 그래야 한다는 것입니까? 하나님이 교회 안에 고위 성직자들을 두기로 하셨고, 사람들이 그들의 말을 듣고 순종하게 하셨기 때문이라는 것입니다. 그 모든 주장은 사실입니다. 그러나 교황이 고위 성직자의 칭호를 얻은 것이 과연 옳은 일입니까? 전혀 그렇지 않습니다! 왜냐하면 하나님은 자신이 우리의 머리가 되고자 하시는 이유가 우리를 자신에게 순종케 하시려는 것이지 우리를 다른 인간들에게 속박시키시려는 것이 아님을 거듭해서 설명하셨기 때문입니다.

그러므로 우리는 하나님이 우리를 위해 세우신 성직자들과 교사들의 자세가 어떠해야 하는지에 대해 알아야 할 필요가 있습니다. 그것에 유념한다면, 우리는 이 구절 안에 다음과 같은 가르침이 포함되어 있다는 것을 알 수 있습니다. 우선 그들은 하나님이 그들에게 하시는 말씀에 귀를 기울여야 하고 그 말씀을 사람들에게 충실하게 전해야 합니다(『강요』 Ⅳ.iii.1). 그러므로 자신의 말이 사람들에게 하나님의 이름으로 수용되기를 바라는 이들은 먼저 하나님의 말씀을 들어야 하며 또한 그 말씀에 아무것도 덧붙이지 말고 자기가 먼저 그 말씀에 순종해야 합니다. 그리고 그들은 자기들이 그분을 통해 가르침을 받은 것을 다른 이들에게 가르쳐야 합니다. 참으로 그 누구도 자기가 먼저 배우지 않은 채 하나님의 말씀의 사역자가 되어서는 안 됩니다. 하나님의 말씀의 사역자들은 다른 이들 위에 군림하면서 자기들 눈에 좋아 보이는 것을 전해서는 안 됩니다.

또한 그들은 지나치게 현명해지려고 하지 말아야 합니다. 왜냐하면 하나님은 우리가 알아야 할 것을 선포하시는 일을 자신의 몫으로 남겨 두셨기 때문입니다. 이 구절에서 이스라엘 백성은 "하나님이 당신에게 하시는 말씀을 들은 후에 우리에게 말해 달라"라고 말하지 않습니다. 오히려 그들은 "우리 하나님 여호와께서 당신에게 이르시는 것을 다 우리에게 전하소서"라고 말합니다. 하나님이 말씀하신 것을 하나도 빼먹지 말고 전해 달라는 것입니다. 그렇게 해서 모세의 모든 자유는 부정됩니다. 그에게는 하나님이 그에게 명령하시는 것을 선포하는 것 외에는 그 어떤 자유도 없습니다. 우리는 이것에 대해서는 다른 구절을 통해 이미 살펴본 바 있습니다.

오늘날 교황주의자들은 감히 모세보다 우월한 지위를 차지하려 하고 있습니다. 그러나 우리는 그 어떤 선지자도 오늘날 교황주의자들이 주장하는 것과 같은 특권을 얻은 적이 없다는 것을 알고 있습니다. 비록 우리가 이사야와 다른 모든 선지자들에게서 감탄할 만한 정신을 발견하는 것은 사실이지만, 성경에서 그 모든 이들보다 우선시되는 이는 모세입니다. 선지자 말라기가 "너희는 내가 호렙에서 온 이스라엘을 위하여 내 종 모세에게 명령한 법 곧 율례와 법도를 기억하라"(말 4:4)라는 하나님의 말씀을 전했을 때, 그는 다른 모든 선지자들을 대변해서 말했던 것입니다. 그리고 그 때 그는 마치 모세가 첫 번째 교사인 것처럼 그리고 그가 전한 율법이 우리 모두가 그곳에서 물을 길어야 하는 샘물인 것처럼 모든 것을 모세에게 돌렸습니다.

비록 모세가 그처럼 우선시되는 인물 곧 하나님이 그처럼 탁월한 위엄을 제공하신 사람이었을지라도, 그는 자신에게 속한 그 어떤 것도 선포해서는 안 되었습니다. 오히려 그는 자기가 하나님께 들은 것만을 사람들에게 충실하게 전해야 했습니다. 그런 사실에 비추어 볼 때, 오늘날 어떤 악한 자들이 자신들이 사람들의 양심에 이런저런 법을 부과하고 그들을 치명적인 죄의 고통으로 얽어맬 권한을 갖고 있다고 주장하는 것은 참으로 오만한 것 아니겠습니까? 그것은 과도하게 야만스러운 폭압이 아니겠습니까?

그러므로 우리는 이런저런 극단 ─ 가령, 교황주의나 부적절한 의지 같은 ─ 에 빠지지 않기 위해 오늘의 본문이 제시하는 방식을 고수해야 합니다. 하나님은 자신의 교회를 자신의 말씀에 대한 공적 선포를 통해 다스리고자 하셨습니다. 그러므로 우리는 설교에 부지런히 귀를 기울여야 하고, 또한 그것이 우리와 같은 인간들을 통해 선포되는 것을 신성하고 거룩하게 여기면서 그 질서에 순종해야 합니다. 그와 동시에 말씀 사역자들은 자기들이 자기들 눈에 좋아 보이는 것을 다른 이들에게 선포할 권리를 갖고 있지 않다는 것을 기억해야 합니다. 그들은 하나님의 말씀의 충실한 청지기가 되어야 합니다. 그리고 늘 우리는 우리의 믿음이 사람의 지혜가 아니라 하나님의 뜻에 기초를 두고 있다고 고백할 수 있어야 합니다. 또한 우리는, 비록 그분이 자신의 뜻을 전하기 위해 우리와 같은 인간이라는 수단과 그들의 노력을 사용하실지라도, 우리 주님께서 우리에게 순종할 수 있는 마음을 주셔서 우리가 그들의 말을 들을 때 하늘로부터 오는 그분의 음성을 듣는다고 고백할 수 있게 해주시기를 간구해야 합니다.

1555년 7월 18일 목요일

제15강

계명을 지키는 자들에게 약속된 축복

²⁸여호와께서 너희가 내게 말할 때에 너희가 말하는 소리를 들으신지라 여호와께서 내게 이르시되 이 백성이 네게 말하는 그 말소리를 내가 들은즉 그 말이 다 옳도다 ²⁹다만 그들이 항상 이같은 마음을 품어 나를 경외하며 내 모든 명령을 지켜서 그들과 그 자손이 영원히 복 받기를 원하노라 ³⁰가서 그들에게 각기 장막으로 돌아가라 이르고 ³¹너는 여기 내 곁에 서 있으라 내가 모든 명령과 규례와 법도를 네게 이르리니 너는 그것을 그들에게 가르쳐서 내가 그들에게 기업으로 주는 땅에서 그들에게 이것을 행하게 하라 하셨나니 ³²그런즉 너희 하나님 여호와께서 너희에게 명령하신 대로 너희는 삼가 행하여 좌로나 우로나 치우치지 말고 ³³너희 하나님 여호와께서 너희에게 명령하신 모든 도를 행하라 그리하면 너희가 살 것이요 복이 너희에게 있을 것이며 너희가 차지한 땅에서 너희의 날이 길리라 (신 5:28-33)

오늘의 본문에서 하나님은 자신이 이스라엘 백성의 요청을 받아들이고 그들을 위해 최선의 대안을 제공하시겠노라고 말씀하십니다. 그리고 이것을 통해 우리는 하나님이 그 백성을 보다 잘 이끄시기 위해 그들에게 자신의 선하심을 인식시키고자 하셨던 것을 알 수 있습니다. 그분의 권위라는 측면에서 보자면, 분명히 그분은 우리를 자신에게 순종시키셔야 했고, 또한 그렇게 하실 수도 있었습니다. 하지만 그분은 우리를 아버지다운 부드러움으로 대하고자 하셨습니다. 바로 그것이 그분이 이스라엘 백성의 제안에 응하신 이유였습니다. 그러나 우리가 기억해야 할 것은, 하나님은 우리에게 선하고 유익한 것이 무엇인지를 우리보다 잘 아시므로, 만약 우리가 굳이 어떤 선택을 해야 한다면, 우리로서는 그분이 원하시는 것을 우리 역시 원하는 것보다 더 나은 선택을 할 수 없다는 것입니다. 우리가 늘 그렇게 생각하지는 않으나, 그것은 사실입니다.

인간의 요청과 하나님의 동의

더 나아가 하나님은 자신이 그렇게 하신 까닭이 이스라엘 백성이 그것을 원해서가 아니라 단지 자신이 그것을 인정하셨기 때문이라고 덧붙여 말씀하십니다. 때로 하나님은 사람들에게 그들이 요구하는 것을 허락하십니다. 그러나 그것은 그들에 대한 정죄를 초래하므로 실제로는 그들을 괴롭게 할 뿐입니다. 예컨대, 이스라엘 백성이 고기를 먹고자 했을 때, 하나님은 그들의 소원을 충족시켜 주셨습니다. 그러나 그들은 그로 인해 값비싼 대가를 치러야 했습니다. 왜냐하면 그들은 자기들에게 금지된 것을 즐기려 함으로써 하나님을 경멸했기 때문입니다. 하나님이 그 불평하는 자들을 충분히 먹이신 것은 사실입니다. 그들은 그들의 배를 채워줄 많은 것을 얻었기 때문입니다. 그러나 그들은 차라리 굶어 죽는 편이 나을 수도 있었습니다(민 11:1-35).

그러나 여기에서 모세가 언급하는 것은 그런 종류의 탄원이 아닙니다. 그것은 하나님이 다음과 같이 말씀하시는 것을 통해 잘 드러납니다. "그 말이 다 옳도다"(신 5:28). 이것은 마치 그분이 다음과 같이 말씀하시는 것과 같습니다. "이 체제를 따르라. 그러면 너희는 내가 너희를 얼마나 만족시키는지를 알게 될 것이다. 너희는 너희 중 한 사람이 내 이름으로 너희에게 말해 줄 것을 요청했고 나는 그것에 동의했다. 나는 그렇게 할 것이다. 그러므로 이제부터는 그가 너희들이 내 이름으로 선포될 가르침을 보다 잘 수용하도록 너희를 이끌게 될 것이다. 왜냐하면 내가 너희를 위해 그렇게 하기로 했고 너희를 위해 그를 택했기 때문이다. 그러나 내가 아무 이유나 목적 없이 너희를 기쁘게 하려 한다고 여기지 말라. 너희가 그의 말을 통해 유익을 얻는 이 방법을 따를 경우, 나는 너희의 만사를 형통하게 할 것이다. 모세가 너희에게 내 말을 전할 때마다, 너희는 그가 너희의 안녕을 위해 전하는 말을 온전한 존경심을 갖고 귀 담아 들어야 한다."

또한 우리는 하나님의 말씀이 우리와 같은 사람들을 통해 선포될 때 그것이 그들의 상상력이 아니라 하나님이 우리의 유익을 위해 제공하신 가르침에 기초를 두고 있다는 것에 주목해야 합니다. 그럴 때 우리는 어리석은 야심으로 인해 – 사실 우리에게는 늘 우리에게 합당한 것 이상으로 새로운 것을 따르려는 성향이 있습니다 – 그 말씀을 변경하려는 유혹에 빠지지 않게 될 것입니다. 그렇습니다. 우리는 그런 입장을 취해야 합니다. 그리고 일생 동안 우리에게 선포되는 하나님의 말씀에 귀를 기울여야 합니다. 어째서입니까? 그것은 단지 하나님이 그것을 원하시기 때문만이 아니라, 그것이 우리에게 좋다고 그분이 설명해 주시기 때문입니다.

하나님은 우리의 무능함을 아신다

더 나아가 하나님은 이스라엘 백성이 율법의 계명들을 지키는 문제에 대해 그동안 해왔던 것보다 더 진지하게 생각할 것을 요구하십니다. 전에 이스라엘 백성은 "여호와께서 말씀하신 모든 것을 우리가 준행하리이다"(출 24:3, 7)라고 말했습니다. 그런데 이제 하나님은 그들에게 다음과 같이 물으십니다. "누가 너희에게 그런 마음을 주겠느냐? 누가 너희의 마음에 그런 열망을 심어 주겠느냐?"(칼빈이 갖고 있던 성경에 이렇게 해석할 수 있는 표현이 들어 있었던 것으로 보인다 – 역자 주). 그분이 이 말씀을 통해 지적하시는 것은 그동안 그들이 그 약속을 진지하게 이행하지 않았다는 것입니다. 사실 인간은 입으로는 굉장한 약속을 하지만, 막상 그 약속을 이행할 때가 되면, 자기들이 그 약속을 얼마나 생각 없이 했었는지를 드러냅니다. 그러므로 여기에서 하나님은 이스라엘 백성이 율법에 순종하는 것이 얼마나 어려운지 알게 하시기 위해 다음과 같이 말씀하십니다. "참으로 너희가 그렇게 할 수 있기를 바란다!" 그분이 "누가 너희에게 그런 마음을 주겠느냐?"라고 말씀하실 때 그분이 사용하시는 히브리어들은 오늘 우리의 어법으로 말하자면 "제발 그렇게 되기를" 혹은 "그것이 사실이기를"에 해당됩니다.

사실 이 때 하나님은 사람처럼 말씀하셨던 것입니다. 그분에게 필요한 것은 단지 그렇게 하려는 의지뿐이었습니다. 왜냐하면 모든 것이 그분의 손 안에 있었기 때문입니다. 그러므로 우리는 그분에게 다음과 같이 말할 수 있습니다. "오, 주님, 그것은 주님이 하셔야 할 일입니다. 그런데 주님은 누가 너희에게 그럴 마음을 주겠느냐고 묻고 계십니다. 주님이 아니시라면 그 일이 달리 누구에게 속해 있겠습니까? 인간은 결코 선을 행할 수 없습니다. 인간은 어떤 다른 원인으로 인해 그런 일을 하도록 강제되어야 합니다. 그리고 그것은 피조물이 할 수 있는 일이 아니며 오직 주님의 성령만이 하실 수 있는 일입니다. 그러므로 누가 너희에게 그럴 마음을 주겠느냐고 묻지 마시고, 주님의 성령의 능력을 사용해 우리로 하여금 그 일을 하게 하십시오."

그럴 경우 우리는 하나님이 다시 다음과 같이 말씀하시는 것을 듣게 될 것입니다. "내가 너희에게 나를 두려워하는 마음을 주겠노라"(신 30:6 참고). 만약 그런 일이 우리 안에서 일어나야 한다면, 어째서 그분이 그렇게 하셔야 하는 것입니까? 그분은 그것이 자신이 해야 할 일이라고 선포하시고, 또한 같은 방식으로 그분의 선지자를 통해 다음과 같은 말씀을 덧붙이시기 때문입니다. "내가 그들에게 내게 복종할 마음을 줄 것이다"(렘 32:39 참고). 그리고 얼마 후에 우리는 다시 그분이 다음과 같이 말씀하시는 소리를 듣게 됩니다. "내가 그들로 하여금 내 계명을 지킬 수 있게 할 것이다"(겔 11:19-20; 36:27 참고).

그렇게 하나님은 사람들이 자신에게 순종하고 자신의 의에 굴복하게 하시기 위해 성령을 통해 사람들을 가르치고 다스리는 능력을 자신에게 돌리십니다. 그렇다면 그분이 오늘 우리의 본문에서 "그렇게 되기를 원하노라"(신 5:29)라고 말씀하시는 이유가 무엇입니까?

그것은 그분이 여러 다른 구절들에서처럼 여기에서도 인간들의 방식을 따라 말씀하시기 때문입니다. 그분이 그렇게 하시는 것은, 누군가가 우리에게 하나님께 복종하며 사는 것에 대해 말할 때, 우리가 그런 일은 아무 어려움 없이 되는 것이 아니며 오히려 우리의 모든 능력을 동원해 의식적으로 그렇게 하기 위해 애써야 한다는 것을 깨닫게 하시기 위함입니다.

그러므로 우리는 (어떤 이들이 종종 그렇게 하듯이) 그 문제에 대해 깊이 생각해 보지도 않은 채 놀라운 일을 행하겠노라고 혹은 하나님께 순종하고 그분의 율법을 지키겠노라고 떠벌릴 것이 아니라, 우리 자신의 능력을 면밀히 살핌으로써 우리가 그런 일을 하기에 얼마나 부적절한 존재인지를 깨달아야 할 필요가 있습니다. 사실 우리는 하나님이 우리에게 명령하신 것을 지킬 만큼 완벽한 존재이기는커녕 어디에서 시작해야 하는지조차 알지 못합니다. 우리는 하나님이 우리를 고쳐 주시기 전까지는, 그리고 그분이 우리를 자신에게 이끄시고 우리에게 그렇게 할 마음을 주시기 전까지는, 단 한 가지의 좋은 생각도 하지 못합니다. 그것만이 아닙니다. 우리가 무언가 좋은 일을 하기 위해서는 그분이 우리에게 우리가 하고자 하는 것을 할 수 있는 능력을 허락해 주셔야 합니다. 바로 그것이 오늘의 본문이 의미하는 내용입니다.

이 모든 교훈을 통해 우리는 자신의 힘을 믿고 지나치게 대담해지지 않도록 조심해야 합니다. 우리가 자신의 힘으로 무엇이든 할 수 있다고 생각할 때마다 그런 오만함이 우리를 망칩니다. 그리고 하나님은 우리의 그런 오만함을 비웃으실 이유를 충분히 갖고 계십니다. 그러므로 우리는 우리가 아무것도 할 수 없다는 사실에 민감해져야 합니다. 비록 우리가 하나님이 우리에게 명하시는 모든 일을 이행하는 것이 마땅할지라도, 그것이 곧 우리가 그렇게 할 수 있다는 것을 의미하지는 않습니다. 왜냐하면 지금 우리 모두는 방황하고 있기 때문입니다. 마찬가지로 우리가 우리의 마음과 정성과 힘을 다해 하나님을 사랑하는 것 역시 사소한 일이 아닙니다. 그러므로 우리는 그저 다음과 같이 말해야 합니다. "네, 제가 그렇게 노력하겠습니다." 그러나 그것은 우리의 모든 능력을 초월하는 일입니다.

우리가 율법의 의가 너무 높다는 것을 깨닫고 무기력해져서 자신에게 연민을 느낄 때, 우리는 하나님 앞에서 탄식하게 될 것이고, 우리가 하나님이 정하신 것을 억지로 행해야 한다는 것을 알게 될 것입니다. 그러나 그럴 때 우리는 하나님이 우리에게 능력을 주시기를 간구해야 합니다. 또한 하나님이 그분의 성령을 통해 우리를 도우시고, 우리를 연약하게 지으신 것에 그치는 것이 아니라 그분이 우리 안에서 시작하신 모든 것을 완성하시고, 우리에게 의지와 능력과 지속성을 허락하시고, 무엇보다 그것들에 더하여 우리가 바라는 것을 이룰 수 있는 힘까지 허락해 주시기를 간구해야 합니다.

우리와 연합하고자 하시는 하나님의 갈망

이제 하나님은 자신이 우리에게 말씀을 보내시는 목적이 우리와 연합하시기 위함이라는 것을 알려 주십니다. 그분이 우리에게 순종을 요구하시는 것은 우리가 순종을 통해 그분의 자녀가 될 때 자신을 우리의 아버지로 드러내시기 위함입니다. 바로 그것이 하나님이 그분의 말씀을 우리에게 선포하시는 이유입니다. 하나님의 말씀은 우리를 그분의 날개 밑으로 데려가기 위해, 그래서 그분이 우리를 지키시고 구원하시게 하기 위해 존재합니다. 그렇습니다. 우리가 그분에게 나아가 그분의 말씀을 통해 다스림을 받고 그 말씀에 복종할 때, 그 말씀은 우리를 지키고 구원할 수 있습니다.

확실히 그것은, 우리가 이미 살펴보았듯이, 우리의 능력에 속한 일이 아닙니다. 그러므로 하나님이 우리에게 그런 은혜를 허락하셔야 합니다. 그러나 그분은 그런 은혜를 모든 이들에게 허락하시지는 않습니다. 여기에서 우리는 하나님이 어째서 어떤 이들은 성령의 능력을 통해 구원하시고 다른 이들은 그들의 부패 속에서 방황하도록 내버려 두심으로써 구원을 얻지 못하게 하시는지를 규명하려고 해서는 안 됩니다. 우리는 그런 미궁 속으로 빠져들어 가서는 안 됩니다. 오히려 우리는 하나님이 사람들이 변명할 수 없도록 다음과 같이 말씀하시는 것에 만족해야 합니다. "나는 그렇게 되기를 바란다!"

마치 이것은 그분이 일단 우리가 그분의 말씀을 배웠다면 우리에게는 더 이상 변명의 여지가 없다고 말씀하시는 것과 같습니다. 설령 우리가 구원을 얻지 못한다 할지라도, 하나님은 그것에 대해 책임이 없습니다. 어째서입니까? 그것은, 만약 우리가 그분이 우리에게 명하신 대로 살아간다면, 우리는 그 삶이 우리에게 가장 선한 것을 가져다 주리라는 것을 알기 때문입니다. 그러므로 하나님이 시련을 통해 우리를 징계하실 때마다 우리는 우리의 그런 불행이 우리의 잘못 때문이라고 여겨야 합니다. 우리는 그분께 투덜거리거나 불만을 쏟아내서는 안 됩니다. 왜냐하면 우리는 그분의 말씀을 따르지 않는 죄를 지었기 때문입니다. 바로 그것이 우리가 이 구절을 통해 강조해야 할 내용입니다.

그와 동시에 하나님이 서둘러 우리를 도와 주셔야 합니다. 왜냐하면 우리는 그분의 율법을 이행하기에는 너무나 연약하며, 사실상 어떤 식으로도 그런 일을 할 수 없기 때문입니다. 우리가 우리에게 마땅한 방식으로 살지 않을 경우 그 모든 잘못은 우리에게 있으므로 하나님은 우리를 심판하실 수밖에 없습니다. 하나님에 의해 징계를 받을 경우 우리 중 그 누구도 그것을 부당하다고 말해서는 안 됩니다. 어째서입니까? 그것은 이미 하나님의 말씀을 들은 우리는 하나님이 우리와 연합하고자 하신다는, 그리고 만약 우리가 그분의 은혜를 받아들이고 그것을 우리 자신의 무언가를 통해 부패시키지만 않는다면 그분이 아버지로서의 자신의 직무를 이행하시고 모든 면에서 우리를 번성케 하시리라는 증거를 갖고 있기 때문입니다.

바로 그것이 사람들이 하나님의 은혜를 거부하고 그분을 향해 문을 닫아걸 때 혼란에 빠지고 책망을 받는 이유입니다. 그들은 하나님의 말씀을 통해 가르침을 받지도 않고 그것을 통해 유익을 얻지도 않습니다. 그러므로, 만약 우리가 하나님이 우리에게 순종을 명하시는 이유가 우리가 잘 되게 하시기 위함이라는 것을 이해한다면, 이 본문은 우리에게 아주 유용한 교훈을 제공할 수 있습니다. 만약 우리가 그분의 가르침을 겸손하게 받아들이고 그것에 순종한다면, 그 결과는 우리에게 만족스러운 것이 될 것이고, 우리는 자신의 구원을 확신하게 될 것입니다. 그러므로 우리는 늘 이 본문을 상기하면서 하나님이 우리에게 그분의 계명을 지킬 마음을 주시기를 기도해야 합니다. 그러나, 그와 동시에, 우리가 우리의 의무를 게을리할 경우, 우리는 그분 앞에서 의롭다하심을 얻기 위해 우리 자신을 책망해야 합니다.

더 나아가 우리는 하나님의 말씀이 우리에게 선포될 때마다 그분이 우리의 구원을 야기하고 진척시키고자 하신다는 것을 깨닫고 기뻐해야 합니다(롬 10:14-15). 또한 우리는 솔로몬의 잠언이 지혜가 기뻐하는 것이 우리와 함께 거하는 것이라고 말씀하는 것을 기억해야 합니다(잠 8:31). 이것은 하나님이 우리에게 자신이 우리에게 말씀을 보내시는 목적이 우리를 완전한 지혜를 통해 가르치시기 위함이라고 확언하시는 것과 같습니다. 정말입니다! 그렇다면, 그분이 그렇게 하시는 목적은 무엇입니까? 그것은 우리가 우리를 향해 "보라, 내가 가장 기뻐하는 것은 너희와 함께 사는 것이다"라고 말씀하시는 분을 받아들이게 하시기 위함입니다. 이것은 마치 그분이 자신의 마음을 다 드러내시고 다음과 같이 말씀하시는 것과 같습니다. "내가 신령한 끈으로 너희와 연합하고자 한다는 사실은 내가 너희를 내 말씀으로 가르치는 것을 통해 드러난다. 만약 너희가 심술궂지만 않다면, 너희는 내가 너희와 분리되지 않은 채 영원토록 너희 가운데 있기를 바란다는 것을 알 수 있을 것이다." 그러므로 우리는 하나님의 말씀에 대한 존경심을 품고 그 말씀에서 큰 유익을 발견하고 그것으로부터 떨어져 나가지 말아야 합니다. 특히 그것이 우리에게 측량할 수 없는 유익, 즉 주님이 우리와 연합하심으로써 발생하는 유익을 가져다준다는 것을 감안하면서 더욱 그렇게 해야 합니다.

우리를 가르치고자 하시는 하나님의 열심

다음으로 하나님은 모세에게 "가서 그들에게 각기 장막으로 돌아가라 이르고 너는 여기 내 곁에 서 있으라"(신 5:30-31a)라고 명하신 후 "내가 모든 명령과 규례와 법도를 네게 이르리라"(신 5:31b)라고 말씀하십니다. 이를 통해 하나님은 자신이 이스라엘 백성을 가르치는 일을 멈추지 않으시리라는 것을 또다시 알려 주십니다. 그러나 이제 그분은 새로운 방식, 즉 모세를 내세워 자신의 뜻을 설명하시고 자신의 메시지를 전달하시는 방식을 택하십니다. 이것은 주목할 만한 가치가 있는 구절입니다. 왜냐하면 이 구절은 우리에게 하나님은 늘 자신을 위해 우리를 보존하고자 하시며 우리의 믿음이 사람들의 생각에 기초를 두거나 사람들에게 의존하지 않기를 바라신다는 것을 알려 주기 때문입니다.

사실 자신들이 선한 의도를 따르고 있으며 또한 교부들을 통해 결정된 것을 고수하고 있다고 말하는 이들은 스스로를 기만하는 것입니다. 만약 우리가 그들에게 그런 식으로 자기 자신이나 다른 사람들에게 굴복하는 것은 아무 확신도 없이 이리저리 펄럭이는 것이라고 말한다면, 그들은 완강하게 고집을 부릴 것입니다. 그들은 교황주의자들, 즉 마귀에게 넘어가 인간의 공상에 근거한 자기들의 결정에 만족하면서 하나님의 말씀을 조롱하는 자들과 다름없습니다. 그들은 누군가가 그들의 미신을 추방하기 위해 하나님의 말씀에 근거해 증언할지라도 꿈쩍도 하지 않습니다. 그들의 머리는 헛된 생각으로 꽉 차 있어서 설령 누군가가 그들에게 지금 그들이 하나님과 맞서고 있는 것이라고 경고할지라도 전혀 개의치 않습니다.

사람들은 일정한 시간 동안 대담하게 하나님과 맞서면서 자기들의 어리석은 상상이 이끄는 어느 곳으로든 갈 수 있습니다. 그러나 상황을 면밀히 살펴보면, 그들은 자기들이 어디로 가야 하는지 알지 못한다는 사실을 깨닫게 됩니다. 그러므로, 만약 우리의 믿음이 하나님의 말씀 위에 정초되어 있지 않다면, 그래서 우리가 우리의 모든 것을 하나님께로부터 받았다고 확언할 수 없다면, 그 때 우리는 영속적이고 안전한 정박지를 갖고 있지 않은 셈입니다. 그러나, 만약 우리가 우리의 모든 것을 하나님으로부터 받는다면, 그 때 우리는 우리 자신의 견해의 희생자가 되어 이리저리 방황하거나 사람들의 가르침에 만족하지 않게 될 것입니다.

여기에서 하나님은 모세에게 "네가 그들에게 가르쳐야 할 것을 내가 네게 주리라"라고 말씀하십니다. 그러므로, 우리가 우리의 믿음을 위태롭게 하지 않으려면, 우리는 그분과 그분의 무오한 진리에 의지할 필요가 있습니다. 바로 그것이 우리가 설교를 들을 때 구해야 하는 것입니다. 우리는 우리가 자신의 삶을 그것에 의지할 수 있는 하나님의 말씀을 갖고 있다는 사실을 진심으로 승인하고 보증할 수 있어야 합니다.

그와 동시에 우리는 하나님이 그분의 말씀을 선포하는 책임을 맡은 이들을 제어하고자 하셨던 것에 주목해야 합니다. 그들은 자기들의 생각을 말해서는 안 되며, 하나님이 그들에게 명하신 것을 충실하게 전하는 것으로 만족해야 합니다. 그럴 때 그들은 자기들이 하나님을 섬기고 있음을 입증할 수 있을 것입니다. 바로 그것이 우리가 이 구절에서 주목해야 할 내용입니다. 즉, 하나님은 다름 아닌 자신의 말씀을 선포하기 위해 사역자들을 세우신 것이고 또한 그들에게 가르치는 직무를 주신 것입니다. 그러므로 그렇게 선택된 자들은 그분의 말씀에 자신이 고안해 낸 무언가를 덧붙여서는 안 되며 오직 그분으로부터 받은 말씀만을 단순하게 전해야 합니다.

하나님은 사람들에게 자신이 그들을 절반만 가르치려 하시는 것이 아님을 알려 주시기 위해 우리가 지켜야 할 "모든 명령과 규례와 법도"(신 5:31)를 거듭해서 강조하십니다. 이것은 마치 그분이 자신의 가르침에는 아무것도 부족하지 않으며 따라서 우리가 그 무엇도 달리 구해야 할 필요가 없다고 말씀하시는 것과 같습니다. 율법의 이런 가르침은 이미 충분하게 설명되었습니다. 그러나 하나님이 그 율법을 단순히 되풀이하시지 않고 다른 말로 설명해 주실 때, 우리는 그분이 그렇게 하시는 이유가 우리의 관심을 좀더 효과적으로 사로잡아 우리가 경박한 호기심에 빠져 그분의 율법에 무언가를 덧붙이지 않게 하시려는 것임을 알아야 합니다. 왜냐하면 우리는 우리가 그런 유혹에 얼마나 쉽게 굴복하는지, 그리고 우리의 육체가 얼마나 영속적으로 우리를 자극해 온갖 새로운 것들을 만들어 내게 하는지를 너무나 잘 알기 때문입니다.

바로 그런 이유 때문에 교황제도하에서는 각 사람이 하나님의 법에 그들의 사소한 생각을 덧붙일 때마다 율법 위에 율법이 쌓여갑니다(『강요』 IV.x.1-32). 어째서 그렇습니까? 그것은 그들이 하나님의 말씀을 따라 사는 것만으로는 부족하므로 무언가 새로운 것을 도입하는 것이 좋다고 여기기 때문입니다. 그러나 하나님은, 만약 우리가 그분의 율법을 갖고 있다면, 이미 우리에게는 우리의 삶에 필요한 모든 명령과 규례와 법도가 있는 셈이라고 말씀하십니다. 이것은 마치 그분이 우리에게 인간은 하나님보다 현명해지기를 원해서는 안 된다고 말씀하시는 것과 같습니다. 우리가 제아무리 그럴듯한 말을 하더라도, 사실 우리는 하나님의 율법과 관련해 아무것도 고치거나 덧붙일 수 없습니다. 우리가 어떤 견해를 밝히든, 그것은 불필요하고 쓸모없는 것일 뿐 아니라, 마치 좋은 포도주에 부어진 신 포도주처럼 모든 것을 망칠 뿐입니다.

삼가 행하라

이제 하나님은 그런 말씀을 하신 후에 다음과 같이 덧붙이십니다. "그런즉 너희 하나님 여호와께서 너희에게 말하신 대로 너희는 삼가 행하여 좌로나 우로나 치우치지 말라"(신 5:32). 여기에서 우리 주님은 자신은 사람들이 자신의 율법을 입으로만 존경하는 것을 원치 않으신다는 것을 다시 한 번 알려 주십니다(사실 종종 우리는 그런 식으로 자신에게 면죄부를 줍니다). 또한 그분은 자신이 율법을 공표하신 까닭이 우리를 자신의 뜻에 복종케 하고 자신을 섬기게 하시기 위함이라는 것과 자신의 율법이 오늘날에도 계속해서 선포되기를 원하신다는 것을 알려 주십니다. 바로 그것이 그분이 참으로 우리가 그분의 다스림을 받고 있는지, 그리고 참으로 그분에게 순종하는 평화로운 백성인지를 알아보기 위해 택하신 방법이었습니다.

그러므로 설교를 들을 때 우리가 해야 할 일은 그 설교가 얼마나 훌륭하고 거룩한지를 판단하는 것이 아닙니다. 만약 우리가 그런 판단을 한다면, 하나님은 우리가 받을 만한 말씀을 선포하셔야 할 의무를 지니시게 됩니다. 그러나 그분은 우리가 그분의 심판관이 되는 것을 허락하지 않으십니다. 그러므로 오히려 우리는 우리에게 선포된 가르침이 그분의 것이라는 사실을 순순히 인정해야 합니다. 그리고 일단 그분의 말씀을 들은 후에는 그것이 순전한 진리이며 그분의 율법에 포함되어 있지 않은 다른 의나 공의 혹은 지혜 같은 것은 존재하지 않는다는 것을 인정해야 합니다. 그러나 더 나아가 우리는 우리 자신을 그분을 섬기는 일에 바쳐야 합니다. 바로 그것이 우리가 이 본문을 통해 유의해야 할 요점입니다.

그러나 이 구절에는 우리가 주목해야 할 또 다른 말씀이 있습니다. 그것은 "너희는 삼가 행하라"라는 말씀입니다. 이 말씀을 통해 하나님은 우리가 그분의 계명을 온 힘을 다해 진지하게 지켜야 한다는 것을 알려 주십니다. 그 누구도 잠을 자면서 하나님을 따를 수는 없습니다. 그 일이 아무리 어려울지라도, 우리는 스스로 발걸음을 내디뎌야 합니다. 우리의 본성은 너무나 연약합니다. 그러므로 우리는 아무런 고통 없이 하나님 앞에서 자신을 정당화할 수 없습니다. 그런 일은, 우리의 본성을 고려한다면, 즉 우리가 선을 행하는 일에 얼마나 게으르고 느린지를 고려한다면, 우리에게는 아주 어려운 일입니다. 그러나, 다시 말씀드리지만, 하나님은 이미 우리를 사랑하셨고 지금도 그분의 성령을 통해 우리를 다스리고 계십니다. 만약 그분이 우리를 우리의 상태 그대로 내버려 두신다면, 우리는 선을 행하는 데 느릴 뿐 아니라, 아마도 그분이 원하시는 것과 정반대되는 일을 하려고 할 것입니다. 그럴 경우, 설령 그분이 우리를 자신에게로 부르실지라도, 우리는 뒤로 물러나 오히려 악을 행하려 할 것입니다. 우리는 선을 행할 만한 능력을 갖고 있지 않습니다.

여기에서 우리는 우리가 이미 언급했던 것에 유념할 필요가 있습니다. 비록 우리 주님이 우리에게 건전한 성향을 주시고 우리를 옳은 길 위에 서게 하실지라도, 우리는 너무나 게으르기 때문에 그 옳은 길 위에서 단 한 걸음을 내딛는 데도 일 분이 걸리고, 한 시간이나 자극을 받아야 겨우 꿈틀거리며 일어섭니다. 또 그렇게 겨우 한 걸음을 내디딜지라도, 그 때마다 넘어지고 뒤로 두 걸음 물러서거나 좌절

해서 주저앉고 맙니다.

바로 그런 이유 때문에 하나님은 여기에서 우리에게 "너희는 삼가 행하라"라고 말씀하십니다. 이것은 마치 그분이 다음과 같이 말씀하시는 것과 같습니다. "그렇다, 내가 너희에게 율법을 준 까닭은 너희가 그것을 실천하고 그것에 순종하게 하기 위해서다. 그러나 그 일이 쉽게 이루어지리라고 여기지 말라. 그렇다면 어찌해야 하는가? 너희는 온 힘을 다해 내 계명을 따라 살아야 하고, 가능한 한 그것들에 대해 깊이 생각하려고 해야 한다. 나는 너희가 그 일에서 물러서지 않기 위해 부지런히 그리고 힘을 다해 노력하며 조심하기를 바란다. 나는 너희가 그 일에 깊은 관심을 갖기를 바란다."

요약하자면, 여기에서 우리 주님은 우리가 그분께 순종하며 살기 위해 부지런히 노력할 것을 권하고 계시는 것입니다. 어째서입니까? 그것은 그분이 우리에게 요구하시는 것이 결코 쉽지 않기 때문입니다. 또한 우리는 너무나 연약하기 때문에 누군가 우리를 부추기거나 강압하지 않는다면 결코 앞으로 나아가지 않기 때문입니다. 그러므로 우리에게 필요한 것은 주님이 우리에게 명하시는 것을 이행하기 위해 늘 깨어 경계하고 조심하는 것입니다.

좌로나 우로나 치우치지 말라

다음으로 그분은 "좌로나 우로나 치우치지 말고 너희 하나님 여호와께서 너희에게 명령하신 모든 도를 행하라"(신 5:32-33)라고 말씀하십니다. 사실 이 말씀은 신명기 12장에서 보다 충분하게 다뤄집니다. 하지만 우리가 하나님이 여기에서 말씀하시는 것을 이해하고자 한다면, 이 말씀을 스쳐가는 것은 적절하지 않아 보입니다. 하나님은 우리에게 좌로나 우로나 치우치지 말라고 명하심으로써 자신이 우리에게서 온전하고 예외 없는 순종을 받고자 하신다는 것을 알려 주십니다. 이것은 다음 두 가지를 의미합니다.

첫째, 그것은 우리가 율법에 무언가를 덧붙이지 말아야 한다는 의미입니다. 우리가 율법에 무언가를 덧붙이려 할 때마다 우리는 "우로" 치우치는 셈입니다. 하나님의 율법에 무언가를 덧붙이는 자들은 그분의 율법을 준수하는 것만으로는 부족하므로 자기들이 그것을 확장하는 것이 정당하다고 여깁니다. 바로 그것이 오늘날 자기들 멋대로 규례를 정하는 자들이 하는 짓입니다(『강요』 IV.viii.10). 그들이 무언가가 더 필요하다고 여길 때, 그들은 하나님이 그것을 그분의 율법에 포함시키는 것을 잊으셨기에 자기들이 그렇게 하는 것이 옳다고 주장합니다. 바로 그것이 오늘날 교황제도 안에 그토록 많은 규례와 율례와 의식들이 존재하는 이유입니다. 유대인들 역시 비슷한 잘못을 저질렀습니다. 그들은 우리 주님으로부터 그들의 전통을 위해 하나님의 계명과 규례들을 조롱한다는 비난을 받았습니다(마 15:3). 그러므로 우리는 우로 치우쳐 하나님이 제시하신 길에서 벗어나지 않도록 조심해야 합니다. 어째서입니까? 그것은 우로 치우친 길은 보다 현명해지려는 - 그리고 무엇보다도 의로워지려는 - 우리의 야심과, 하나님의 계명이 우리에게 명하는 것보다 더 많은 것을 하는 것이 좋다는 우리의 억측을 상징하기 때문입니다. 그런 일을 할 때 우리는 마귀의 졸개가 됩니다. 그러나 하나님은 우리가 그분의 말씀에 무언가를 덧붙이더라도 그것들을 모두 부인하십니다. 그리고 그런 헛된 것들을 비난하십니다.

다음으로, 그것은 우리가 율법에서 무언가를 빼내지 말아야 한다는 의미입니다. 우리가 하나님의 말씀을 제한할 때마다, 즉 그 말씀의 일부만 따르면서 계속해서 우리의 욕망을 충족시키기 위해 우리의 자유를 주장할 때마다 우리는 "좌로" 치우치는 셈입니다. 우리 중에 그 어떤 악도 행하지 않고, 하나님 앞에서 의로운 자가 되기를 바라고, 실제로도 그분을 잘 섬기는 이가 있다고 칩시다. 그럼에도 그는 어느 특정한 죄와 관련해서는 자신을 제어하지 못합니다. 그는 하나님이 자기에게 만족하시도록 하기 위해 자신과 어떤 협정을 맺습니다. 그는 다음과 같이 말합니다. "비록 내가 이 문제에서는 죄를 짓지만, 다른 선행을 통해 그것에 대해 보상할 것이다." 그러나 우리는 좌로 치우친 길을 따르지 않기 위해, 즉 하나님의 말씀을 제한하는 그 어떤 일도 하지 않기 위해 조심해야 합니다. 성경이 "살인하지 말라", "도둑질하지 말라", "간음하지 말라"라고 말씀할 때, 우리는 하나님이 명하신 그 모든 것에 아무런 변명 없이 순종해야 합니다. 우리는 율법에 무언가를 덧붙이지 말아야 하듯이 또한 그것에서 무언가를 빼내지도 말아야 합니다. 오히려 우리는 모든 일에서 하나님이 우리에게 일러 주시는 길을 따라 걸어가야 합니다.

내가 명한 모든 도를 행하라

그분이 우리에게 "길"(신 5:33)에 대해 말씀하시는 목적은 우리가 그 길을 따라 걷도록 권고하시기 위함입니다. 이 책(신명기 – 역자 주) 마지막 부분에서 모세는 "네가 네 하나님 여호와의 명령을 지켜 그 길로 행할 것임이니라"(신 28:9)라고 말합니다. 이것은 마치 그가 다음과 같이 말하는 것과 같습니다. "내가 너희에게 전한 가르침을 떠나는 자는 누구나 방황하게 될 것이다. 그는 들판을 가로질러 뛰기는 하나 자기가 도달해야 할 목적지가 아닌 엉뚱한 곳을 향해 달려가고 있는 셈이다."

이 구절 역시 마찬가지입니다. 이 구절은 우리에게 바른 길을 따라 걸을 것을 요구합니다. 즉, 지금 모세는 다음과 같이 말하고 있는 것입니다. "가련한 이들이여, 고의로 길에서 벗어나려고 하지 말라. 실수하지 말라. 만약 너희가 하나님이 이끄시는 대로 그분을 따라간다면, 너희는 결코 실수하지 않을 것이다. 그러나, 만약 너희가 너희 자신의 마음을 따른다면, 결국 하나님은 너희가 길을 잃고 헤매는 짐승보다 나은 것이 없으며 그동안 너희가 옳은 길을 고수하지 않았음을 보여 주실 수밖에 없을 것이다. 그러므로 너희는 하나님의 가르침이 너희의 길을 이룬다는 사실을 분명하게 알아야 한다."

만약 이 말씀이 우리의 마음 깊숙이 심어져 있다면, 우리는 그 말씀의 가죽 끈에 단단히 매일 것이고, 자신의 조급한 욕망에 의해 지배되지 않을 것입니다. 그리고 우리의 삶은 보다 견실해질 것입니다. 하나님은 매일 우리에게 길을 보여 주십니다. 그러나 인간은 그 길에 대해 논쟁하고 장황한 질문을 제기합니다. 그들은 마치 그동안 자기들이 그것과 관련된 선포를 들어본 적이 없는 것처럼, 또한 하나님이 그들에게 옳은 길을 보여 주기 위해 말씀하신 적이 없는 것처럼 "우리가 무엇을 해야 하는가?"라고 묻습니다. 그러나 그렇게 할 때 우리는 그분이 제시하신 길을 따르지 않음으로써 그분을 공격하고 모독하는 것 아니겠습니까? 그것은 우리가 그분이 우리에게 시간과 노력을 기울이지 않으셨다며 그분을 비난하는 것 아니겠습니까?

그러므로 이제 우리는 "길"이라는 말이 무엇을 의미하는지 알 수 있을 것입니다. 그것은, 만약 우리가 하나님의 가르침에서 벗어난다면 우리에게 남는 것은 오류와 기만뿐이라는 것을 의미하며, 또한 만약 우리가 우리에게 선하고 참된 길을 제시하는 하나님의 말씀에 의해 통제되지 않는다면 우리가 스스로 옳은 일을 한다고 생각할 때마다 사실은 자신을 기만하는 것에 불과하다는 것을 의미합니다.

이제 특별히 그분은 "모든 길"(신 5:33)이라고 말씀하십니다. 그분은 우리가 원하는 구별을 하실 생각이 없으십니다. 인간은 늘 무언가를 — 그것이 무엇이든 — 유보하려고 합니다. 그러나 하나님은 다음과 같이 말씀하십니다. "중요한 것은 너희가 모든 일에서 나에게 완전하게 순종하는 것이다. 그렇지 않을 경우 나는 너희와의 관계를 끊을 것이다." 그러므로, 만약 우리가 하나님 앞에서 인정받기를 원한다면, 우리가 그분에게 부분적으로 순종하는 것만으로는 충분하지 않습니다. 오히려 우리는 우리의 삶 전체를 그분이 우리에게 명하시는 것과 일치시킬 필요가 있습니다. 우리가 그분의 "모든 도"를 지켰다고 말할 수 있을 만큼 말입니다.

여기에서 우리는 한 가지 의문을 제기할 수 있습니다. 과연 우리가 하나님의 길을 온전하게 따라 걷는 것이 가능한 일입니까? 우리는 자신이 원하는 선을 행하지 않습니다. 그러므로 우리가 옳은 길을 따라 걷는 것은 매우 힘들며, 결국 우리는 우리가 원하는 상태에 도달하지 못합니다. 바울은 자기가 하나님 앞에서 의롭다고 간주되기 위해 하고자 했던 일을 하지 못했다고 한탄합니다(롬 7:19). 그러므로 여기에서 문제가 되는 것은 율법이 요구하는 완벽함이 아닙니다. 오히려 우리는 하나님은 우리가 그분의 말을 따르고, 그분에게 순종하며, 비록 목표한 바를 얻지 못할지라도 끝까지 우리에게 주어진 길을 따라 달려가기를 바라신다는 것을 알아야 합니다. 물론 우리는 일생 동안 굉장한 노력을 기울이면서 앞을 향해 달려가더라도 결코 하나님이 요구하시는 온전함에 이르지 못할 것입니다. 그럼에도 우리는 율법이 요구하는 모든 것을 지키기 위해 애써야 합니다.

물론 우리가 율법 앞에서 우리 자신을 정당화할 수는 없습니다. 특히 우리의 삶과 하나님의 말씀이 완전한 조화를 이룰 만큼 자신을 정당화하는 것은 더더욱 불가능합니다. 그러나 우리가 자신을 하나님께 바치고 율법의 특정한 조항이 아니라 전부를 단 하나의 예외도 없이 철저히 지키면서 그분께 순종하고자 할 때, 우리는 자신이 하나님의 "모든 도"를 견고하게 지키고 있다고 감히 말할 수 있습니다. 우리가 좌고우면左顧右眄하지 않고, 그 어떤 헛된 꿈도 품지 않고, 그 헛된 일들을 행할 권리를 주장하지 않고, 오직 우리에게 주어진 은혜를 힘입어 최선을 다해 노력하면서 우리가 가야 할 길을 따라 씩씩하게 걸어 나갈 때, 하나님은 "모든 도"를 행하려는 우리의 소원을 지원하시고 인정해 주실 것입니다.

율법을 지키는 자들에게 약속된 축복

이제 그분은 다음과 같은 말씀을 덧붙이십니다. "그리하면 너희가 살 것이요 복이 너희에게 있을 것이라"(신 5:33b). 여기에서 그분은, 우리가 이미 논했듯이, 우리가 이 세상에서 겪는 모든 불행과 고난은 우리가 지은 죄에 대한 여러 형태의 징벌이라는 것을 알려 주십니다(『강요』 I.xvii–xviii, 특히 I.xvii.3–5). 우리가 분명하게 알아야 할 것은 우리의 불행에 대한 책임은 우리 자신에게 있다는 것입니다.

분명히 우리 모두는 행복하고 번성하기를 바랍니다. 그런 소망을 품기 위해서는 별도의 교육을 받을 필요가 없습니다. 왜냐하면 우리의 본성이 이미 그쪽으로 기울어져 있기 때문입니다. 그럼에도 우리는 실제로는 자신의 불행을 획책하고 있는 것처럼 보입니다. 우리가 번성하는 방법은 "하나님께 대한 순종"이라는 말로 요약될 수 있습니다. 우리가 그분께 순종할 때, 그분은 우리가 모든 일에서 그분의 은혜의 열매를 맛보게 하시는 방식으로 우리에게 복을 내리십니다. 그러나 무엇이 문제입니까? 우리는 그분에게 합당한 방식으로 그분께 순종하지 않습니다. 그러므로 우리가 그분이 우리에게 주신 은혜를 빼앗기고, 또한 그분이 우리를 그분의 피조물 가운데 속할 만한 가치가 없는 것처럼 거부하시는 것은 적절한 일입니다. 여기에서 우리는 주님이 우리에게 우리의 잘못을 확인시키시고 우리가 이 세상에서 겪는 모든 불행과 가난에 대한 책임이 우리 자신에게 있음을 알려 주려 하셨다는 것에 주목해야 합니다.

하지만 그와 동시에 그분은 자신의 백성들에게 어떤 보상을 제시함으로써 그들의 주의를 끌고자 하셨습니다. 이것은 마치 그분이 다음과 같이 말씀하시는 것과 같습니다. "비록 너희가 나에게서 아무 것도 기대할 수 없을지라도, 나는 너희로부터 예배를 받을 자격이 있다. 왜냐하면 너희는 나의 피조물이기 때문이다. 그 사실이 너희가 내게 항복해야 할 적절한 이유를 제공하지 않느냐? 너희의 삶 전체가 내게 바쳐져야 옳지 않느냐? 그럼에도 나는 너희가 나를 무상으로 섬기기를 원하지 않는다. 나는 나의 권리를 포기한다. 너희는 내가 너희에게 명하는 모든 것을 아무런 보상도 기대하지 않은 채 수행해야 할 의무가 있다. 그러나 나는 너희에게 선언한다. 만약 너희가 나를 섬긴다면, 나는 너희에게 복을 내릴 것이고 너희가 번성하도록 해줄 것이다."

이런 말씀을 통해 우리 주님은 자신이 우호적인 방법으로 이스라엘 백성의 주의를 끌고자 하신다는 것과, 그들이 자신이 그렇게 엄한 분이 아님을 깨닫고 더 기꺼이 자신을 섬기게 하시기 위해 그들의 마음을 움직이고자 하신다는 것을 알려 주십니다. 그분은 자신의 것을 포기하시고 아버지로서의 역할을 떠안으십니다. 그분은 만약 우리가 그분의 자녀가 되고자 한다면 자신이 우리를 자애롭고 관대하게 대하실 것이라고 말씀하십니다. 또한 그분은 우리에게 아무것도 되갚아야 할 의무가 없으심에도 우리가 그분께 바치는 섬김에 대해 보상하시는 일을 잊지 않으실 것입니다(『강요』 II.viii.4).

이제 우리는 하나님이 우리를 자신에게 이끌고자 하신다는 것을 분명하게 알 수 있습니다. 그러나 우리는 우리가 하나님을 섬김으로써 그분으로부터 무언가를 얻을 수 있다고 추론해서는 안 됩니다. 이런 말씀을 들을 때 교황주의자들은 자기들의 공덕을 강조하면서 하나님이 자기들의 공덕과 동일한 비율로 자기들에게 무언가를 해주셔야 한다고 주장합니다(『강요』 III.xi.13-20). 그러나 하나님은 우리에게 자신이 우리와 소통하시기 위해 우리의 성정을 따라 자신을 낮출 준비가 되어 있으시다는 것, 그리고 자신이 바라는 것은 오직 우리를 설득해 자신에게 순종하게 하는 것뿐임을 알려 주고자 하십니다.

게다가 이것은 그분 자신의 유익을 위한 것이 아닙니다. 사실, 설령 우리가 그분의 모든 율법을 이행할지라도, 도대체 그분이 그것으로 인해 무슨 유익을 얻으시겠습니까? 우리의 그런 일이 그분에게 무슨 대단한 것을 가져다 드리겠습니까? 아무것도 없습니다! 바로 그것이 하나님이 이 구절을 통해 확언하시는 내용이며 우리가 주목해야 할 내용입니다. 그러므로 우리는 우리가 하나님께 순종할 경우 그분이 우리를 번성하게 하시는 것이 그분이 우리에게 어떤 빚을 지고 계시거나 우리에게 그럴 만한 자격이 있어서가 아니라는 것을 알아야 합니다. 우리는 그분이 우리가 행한 것에 기초해 우리에게 보상하신다고 떠벌려서는 안 됩니다. 우리가 번성하는 것은 그분이 우리에게 값없는 선을 베풀고자 하시기 때문입니다. 우리는 그분이 그분의 순전하고 자유로운 관대함 때문에 우리에게 선을 베푸신다는 것을 알아야 합니다.

더 나아가 그분이 우리를 징계하시고 그로 인해 우리가 여러 가지 어려운 일에 처할 경우, 그 때 우리는 자신이 뿌린 씨앗의 열매를 거두고 있다고 여겨야 합니다. 그동안 우리는 잘못된 행동을 해왔습니다. 따라서 주님이 우리에게 자신을 세상을 심판하시는 분으로 알리시기 위해 자신의 진노에 대한 몇 가지 징표를 보여 주시는 것은 매우 적절한 일입니다. 하지만 그와 동시에 그분은 우리의 안녕에 유념하십니다. 그분은 우리가 우리의 잘못에 대해 탄식하고, 그것을 불쾌하게 여기고, 진실로 회개하면서 서둘러 자신에게 돌아오게 하시기 위해 우리를 부드럽게 이끄십니다. 바로 그런 이유로 하나님은 한편으로는 우리를 향한 자신의 진노를 드러내시지만, 다른 한편으로는 우리를 향한 자신의 사랑을 선포하는 것을 잊지 않으십니다. 그분은 우리를 다시 자신에게로 이끌고자 하십니다. 그분은 우리가 우리 자신의 죄에 빠져 잠들어 있음을 아시기에 우리를 흔들어 깨우십니다. 그분은 자신이 그렇게 하는 것이 필요하다는 것을 아십니다. 바로 그것이 우리가 이 구절을 통해 유념해야 할 내용입니다.

땅에 대한 언급이 의미하는 것

마지막으로 모세는 땅에 대해 언급합니다. "너희가 차지한 땅에서 너희의 날이 길리라"(신 5:33c). 그는 이 말을 동일한 절의 두 번째 문장, 즉 "그리하면 너희가 살 것이요 복이 너희에게 있을 것이며"(33b절)라는 문장과 연결시킵니다. 언뜻 보면 이 구절에서 하나님이 우리에게 제공하시는 유일한 보상은 이 세상에서의 일시적인 삶뿐인 것처럼 보입니다. 그러나, 사정이 그렇다면, 이스라엘 백성의 희망은 꺾이고 말 것입니다(『강요』 II.x.7-14). 오히려 우리는 우리 주님이 이스라엘 백성에게 우리에게와는 다른 방법을 사용하신 것에 주목해야 합니다— 비록 그 두 가지 방법 모두가 동일한 목적을 갖고 있기는 하지만 말입니다.

율법이 이스라엘 백성에게 명령했던 희생제사는 그 백성이 오늘 우리가 예수 그리스도 안에서 누리는 구원을 누리지 못하게 하려는 것이 아니었습니다. 오히려 그것은 그들을 예수 그리스도께 이끌기 위해 제공된 것이었습니다. 하나님의 뜻은 인간에게 그들이 유죄판결을 받았으며 따라서 그들에게는 우리 주 예수 그리스도의 보혈 외에는 그들과 자신의 화해를 위한 다른 수단이 없음을 알려 주시는 것이었습니다(『강요』 II.vii.16; viii.28-29).

그럼에도 그들은 말 못하는 짐승들을 죽이는 일을 중단하지 않았습니다. 하나님은 다음과 같이 말씀하셨습니다. "너희가 나를 위해 소나 양을 죽일 때, 너희의 죄는 용서될 것이다." 그러므로 하나님은 말 못하는 짐승들의 희생의 기초 위에서 죄를 용서하시려는 것처럼 보였습니다. 그러나 그것은 사실이 아닙니다. 그분의 목적은 이스라엘 백성을 - 비록 그 방법이 투박하기는 할지라도 - 훗날 우리가 우리 주 예수 그리스도 안에서 얻게 될 구속을 향해 나아가도록 이끄시는 것이었습니다. 그것은 가나안 땅에도 동일하게 적용됩니다. 하나님은 처음부터, 즉 그분이 아브라함에게 "나는 네 방패요 너의 지극히 큰 상급이니라"(창 15:1)라고 말씀하셨을 때부터 아브라함의 후손들에게 영원한 구원의 유업을 제공하기로 작정하셨습니다. 그분은 아브라함에게 그가 추구해야 할 가장 높은 목표로 땅을 약속하시지 않았습니다. 오히려 그분은 아브라함이 모든 확신을 자신에게 두기를, 다른 모든 것들보다도 자신을 찬양하기를, 그리고 그 자신과 그의 모든 후손들을 위해 하늘의 삶을 내다보기를 바라셨습니다. 그러나 당시에는 우리 주 예수 그리스도께서 나타나지 않으셨고 성전의 휘장도 찢어지지 않았으므로 아브라함에게는 가나안 땅이 일종의 보상으로서의 역할을 해야 할 필요가 있었습니다.

그러므로 우리는 하나님이 "너희가 차지한 땅에서 너희의 날이 길리라"라고 말씀하신 목적이 자신의 백성을 현세의 삶으로 만족시키시려는 것이 아니라 그것을 통해 그들을 보다 높은 곳, 즉 자신이 약속하신 불멸에 대한 희망으로 이끄시려는 것이었음을 알아야 합니다. 어쨌거나 우리 주님은 자신의 백성에게 자신의 은혜에 대한 약속을 그런 식으로 제공하셨습니다. 그리고 그로 인해 그 백성이 이 세상에서 그 은혜를 의식하도록, 또한 그들이 이 세상을 떠날 때에야 온전하게 나타날 기쁨을 기대하면서 얼마간 그 은혜를 맛보는 경험을 하도록 하셨습니다. 그러므로 오늘날에도 우리는 바울의 말, 즉 우리가 하나님을 경외한다면 이생과 내생의 약속을 모두 즐길 수 있다는 말에 유념해야 합니다(딤전 6:17-19 참고). 하나님은 우리가 이 세상에서 그분의 선하심을 의식함으로써 보다 높은 곳을 사모하기를 바라십니다. 그러므로 우리는, 마침내 우리가 모든 좋은 것들을 온전하게 누리기 위해 그분의 나라에 이를 때 그동안 이 세상에서 누리던 모든 것을 내려놓을 수 있기 위해, 이 세상에서도 하나님의 은혜를 누리는 법을 배워야 합니다.

1555년 7월 19일 금요일

제16강

여호와는 우리의 하나님이시다

¹이는 곧 너희의 하나님 여호와께서 너희에게 가르치라고 명하신 명령과 규례와 법도라 너희가 건너가서 차지할 땅에서 행할 것이니 ²곧 너와 네 아들과 네 손자들이 평생에 네 하나님 여호와를 경외하며 내가 너희에게 명한 그 모든 규례와 명령을 지키게 하기 위한 것이며 또 네 날을 장구하게 하기 위한 것이라 ³이스라엘아 듣고 삼가 그것을 행하라 그리하면 네가 복을 받고 네 조상들의 하나님 여호와께서 네게 허락하심 같이 젖과 꿀이 흐르는 땅에서 네가 크게 번성하리라 ⁴이스라엘아 들으라 우리 하나님 여호와는 오직 유일한 여호와이시니
(신 6:1-4)

이 강해를 통해 우리는 모세가 이스라엘 백성에게 율법의 중요성을 얼마나 자주 강조했는지를 보아 왔습니다. 우리는 그가 어제도

그렇게 하는 것을 보았는데 오늘도 같은 것을 보게 될 것입니다. 우리는 이것을 공연한 반복이라고 여겨서는 안 됩니다. 왜냐하면 사람들은 계속해서 기억을 되살리지 않으면 하나님으로부터 배운 것을 아주 쉽게 잊어버리기 때문입니다. 우리의 주의를 다른 데로 향하게 하는 데에는 그렇게 대단한 것이 필요하지 않습니다. 우리는 늘 너무 쉽게 헛된 것을 향해 기울어지기 때문입니다. 사실 우리에게는 하나님께 순종하는 것보다 어려운 것이 없을 정도입니다. 우리는 무언가 헛된 생각을 하자마자 이리저리 흔들리고 하나님이 우리에게 하신 말씀을 더 이상 기억하지 않습니다. 하나님의 뜻은 우리를 자신에게 이끄시는 것입니다. 따라서 그분은 우리에게서 우리의 마음을 빼앗고 있는 쓸데없는 생각들을 제거하셔야 했습니다. 휴경지를 쓸모 있는 땅으로 만들기 위해서는 굉장한 노동이 필요합니다.

명령과 규례와 법도

이런 사정은 우리에게도 해당됩니다. 또한 바로 그것이 모세가 여기에서 또다시 "너희의 하나님 여호와께서 너희에게 가르치라고 명하신 명령과 규례와 법도"(신 6:1a)를 언급하는 이유입니다. 모세가 이 말로 의미하는 것은 하나님이 이스라엘 백성을 자신에게 붙들어 매고자 하신다는 것입니다. 이것은 마치 하나님이 다음과 같이 말씀하시는 것과 같습니다. "가련한 자들아, 도대체 너희는 무엇을 얻기 위해 그토록 방황하는 것이냐? 보라, 나는 너희에게 나의 율법을 주었다. 그 가르침을 받는다면, 너희는 실수하지 않을 것이다. 그것은 구원의 길이다. 그러니 그것을 취하라."

그러나 우리는 너무나 변덕스러워서 늘 이리저리 달려 나갑니다. 그리고 그로 인해 하나님은 우리를 제어하시기 위해 억지로 고삐를 틀어쥐십니다. 사나워서 다루기 힘든 말은 기수가 고삐를 한 번 당기는 것만으로는 통제할 수 없습니다. 그럴 경우 말은 오히려 이리저리 껑충거리며 기수의 통제에 저항하려 들 것입니다. 기수가 그 말을 안정적으로 통제하려면 지속적으로 고삐를 당기는 수밖에 없습니다. 하나님이 그분의 백성을 다루시는 방식 역시 마찬가지입니다. 그런 이유로 하나님은 우리에게 우리의 마음이 반역과 불안정으로 가득 차 있음을 알려 주십니다. 그것은 우리가 우리에게 구원과 안녕을 제공하는 하나님의 말씀을 굳게 붙들지 않기 때문입니다.

사정이 그러하므로 우리는 이스라엘 백성을 통해 교훈을 얻어야 합니다. 즉, 하나님이 우리 앞에 그분의 말씀을 펼쳐놓으실 때, 우리는 그 말씀을 우리가 일생 동안 실천해야 할 것으로 여겨야 합니다. 또한 우리가 잊지 말고 기억해야 할 것은 우리에게는 우리가 매일 그것에 의지해 살아야 하는 "명령과 규례와 법도"가 분명하게 존재한다는 사실입니다. 우리의 삶을 다스리는 규칙과 법을 세우는 것은 우리의 몫이 아닙니다. 그런 권위는 하나님께 속해 있습니다.

더 나아가 그분은 우리에게 옳은 길을 보이심으로써 우리를 권고하셨습니다. 그러므로 우리는 그 길을 따라가야 하며, 더 이상 "우리가 무엇을 해야 하는가"라고 묻지 말아야 합니다. 우리 주님은 이미 우리에게 옳은 길을 보여 주셨습니다. 그러므로 이제 우리는 더 이상 그 길에 대해 의문을 품지 말아야 합니다. 우리는 다음과 같이 떠벌려서는 안 됩니다. "저런, 나는 과연 그것이 좋은 것인지, 내게 유리한 것인지 모르겠어." 우리는 하나님이 우리에게 보여 주신 것에 만족해야 합니다. 왜냐하면 우리가 그분에게 나쁜 학생이 되지만 않는다면, 그분은 늘 우리에게 좋은 선생님이 되실 것이기 때문입니다. 바로 그런 이유로, 즉 우리가 하나님이 우리를 부분적으로만 가르치려 하셨다고 여기지 않게 하기 위해 지금 여기에서 다시 "명령과 규례와 법도"가 언급되고 있는 것입니다.

그러므로 우리는 그분의 율법 안에서 우리를 위한 완전한 지혜를 찾아야 합니다. 우리에게 필요한 것은 그 율법에 순종하는 것이고, 지나치게 호기심을 품어 하나님이 보여 주지 않으신 것을 알려고 하지 않는 것이고, 우리를 유혹해 이리저리 끌고 다니는 어리석은 생각에 빠지지 않는 것입니다. 오히려 우리는 하나님은 자신의 백성에게 질투하지 않으시며 무엇보다도 그들에게 유익한 것을 가르치려 하신다는 것을 기억해야 합니다. 그러므로 우리는 온 힘을 다해 그분의 뜻을 따라 우리 자신을 제어해야 합니다. 그리고 그분의 율법이 우리에게 충분한 것이 되게 해야 합니다. 온 세상이 우리를 거부할지라도 우리는 그것에 개의치 말아야 합니다. 왜냐하면 우리에게는 우리의 심판주가 계시기 때문입니다. 비록 온 세상이 헛된 것을 쫓느라 방황하고, 모든 이가 자기들 눈에 좋아 보이는 것을 따르며 이리저리 헤맬지라도, 우리는 언젠가 우리가 하나님의 심판대 앞에 서게 되리라는 것과, 그 때 그분이 우리가 한 일에 대해 설명을 요구하시리라는 것을 기억해야 합니다. 그분은 우리에게 율법을 주셨으므로 그것을 따라 우리를 심판하실 것입니다. 그러므로 우리는 세상이 고안해 내는 것들을 잊어야 합니다. 왜냐하면 결국 그것들은 헛된 거짓말에 불과하기 때문입니다.

율법과 관련해 모세가 지녔던 태도

이어서 모세는 자신의 직무와 관련해 자기는 자신의 생각을 말한 것이 아니라 오직 하나님이 자기에게 지우신 책임을 따라 그분의 율법을 충실하게 설명했을 뿐이라고 덧붙입니다(신 6:1a). 그의 이런 확언은 주목할 만한 가치가 있습니다. 우리는 지금까지의 논의를 통해 드러난 사실에 유의할 필요가 있습니다. 주지하다시피, 모세는 하나님이 세우신 가장 탁월한 선지자였습니다. 그러나 그럼에도 그는 백성에게 자신이 판단한 것을 가르치려 하지 않았습니다. 왜냐하면 그는 자기가 인간이며 따라서 다른 이들과 마찬가지로 율법에 종속되어 있다는 것을 알았기 때문입니다. 바로 그것이 그가 자신이 이스라엘 백성에게 말한 것을 하나님으로부터 받았다고 주장했던 이유입니다. 그는 그것을 하나님으로부터 받아 우리에게 넘긴 것에 불과했습니다.

모세조차 그러했다면, 우리 중 그 누가 자신이 다른 사람들에게 그 이상의 것을 전달하는 것이 적법하다고 주장할 수 있겠습니까? 그런데 오늘 우리는 그런 일이 벌어지고 있다는 것을 알고 있습니다. 과연 오늘날 교황제도 안에서 하나님의 말씀과 인간의 가르침을 구별하기 위해 그 말씀에 귀를 기울이는 일이 중요하게 여겨지고 있습니까? 교황주의자들은 소위 그들의 거룩한 어머니 교회와 나름의 결의들과 규정들을 갖고 있습니다(『강요』 IV.i-iv). 그리고 그들은 교회가 갖고 있는 그런 겉치레들을 아주 중요한 것으로 여깁니다(『강요』 IV.ii. 1-12). 반면에 그들은 하나님으로부터 그분의 권위를 벗겨내 부패한 인간에게 넘깁니다. 이 얼마나 용서받지 못할 불경입니까! 하나님이 그분의 백성을 인도하고 그들에게 자신의 멍에를 지우시는 율법의 수여자가 되시지 못하고, 오히려 인간들이 그분의 권위를 찬탈하고 있으니 말입니다.

그러나 우리는 이 구절에 들어 있는 가르침에 좀더 유의해야 합니다. 사실 모세는 하늘의 천사나 다름없는 존재였습니다. 하나님이 그를 다른 모든 인간들보다 높여 주셨기 때문입니다. 그는 사십일 동안 아무것도 먹지도 마시지도 않은 채 산꼭대기에 머묾으로써 그가 더 이상 다른 인간들과 동일한 상태에 있지 않음을 입증했습니다. 그럼에도 그는 마치 천사들의 무리와 섞여 있는 듯 하늘의 영광을 드러내며 산 밑으로 내려왔을 때조차 여전히 자신을 낮추었을 뿐 아니라, 자신이 율법에 자신의 말을 아무것도 끼워 넣지 않았다고 선언했습니다. 그는 헛된 망상에 사로잡히지 않았습니다. 오히려 그는 하나님이 선포하신 말씀을 듣는 것으로, 또한 그분의 선한 종으로서 그 말씀에 아무것도 덧붙이지 않고 하나님이 자기에게 맡기신 사명을 따라 오직 그분의 말씀만을 전하는 것으로 만족했습니다. 바로 그것이 우리가 이 구절에서 강조해야 할 내용입니다.

모든 의의 출발점은 여호와에 대한 경외다

다음으로 모세는 "너희가 건너가서 치지할 땅에서 행할 것이니"(신 6:1b)라는 권면을 덧붙입니다. 이것은 마치 그가 다음과 같이 말하는 것과 같습니다. "율법은 너희가 그 모든 내용이 선하고 의롭고 정당하다고 확언하도록 하기 위해서가 아니라 너희가 참으로 하나님께 순종하는지 여부를 밝히기 위해서 제공된 것이다."

그러기에 이제 그는 다음과 같이 말합니다. "곧 너와 네 아들과 네 손자들이 평생에 네 하나님 여호와를 경외하며 내가 너희에게 명한 그 모든 규례와 명령을 지키게 하기 위한 것이며"(신 6:2a). 모세가 이 "경외하다"라는 말로 의미했던 것은, 하나님은 그분의 율법을 선포하시면서 우리에게 하나님을 섬길 것인지 말 것인지를 선택하는 것이 우리의 몫임을 알려 주고자 하셨다는 것입니다(『강요』 III.ii.6). 설령 우리가 모든 계명을 더 이상 달리 거론할 것이 없을 만큼 다 지킬 수 있다 할지라도, 만약 우리 안에 하나님에 대한 경외가 뿌리를 내리지 않아 우리가 그분의 것이 되기를 바라지 않고 그분을 존경하지도 않는다면, 그 때 우리의 삶 전체는 겉치레에 불과한 것이 될 수밖에 없습니다. 그러나 우리는 하나님이 우리의 겉모습에 만족하시리라고 생각해서는 안 됩니다. 사람들은 우리의 겉모습을 칭찬할지 모릅니다. 하지만 하나님이 보시기에 그것은 바람에 흩어지는 연기나 다름없습니다.

그러므로, 만약 우리가 율법을 올바르게 지키고 우리의 삶을 하나님이 받으실 만한 것으로 만들고자 한다면, 우리는 그분에게 존경심을 보이고, 그분의 통제와 인도를 받기를 바라고, 그분을 우리의 왕으로 여기며 경배하고, 또한 그분을 우리의 아버지로 여기며 그분께 영광을 돌려야 합니다. 우리가 진심으로 그렇게 하려고 하는 것이야말로 모든 율법과 모든 의의 출발점입니다. 또한 바로 그것이 성경이 하나님을 경외하는 것이 참된 지혜라고 말씀하는 이유입니다(잠 1:7). 그러므로, 과연 우리가 하나님의 율법으로부터 유익을 얻었는지를 알고자 한다면, 무엇보다도 먼저 우리는 과연 우리가 진실로 하나님이 우리를 통해 영광 받으시기를 바라는지를 살펴보아야 합니다. 만약 우리가 그런 경외감을 갖고 있다면, 그런 사실은 우리의 손과 발이 하는 일을 통해 드러날 것입니다. 만약 스스로 하나님을 경외한다고 떠벌리는 자들이 타락한 삶을 살아간다면, 그들은 자기들이 한 말과 어긋나는 삶을 사는 것이며, 따라서 자기들이 하나님을 경외한다고 떠벌렸던 것이 얼마나 수치스러운 짓이었는지를 드러내는 것입니다. 그러므로 이 구절은 주목할 만한 가치가 있습니다. 즉, 여기에서 모세는 우리가 하나님을 적절하게 섬기고자 한다면 무엇보다도 우리의 마음이 그분께 바쳐져야 한다고 말하고 있는 것입니다. 우리의 겉모양이 우리가 상상할 수 있는 모든 미덕을 다 포괄할 수 있다고 여기는 것은 옳지 않습니다. 오히려 다른 그 무엇보다도 우리의 마음이 앞서야 합니다.

더 나아가 하나님에 대한 경외는 숨겨지거나 나태한 상태에 머물러 있을 수 없습니다. 비록 그것이 우리의 마음에 들어 있는 것일지라도, 그것은 또한 우리의 삶을 통해 드러나야 합니다. 왜냐하면 우리의 손과 발과 다른 모든 것을 지배하는 것은 우리의 마음이기 때문입니다. 그러므로 우리는 우리의 삶을 하나님의 뜻에 굴복시킴으로써 우리가 하나님을 두려워한다는 사실을 우리가 하는 말과 행동을 통해 입증할 필요가 있습니다.

그러므로, 일단 우리가 하나님의 말씀을 떠나고 나면, 하나님은 우리가 행하는 모든 것을 거부하십니다. 자기들이 늘 "하나님에 대한 예배"에 임하고 있다고 주장하는 교황주의자들의 경우를 살펴봅시다 (『강요』 IV.x.9, 12, 14-15, 23-32). 도대체 그들은 무슨 짓을 하고 있는 것입니까? 그들은 여러 가지 일로 분주하지만 그들이 행하는 모든 일은 아무 소용이 없습니다. 왜냐하면 그들의 모든 노력은 인간이 고안한 것에 맞춰져 있기 때문입니다. 그들이 말하는 "하나님에 대한 예배"는 실없는 소리를 지껄이거나, 각종 형상과 우상들 앞에서 허리를 굽혀 절하거나, 제단 주변을 왔다 갔다 하거나, 미사곡을 부르거나, 순례지를 떠돌거나, 서로 다른 날에 서로 다른 성자들을 기념하거나, 금요일과 주일에 고기를 먹지 않거나 하는 것입니다. 간단히 말해, 그 모든 것은 그들이 "하나님에 대한 예배"라는 명목하에 자기들끼리 만들어내 지키고 있는 무의미한 짓거리에 불과합니다. 여러분은 하나님이 그와 같은 것들에 대해 한마디로도 말씀하셨던 것을 발견할 수 있습니까? 결코 그럴 수 없을 것입니다! 왜냐하면 그들이 말하는 모든 것은 사람들이 고안해 낸 것이기 때문입니다.

네 자손들에게도 내 법을 가르치라

오늘의 본문에 기초해 과연 하나님이 그런 "예배"를 적법하고 선한 것으로 여기실지에 대해 생각해 봅시다. 본문에서 하나님은 "네 하나님 여호와를 경외하며 내가 너희에게 명한 그 모든 규례와 명령을 지키라"(신 6:2)라고 말씀하십니다. 그러므로, 인간이 하나님의 말씀을 떠나 자신들의 헛된 생각과 자기들이 지어낸 것들을 따를 때, 그들은 자기들이 하나님을 경외하지 않는다는 사실을 분명하게 드러내는 것입니다. 그렇지 않다면 그들은 하나님께 그분이 좋아하시는 예배, 곧 사무엘서 언급하는 순종의 제사를 바칠 것입니다(삼상 15:22).

만약 우리가 하나님의 음성을 듣고도 그것에 순종하지 않고 오히려 사람들이 고안해 낸 무언가를 따른다면, 그것은 그분이 혐오하시는 마술만큼이나 가증스러운 우상숭배와 다름없습니다. 사람들은 그렇지 않을지 모르나, 성령께서는 그 문제를 그런 식으로 판단하십니다. 그렇기 때문에 여기에서 모세는 만약 우리가 하나님을 경외한다면 우리가 그분에게 우리를 그분의 뜻대로 다스리실 권리를 드려야 하며 사람들에게 그들이 보기에 좋은 대로 우리를 이끌 자유를 제공해서는 안 된다고 말하는 것입니다. 하나님이 말씀하실 때, 우리는 입을 다물어야 합니다. 그리고 입 대신 귀를 열어 그분이 우리에게 말씀하시는 모든 것을 받아들여야 합니다. 우리가 각자 자신에게 만족스러운 방식으로 하나님을 예배하는 것은 옳지 않습니다.

더 나아가 우리는 그분이 모든 사람들로부터 예배 받으실 수 있도록 최선을 다해야 합니다. 무엇보다도 우리는 그분에 대한 예배가 우리의 죽음 이후에도, 즉 우리가 이 세상을 떠난 후까지도 지속되고, 그분의 이름이 우리의 죽음과 더불어 잊히는 것이 아니라 이 세상 끝날까지 영원히 남아 있게 하기 위해 애써야 합니다. 바로 그것이 모세가 "너와 네 아들과 네 손자들이 평생에 네 하나님 여호와를 경외하며 그분의 율법을 지키게 하라"라고 말하는 이유입니다. 모세는 단순히 그들에게 하나님을 섬기고 하나님이 그들에게 주신 율법을 따를 것을 권면하는 데 그치지 않았습니다. 오히려 그는 모든 아비들이 자식들에게 율법을 가르치고, 가능한 한 많은 신앙의 씨앗을 후대에 남김으로써 하나님이 모든 인간들로부터 예배를 받으시고 사람들이 계속해서 그분의 이름을 부를 수 있도록 힘쓰기를 바랐습니다. 그럴 경우 우리의 후손들은 복을 받을 것이고, 우리의 구원을 이루는 하나님의 언약은 우리의 죽음과 더불어 사라지지 않고 영원토록 남아 있게 될 것입니다.

그런데 오늘날 아비들은 이런 가르침을 이행하기는커녕 오히려 자식들에게서 하나님에 대한 경외와 그분의 율법에 대한 순종을 말살하기 위해 공모하는 것처럼 보입니다. 그러므로 우리는 오늘날 하나님이 우리를 멀리하시고 우리에게 주셨던 모든 은혜를 철회하실지라도 놀라지 말아야 합니다. 왜냐하면 우리는 그분에 대한 예배가 온전하게 살아남는 문제에 관심을 두지 않기 때문에 그분의 지속적인 은혜를 얻을 자격을 잃어버렸기 때문입니다. 여하튼 우리는 여기에서 언급된 내용을 가볍게 여겨서는 안 됩니다. 우리는 우리의 후손들에게 그들이 계속해서 하나님을 예배해야 하며 또한 그분을 세상 모든 이들의 아버지와 구주로 여겨야 한다는 것을 가르치기 위해 애써야 합니다.

보상에 대한 약속

그와 동시에 모세는 앞에서 말했던 내용을 되풀이하듯 다음과 같이 덧붙여 말합니다. "또 네 날을 장구하게 하기 위한 것이라 이스라엘아 듣고 삼가 그것을 행하라 그리하면 네가 복을 받고 네 조상들의 하나님 여호와께서 네게 허락하심 같이 젖과 꿀이 흐르는 땅에서 네가 크게 번성하리라"(신 6:2-3). 우리는 모세가 이런 말로 의미했던 것에 대해 이미 살펴본 바 있습니다. 하나님은 한마디 말씀으로 우리를 압박해 자신을 섬기게 하실 수도 있었을 것입니다. 그러나 그분은 그렇게 하지 않으시고 오히려 보다 타협적인 방식을 사용하셨습니다. 즉, 그분은 만약 우리가 그분을 섬긴다면 자신이 그것에 대해 보답하시겠다고 약속하셨습니다. 그것은 우리가 그런 보답을 받을 만하거나 그분이 우리에게 그렇게 하셔야 할 의무가 있어서가 아니었습니다. 오히려 그것은 우리에게 그런 식의 은혜를 베푸심으로써 우리가 보다 효과적으로 감동을 받아 더 뜨거운 마음으로 그분을 섬기게 하시기 위함이었습니다.

그러므로 하나님이 기꺼이 우리에 대해 의무를 지시고 우리에게 보답하기로 작정하셨음에도 우리가 그분을 섬기는 일에 온전하게 헌신하지 않는다면 그것은 부끄러워해야 할 배은망덕이 아니겠습니까? 우리는 수치도 감사도 모르는 자들이 아니겠습니까? 우리는 그분의 것이며 우리가 할 수 있는 모든 일은 그분 덕분입니다. 언젠가 우리 주 예수 그리스도께서는 다음과 같이 말씀하셨습니다. "너희 중 누구에게 밭을 갈거나 양을 치거나 하는 종이 있어 밭에서 돌아오면 그더러 곧 와 앉아서 먹으라 말할 자가 있느냐 도리어 그더러 내 먹을 것을 준비하고 띠를 띠고 내가 먹고 마시는 동안에 수종들고 너는 그 후에 먹고 마시라 하지 않겠느냐 명한 대로 하였다고 종에게 감사하겠느냐 이와 같이 너희도 명령 받은 것을 다 행한 후에 이르기를 우리는 무익한 종이라 우리가 하여야 할 일을 한 것뿐이라 할지니라"(눅 17:7-10). 그러니 하나님이 우리에게 (그분이 굳이 그렇게 하셔야 할 의무가 없음에도) 만약 우리가 그분을 섬기면 풍성한 보상을 얻게 되리라고 약속하신다면, 그분을 섬기기 위한 우리의 노력은 헛된 것이 될 수 없을 것입니다.

그런데 도대체 그분이 그렇게 하시는 이유가 무엇입니까? 그것은 우리의 마음을 깨뜨리시기 위해서입니다. 이미 말씀드렸듯이, 만약 우리가 그분이 순전한 선하심 때문에 우리가 받을 만하지 않은 보상을 약속하시는 것을 알면서도 그분을 섬기려 하지 않는다면, 우리는 철면피나 다름없는 존재일 것입니다.

죄인들에 대한 의의 전가

더 나아가 우리는, 비록 여기에서 하나님이 우리의 수고에 보답해 주시겠다는 약속을 하고 계실지라도, 그분이 우리에게 어떤 빚을 지고 계시다고 여겨서는 안 됩니다. 오히려 그분은 우리를 저주하고 혐오하셔야 마땅합니다. 우리 중에 하나님의 율법을 그것에 합당할 만큼 지키는 이가 있습니까? 혹시 우리가 율법의 어느 한 조항을 성공적으로 지킬 수 있을지는 모릅니다. 그러나, 설령 그렇다고 할지라도, 그와 동시에 우리는 율법의 수많은 다른 조항들을 어길 수밖에 없습니다. 게다가 우리는 하나님이 그분의 율법을 통해 우리에게 명령하신 것을 행하기로 결심할 때조차 이런저런 핑계를 대며 늑장을 부립니다. 또한 우리 안에는 너무 많은 불완전함이 있기 때문에 우리는 우리가 해야 하는 것만큼 힘차게 달려 나가지 못합니다.

그러므로, 만약 하나님이 우리를 엄하게 심판하기로 작정하신다면, 우리는 저주와 책망을 받을 수밖에 없습니다. 그러므로 우리가 자신이 한 일이나 얻은 보상에 대해 자랑하는 것은 터무니없는 일입니다. 오히려 우리는 하나님의 율법에 포함되어 있는 그분의 모든 약속이 조건적이라는 것을 알아야 합니다. 우리 중에 자신에게 부과된 모든 의무를 온전하게 이행할 수 있는 이는 아무도 없습니다. 그러므로, 만약 하나님이 그분의 순전한 선하심으로 우리를 받으시고 지탱해 주시지 않는다면, 우리 모두는 쓸모없는 자가 될 수밖에 없습니다.

잠시 교황주의자들 가운데 존재하는 광기 곧 자신들의 행위를 높이려는 광기에 대해 생각해 봅시다(『강요』 III.xi.13-20). 그들은 마치 자기들이 하나님과 어떤 계약을 맺은 것처럼 행동합니다. 그들은 하나님이 자기들에게 어떤 의무를 지고 계시다고 확신합니다. 그런데 도대체 그들은 어떤 토대 위에서 그렇게 하는 것입니까? 자신들의 만족, 자신들의 행위, 그리고 자신들의 공덕이라는 토대 위에서입니다. 그들은 이렇게 말합니다. "오, 우리는 저러저러한 일을 했어. 그러니 이제는 하나님과 계산하는 문제만 남았군." 하지만 하나님은 우리에게 우리가 수행하는 모든 일을 통해 자신을 섬길 것을 요구하십니다. 그리고 그 모든 일에는, 우리가 이미 살펴보았듯이, 그리고 다른 많은 성경구절들이 알려 주듯이, 우리가 할 수 없는 일들도 포함되어 있습니다.

과연 우리 가운데 율법을 성취한 사람이 있습니까? 우리는 그런 상태와는 거리가 멀어도 너무 멉니다. 사실 우리 가운데 자신이 율법의 백분의 일이라도 성취했다고 공언할 수 있는 이는 아무도 없습니다. 오히려 우리 모두는 자신이 천벌을 받아야 마땅하다고 고백해야 합니다. 설령 우리가 율법의 어느 작은 부분을 성취할지라도, 여전히 우리에게는 아주 많은 악과 더러움이 남아 있습니다. 그러므로 하나님이 우리 모두를 거부하시고 우리를 혐오하시는 것은 아주 정당한 일입니다. 그러므로 우리는 자신에 대해 부끄러워해야 하며 자신이 하나님이 보시기에 죄인임을 고백해야 합니다.

그러므로 우리는 이 약속이 우리에 대한 하나님의 지원 없이는 성취될 수 없다는 것과, 또한 그분이 우리의 수많은 약점과 악들을 간과하시며 그분의 견실한 사랑으로 그것들을 덮으신다는 것을 알아야 합니다. 하나님은 우리의 행위를 받으시되 그것들의 실제 내용을 고려하지 않으십니다. 오히려 그분은 우리 주 예수 그리스도의 고난과 죽으심을 기억하면서 우리의 행위를 선하고 거룩한 것으로 여기십다. 그리고, 비록 우리의 행위에 늘 얼마간의 흠과 결이 있을지라도, 또한 예수 그리스도의 보혈이 그것들을 지워버리지 않았다면 그것에서 코를 찌르는 악취가 날지라도, 그분은 바로 그 보혈에 의지해 우리를 용납해 주십니다.

그러므로 우리는 오직 하나님의 순전한 자비만 찬양해야 할 뿐 우리의 그 어떤 공덕도 자랑해서는 안 됩니다. 또한 우리는 그분이 그런 식으로 우리에게 자비를 베푸심으로써 우리를 자신에게 이끌고자 하신다는 것을 깨닫고 그분을 섬기는 일에 더욱더 열심을 내야 합니다.

약속에 근거한 은혜

이어서 모세는 하나님이 그분의 백성에게 (그들이 자신의 율법을 지킨다는 전제하에서) 약속하시는 모든 것이 그분의 의무 때문이 아니라 그분의 자비 때문이라는 것을 알려 줍니다. 그는 다음과 같이 말합니다. "네 조상들의 하나님 여호와께서 네게 허락하심 같이"(신 6:3b). 이것은 마치 그가 다음과 같이 말하는 것과 같습니다. "친구들이여, 하나님을 섬겨라. 그러면 그분이 너희에게 좋은 주인이 되어 주실 것이다. 그리고 너희가 그분의 율법을 지키기 위해 바친 시간을 낭비라고 여기지 말라. 왜냐하면 풍성한 보상이 너희를 기다리고 있기 때문이다. 너희는 오직 그것의 근원에 대해서만 생각하라. 그 근원은 너희가 이 세상에 태어나기도 전에 하나님이 너희의 조상들을 젖과 꿀이 흐르는 땅으로 인도하시겠다고 약속하신 것에 있다." 그런 식으로 모세는 이스라엘 백성에게 하나님이 그들의 조상들에게 주셨던 약속을 상기시키면서 지금 하나님이 그들에게 무언가 새로운 것을 약속하시는 것이 아니라 옛 맹세를 추인하고 계실 뿐임을 알려 주었습니다.

그런데 도대체 그분은 어째서 그러시는 것입니까? 그분이 당시에는 세상에 태어나지도 않았던 이들에게 어떤 의무를 지고 계셨기 때문입니까? 결코 아닙니다. 오히려 그것은 그분이 그들의 조상들을 사랑하셨기 때문입니다. 사실 모세는 이스라엘 백성이 하나님의 율법을 지킨다면 그 약속에 참여할 수 있다고 말했습니다. 그렇다면 무엇이 문제입니까? 무엇보다도 우리는 인간이 망한 존재라는 사실을 상기해야 합니다. 만약 우리가 우리 자신의 무언가에 의지해 하나님과 맞서고자 한다면, 우리는 영원히 정죄된 상태에 머물 것이고, 우리의 모든 것이 저주를 받았음이 드러나게 될 것입니다. 그러므로 우리는 우리의 피난처를 하나님의 자애 안에 마련해야 합니다. 하나님은 우리에게 빚지신 것이 아무것도 없지만, 우리가 율법을 따라 살아간다면 자신이 우리에게 하셨던 약속을 틀림없이 이행하실 것입니다. 그리고 그것은 전적으로 그분의 순전하고 무조건적인 친절하심에서 나오는 것입니다. 바로 그것이 우리가 이 구절을 통해 알아야 할 내용입니다.

또한 이 구절에는 이스라엘 백성에게 약속된 땅에 대한 언급이 나옵니다. 그러므로 오늘 우리는 하나님을 섬기는 일과 관련해 더 큰 감화를 받아야 합니다. 하나님은 온 세상이 자신에게 돌아오고 세상 모든 곳에서 자신의 이름이 불리기를 바라셨습니다. 그리고 더럽기 짝이 없던 세상을 우리 주 예수 그리스도의 보혈로 성결하게 하셨습니다. 그 중에서도 가나안은 하나님이 자신을 위해 지정하시고 그분의 아드님이 오시기 전까지 몸소 통치하기로 작정하신 유일한 땅이었습니다. 그러나 우리 주 예수 그리스도가 이 세상에 오셨을 때, 그분은 온 세상에 대한 통치권을 얻으셨습니다. 특히 그분의 나라는 복음의 선포와 더불어 세상 끝까지 확대되었습니다. 그와 같은 사실에 비추어 볼 때, 오늘 우리는 하나님을 섬기는 일에 전보다도 훨씬 더 견고하게 묶여 있는 셈입니다. 특히 그분이 온 세상을 자신의 아들의 보혈로 성결케 하셔서 우리가 그 안에서 그분의 통치를 받으며 살아가게 하셨다는 점에서 그러합니다. 그러므로, 만약 우리가 그분의 보호와 지켜주심을 바란다면, 우리는 더욱더 우리 자신을 그분께 바쳐야 합니다.

여호와는 우리의 하나님이시다

그러나, 이미 말씀드렸듯이, 우리 인간은 계속 조바심을 내면서 자신을 적절하게 제어하지 못합니다. 그래서 모세는 다음과 같은 말로 자신이 방금 선포했던 모든 가르침을 재차 확언합니다. "이스라엘아 들으라 우리 하나님 여호와는 오직 유일한 여호와이시니"(신 6:4). 앞에서 그는 이미 우리에게 "듣고 삼가 그것을 행하라"(3절)라고 말한 바 있습니다. 그동안 그는 율법을 지켜야 할 필요성에 대해 거듭 말해왔습니다. 그런데 이제 그는 자신의 모든 생각을 훨씬 더 분명하게 확언합니다. 특히 여기에서 그는 이스라엘의 하나님이 유일하신 하나님이라고 주장합니다. 이로써 그는 세상이 상상을 통해 만들어낸 모든 신들을 배제합니다. 그는 우리가 하나님의 말씀에 근거하지 않은 채 만들어내는 모든 것이 불법임을 알려 주고자 합니다. 모세가 이스라엘의 하나님이 유일한 하나님이라고 말한 것은 율법을 공표하시고 그보다 앞서 그분의 종 아브라함과 다른 족장들에게 자신을 계시하신 하나님을 세상 사람들이 믿는 온갖 신들과 비교하기 위함이었습니다.

사람들은 처음부터 하나님의 이름을 불렀습니다. 사실 그분의 이름은 이방인들에게도 알려졌습니다(『강요』 I.iii-iv). 그러나 그들은 도대체 무슨 목적으로 그분의 이름을 불렀던 것입니까? 이방인들은 하나님을 섬긴다고 주장하면서 엉뚱한 방향으로 나아갔습니다. 어째서 그렇게 된 것입니까? 그것은 그들의 헛된 꿈과 상상 때문이었습니다. 인간이 하나님을 알지 못하면서 그분을 예배하고자 할 때, 의심할 바 없이 그들은 우상을 숭배하고 있는 것입니다. 예컨대, 오늘날 이슬람교도들은 자기들이 천지를 지으신 하나님을 예배한다고 주장합니다. 그러나 그들이 섬기는 것은 우상에 불과합니다(『강요』 II.vi.4). 어째서 그렇습니까? 그들은 그분을 하늘과 땅의 창조자라고 부르고 그분의 형상을 만드는 것을 거부합니다. 그것은 분명한 사실입니다. 하지만 그들은 우리 주 예수 그리스도, 즉 성부 하나님의 살아 계신 형상이신 분(골 1:15)을 받아들이지 않습니다. 그러므로 그들은 하나님 대신 우상을 섬기고 있는 셈입니다. 또한 우리는 사도 요한이 했던 말을 기억합니다. 그는 아들을 부인하는 자는 누구나 아버지를 부인하는 것이라고 말했습니다(요일 2:23). 그러므로 그들은 하나님이 아닌 우상을 숭배하고 있는 것입니다.

이런 사정은 유대인들에게도 마찬가지입니다. 그들은 자기들이 율법을 갖고 있으며 아브라함과 이삭과 야곱의 하나님을 섬긴다고 자랑합니다. 그러나 무엇이 잘못되었습니까? 그들은 배교자들입니다. 그들은 율법의 정수이신 예수 그리스도를 거부함으로써 하나님의 율법과의 관계를 끊었습니다(『강요』 II.vii.2). 성부 하나님은 자신을 오직 예수 그리스도를 통해 우리에게 알리고자 하셨습니다. 하나님은 바로 그분을 통해 우리에게 예배를 받고자 하셨습니다. 하나님은 "그의 아들에게 입맞추라"(시 2:12)라고 말씀하셨고, 또한 "아들을 공경하지 아니하는 자는 그를 보내신 아버지도 공경하지 아니하느니라"(요 5:23)라고 말씀하셨습니다.

우리는 모세가 그분 자신의 말씀을 통해 계시된 하나님과 온 세상이 찬양하는 온갖 신들을 비교하려 했던 것에 주목해야 합니다. 그런 신들은 모두 기만과 속임수에 불과합니다. 어째서 그렇습니까? 그것은, 만약 우리가 하나님 자신을 알지 못한다면, 우리가 그분을 올바르게 섬기는 것은 아예 불가능하기 때문입니다. 그러므로 우리는 늘 예수 그리스도께서 사마리아 여인에게 하셨던 말씀을 상기해야 합니다. "너희는 알지 못하는 것을 예배하는도다"(요 4:22). 예수 그리스도께서 그렇게 말씀하신 것은 그동안 세상이 제도화했던 모든 예배에 대해 침을 뱉으시는 것과 같았습니다. 자신들이 하나님을 섬긴다고 떠벌리지 않는 이들은 없습니다. 그러나 예수 그리스도께서는 그동안 선하고 거룩한 것으로 간주되어 왔던 모든 것을 거부하셨습니다. "너희는 알지 못하는 것을 예배하는도다." 이 말씀으로 그분은 우리에게 어떤 깨달음이 필요하다는 것을 알려 주십니다. 그 깨달음이란, 우리가 하나님을 아무렇게나 섬기는 것은 옳지 않으며, 따라서 우리는 우리가 섬기는 하나님을 제대로 알아야 한다는 것입니다.

우리가 진정으로 하나님을 예배하고 섬길 수 있으려면 무엇보다도 하나님을 제대로 아는 것이 필요합니다. 그런데 도대체 그런 지식은 어디에서 오는 것입니까? 그것은 사람들이 말하듯이 우리의 정원으로부터 오는 것입니까? 과연 그것이 우리의 노력의 결과로 얻어질 수 있는 것입니까? 과연 우리가 우리에게 좋아 보이는 것을 떠올린 후 "나는 하나님을 안다"라고 말해도 괜찮은 것입니까? 아닙니다, 결코 아닙니다! 오히려 하나님이 우리 곁으로 다가오셔서 우리에게 자신을 계시해 주셔야 합니다. 그러므로 우리가 하나님을 적절하게 알 수 있는 유일한 방법은 오직 그분의 말씀을 통해 가르침을 받는 것뿐입니다.

하나님은 우리에게 자신을 알려 주셨다

바로 그것이 모세가 "우리 하나님 여호와"라고 말하는 이유입니다. 이스라엘 백성은 율법을 받았고, 하나님은 그들의 조상들을 이 세상의 나머지 사람들과 구별하시면서 그들과 언약을 맺으셨습니다. 그러므로 여기에서 모세가 이스라엘 백성에게 하나님을 아는 문제를 상기시키는 데에는 그럴 만한 이유가 있습니다. 그는 그들이 불신자들과 아무것도 공유하지 않고 이방인들의 모든 미신을 내던지기를, 그리고 하나님이 그들에게 자신을 그토록 친밀한 방식으로 알려 주셨기에 자기들이 유일하게 확실하고 무오한 진리를 소유하고 있음을 깨닫게 되기를 바랐던 것입니다.

율법의 시대의 사정이 그러했다면, 오늘 우리는 그들보다 훨씬 더 많은 것을 갖고 있는 셈입니다. 사실 하나님은 이스라엘 백성이 이방인들처럼 타락과 우상숭배에 빠지지 않게 하시기 위해 그들에게 충분한 가르침을 주셨습니다. 하지만 오늘 우리는 그들보다 훨씬 더 밝은 빛을 갖고 있습니다. 그것은, 이미 말씀드렸듯이, 성부 하나님의 살아계신 형상이신 우리 주 예수 그리스도께서 우리에게 나타나셨기 때문입니다. 우리는 요한복음에 기록된 말씀에 동의할 수 있습니다. "본래 하나님을 본 사람이 없으되 아버지 품속에 있는 독생하신 하나님이 나타내셨느니라"(요 1:18). 그 옛날 우리의 믿음의 조상들 역시 얼마간의 지식을 갖고 있었습니다. 그러나 그 지식은 오늘 우리가 복음을 통해 받은 것과 비교한다면 아주 빈약한 것일 수밖에 없습니다. 왜냐하면 하나님은 우리에게 자신을 마치 의의 태양이 빛을 비추듯 아주 친밀하게 드러내셨기 때문입니다.

바로 그것이 선지자 이사야가 특별히 훗날 하나님의 아드님을 통해 이루어질 구속을 언급하면서 "이는 우리의 하나님이시라"(사 25:9a)라고 말했던 이유입니다. 이어서 그 선지자는 "이는 여호와시라"(9b절)라고 다시 말합니다. 그는 단순하게 "우리의 하나님이 계시다"라고 말하는 것으로 만족하지 않습니다. 그는 마치 하나님이 직접 자기에게 나타나셔서 자신을 계시하고 계신 것처럼 말합니다. 그런데 하나님은 이미 그분의 백성들 가운데 임재해 계시지 않았습니까? 실제로 그분은 종종 "내가 그들 중에 거하리라"(출 25:8), 혹은 "이는 내가 영원히 쉴 곳이라"(시 132:14)라고 말씀하셨습니다. 그렇다면 선지자 이사야가 우리 주 예수 그리스도께서 아직 이 세상에 오시지도 않은 상태에서 "이는 우리의 하나님이시라 이는 여호와시라"라고 외치는 이유가 무엇입니까? 그것은 하나님이 그리스도를 통해 우리에게 자신을 보다 완벽하게 계시하셨기 때문입니다.

그러므로, 만약 오늘 우리가 순전한 진리를 견고하게 붙들지 못하고 각자 자신의 공상을 쫓아 이리저리 헤매면서 "내게는 이것이 길처럼 보여" 혹은 "나는 저것이 좋아 보여"라고 말한다면, 우리에게는 변명의 여지가 없습니다. 우리는 그것들이 아무것도 아니며, 우리의 의무는 우리 주 예수 그리스도께서 우리에게 제공하신 것을 굳게 붙드는 것임을 알아야 합니다. 오늘날 세상은 이것을 알지 못합니다. 오늘날에는 모든 이들이 고의적으로 하나님을 조롱하고, 그분께 등을 돌리고, 아무런 부끄러움 없이 자기들이 원하는 충격적인 방식으로 살아가기 위해 하나님께 대한 순종을 거부하고 있는 것처럼 보입니다. 유대인들은 변명할 여지가 없습니다. 우리는 선지자들이 유대인들에게 그들이 하나님을 고의로 저버렸다고 비난했던 것을 알고 있습니다. 그러므로 그들은 (마치 가련한 이방인들이 하듯이) 자기들은 아무것도 들은 것이 없다고 변명할 수 없습니다.

오늘도 하나님은 우리에게 분명하게 말씀하고 계십니다. 또한 오늘 우리는 복음을 통해 완전한 계시를 받고 있습니다. 그러므로, 만약 우리가 유대인들과 같은 잘못을 저지른다면, 그것은 용서 받기 어려울 만큼 부끄러운 짓 아니겠습니까? 사실 오늘날 교황제도 안에는 그 어느 시절보다도 많은 뻔뻔스럽고 어리석은 미신들이 존재합니다. 유대인들은 이방인들의 미신에 빠져들었고 너무나 자주 그들의 더럽고 부패한 행위에 매료되었습니다. 그러나, 모든 상황을 면밀히 살펴본다면, 우리는 오늘날의 교황주의자들의 행태가 유대인들의 그것보다 훨씬 더 심각하다는 것을 알 수 있을 것입니다.

오늘날 교황제도 안에서 하나님의 말씀은 땅속 깊이 매장되어 있습니다. 교황주의자들은 믿음에 대해 말하지만, 소위 그들의 "신조들"은 인간의 대장간에서 주조된 것들에 불과합니다. 그들은 성경을 존중한다고 말하지만, 그것은 죽어 없어진 것에 대한 존경과도 같습니다(1546년 4월 18일에 있었던 트렌트 공의회의 네 번째 회기에서 채택된 "정경에 관한 교령"과 "성서의 판본과 사용에 관한 교령"에 대한 언급이다 – 편집자 주). 만약 우리가 그들에게 하나님을 예배하는 문제에 대해 말한다면, 그들은 계속해서 자기들이 고안해 낸 것을 따르면서 "우리의 의도는 선하다"고 말할 것입니다. 그들은 하나님 역시 자기들이 그분을 어린 아이처럼 다루는 것에 동의하실 것이고 교황제도의 교리들을 면밀히 살피지는 않으실 것이라고 여깁니다. 다음으로, 만약 우리가 그들에게 신앙에 대해 말하면서 과연 그들이 하나님의 값없는 약속을 신중하게 고려하고 있느냐고 묻는다면, 그들의 대답은 "아니오!"일 것입니다. 왜냐하면 그들은 모든 것을 자신들에게 돌리기 때문입니다. 만약 우리가 그들에게 예수 그리스도의 직무에 대해 언급한다면, 그들은 할 수 있는 한 그분의 고난과 죽으심의 능력을 훼손하려 할 것입니다. 또한 우리가 그들과 더불어 구원의 문제에 관해 토론한다면, 그들은 자유의지의 문제로 시작할 것이고 무엇보다도 자신들의 공덕과 보속의 문제를 언급할 것입니다.

그러나 그와는 반대로 우리는 성령의 순전한 은혜로부터 시작해야 합니다. 만약 우리가 하나님의 자애로 인해 해방되지 않았다면, 우리는 지금도 여전히 죄에 묶여 있을 것입니다. 하나님의 자애야말로 성경이 우리의 죄에 대한 용서와 우리의 의라고 부르는 것의 근원입니다. 우리는 우리가 지은 죄를 보상하기 위해 하나님 앞에 내놓을 것이 우리 주 예수 그리스도의 고난과 죽으심을 통해 받은 것 외에는 아무것도 없다는 사실을 인식하는 것에서 출발해야 합니다. 그러나 교황제도 안에는 이런 개념이 존재하지 않습니다. 교황주의자들은 하나님의 이름을 불러야 할 때 남녀 성인들의 이름을 읊조립니다.

교황제도 안에서 예수 그리스도는 그분의 참된 모습으로 알려져 있지도 않고, 성부 하나님이 그분에게 수여하신 자리에 앉아 계시지도 않습니다. 교황주의자들은 그분을 깎아내립니다. 그들의 신성 모독과 헛된 교리들은 성부 하나님이 그분에게 주신 모든 영광을 빼앗고 그분을 묻어버립니다. 그들이 행하는 모든 일이 마찬가지입니다. 그들의 성례는 처음부터 끝까지 오염되어 있습니다(『강요』 IV.xviii-xiv). 교황제도 안에서 우리는 우리 주 예수 그리스도의 성만찬 대신 그들의 혐오스러운 미사를 보게 됩니다. 그들은 미사를 통해 예수 그리스도가 희생당하셨다고 주장합니다. 하지만 그들은 마치 그분이 아무 일도 하신 것이 없는 것처럼, 그리고 성부 하나님으로부터 독특하고도 영속적인 제사장직을 받지 않으신 것처럼 행동합니다(히 7:17 참고). 그러므로 우리는 교황주의자들이 하나님의 말씀을 - 그동안 하나님은 그것을 통해 자신을 계시해 오셨습니다 - 얼마나 조롱하는지 알 수 있습니다. 그들은 복음에 들어 있는 하나님에 대한 지식을 고의적으로 지워버리려는 것처럼 보일 정도입니다. 그러므로 우리는 무엇보다도 이 구절, 즉 "우리 하나님 여호와는 오직 유일한 여호와이시니"라는 말씀에 유의해야 합니다.

순종을 통한 하나님과의 연합

성경이 "하나님"이라는 단어로 우리의 주의를 환기할 때마다, 우리는 그것의 목적이 우리의 마음이 생각해 내거나 사람들이 고안해 낸 것들, 즉 우리가 성경을 통해 배우지 않은 것들의 실상을 알려 주려는 것임을 알아야 합니다. 하나님은 우리가 우상숭배자들의 환상이나 잘못 속으로 휘말려들지 않게 하시기 위해 우리에게서 독점적인 존경을 받고자 하십니다. 사실, 만약 우리가 오직 그분만을 모시지 않는다면, 우리는 결코 참된 하나님을 모실 수 없습니다. 만약 우리가 그분에게 이런저런 동료들을 붙여드리고자 한다면, 우리는 그런 식으로 작은 신들을 도입함으로써 결국 살아 계신 하나님을 저버리게 될 것입니다. 어째서 그렇습니까? 그것은 그분이 우리의 유일한 하나님이 되고자 하시기 때문입니다. 선지자 이사야는 다음과 같이 말합니다. "나는 여호와이니 이는 내 이름이라 나는 내 영광을 다른 자에게, 내 찬송을 우상에게 주지 아니하리라"(사 42:8). 앞에서 우리는 그분이 질투하시는 하나님이라고 불렸던 것에 대해 살펴본 바 있습니다(세 번째 설교 참고 – 역자 주). 그분은 어째서 그렇게 불리시는 것입니까? 그것은, 바울이 고린도후서에서 말하듯이, 우리를 모든 부패한 것으로부터 구원하시기 위함입니다(고후 5:17-18).

우리가 하나님의 말씀의 단순성으로부터 돌아서는 것은 마치 어느 여인이 그녀의 귀에 간지러운 말을 속삭이는 뚜쟁이의 말에 넘어가는 것이나 다름없습니다. 우리가 세례시에 하나님께 약속했던 신앙을 저버리고 그분의 율법을 거부하는 것은 우리가 그분께 등을 돌리고 부끄러운 줄도 모르고 창녀와 놀아나는 것이나 다름없습니다. 우리가 하나님의 말씀을 순전한 가르침으로 수용하기를 거부할 때마다, 우리는 그분에 대한 모든 신앙을 모독하는 셈입니다. 그러므로 특히 우리는 "하나님"이라는 단어가 들려올 때마다 그 말의 의미를 가슴 깊이 새겨야 합니다. 오직 하나님만이 참 하나님이실 수 있기 때문입니다.

우리가 그분 곁에 우리가 만들어 낸 무언가를 놓을 때마다, 그분은 마치 우리가 배교자인 것처럼 그리고 그분과 더불어 살 만한 가치가 없는 자들인 것처럼 우리를 포기하십시오. 그것은 우리가 그분이 받으실 만한 명예, 즉 오직 하나님만이 우리의 주님이시라는 명예를 그분께 돌려드리지 않았기 때문입니다. 우리가 그분을 피조물들과 혹은 우리 자신의 꿈들과 연결시키는 것은 그분의 이름을 모독하는 것입니다.

그러나 우리가 살아 계신 하나님께 한 단어로 된 칭호("유일한 하나님")만 돌려드리는 것으로는 충분하지 않습니다. 중요한 것은 그분에게 속한 모든 것을 그분께 돌려드리는 것입니다. 어째서입니까? 하나님은 자신이 우리에게 그저 "하나님"으로만 불리시는 것이 아니라, 또한 전능자, 아버지, 구주, 우리를 다스릴 권위를 지니신 분, 우리가 신뢰하고 의지해야 할 분으로 인식되기를 바라시기 때문입니다. 바로 그것이 우리가 유일한 하나님을 경배하라는 말을 들을 때 생각해야 할 것들입니다.

사실 교황주의자들은 자주 성 미카엘이나 성 윌리엄이 자신들의 신이 아니라고 주장합니다. 그럼에도 그들은 여전히 그런 성인들을, 그리고 심지어는 다른 기괴한 형상들을 예배하고 있습니다(『강요』 III.xx.21-27). 그들은 그런 형상들이 자기들의 기도를 받는 성인들이 아니며 단지 그들을 대표하는 성물에 불과하다는 핑계를 대면서 자기들이 하나님의 책망을 벗어날 수 있다고 여깁니다. 하지만, 어쨌거나 그것은 하나님의 분명한 금지명령에 어긋나는 짓입니다.

내가 보기에 그들은 하나님이 어떤 예배를 받고자 하시는지조차 모르는 듯합니다. 왜냐하면 그들은 하나님에 대한 예배를 (자기들이 생각하기에) 성인들을 대표하는 돌과 나무로 만든 우상들을 예배하는 것과 뒤섞고 있기 때문입니다. 참으로 그들은 "둘리아"(Dulia, "섬김"을 의미하는 라틴어 – 역자 주)와 "라트리아"(Latria, "예배"를 의미하는 라틴어 – 역자 주)라는 용어를 사용해 자기들의 행동을 정당화하려고 합니다. 그들은 자기들이 형상들은 "섬기고" 하나님은 "예배한다"고 주장합니다. 하지만 그렇게 말하면서 그들은 자기들이 그런 말들을 제대로 이해하지 못하고 있음을 드러낼 뿐입니다(『강요』 I,xii,2-3). 그들은 자기들이 하나님은 예배하고 형상들은 섬길 뿐이라고 지껄이면서 하나님을 우상들과 화해시키고 있는 것입니다.

성인들의 이름을 부르는 것보다 하나님의 이름을 부르는 것이 훨씬 더 거룩한 일 아니겠습니까? 그리고 바로 그것이야말로 하나님이 원하시는 참된 예배입니다(시 50:14-15). 그러므로 세상이 부끄러운 줄 모르고 하나님에 대한 예배를 타락시키는 것은 참을 수 없을 만큼 뻔뻔스럽게 하나님을 조롱하는 것입니다. 복음이 우리를 위해 그토록 분명한 계시를 제공하고 있음에도 우리가 이처럼 이리저리 휘둘리는 것은 아주 혐오스러운 일입니다. 주님은 우리가 전적으로 자신에게 매달리기를, 그리고 자신과 우리 사이에 거룩한 연합이 존재하기를 바라십니다. 그분과 우리의 그런 연합은 우리가 하나님의 말씀 안에 온전하게 뿌리를 내릴 때, 인간이 고안해 낸 그 어떤 것에도 마음을 빼앗기지 않을 때, 그리고 우리가 우리의 마음이 방황하는 것을 허락하지 않을 때 이루어질 것입니다. 그런 일은 우리가 성경이 말씀하는 것에 귀를 기울이고 즉각 그 말씀에 "아멘"으로 응답하되, 단순히 입으로만이 아니라 믿음을 지니고, 그리고 하나님의 입에서 나오는 말씀을 전적으로 의지하면서 그렇게 할 때 일어날 것입니다.

칼빈의 십계명 강해

초판 발행 | 2011년 6월 15일
2쇄 발행 | 2021년 8월 30일
지은이 | 존 칼빈
옮긴이 | 김광남
펴낸이 | 박종태
함께 만든 이들 | 강한덕 정문구 정광석 박상진 김경진
　　　　　　　 이나리 김태영 박현석 김신근 박다혜 강지선
펴낸곳 | 비전북
출판 등록번호 | 제396-2011-000038호(2011년 2월 22일)
주소 | 경기도 고양시 일산서구 송산로 499-10(덕이동)
이메일 | visionbooks@hanmail.net
공급처 | (주)비전북 031-907-3927

ISBN 978-89-966495-0-2　03230
잘못된 책은 바꿔 드립니다.
값은 뒤표지에 있습니다.
Printed in Korea
※ 비전북은 몽당연필, 바이블하우스, 비전C&F와 함께 합니다.